rowohlt

Joachim Fest

Flüchtige Größe

Gesammelte Essays über Literatur und Kunst

Rowohlt

1. Auflage August 2008

Lektorat Christof Blome
Satz aus der Stempel Garamond PostScript
bei hanseatenSatz-bremen, Bremen
Druck und Bindung CPI – Clausen & Bosse, Leck
Printed in Germany
ISBN 978 3 498 02123 8

Inhalt

I. Literatur

I. Literatur

Goethes Fremdheit und Nähe

Eine Rede in Weimar

Wer spräche über Goethe – wenn hier nicht Weimar wäre? Ein paar Philologen sicherlich und die wenigen unbeirrbaren Liebhaber seines Werkes auch. Aber wer sonst? Goethe ist, mitsamt der Klassik, während der zurückliegenden Jahrzehnte in mehrere Abgründe des Vergessens gefallen, Mal um Mal tiefer. Vermutlich ist auch jetzt nicht der Augenblick, von ihm zu reden. Zeiten politischer Erregung, der Vorherrschaft des Geschichtlichen, gehen immer mit einer Krise des Klassischen einher. Die Turbulenz der Ereignisse macht die Klassik als das In-Sich-Ruhende oder ruhend Scheinende geradezu zum Widerspruch des eigenen Erlebens, alle Gedanken sind auf Gegenwart und nahe Zukunft gerichtet. Das Vergangene gerät aus dem Blick und wird nicht, wie in Zeiten gesicherter Tradition, als Fluchtpunkt im Durcheinander der Erscheinungen empfunden. Es kommt einfach abhanden. Aber manchmal fragen wir uns doch, ob es mit Gegenwart und Zukunft nicht stärker zusammenhängt, als den meisten jeden Tag bewußt ist.

Zweifellos war Goethe das herausragende Ereignis unserer kulturellen Geschichte, es gibt kein größeres: ein langer Augenblick, in dem die Nation, mehr als je zuvor und irgendwann später, auf inspirierende Weise an der zivilisierten Weltgesellschaft teilhatte. Und dieses Ereignis kam wie aus dem Nichts. Den einen Lessing ausgenommen, der aber eine national begrenzte Erscheinung war, lag dieses Deutschland am unbeachteten Rande der Welt. Und auch das herzogliche Residenznest von damals, mit seinen paar tausend Einwohnern, war in seiner kulturellen Bedeutung ein Abbild des Reiches: seiner freundlichen Enge, seiner Verschlafenheit und paternalistischen Provinzialität. Zwar war Wieland da. Aber niemand anders als Goethe hat es aus seiner Anonymität in den Rang einer Metropole erhoben und zum Begriff der europäischen Geistesgeschichte gemacht. Wir leben bis heute davon.

Auch wenn das kaum noch im allgemeinen Bewußtsein ist. Man kann sogar fragen, wie stark es je darin war. Denn aufs Ganze gesehen ist Goethe, ganz anders als der schon von den Zeitgenossen und dann bis dicht an die Gegenwart heran enthusiastisch in Besitz genommene Schiller, dem eigenen Land immer seltsam fremd geblieben. Schon zu seinen Lebzeiten, an Goethes 74. Geburtstag, versammelten sich in Jena auf dem Marktplatz die Studenten, die auch damals dem Geist der Zeit den unverbildetsten Ausdruck gaben, und brachen in skandierende «Nieder»-Rufe und «Weg mit ihm!» gegen den Abwesenden aus. Sein Tod, 1832, blieb von der führenden literarischen Zeitschrift, dem *Stuttgarter Literaturblatt*, unbeachtet, obwohl sie im gleichen Verlag erschien wie die Werke des Dichters. Das Junge Deutschland überbot sich im Spott auf Goethe, und mit Heine, Börne und anderen als den Stichwortgebern blieb er lange Zeit den Philologen und kleinen Zirkeln der Gebildeten überlassen. Der Wilhelminischen Epoche, die ihr Glück und ihren Anschluß an die Welt im Maßlosen suchte, blieb er ohnehin fremd, trotz der Sophienausgabe, die alles je von ihm Geschriebene in 143 Bänden vereinte und an der sich von 1887 bis 1919 zwei Gelehrtengenerationen abmühten. Allenfalls im «Faust» oder doch in dem Bild, das sich die Zeit davon zurechtmachte, glaubte sie sich und ihr Getriebensein wiederzuerkennen. Für das ganze Jahrhundert galt, was Varnhagen schon am zehnten Todestag des Dichters ahnungsvoll in seinem Tagebuch vermerkt hatte: «Mich dünkt, die Zeit von Goethe ist schon weit von uns ab; die Welt hat seitdem eine andere Wendung genommen, sie sieht wenig zurück, sie kann nicht viel zurücksehen, sie hat so viel vor sich.»

Gewiß gab es Schwankungen in der Beziehung, und um die Jahrhundertwende oder einige Zeit danach war sogar die Wendung «Unser Goethe» verbreitet, jedenfalls war das der Titel eines populären Lesebuchs im Bücherschrank vieler Bürgerhäuser. Doch schwer zu sagen, worauf das zielte: mehr auf den Dichter selbst und die Aneignung seines Werkes, oder auf die patriotischen und womöglich sogar «faustischen» Empfindungen, die sich davon herleiten ließen. Auffallend jedenfalls war immer der große Abstand zwischen ihm und der Nation, als habe sie ihm das Wort von den Barbaren, unter denen er leben müsse, von der Achtbarkeit der Deutschen im einzelnen und ihrem miserablen Charakter im ganzen sowie anderes dieser Art, nie verziehen. «Sie lassen mich alle grüßen, und hassen mich bis in Tod», hat Goethe im «Westöstlichen Divan» über seine Landsleute bemerkt.

Sicherlich aber vereinfacht man das Problem, wenn man es, wie häufig, auf eine bloße Heimzahlungsgeschichte verkürzt. Vielfach und jedenfalls stärker, als es der Gegenwart bewußt ist, hat das bürgerliche Jahrhundert Anstoß genommen am Libertinismus des Dichters, den erotischen Eskapaden und Daueraffären mit den «Misels». Nicht ohne spitze Mißbilligung vermerkte Frau v. Stein, der Herr v. Goethe sei in Italien «sinnlich» geworden, und die bald darauf einsetzende Verbindung mit Christiane Vulpius, der «Vulpia», wie sie abfällig genannt wurde, sowie die unverheimlichte Menage im Gartenhaus an der Ilm waren in der bigotten Kleinstadt Gegenstand entrüsteten Klatsches. Als Goethe seine «dicke Hälfte» ausgerechnet in den Tagen der Schlacht von Jena und der Plünderung Weimars heimführte und der Gesellschaft als Frau Geheimrat v. Goethe vorstellte, war alle Welt außer sich. Auch in seinem Werk geriet man zu oft an Anstößiges, von den «Römischen Elegien» bis hin zu den Blocksberg- und Hexensabbatszenen des «Faust» mit dem Hohen Lied auf die Dreieinigkeit von Gold, Schwanz und Schoß. Zwar hatte er diese Stellen den Zeitgenossen nicht zugemutet und in den «infernalischen Walpurgissack» verstaut, aber ins Gerede war er damit und mit manchem anderen doch gekommen. Frau v. Stein nannte den Freund aus früheren Tagen unterdessen den «dickmürrischen Mann» mit den «dummen häuslichen Verhältnissen», Schiller, äußerte sie, nehme sich neben ihm «wie ein himmlischer Genius» aus, und ganz ähnlich war das Bild, das generationenlang vorherrschte. Ein bis in die dreißiger Jahre verbreiteter Zweizeiler, woher auch immer stammend, hat die Mischung aus Respekt und Befremden, auf die Goethe stieß, auf den Reim gebracht: «Reicht v. Goethens Gedankenflug auch höher,/Steht v. Schillern uns doch sittlich näher.»

Doch gewiß mehr noch hatte die Fremdheit Goethes mit dem inkommensurablen Zug zu tun, der ihm eigen ist, mit seiner Größe und seinen Rätselhaftigkeiten. Auch sieht man sich immer wieder einer Neigung zu Parabel und Gleichnis gegenüber, die dem raschen Begreifen im Wege steht, und strenggenommen beginnen die Schwierigkeiten schon, bevor man sich dem Werk selber nähert. Es gibt ganze Bibliotheken gelehrter Deutungen über ihn, Generationen bewanderter Verehrer haben sich mit ihm beschäftigt, und vieles davon stammt aus genauer und vertrauter Kenntnis des Dichters. Zugleich aber hat die babylonische Goethe-Philologie immer auch ihre einschüchternden Wirkungen gehabt und nicht nur alle Annäherungen erschwert, sondern auch ein Empfinden ungeheurer Distanz und Unnahbarkeit erzeugt.

Diesem Empfinden hat das erratische, nicht nur im Sinn der «großen Konfession» aus zahlreichen Bruchstücken bestehende Werk weiter Vorschub geleistet. Ich erinnere mich eines Lehrers, der, sooft die Rede auf Goethe kam, auf einen der Widersprüche im Leben und Denken des Dichters oder auf ein neues, anderes Kapitel, seinen Stupor in einer richtigen Lehrer-Metapher ausdrückte: Goethe stehe da wie ein Berg, gewaltig und manchmal sogar entmutigend, mit Höhenzügen und Abstürzen, und von wo man sich ihm nähere, nähme er sich anders aus. Goethe selber hat in einem jener verräterisch glättenden Bilder, hinter denen er die mehrdeutigen Seiten seines Wesens zu verbergen liebte, ein ähnliches Motiv verwandt und von der Pyramide seines Daseins gesprochen, die er sich «so hoch als möglich in die Luft zu spitzen» bemüht habe.

Das alles hat den Zugang zu ihm leicht gemacht und zugleich verbaut. Einiges liegt ganz offen und einladend da, die frühe Lyrik vor allem, die in der Verbindung aus impulsiver Wärme und formaler Vollkommenheit, aus Naturlaut und Kunstschönheit, Wahrnehmung und Vergeistigung nie wieder ihresgleichen hatte. Einige Partien aus dem «Faust» kann man nennen, aus dem «Egmont» vor allem die ganz unklassische Figur des Klärchen, kaum noch den «Werther» oder den Geniestreich des «Reineke Fuchs» mit seinen leichten, nie wieder so frei dahinlaufend exerzierten Hexametern. Früher hätte man vielleicht noch den «Tasso» genannt, auch die «Iphigenie», obwohl sich die beiden Werke schon zu Lebzeiten des Dichters beim Publikum schwertaten. Immerhin versorgten sie die Zitierfreudigen mit einem reichen Vorrat gereimter Lebensregeln.

Anderes wiederum blieb immer nur den wenigen Eingeweihten bekannt, mythologisch verschlüsselt und schwer zugänglich: vom zweiten Teil des «Faust» bis zu den «Urworten orphisch». Entfremdend wirkte aber auch Goethes Neigung, sich nicht festzulegen, ein Leben lang mit seinen überwältigend reichen Möglichkeiten zu spielen und sich, wie er selber bemerkt hat, «hinter ein Bild» zu flüchten. Seine ganze Biographie wirkt wie eine Folge wechselnder Launen, er ist Dichter und Minister, malt, forscht und verwaltet, und erst in Italien erkennt er, daß er «eigentlich ... zum Schriftsteller geboren» sei. Aber auch das stellt er sogleich wieder in Frage und wechselt unvermittelt und auf Jahre ins Naturwissenschaftliche, zu der bis zum Marottenhaften verteidigten Farbenlehre, mit der er gegen die modernen Naturwissenschaften ankämpfte, «damit die Sonne doch endlich einmal in das alte Ratten- und Eulennest hineinscheine». Daneben widmete er sich der Suche nach der Urpflanze, von wo er Begriff und Vorstellung der Entelechie herholte, der Selbstausbildung des Menschen durch die allmähliche Entwicklung zu dem, was ihm vorgegeben und was er im Verborgenen eigentlich ist. Auch das läßt sich als ein wissenschaftlich verbrämter Rückzug ins Unverbindliche deuten, in einen Zustand vor aller Prägung, sogar ins Vegetative.

Bezeichnenderweise stößt man in der Biographie des Dichters immer wieder auf Lebensentschlüsse, die wie eine Flucht aussehen, den Weg nach Weimar gleich zu Beginn, wo er sich, wie er selber bemerkt hat, «ernsten Dingen opferte», und den alle Erklärungen nur erklärungsbedürftiger machen. Dann der verheimlichte Weggang aus der «Seelenessig-Fabrick» Weimar nach Italien, und dazwischen die häufigen Hals-über-Kopf-Fluchten vor Liebesverhältnissen, sobald sie sich zu Bindungen verdichteten. Die ältere Goethe-Philologie hat ihn für die Freiheit, die er sich bewahrte, gefeiert – aber unterdessen haben wir ein geschärftes Ohr für das kaum wahrnehmbare, aber doch vernehmlich durchtönende «leise Klirren der Kette», das Goethe seinerseits bei Jean Paul herausgehört hat. Es gibt den Zug ins Grandiose, mit dem er sein Lebensschauspiel inszenierte – aber daneben dann die unverkennbar philiströsen Züge, die darin durchscheinen, das Verstimmte und dauernd Gereizte hinter der «sultanischen Arroganz», die ein Zeitgenosse an ihm ausmachte. Vielleicht hat Goethes fast ängstliche Abwehr alles Störenden auch mit dem Empfinden zu tun, daß etwas an der Grundrechnung seines Lebens nicht stimmte, und womöglich kam von daher auch das Bedürfnis nach Daseinsharmonie: «unser Ausgewogenheitsklassiker», wie Martin Walser in einer «Liebeserklärung» spottete, während Wieland und Herder sowie später noch Jacob Burckhardt bedauernd vermerkten, Goethe habe allzu vielen Nebensachen, die auch ohne ihn vorangekommen wären, einen Teil seines poetischen Genies geopfert. Widersprüche über Widersprüche. Es ließe sich lange so fortfahren.

Die Widersprüche in Leben und Werk haben die Widersprüche

der Ausleger nach sich gezogen. Mal erscheint Goethe als Kulturrevolutionär, mal – nach Ludwig Börnes höhnischer Bemerkung – als «Stabilitätsnarr»; hier als selbstlos Liebender, dort als gefühlskalter Egoist, der die Tragödien um sich herum in die Luft spielte und alle Menschen, die ihm nahekamen, von Friederike bis hin zum unglücklichen Eckermann, nur seinen Zwecken, poetischen oder lebensgeschäftlichen, unterwarf. Die einen sehen in ihm den geschmeidigen Höfling, die anderen einen Dichterfürsten, der gerade nicht zu Hofe ging, sondern den Hof in seinem Haus am Frauenplan empfing und wie kein anderer vor oder nach ihm auf dem Vorrecht des Geistes gegenüber jedem anderen Anspruch beharrte. Als die deutschen Länder während der französischen Besatzung Kontributionen leisten mußten, machte Napoleon für Sachsen-Weimar eine Ausnahme, dort war gleichsam nicht die Politik, sondern die Literatur das Schicksal. Goethe selber begriff sich als repräsentative Erscheinung und zugleich als Fremdling im eigenen Land. Und das alles, wie vieles andere Gegensätzliche auch, ist mühelos belegbar. Mit Recht hat Reinhard Baumgart von dem «ungeheuerlichen Stimmengewirr namens Goethe» gesprochen. Der Streit kann noch geraume Zeit weitergehen.

Um so sonderbarer mutet an, daß das zwar immer auf den Kreis der Kenner beschränkte, doch schon zu Lebzeiten des Dichters begonnene, unendliche Goethe-Gespräch nahezu verstummt ist. Die letzten großen Darstellungen, Gundolf, Beutler, Staiger, liegen lange zurück, und von ihren akademischen Nachfahren ist unterdessen zu lesen, daß auf den Dichter im Grunde «niemand mehr ernsthaft Anspruch» erhebe. Albrecht Schöne in Göttingen und ein paar andere vielleicht doch. Aber im ganzen, so ließe sich trotz aller Neuausgaben, aller Anthologien und der Fülle an Kleingeschriebenem vermuten, könnte Goethe, nach annähernd zweihundert Jahren einer ohnehin nur partiellen Aneignung, das Schicksal aller Klassiker ereilen, ihn womöglich mehr noch als andere: in gipserner Blässe irgendwo im Entrückten zu stehen und nur noch anlaßweise herbeizitiert zu werden. Als eine Jubiläumsgröße, der nichts anderes obliegt, als hundert Jahre bei Hundertjahrfeiern zu werden, zweihundert Jahre bei Zweihundertjahrfeiern und so, die Zeit hindurch, immer weiter, damit die Nation mit Gedenktagen versorgt sei.

Oder kaum einmal das. Wir hatten, einige Jahre zurück, einen solchen Gedenktag, und was die Mehrzahl der zeitgenössischen Dichter oder Schriftsteller dabei an fröhlicher Ignoranz zum Besten gab, wäre anderswo, in Ländern, die sich auf ihre Zugehörigkeit zur kulturellen Gesellschaft etwas zugute halten, schwerlich denkbar gewesen. Eine Schriftstellerin machte sich mit der Formel «Goethe – Nein danke!» einen Slogan aus anderen Zusammenhängen zu eigen, als drohten von dem Dichter Verseuchung und Intoxikation. Und kaum weniger originell war Thomas Bernhard, als er das angeblich letzte Wort des sterbenden Dichters abwandelte: «Goethe – mehr nicht!» Die führenden Theater haben sich das schon lange gesagt sein lassen und zeigen seine Bühnenwerke kaum noch, es sei denn, sie eigneten sich als Vorlage für allerlei exzeßhaftes Regiespektakel. Auch wetteiferten viele darin, die Entmythologisierungen noch einmal aufzugreifen, die längst vorgenommen waren, und im einen wie im anderen schien jedermann bemüht, den Beweis für die Bemerkung aus den «Wahlverwandtschaften» nachliefern zu wollen, es gebe keinen größeren Trost für die Mittelmäßigkeit als den, daß das Genie nicht unsterblich sei.

Gewiß wird irgendwann fast jede Klassik zum leeren Besitz. Der Augenblick tritt ein, sobald diese verehrungswürdigen Erscheinungen nicht viel mehr als das Empfinden statuenhafter Starre erwecken und der Eindruck überhandnimmt, als hätten sie mit dem Leben, wie es ist, nichts mehr zu tun. Zwar bleibt auch dann noch einiges Bewahrenswerte, weil das Vergangene nie nur das Vergangene ist. Aber es wird zum Gegenstand der Pietät: Das ist der allgemeinste jener Abgründe, von denen die Rede war.

Der Zusammenhang bricht ab, wo das Bewußtsein verbindender Fragen und Antworten verlorengeht und die Vorstellung um sich greift, als habe die Zeit unterdessen einen qualitativen Sprung gemacht.

Diese Vorstellung eines Sprunges gibt es tatsächlich, und ihr Motiv ist die Erfahrung der dreißiger Jahre. In einem Beitrag zum 150. Todestag Goethes hat Günter Kunert auf diesen Umstand verwiesen und einer eher beiläufigen Werkstelle aus der «Italienischen Reise», der Schilderung einer drohenden Schiffskatastrophe, entnommen, dem Dichter sei «so vieles Menschliche so fremd» gewesen, daß er den Überlebenden späterer, unheilvollerer Katastrophen nichts mehr zu sagen habe. Andere wenden ein, das deutsche Bildungsbürgertum, das die Klassik wie ein Reservat in Anspruch genommen hatte, habe die Bewährungsprobe der Hitlerjahre nicht bestanden und damit zugleich das Menschenbild von Weimar, seinen Humanitätsgedanken mitsamt der Formel vom «Wahren, Guten und Schönen», in seiner ganzen floskelhaften Unverbindlichkeit bloßgestellt.

Das ist vielleicht nicht ganz unzutreffend. Aber zugleich legt der Vorwurf die Frage nahe, wer oder was die Bewährungsprobe jener Jahre überhaupt bestanden habe. Die Gegner von links, die, anders als das Bürgertum, von den neuen Machthabern nicht umworben wurden und ihnen daher weit eher hätten widerstehen können und müssen, jedenfalls nicht. Und der große Geschichtsgedanke, den sie für sich reklamierten, die Idee einer durch die Völkersignale befreiten Welt, ist damals als mindestens ebenso floskelhafte Unverbindlichkeit enthüllt worden wie der Geist der Goethezeit, und das Letzte Gefecht, zu dem sie sich vorgeblich aufmachten, hat nirgendwo stattgefunden. Wo immer die Hitlerzeit Offenbarungseide verlangte, wurden sie ohne Zögern, kaum mit einem Gefühl der Selbstverleugnung, geleistet: von den Parteien und Gewerkschaften ebenso wie von den Kirchen und vom Militär. Als unfähig zum Widerstand erwiesen sich im Grunde alle Wertvorstellungen und humanen Traditionen, woher sie auch kamen und wie mächtig die Organisationen oder sozialen Gruppen waren, die sie gestern noch vertreten hatten. Wenn es in den Selbstgleichschaltungsräuschen jener Tage überhaupt ein Widerstehen gab, so war es nur bei einzelnen zu finden, die ihre Überzeugungen noch wörtlich nahmen, im Bürgertum so sehr wie in der Arbeiterschaft und anderswo, die Unterschiede sind einzig solche des Charakters, nicht der Ideen. Die Ideen haben, trotz der ihnen häufig zugeschriebenen Macht, allesamt versagt. Von den Klassikern könne man niemals lernen, wie man mit Canaillen umgeht, hat im Jahre 1949 der damalige Rektor der Frankfurter Universität, Franz Böhm, in einer Ansprache zum 200. Geburtstag Goethes bemerkt, sie könnten nicht einmal den Sinn für die Freiheit wecken, sondern allenfalls Menschen hervorbringen, die unter einer Schreckensherrschaft dazu bestimmt sind, in einem Konzentrationslager zu enden. Gerade Bildung, Gewissen und Humanität machten bis zu einem gewissen Grade waffenlos.

Die Frage ist, ob die Geringschätzung der Klassik, die in Deutschland derzeit so viel weiter geht als irgendwo sonst, tatsächlich mit den Bloßstellungen jener Jahre zu tun hat; ob die Verabschiedung von heute mit dem Versagen von damals erklärt werden kann. Oder ob die Erfahrungen des Hitlerreiches der jüngeren Generation nicht nur zum Vorwand dienen, die Geschichte, ihre Mühen und Maßstäbe, loszuwerden. Alle Spätzeiten kennen das «pereant qui ante nos nostra dixerunt», das Goethe in den «Maximen und Reflexionen» zitiert, das Empfinden, daß die Vermächtnisse so vieler Vergangenheiten eine Last zu werden beginnen, der man sich durch das Trugbild eines erinnerungslosen Neubeginns zu entledigen versucht. Dies viel eher als die Behauptung, daß die Klassik und ihr Menschenbild durch die Hitlerzeit entwertet worden seien, stand hinter den Lossagen seit den sechziger Jahren. Ihre Wortführer wollten gerade erst herbeiführen, was sie als schon eingetreten behaupteten. Verhielte es sich so, hätten wir weniger Anlaß zur Besorgnis. Denn irgendwann kehren sich, nach der Mechanik des Generationenkonflikts, die Frontstellungen wieder um.

Aber so einfach liegen die Dinge offenbar nicht. In der Tat ist uns die Klassik ferngerückt, aus Gründen, die in ihr wie in uns selber liegen. Das naive oder doch fraglose Einvernehmen, das noch unsere Väter zu ihr hatten, ist weithin verlorengegangen. Thomas Mann erwähnt in seiner Schiller-Rede von 1949 den dänischen Dichter Herman Bang, der in der Schilderung einer bürgerlichen Abendgesellschaft von einem der Anwesenden sagt, er sei der einzige im Saal gewesen, der in der «Glocke» nicht ganz sicher war. Und obwohl Goethe zu keiner Zeit auch nur annähernd die Popularität Schillers erlangt hat, hätte es, ein oder zwei Generationen zurück, doch einiger Mühe bedurft, im gebildeten Bürgertum diejenigen ausfindig zu machen, die Gedichte wie «Willkommen und Abschied», «Wanderers Nachtlied», die Mignon-Lieder und manches andere nicht jederzeit abrufbereit im Gedächtnis hatten; auch Einzelheiten aus Eckermanns Gesprächen oder Episodisches aus den Biedermannschen Berichten. «Jeder Trost ist niederträchtig, und Verzweiflung nur ist Pflicht», hörte ich in jungen Jahren, unter Hinweis auf die politischen Ereignisse der Hitlerherrschaft, den Vater eines Freundes sagen. Der Gedanke taucht schon in den «Wahlverwandtschaften» auf, aber in dieser Form findet er sich an abgelegenem Ort, in einer der verworfenen Stellen aus dem zweiten Teil des «Faust». Man kannte sich aus.

Diese Vertrautheit mit dem Werk und mit der Person besteht nicht mehr. Zu den Gründen zählt offenbar, daß Goethe dem Zeitgeist, der herrschaftssüchtiger und unduldsamer ist denn je, auffallend entgegensteht. Schon der aristokratische, ins zeremoniell Hochmütige reichende Stil seines Auftretens schafft Befremden; desgleichen, daß er zur Strenge und Selbstnötigung fähig war und lebenslang allem auswich, was ihn hätte beirren, gefährden oder gar ruinieren können, während die Gegenwart diesen Ruin, als

Voraussetzung für ihr Interesse, geradezu verlangt und die großen Zerbrochenen feiert: Lenz, Kleist, Hölderlin. Von Goethe dagegen stammt der schneidende Begriff der «Lazarettpoesie», der alles umfaßte, was nur Sentiment, nur Selbstliebe, «nur Genie» war und, wie er bemerkt hat, in einem fort «Brandraketen» in den Himmel steigen ließ, aber nichts wußte vom Ethos der Schreibtischmühsal sowie von der Moralität des Am-Leben-Bleibens und Altwerdens. Fast die ganze romantische Dichtung rechnete er dahin und meinte frostig, das Überflüssige solle man in der Literatur nicht befördern. Als ihm ein junger Lyriker 1830 einen Band mit Gedichten zuschickt, antwortet er steif: «Ihr Büchlein habe angeblättert. Da man sich aber bei eindringender Cholera vor störenden Unpotenzen hüten muß, so leg' ich's bei Seite.» Er hatte viel von sich fernzuhalten, Fremdes und mehr noch Eigenes.

Irritierend wirkt auf die Gegenwart auch, daß er gegen die demokratische Tendenz der Epoche lebte, Mehrheitsbeschlüsse sowie Mitspracherechte verachtete und über die «Verrücktheit» der Masse höhnte, die sich einbildete, aus «lauter Göttern der Selbständigkeit» zu bestehen. «Nichts ist widerwärtiger als die Majorität», setzte er dagegen, «denn sie besteht aus wenigen kräftigen Vorgängern, aus Schelmen, die sich akkomodieren, aus Schwachen, die sich assimilieren, und der Masse, die nachrollt, ohne nur im mindesten zu wissen, was sie will.» Dabei trat er keineswegs auf die Seite des Bestehenden und der «Scheiskerle», wie er die Weimarer Hofgesellschaft schon früh charakterisierte. Er weigerte sich nur, den vom Tag ausgegebenen Parolen irgendein Gehör zu schenken. Als er einmal aufgefordert wurde, seine Feder in den Dienst einer politischen Sache zu stellen, das Land vor Anarchie zu bewahren, erwiderte er kühl, er halte es für unmöglich, die Schriftsteller und die Mächtigen zu gemeinsamen Zwecken zusammenzubringen. Anders als Schiller war er ganz und gar unfähig, irgendein Interesse für abstrakt-humanitäre Begriffe zu entwickeln. Den Brand eines Bauernhofs betrachtete er als wirkliches Unglück, wie er sagte, das Wort vom «Untergang des Vaterlandes» dagegen als betrügerische Phrase. «Es war nie meine Art, gegen Institute zu eifern», heißt es einmal, «und ich habe deshalb immer nur ein entferntes Ende der Stange leise berührt.»

Diese Distanz Goethes, sein Heraustreten aus dem ganzen Meinungswesen der Epoche, hat nicht erst die Gegenwart bemerkt. Sie ist schon von den Mitlebenden, meist mit Unmut, wahrgenommen worden und später, in den Zeiten verehrender Inbesitznahme, durch das Bild vom «Dichterfürsten» nur verdeckt gewesen. Der Kanzler v. Müller sprach, im Blick auf Goethes Geringschätzung aller Zeittendenzen, auf seinen Pessimismus und seinen Mangel an humanitärer Gesinnung, von der «ungläubigen Neutralität» des Dichters. Andere beklagten, daß er «immer seinen Panzer anhabe», und sosehr er in seinen frühen Jahren, wohin er auch kam, alle Welt verzauberte, so häufig sind schon bald die Hinweise auf seine Verdüsterungen und «bitteren Apathien». Als wolle er seine zahlreichen Kritiker ins Recht setzen, schrieb er 1778, noch keine dreißig Jahre alt, er sei nicht zu dieser Welt gemacht: «Wie man aus seinem Haus tritt, geht man auf lauter Kot.» Sogar vom «bösen alten Mann» ist im Weimar der letzten Lebensjahre die Rede. Was darin zum Vorschein kommt, hat natürlich auch mit den Bedrückungen zu tun, die, ohne irgendein Hinzutun, von allem majestätischen Alter ausgehen und deshalb von ihm auch nicht einfach hinweggetan werden können.

Aber viel häufiger und durch eine kaum benennbare Zahl von Äußerungen belegt, ist der Vorwurf der Menschenferne. Milde und nicht ohne einen Ton der Verehrung schreibt noch Frau v. Stein: «Es ist immer etwas um ihn, entweder eine Wolke, ein Nebel oder ein Glanz, wo man nicht in seine Atmosphäre kann.» Aber überaus schroff urteilt Schiller in dem Brief, den er bald nach dem ersten Zusammentreffen mit Goethe an seinen Freund Körner richtete: «Öfters um Goethe zu sein, würde mich unglücklich machen», heißt es da. «Er macht seine Existenz wohltätig kund, aber nur wie ein Gott, ohne sich selbst zu geben.» Und dann folgt der erschreckende, aus Scheu, Bewunderung und eingestandenermaßen auch aus Eifersucht gemischte Satz: «Ein solches Wesen sollten die Menschen nicht um sich herum aufkommen lassen.» Zwar weiß man, daß Schiller sich bald anders besann, aber ähnlich beklommene Urteile halten, von vielen Seiten kommend, über die Jahre hin an. Zum Hausfreund jedenfalls und zum Mann der Kalendersprüche ist Goethe wenig oder allenfalls satzweise geeignet, auch wenn er lange dazu gemacht wurde. Er verstand zuviel, um nicht viel zu verachten. Vielleicht hat der Überdruß, den er häufig hervorruft, mehr mit dem pädagogisch verkürzten Bild zu tun als mit dem Werk oder gar der Person des Dichters.

Genauer sicherlich hat Lavater ihn gesehen, als er in einem Kupferstich dem teuflischen Versucher die Züge Goethes geben ließ, und ähnliches meinte Frau v. Stein, als sie schrieb, Goethe arbeite unaufhörlich «an seinen Prometheusschen Menschen», die, ob gut oder böse, sämtlich «seine Lieblinge sind». Alle diese Einwände haben ihren kürzesten Ausdruck in dem Satz eines Besuchers gefunden, der davon sprach, daß Goethe «tolerant (sei), ohne milde zu sein». Was ist das aber anderes als eine Fremdheit, die von Gleichgültigkeit kaum zu unterscheiden ist, ganz als sei, was andere behelligt, nicht der Rede wert? Er lebe wie die unsterblichen Götter, sagt er einmal über sich, und habe weder Freud noch Leid. Mitunter hat man denn auch den Eindruck, Goethe habe ein immerwährendes, ganz in die eigenen Sachen verlorenes Selbstgespräch geführt. Das Politische, die Aufregungen der Zeit und der Menschen, ihre Hoffnungen und Befürchtungen, versanken davor im Wesenlosen oder traten nur störend in Erscheinung. Er beklage nicht Zustände, sagte er zu Sulpiz Boisserée, sondern Ottilie, die junge Frau aus den «Wahlverwandtschaften», die er geliebt und die ihn unglücklich gemacht habe.

Ein beiläufiges, aber bezeichnendes Beispiel für Goethes Fremdheit gegenüber der eigenen Zeit ist sein Verhältnis zur Geschichte.

Die zahlreichen Äußerungen dazu ergeben am Ende wiederum nur ein orakelndes Stimmengewirr. «Das Wahre kann bloß durch seine Geschichte erheben und erhalten, das Falsche bloß durch seine Geschichte erniedrigt und zerstreut werden», heißt es in einem Brief an Zelter. Aber dann auch, zum Beispiel im «Werther», die Geschichte sei «ein ewig verschlingendes, ewig wiederkäuendes Ungeheuer» oder, im geplanten Vorwort zum dritten Teil von «Dichtung und Wahrheit», ebenso entschieden: «Die Geschichte, selbst die beste, (hat) immer etwas Leichenhaftes, den Geruch der Totengruft», und drohe, alles Lebendige in sich hineinzuziehen. Man kann lange fortfahren, zu jedem Satz wäre mühelos der Gegensatz ausfindig zu machen, als habe Goethe sich zeitlebens an die Erinnerung aus dem Arbeitsprogramm zum «Faust» gehalten: «Widersprüche, statt sie zu vereinigen, disparater machen.»

So souverän Beliebiges, einander Ausschließendes deutet, neben vielem anderen, auch ein Unverhältnis zu allem Geschichtlichen an, das um so sonderbarer anmutet, als Goethes Lebenszeit in die Epoche des sich entfaltenden historischen Denkens fällt. Damals gewann die Erkenntnis an Boden, daß die Zeiten und die Gesellschaften nicht nach einer idealen Modellvorstellung, sondern nach ihren eigenen Voraussetzungen und Bewegungsgesetzen zu beurteilen seien; daß jede Epoche eine unverwechselbare Lebenseinheit darstelle, deren Wesen sich in allen Erscheinungsformen, von der Politik bis zur Kunst, von der materiellen Kultur bis hin zu den Lebensformen spiegelt. Von solchen Einsichten blieb Goethe jedoch unberührt, und das neue Interesse beeinflußte weder sein Werk noch sein Denken. Die Deutschen des späten 18. und dann des 19. Jahrhunderts waren aber geradezu von einem historischen Fieber erfaßt, die Geschichte hatte lange eine Art Kronrecht unter den Wissenschaften – auch da trennten sich die Wege und führten zu wachsender Fremdheit.

Kaum anders verhielt es sich mit der Gegenwartsgeschichte: die Französische Revolution mit ihren Erschütterungen und vielfältigen Impulsen, das Entstehen neuer gesellschaftlicher Strukturen, die napoleonischen Ereignisse samt der erwachenden deutschen Nationalbewegung – das alles hat bei ihm nicht viel mehr als ein von Abwehr und Unwillen gespeistes Echo gefunden. Er provozierte seine Umgebung gern, indem er von Napoleon als «meinem Kaiser» sprach und noch nach dessen Niederlage das Kreuz der Ehrenlegion trug.

Einmal, im Kreis einer national ereiferten Gesellschaft, verließ er den Raum und kam etwas später mit ein paar Versen zurück, die mit der Zeile begannen: «Ich hab mein Sach' auf nichts gestellt.» Sosehr er den Kaiser als den einzigen Pair empfand, fürchtete er, daß seine Eroberungen einen patriotischen Egoismus aufrühren müßten, der den Völkern keine Ruhe lassen werde, wie er ein Jahr vor seinem Ende zu Eckermann sagte, «als bis wieder ein großer Despot unter ihnen aufsteht, in welchem sie das auf der höchsten Stufe sehen, was sie selber zu sein wünschen». Aus der Gegenposition notierte Achim v. Arnim während der Napoleonzeit, er sei «fast niemals ohne eine Art Verzweiflung von ihm gegangen». Immer wieder schien es, als wolle Goethe seinen Abstand von allen politischen Überzeugungssachen geradezu demonstrativ hervorkehren. Er hatte jedenfalls keinen Teil daran. Stattdessen wich er in ein Griechentum aus, das er nicht, wie die Arbeiten der gleichzeitigen Historiker, als geschichtliche Welt, sondern als zeitlose Norm begriff. Es war das Dauernde im ständigen Wandel, was sein Interesse anzog, das naturhaft Menschliche. Die Geschichte gab nur das Theater ab, in dem es sich darbot, sie lieferte die Kulisse und die Kostüme dazu, aber gespielt wurde stets das gleiche: Komödie oder Tragödie, auf eines von beiden lief es immer hinaus.

Die Geschichtsverachtung Goethes macht es denn auch nahezu unmöglich, den zeitlichen Hintergrund etwa der «Wahlverwandtschaften» oder des «Wilhelm Meister» zu bestimmen: in unhistorischer Ruhe entwickelt sich das Panorama einer bürgerlichen

Ordnung, in der die Zeit durch nicht viel mehr als den Wechsel der Generationen in Erscheinung tritt. Wo, wie in «Hermann und Dorothea» oder in den «Unterhaltungen deutscher Ausgewanderten», die politischen Ereignisse gleichwohl ins Bild treten, zeichnet er den Vordergrund zwar anschaulich und detailgenau bis zum Genrehaften; die historischen Prozesse dagegen bleiben ganz im Abstrakten, Schicksalhaften, das der Dichter mit einer Wendung ins Magistrale, manchmal auch mit dem Sarkasmus des heiter-verdrossenen Weltweisen abtut. «Einem tätigen, produktiven Geist», schreibt er 1793, «wird man es zugute halten, wenn ihn der Umsturz alles Vorhandenen schreckt, ohne daß die mindeste Ahnung zu ihm spräche, was denn besseres, ja nur anderes daraus erfolgen solle.»

Solche Äußerungen machen es auch so falsch, in Goethe, wie es die marxistische Germanistik getan hat, einen Dichter des bürgerlichen Klassenkampfes oder gar, mit einem Frankfurter Kulturdezernenten, einen «konservativen Kryptomarxisten» zu sehen. Denn zu den wenigen, das gesamte Werk durchziehenden Motiven gehört der Gedanke von Ausgleich und Versöhnung, er verabscheute geradezu alle politische Gewalttätigkeit, sie war «Vulkanismus», das heißt Schrecken, Willkür, unkontrollierbare Eruption, die nur zu Schlimmerem führte. Mit einigen Zuspitzungen kann man sogar die These bestreiten, daß Goethe der Aufklärung hinzuzurechnen sei. Natürlich ist der «Sturm und Drang» eine Früh- oder Nebenform davon, auch «Egmont», auch der «Tasso» lassen sich dazu zählen. Aber zugleich stand Goethe immer über solchen Zurechenbarkeiten, das «große Zeitablehnungsgenie», wie Heine ihn genannt hat, und schon die «Iphigenie» drückt allenfalls insoweit den Geist des neuen Zeitalters aus, als sie daran erinnert, daß der Mensch, vor aller Zugehörigkeit zu einem Stand oder einem Volk, als Mensch zu sehen sei. Und der «Reineke Fuchs» sollte in einer Epoche utopischer Glückserwartung und der Hoffnung, daß die Revolution alles neu mache, dem Leser vor

Augen rufen, daß der alte Mensch immer der alte Mensch bleibe und das schlaue und ruchlose Wesen wie eh und je triumphiere: die Anthropologie war zuletzt stärker als alle Modelle einer besseren und gerechteren Ordnung.

Auf der anderen Seite ist es ebenso verfehlt, in Goethe, wie es im Zuge der wissenschaftlichen Klassik-Abwertung behauptet worden ist, den Repräsentanten der «Weimarer Hofklassik» zu sehen, er ist, nicht anders als Schiller, Herder oder Wieland, kaum ohne den bürgerlichen Hintergrund zu denken, aus dem er stammte, und die Art, in der er zusammen mit dem jungen Herzog die höfischen Verhältnisse von Weimar durcheinanderwirbelte, zeigt, wie weit er von der Rokokowelt der Etikette und des förmlichen Staatsschauspiels entfernt war. Es war gerade die Verbindung von bürgerlichem Wirklichkeitssinn und feudaler Kultur, die das besondere Wesen der deutschen Klassik ausmacht und ihr die anhaltende Wirkung ins 19. Jahrhundert hinein und darüber hinaus gesichert hat.

Aber mitunter erfaßt uns doch eine Ahnung, wieviel Nähe, bei aller Fremdheit, in so viel Ideologieverachtung und so viel radikalem Skeptizismus stecken könnte; und was es mit einer Nüchternheit auf sich hat, die keinem Glauben oder parteiischem Prinzip anhängt und sich von keiner sogenannten großen Idee beirren läßt, sondern in allem nur ein durchgängiges Ordnungsgesetz entdeckt und behauptet. Goethes kritischer Sensualismus hielt sich stets an die Erscheinungen selber und verharrte außerhalb jener Nebelzonen des Denkens, in denen die Deutschen sich, zu ihrem Glück und ihrem Unglück, bis heute so heimisch fühlen. Man solle nicht hinter den Phänomenen suchen, lautete seine lakonische Lebensregel, sie selber seien die Lehre oder: «Die Sinne trügen nicht, das Urteil trügt.» In einem Brief aus der Zeit des noch tastenden Beginns ihrer Freundschaft hat Schiller an Goethe den Blick gerühmt, der nie Gefahr laufe, «auf den Abweg zu geraten, in den sowohl die Spekulation als die willkürliche und bloß sich selbst gehorchende Einbildungskraft sich so leicht verirrt». Und: «Da sucht man lieber Kräuter und treibt Mineralogie, als daß man sich in leeren Demonstrationen verfinge.»

Zu solchen Demonstrationen gehörte alles Denken in großen Formeln und Projekten für eine neue Welt, zu deren Heraufkunft sich das Jahrhundert beglückwünschte. Der anschaulichste Beleg dafür ist der Schluß des «Faust», der von den progressiven Ausdeutern des Werkes bis in die jüngste Zeit als Apotheose jener Utopie verstanden worden ist, deren Demaskierung er gerade betreibt. Die Weltbeglückungsträume sind nichts anderes als Chimären, die aus der Blindheit kommen und in Gewalt enden. Philemon und Baucis gehen daran zugrunde und ungezählte andere: «Menschenopfer mußten bluten, nachts erscholl des Jammers Qual.» Es war eine erkältende Absage an die ausschweifenden Entwürfe zur Neuerschaffung aller Verhältnisse nach den Gesetzen der Vernunft und ohne die Fehlgriffe des biblischen Schöpfers, die darin zum Ausdruck kam, sowie eine hochmütige Geringschätzung des Verbesserungsfurors, der das Zeitalter soeben zu erfüllen begann und bis in unsere Tage umtrieb. Und welches höhnische, das Pathos aufklärerischer Erwartungen desavouierende Bild lieferte die Figur des erblindeten Faust, der in den klirrenden Spaten ringsum auf freiem Grund ein freies Volk zu vernehmen glaubte und doch nur das Werken der Zwangsarbeiter hörte, die ihm das Grab schaufelten.

Goethes Geschichtsferne war geprägt von seiner Herkunft aus dem «Reich», dem weder zu Preußen noch zu Habsburg zählenden Kerngebiet des Landes, das spätestens seit dem Dreißigjährigen Krieg nur noch Objekt der Mächte gewesen war und gleichsam der Balg, um den sie stritten. Die von den umliegenden Staaten herbeigeführte und über alle Wechselfälle aufrechterhaltene Ohnmacht eines Systems parzellierter Kleinherrschaften hat im Fortgang der Geschichte sowohl der lokalen Blickverengung als auch dem Höhenflug in philosophische Weltentwürfe

Vorschub geleistet und im Denken des Landes eine lange nachwirkende Tradition begründet. Unter ihrem Einfluß tat man sich schwer mit der Erfassung der Wirklichkeit sowie der bestehenden Machtverhältnisse. Nie hat der politische Gedanke in Deutschland die Lebensferne ganz vergessen machen können, die sein Erbteil war, und sich dafür durch den Stolz schadlos zu halten versucht, in einer Welt der Halbheiten und der falschen Kompromisse das reine Prinzip zu verkörpern. Es ist eine alte, über allen historischen Wandel bis heute bewahrte Geschichte, an die man damit gerät, Wirklichkeitsfremdheit und Weltungeschick, die sich eine Berufung daraus machen, einer trägen und selbstzufriedenen Menschheit moralisch lästig zu fallen.

Aber Goethe ist die störende Gegenfigur in dieser Tradition. Er hat, was zumindest den eigenen Lebensweg angeht, die Entwirklichung des Denkens frühzeitig als Gefahr erfaßt. Was immer seine Motive für den Entschluß waren, als junger Mann dem Ruf nach Weimar zu folgen: die Flucht vor dem Vater, vor der Verbindung mit Lili Schönemann oder vor dem Eingebundensein in ein absehbares Alltagsgrauen, war doch auch die Absicht dabei, von den Büchern und den bloßen Gedankenspielen weg den Schritt in die Realität zu machen, sich in einer «Weltrolle» zu versuchen, wie er 1776 an Merck schrieb. Jedenfalls hat der Herzog ihn nicht als Dichter oder Begründer eines Musenhofs nach Weimar kommen lassen, sondern als Ratgeber in Staatsgeschäften.

Goethe hat sich damit ein Feld praktischer Erfahrung und Lebenskenntnis erschlossen wie kaum ein Dichter vor oder nach ihm. Zwar häuften sich nach den ersten Jahren, als trotz der Zugehörigkeit zum Geheimen Conseil noch alles Laune und Verrücktheit war, die Klagen über die Last der politischen Tätigkeit, die er keineswegs als bloßes Ehrenamt auffaßte. Verhandlungen, Aktenstudium und Eingaben füllten den Tag, er war nacheinander Mitglied der Wege- und Wasserbaukommission, der Kriegskommission, der Bergwerkskommission, Direktor der Kammer, das heißt

Finanzminister, auch verantwortlich für den Neubau des Weimarer Schlosses und die Gartenarchitektur in Tiefurt, Dornburg, Belvedere und Ettersburg sowie anderes mehr: Direktor des Hoftheaters, Regisseur, Bühnengestalter und Schauspieler, Übersetzer sowie Bearbeiter von Stücken und italienischen Opern, dazu Arrangeur von Maskenzügen, Feuerwerken, höfischen Aufzügen und Repräsentationsspektakeln. Aber trotz der tausend Mühen und Lästigkeiten, die mit alledem einhergingen, und den ständigen Abhaltungen hat er die Isolation in der Buchstabenwelt des Literaten für weit bedrohlicher gehalten. Als er an der «Iphigenie» arbeitete, schrieb er an Frau v. Stein: «Hier will das Drama gar nicht fort, es ist verflucht, der König von Tauris soll reden als wenn kein Strumpfwürcker in Apolda hungerte.» Aber er gab, ein Leben lang, das eine nicht für das andere auf, erst beides zusammen machte das Ganze, die Wirklichkeit und der Gedanke, der immer in Gefahr war, die Bodenhaftung zu verlieren und ins Luftige zu entschwinden, wo der Denkende nicht nur die Welt aus den Augen verlor, sondern auch sich selber.

Es ist nur eine zufällig herausgegriffene Überlegung, die damit angestellt wird. Sie soll lediglich als ein Beispiel dienen, wie man Goethe, oder die Klassiker überhaupt, auch lesen und begreifen kann; und daß der Zusammenhang von Frage und Antwort, der erst ihr Nachleben ausmacht, keineswegs abgerissen ist. Wenn Goethe auch nicht zu den Zerbrochenen zählt, so offenbart seine Lebensgeschichte doch, wie nahe er dem Zerbrechen immer war, und seine Biographie läßt sich auch als eine einzige, jederzeit bewußt verfolgte Strategie der Absicherung auffassen, die aus ungezählten Ängsten, Absturzschrecken und Zerrüttungsgefahren herrührte, all dem, was er als Dämonenwesen so häufig beschwor und wie sonst nur noch Tod und Vergessensein fürchtete.

Niemand hat je ohne Bewegung den berühmten letzten Brief Goethes gelesen, wenige Tage vor seinem Tod an Wilhelm v. Humboldt geschrieben, in dem er von «diesen sehr ernsten Scherzen» spricht, die sein Lebenswerk ausmachen, und das Ergebnis so lang verfolgter, seltsamer Bemühungen «an den Strand getrieben» sieht, «wie ein Wrack in Trümmern daliegen und von dem Dünenschutt der Stunden zunächst überschüttet». Da ist alles, was er noch an Hoffnung besitzt, auf das eine Wort «zunächst» vermindert. Doch zugleich kommt noch einmal das depressive Wesen unter seinem Olympiertum zum Vorschein, jener am Ende doch alles in den Sturz zerrende Vergeblichkeitsgedanke, der ihn sein Leben lang begleitet hat und dessen Vorechos zunehmend lauter wurden. Um sich herum sah er eine Generation hochkommen, in deren Augen sein Werk «für nichts geachtet wird, eben weil ich verschmäht habe, mich in politische Parteiungen zu mengen», wie er im März 1832, wenige Tage vor seinem Tod, zu Eckermann sagte. «Um diesen Leuten recht zu sein, hätte ich müssen Mitglied eines Jakobinerklubs werden und Mord und Blutvergießen predigen!»

Zufällig und herausgegriffen wirken zweifellos auch diese Überlegungen im ganzen, es kann nicht anders sein. Ihre paradox anmutende Absicht ist es, gerade durch den Hinweis auf die Fremdheit Goethes das Interesse an ihm und seinem Werk zu beleben. Das setzt freilich das Ertragen von Widersprüchen voraus, mit dem, wie man wiederum bei Goethe lesen kann, alle Kultur erst beginnt. Aber wozu gäbe es die Klassiker überhaupt, wenn sie es nicht ermöglichten, Abstand von uns zu gewinnen? Aus der zeitgenössischen Literatur läßt sich allenfalls erfahren, wer wir sind; aus der klassischen dagegen, dem richtigen Verständnis zufolge, wer wir sein könnten. Zwar ist das Bedürfnis begreiflich, sich in ihr auch wiederzuerkennen. Daneben aber sollte man das andere Bedürfnis entwickeln, von Fall zu Fall aus sich herauszutreten, die Erscheinungen und Augenblickszustände der Epoche, die niemand ohne Voreingenommenheit und zeitbedingte Irrtümer wahrnehmen kann, aus der Distanz zu betrachten; sich gleichsam ans entfernte Ende der Stange zu begeben, wo sie sich nur noch leise rührt.

Dieser Absicht dient aber gerade die Fremdheit eines Klassikers mehr und besser als jedes, oft dazu noch täuschende Bewußtsein problemloser Übereinstimmung. Ich erinnere mich eines italienischen Gelehrten, mit dem ich vor Jahren wie über vieles auch über Goethe sprach, und er meinte, die Literaturgeschichte habe sich da einen grandiosen Irrtum erlaubt. Die Deutschen hielten zwar den Faust für die Figur, die ihr Wesen am treffendsten zum Ausdruck bringe, und die Idee des Teufelspakts habe, zumal nach der Erfahrung der Hitlerjahre, diesem Mißverständnis noch Vorschub geleistet. Auch Thomas Mann sei von dem Schauder vor der eigenen Dämonie nicht losgekommen. Aber viel eher seien die Deutschen das Volk des «Don Quichote». Jedenfalls deute darauf ihre Eigenart, im Gedanken ebensooft recht zu haben wie im Leben auf nicht selten verrückte und absurde Weise unrecht. Sie seien außerstande, das eine mit dem anderen zu versöhnen. Und gerade weil Goethe dies auf so exemplarische Weise vermocht habe, frage er sich, wie er überhaupt unter dieses Volk geraten sei. Die Lust des Dichters am Lebendigen und an dessen Erscheinungen, sein Wirklichkeitssinn und die Idee des Maßes, der er sich im Leben wie im Werk oft unter Schmerzen gebeugt habe, empfinde er als widerdeutsch bis zum Grotesken.

Es ist womöglich auch nichts anderes oder nicht viel mehr als das genuin und unbelehrt Deutsche, das sich in den abfälligen Urteilen über Goethe zu Wort meldet. Es beharrt auf der Geringschätzung des Wirklichen, der Vorherrschaft der Idee über die verächtliche Realität und dem universellen Pädagogisieren: sowohl die öffentliche Debatte als auch der wachsende Anhang politischer Gruppierungen, die in hohem Grade aus solchen Komplexen leben, deutet auf die Fortdauer dieser Tradition hin. Der Blick in die Geschichte lehrt, daß darin, unter wie wechselnden Vorzeichen auch immer, eine der Ursachen für manche Abwege liegt, auf die das Land geriet.

Friedrich Meinecke hat unmittelbar nach dem Krieg, im tiefen

Erschrecken über «die deutsche Katastrophe», angeregt, in jeder Stadt «Goethegemeinden» ins Leben zu rufen, die das Werk des Dichters pflegen und dessen verlorengegangene oder nie übernommene Maßstäbe zurückbringen sollten. Man kann den Hinweis nicht ohne eine Art von Rührung aufnehmen, weil er auf seine Weise teilhat an der Wirklichkeitsfremdheit, die er zu überwinden sucht. In einer gleichsam vorweggenommenen Antwort hat Karl Löwith während der Emigration geschrieben, es sei nicht möglich, zu Goethe zurückzukehren, aber auch nicht, über ihn hinauszukommen.

Allerdings setzen Überlegungen wie diese auf eine Gewähr, die aus der Kenntnis der Klassiker zumindest in moralischer oder gar politischer Hinsicht folgt. Doch so einfach liegen die Dinge nicht, und die Frage ist, ob man sie überhaupt mit irgendeinem Vorsatz lesen sollte. Anders als der Zeitgeist und die totale, auf den Nutzen versessene Dienstleistungsgesellschaft unserer Tage glauben machen wollen, ist ihre Lektüre keine Sache verwertbarer Gebrauchsanleitungen. Ihr Gewinn liegt jenseits aller Zwecke und nimmt gerade mit der Absichtslosigkeit von Werk und Leser zu. Allenfalls gerät man durch sie an Einsichten, wie sie Goethe nach der napoleonischen Tragödie in Moskau beschrieb: «So fühlen wir denn freilich, in welcher Zeit wir leben und wie hochernst wir sein müssen, um nach alter Weise heiter sein zu können.» An irgendein nutzbares Ende jedenfalls kommt man damit nicht. Sondern zu immer neuen Rätseln und antwortlos bleibenden Fragen, die ihren Reiz und ihren Sinn in sich selber haben.

Die unwissenden Magier

Über Thomas und Heinrich Mann

Vorwort

Alles, was über die schwer entwirrbare Beziehung zwischen Heinrich und Thomas Mann gesagt werden kann, verdankt die suggestivsten Formeln ihnen selbst. Sie haben das Bruderverhältnis romantisiert, pathologisiert und, als es zum Streit kam, zu prinzipiell entgegengesetzten Positionen hochgetrieben. Im April 1919 schrieb Thomas Mann an den Schriftsteller und Theaterkritiker Karl Strecker, der in dem Konflikt nur das Eifersuchtsdrama zweier unterschiedlich begabter Schriftsteller sehen wollte, der Gegensatz zu Heinrich scheine ihm «zu wichtig und symbolisch», um ihn mit literarischen Wertfragen zu verknüpfen. Er glaube, fährt er fort, «an Unterschiede des Temperaments, des Gemüts, der Moralität, des Welterlebnisses, die zu einer im Goethe'schen Sinne ‹bedeutenden› Feindschaft und repräsentativen Gegensätzlichkeit geführt haben – auf der Grundlage sehr stark empfundener Brüderlichkeit. Bei mir überwiegt das nordisch-protestantische Element, bei meinem Bruder das romanisch-katholische. Bei mir ist also mehr Gewissen, bei ihm mehr aktivistischer Wille. Ich bin ethischer Individualist, er Sozialist – und wie sich der Gegensatz weiter umschreiben und benennen ließe, der sich im Geistigen, Künstlerischen, Politischen, kurz in jeder Beziehung offenbart.»[1]

Die beiden hier vereinigten Essays versuchen, diesen Gegensatz näher zu bestimmen. Im Mittelpunkt der Auseinandersetzung stand, lange Zeit jedenfalls, ein Unterschied in der Auffassung von der Haltung des Schriftstellers gegenüber der Wirklichkeit, insonderheit gegenüber dem Politischen, wenn auch eng verwoben mit persönlichen, literarischen und philosophischen Uneinigkeiten. Die Frage ist, ob über alle «Feindschaft», allen «Haß» hinweg, von denen Thomas Mann gesprochen hat, sie zuletzt nicht doch Brüder auch im übertragenen Sinne blieben. Sie waren sicherlich Repräsentanten, aber vielleicht doch, bei allen Unterschieden, der gleichen Sache: jener tief apolitischen intellektuellen Tradition ihres Landes, der sich der eine früher, der andere mit einiger zeitlicher Verzögerung zu widersetzen schien.

Diese Überlegung macht den über fast zwanzig Jahre erbittert ausgetragenen Konflikt indes keineswegs zum bloßen Scheingefecht. Er war unvermeidlich. Nur führten sie ihn weniger, als ihnen je bewußt war, um grundsätzlich entgegengesetzte politische Auffassungen. Weit eher ging es bei dem von beiden Seiten angefachten und schließlich ins Ideologische ausgeweiteten Konflikt um einen Ablösungsvorgang nach zu lange dauernder, einträchtiger Nähe. Wer die frühen Arbeiten des einen und des anderen vergleicht, wird immer wieder auf verwandte Themen oder Figuren stoßen, den gleichen Erlebnishintergrund, die gleichen Vorbilder, und diese Gemeinsamkeiten haben zwangsläufig zu wechselseitigen Übernahmen und Entlehnungen geführt, die in der beginnenden Auseinandersetzung erhebliches Gewicht besaßen. Vor allem Thomas Mann war es, der dem Bruder vorwarf, ihm Pläne, Motive und sogar einzelne Wortprägungen entwendet zu haben, um sie «in oberflächlicher und grotesker Weise» zu verwerten.[2] Die kleinlich wirkende Beschuldigung verbarg, worum es in Wahrheit ging. Wenn Thomas an anderer Stelle, im Blick auf die frühen, gemeinsam verbrachten Jahre von einem «brüderlichen Welterlebnis» gesprochen hat, so empfand er jetzt zusehends die Notwendigkeit, sich endlich ein eigenes zu verschaffen.

Nicht anders verhielt es sich mit Heinrich. Beide suchten «die Abwehr des Anderen»[3], der so anders nicht war und gerade deshalb die eigene Entwicklung störte und behinderte: «Alles zugleich Verwandtschaft und Affront», schrieb Thomas Mann in einem Brief vom März 1917 und, wie häufig zu melodramatischer Steigerung neigend, der Streit sei «das schwerste Problem» seines Lebens.[4] Es war eine Art nachgeholter und ins Brüderliche versetzter Pubertätskrise, Entzug und Trennung von der übermächtig das eigene Leben bestimmenden Autorität. Anders als die vorherrschende Auffassung annimmt, besaßen die politischen Meinungsunterschiede dafür keine ursächliche Bedeutung; sie waren nur deren auffälligste Folge. Nach Jahren der persönlichen und literarischen Querelen, der Eifersuchts- und Rivalitätskomplexe öffnete die Übertragung des Konflikts ins Politische beiden Seiten einen Ausweg aus allem subalternen Brudergezänk und erlaubte es, die Auseinandersetzung über die private Sphäre hinaus auf die Höhe eines mit bekennerischer Vehemenz ausgetragenen Prinzipienstreits zu führen. «Was hinter mir liegt, war eine Galeeren-Arbeit», schrieb Thomas Mann, auf die «Betrachtungen eines Unpolitischen» anspielend, im Januar 1918 in einem Brief an Heinrich. Den Versöhnungsvorschlag des Bruders wies er jedoch ab, da die Arbeit an dem Buch noch nicht abgeschlossen war. «Immerhin», fuhr er fort, «danke ich ihr das Bewußtsein, daß ich Deiner zelotischen Suada heute weniger hülflos gegenüber stünde, als zu der Zeit, da Du mich bis aufs Blut damit peinigen konntest». Und gegen Ende heißt es: «Laß die Tragödie unserer Brüderlichkeit sich vollenden.»[5] Die pathetische Wendung offenbarte, daß er entschlossen war, auch um einen hohen Preis sich aus der Hilflosigkeit gegenüber dem Bruder zu befreien und eine eigene Position zu gewinnen. In einem nicht abgeschickten Brief antwortete Heinrich noch einmal, zum letzten Mal, im Ton des Älteren: «Bezieh nicht länger mein Leben u. Handeln auf Dich, es gilt nicht Dir, u. wäre ohne Dich wörtlich dasselbe.»[6]

Als die Brüder vier Jahre später wieder zusammenfanden, war der Ablösungsprozeß des einen vom anderen vollzogen, und offenbar hat das Bewußtsein, inzwischen zu sich selbst gefunden zu haben, Thomas die Versöhnung erst ermöglicht oder doch erleichtert. Nun störte auch nicht mehr, daß sie, als Fürsprecher und Anwälte der gefährdeten Republik, die gleiche Sache vertraten: Heinrich mit advokatorischem, der Wahlheimat Frankreich entliehenem Überschwang, Thomas dagegen auf gleichsam philologische Weise, mit Rückgriffen ins Geistesgeschichtliche, literarisch Versonnene und bei alledem immer ein wenig wie ausgedacht. Alle Besorgnisse angesichts der politischen Dauerkrise des Landes jedoch, alle Bereitschaft zum Beistand haben dem Politikverständnis weder des einen noch des anderen aufgeholfen. Die «Naivität» und «groteske Unkenntnis» der Tatsachen, die Hermann Kesten bei Heinrich Mann festgestellt hat[7], hätte er auch dem Bruder vorhalten können. Die eigentlich politischen Fragen der Macht und ihrer Mechanismen, des Zusammenspiels gesellschaftlicher Gruppen, der Bedeutung ökonomischer und sozialer Interessen, blieben ihnen nach wie vor verschlossen, und vergebens versuchten sie, ihre Fremdheit auf diesem Felde hinter großen Gutartigkeiten zu verbergen. Daher hätte die vorliegende Zusammenstellung auch, den Titel von Thomas Manns Bekenntnisbuch abwandelnd und erweiternd, «Betrachtung zweier Unpolitischer» heißen können.

Heinrich und Thomas Mann entstammten zwar, der Herkunft nach, einem alten Stadtstaat, in dessen demokratisch-freiheitlicher Selbstregierung die eigene Familie eine nicht unbedeutende Rolle gespielt hat. In Wahrheit aber waren sie dieser Welt, wie im Äußerlichen, so auch seelisch entlaufen. Sie dachten und empfanden in einer bürgerlichen Tradition, die ganz an privaten Begriffen, Zwecken, Tugenden orientiert war, Bücher und Träume bildeten ihr eigentliches Element, für das keine Wirklichkeit einen Ausgleich bot. Was man die «öffentlichen Dinge» nannte, war stets die Angelegenheit einiger weniger, die große Mehrheit gerade des gebildeten Bürgertums stand ihnen beziehungslos, nicht selten verlegen gegenüber und stilisierte das eigene Desinteresse als Vorbehalt der Humanität gegen die Politik, der Kultur gegen die Zivilisation, des Gedankens gegen das Leben oder was immer sonst noch an polemisch gemeinten Gegensatzpaaren aus der Verachtung der Realität zu gewinnen war. In jenem intellektuellen Milieu, in dem die Brüder sich in Wahrheit heimisch fühlten, war politische Urteilskraft weithin gleichbedeutend mit sozialem Gewissen und erschöpfte sich darüber hinaus in allgemein moralischen Richtsprüchen oder in den feierlichen Gaukelbildern der Versöhnung von Geist und Macht. Wer die politisch gemeinten Reden, Erklärungen und Aufsätze sowohl Heinrich wie Thomas Manns aus den Weimarer Jahren durchsieht, findet auf nahezu jeder Seite die Belege dafür, und selbst in den erhaltenen Briefen aus der Entscheidungszeit vom Frühjahr 1932 bis zum Februar 1933 sucht man vergeblich nach einem Echo jenes das ganze Land erfüllenden Lärms, der das unüberhörbare Signal der Katastrophe war, die bald schon ihre Welt erfassen und zugrunde richten sollte. Statt dessen Mitteilungen über einen neuen Roman Heinrichs, über Akademiestatuten und eine «Verbindung republikanischer Intellektueller, mit dem Ziel, die kommende zweite Republik geistig zu überwachen». Bücher und Träume.

Nicht anders verhielt es sich während der Emigration. Die zahlreichen Kommentare zum Tage, die vor allem Heinrich in jenen Jahren verfaßte, aber auch die Briefe der Brüder sind eine einzigartige Sammlung von Fehlurteilen und Wunschbildern, und man muß beispielsweise nur René Schickeles Tagebücher aus der gleichen Zeit lesen, um zu erkennen, daß dessen überlegenes politisches Urteilsvermögen nicht nur eine Sache des kühleren Kopfes, sondern offenbar auch der Herkunft aus anderen Traditionszusammenhängen war. Noch in dem Erinnerungsbuch «Ein Zeitalter wird besichtigt» sieht Heinrich Mann auf jenes Europa, das er liebte wie kaum ein anderer, ganz unpolitisch; sein Blick erfaßte es nur ästhetisch, moralisch und mit melancholischem Kulturstolz; es hatte so großen Stil und war reich gewesen an «galanten Begabungen», Franz Joseph und Bismarck und die Erfahrungen von Jahrhunderten. «Wenn ich H. M. und T. M. zusammen politisieren hörte», schrieb Golo Mann später, in Erinnerung an die Zeit der kalifornischen Emigration, «hatte ich manchmal das gleiche Gefühl: Was reden doch die zwei unwissenden Magier da? Unwissend, weil schlecht informiert, weil wirklichkeitsfern. Magier, weil sich andere Wirklichkeiten erträumend oder Lieblingsträume mit Wirklichkeit gleichsetzend, noch mehr, weil mit stark intuitivem Blick begabt».[8]

Unrettbar fremd im Politischen, wie sie waren, unterschied sie doch eines. Thomas Mann hat die Wendung in die Politik immer als einen Akt der Selbstentfremdung empfunden und sein Engagement als Pflicht aufgefaßt, zu dem die Zeit ihn zwang. «Gleichgültigkeit, ich weiß, das wäre eine Art von Glück», hat er eine seiner frühen Figuren bekennen lassen.[9] Am Ende, in allem Triumph über Hitlers Untergang, bleibt daher immer auch die Hoffnung unüberhörbar, daß dieser Sieg nicht nur einen Mann, sondern auch den Epochenirrtum von der Vorherrschaft des Politischen über das Private aus der Welt geschafft habe. Noch einmal täuschte er sich. Aber er war noch in dieser Täuschung seinem Bruder näher, als er glauben mochte, und nichts beweist vielleicht eindrucksvoller den künstlichen, in ganz anderen Motiven zu suchenden und zu findenden Charakter der «repräsentativen Gegensätzlichkeit». Zwar hatte Heinrich die politische Rolle mit der Emphase übernommen, deren er fähig war, ungeduldig erst die Zukunft, dann die Menschenrechte und zuletzt den Widerstand gegen die Barbarei beschwörend. Doch in seinem Buch über das Zeitalter, auf das er am Ende Rückschau hielt, findet sich ein Porträt Arthur Schnitzlers, geschrieben in Verehrung und nicht ohne einen Anflug neiderfüllter Sehnsucht. «Von den öffentlichen Dingen hielt er nichts», heißt es da. «Er hätte, was kam und folgte, durchschauen können wie meinesgleichen; er wollte nicht einmal, daß man daran litt»: der «einzige Dichter von Rang und Urteil, der seine Nichtachtung der öffentlichen Dinge für selbstverständlich nahm – und das Gegenteil für Zeitverderb, wenn nicht für eine ungewollte Enthüllung».[10]

Um den Versuch einer solchen Enthüllung geht es in den beiden vorliegenden Betrachtungen, auch wenn der Begriff etwas allzu spektakulär anmutet angesichts zweier Schriftsteller, deren Werk und gegenseitige Beziehung inzwischen zum Gegenstand einer unübersehbaren Literatur geworden sind. Vielleicht aber liefert die genauere Vergegenwärtigung der Motive, die Heinrich und Thomas Mann zur Politik brachten, sowie die Erörterung der Frage, wie sie deren Ansprüchen gerecht zu werden versuchten, einige Aufschlüsse, die ihr Bild ergänzen und verdeutlichen.

Thomas Mann – Politik als Selbstentfremdung

Thou com'st in such a questionable shape.
Hamlet[1]

Dies ist unsicherer Grund. Ein Leben und ein Werk voller Ironie, der Lust an Doppeldeutigkeit und würdevoller Mogelei. Fangen wir vorsichtig an.

Die vorherrschende Auffassung geht dahin, Thomas Manns Verhältnis zur Politik als einen Prozeß zu bezeichnen: die Geschichte einer aus konfusen Anfängen hervorgehenden, nicht ganz freiwilligen, doch vom Druck der Umstände bewirkten «Bekehrung» zu politischer Vernunft. Einzuräumen wären wiederholte Phasen des Schwankens, der Rückfälligkeit in den reaktionären Sündenstand von einst, doch steht am Ende immer wieder der entschlossene Schritt nach vorn: ein deutscher Bildungsroman im Grunde, vorgeführt am Beispiel eines der größten Dichter des Landes, Biographie als Stufengeschichte zu höherer Einsicht. «Einer erzieht schreibend sich selbst», hat Heinrich Mann, ganz in diesem Parabelsinne, den Lebensweg seines Bruders gedeutet.[2]

Nicht zufällig ist der Entwicklungsroman bei einem pädagogisch so ernstmeinenden Volk wie dem deutschen die Erscheinungsform des Romans schlechthin; und häufiger als offenbar zulässig wirkt die ihm zugrundeliegende Idee, wonach der Mensch erst im Ringen mit sich selbst zu Einsicht und Reife komme, auf die Deutung eines Lebenswegs zurück. Der Verdacht ist nicht unbegründet, daß Thomas Mann in seinem Verhältnis zur Politik nicht zuletzt deshalb zum Paradefall eines deutschen Schriftstellers im ausgehenden bürgerlichen Zeitalter werden konnte, weil er die vertraute Vorstellung, daß Leben soviel wie Läuterung sei, beispielhaft zu erfüllen schien: nach einem entschieden unpolitischen, in die hochmütigen Spielereien der Kunst verlorenen Beginn habe er sich, der verbreiteten Auffassung zufolge, gleich der Mehrzahl seiner schreibenden Zeitgenossen, von den Euphorien des Ersten Weltkriegs zu einigen verworrenen nationalistischen Bekenntnissen hinreißen lassen, dann aber, von Vernunft und Verantwortungsbewußtsein geleitet, den früheren Vorstellungen abgeschworen und den Weg zur Aussöhnung mit Republik und Demokratie eingeschlagen, sogar «zur Entscheidung für den Sozialismus» gefunden, wie Kurt Sontheimer gemeint hat[3], kurz: die in seiner Person wie am Exempel sichtbar gewordene, traditionell deutsche Entfremdung von Geist und Politik überwunden, ehe er schließlich, als Emigrant, einer der enragierten Kritiker des in Hitler offenbar gewordenen deutschen Irrwegs geworden sei: in der Tat ein Entwicklungsroman.

Zahlreiche Äußerungen aus der zweiten Lebenshälfte des Dichters stützen diese Deutung offenkundig ab: angefangen von der aufsehenerregenden Rede «Von deutscher Republik», die Thomas Mann 1922, zum 60. Geburtstag Gerhart Hauptmanns, gehalten hat, über die gegen Ende der Weimarer Republik beschwörend ins Politische ausgreifenden Studien zu Freud, Goethe, Richard Wagner, sich fortsetzend in den «Leiden an Deutschland» und schließlich gipfelnd in den von der BBC während des Krieges ausgestrahlten Rundfunkansprachen an die deutschen Hörer sowie in manchem anderen, was er selber, nicht ohne verwunderte Erheiterung, als «politisch gebundene Dienstleistungen» und «demokratisches Wanderpredigertum» bezeichnet hat.[4]

Die Frage ist freilich, ob von einem wirklichen Wandel der Grundüberzeugungen gesprochen werden kann. Nicht, daß die Bekenntnisse zur Republik, zu westlicher Zivilisation und sozialer Gerechtigkeit nur als die opportunistischen Zugeständnisse eines Mannes zu gelten hätten, dem die Rolle als Praeceptor und Festredner viele republikanische Messen wert gewesen wäre. Doch darf man die ironische Nebenspur nicht übersehen, die alles begleitet, was er je in Standpunktdingen geäußert hat, sie immer sogleich entschärfend, abschwächend und ins Paradoxe auflösend. Schon den «Betrachtungen eines Unpolitischen» hatte er eine Vorrede hinzugefügt, wonach in aller polemischen Heftigkeit, auf die er sich da eingelassen habe, in aller Streitlust, immer auch «ein Rest von Rolle, Advokatentum, Spiel, Artisterei, Über-der-Sache-Stehen, ein Rest von Überzeugungslosigkeit» enthalten sei.[5] Und nicht viel anders verfuhr er anläßlich der Bekenntnisrede «Von deutscher Republik». In dem Vorwort, das er der gedruckten Fassung voranstellte, verwirrte er seine Leser mit den Sätzen: «Wenn der Verfasser also auf diesen Blättern teilweise andere Gedanken verficht als in dem Buche des ‹Unpolitischen›, so liegt darin eben nur ein Widerspruch von Gedanken untereinander, nicht ein solcher des Verfassers gegen sich selbst ... Dieser republikanische Zuspruch setzt die Linie der ‹Betrachtungen› genau und ohne Bruch ins Heutige fort.» Und an seine Briefpartnerin Ida Boy-Ed schrieb er, das soeben erst abgelegte Bekenntnis zur Demokratie schon fast wieder verleugnend: «Ich halte mich an die großen Meister Deutschlands, Goethe und Nietzsche, die es verstanden, anti-liberal zu sein, ohne irgend einem Obskurantismus das geringste Zugeständnis zu machen und der menschlichen Vernunft und Würde etwas zu vergeben.»[6]

Wer daher nicht einfach gutgläubig ist oder zu den ideologischen Proselytenmachern zählt, die auf beständiger Suche nach Zeugen und Eideshelfern der demokratischen Sache sind, wird mit der politischen Standortbestimmung des Dichters einige Mühe haben. Zusätzlich kompliziert wird das Urteil noch durch eine ebenso auffällige wie bezeichnende Diskrepanz, auf die Thomas Mann selber hingewiesen hat. Das rational Humanitäre, schrieb er in einem Brief aus dem Jahre 1935, äußere sich bei ihm «fast nur im Kritisch-Essayistischen, Polemischen ..., aber kaum in meinem dichterischen Werk, wo meine ursprüngliche Natur, die nach Gleichgewicht im Humanen verlangt, weit reiner zum Ausdruck kommt.»[7] Ungeachtet dessen berufen sich die Anwälte eines demokratisch geläuterten Thomas Mann fast ausschließlich auf seine politischen Schriften, weil in ihnen der Dichter selber als Person, Bürger und Bekenner zu sprechen scheint, während in den Romanen und Erzählungen jeder Standort durch die übergreifende Intention, durch Handlungszusammenhang oder Psychologie der auftretenden Personen bedingt und relativiert erscheint.

Wer es sich aber versagt, den Dichter, auch als Person, von seinem literarischen Werk kurzerhand abzutrennen, wird den Widerspruch, zumindest mit Beginn der zwanziger Jahre, immer neu entdecken. Und die Überlegung liefe dann darauf hinaus, ob Thomas Mann sich mit seinem essayistischen Werk, mit seinen Reden und Appellen nicht nur einer wie ernst auch immer begriffenen Pflicht unterwarf – während er in Wirklichkeit, in seinem Werk also und im Persönlichen, der alten romantisch-ästhetischen Position mitsamt ihren Antithesen von Geist und Politik, Kunst und Leben unveränderbar treu blieb; ob all die feierlich stilisierten Bekenntnisse zur Demokratie, zum sozial Nützlichen oder zum Fortschritt nur mühsamer «Gewissensdienst» waren – während er weiterhin jene apolitische «wüthende Leidenschaft für das eigene Ich»[8] kultivierte, die sein Bruder Heinrich ihm vorgeworfen hat: die Vorliebe für Verfall, Untergang und weltverachtendes Außenseitertum. In seinem gesamten erzählerischen Werk jedenfalls hat die so spektakulär empfundene Wendung von 1922 keinen merkbaren Widerhall gefunden. Die Welt des Sozialen, in irgendeinem engeren Sinne Politischen: Revolution, Heraufkunft des Industriezeitalters, gesellschaftliche Veränderungen, aber auch die Menschen, die davon erfaßt, getragen und zerbrochen wurden – das alles ist den späten Romanen so fremd wie den frühen; am deutlichsten tritt es, paradoxerweise, noch in den «Buddenbrooks» hervor, die den Verfall einer Familie eng mit dem historischen Untergangsprozeß des Bürgertums verbinden.

Doch selbst für die «Buddenbrooks» hat Thomas Mann den gesellschaftlichen Aspekt nicht oder nur sehr beiläufig wahrhaben wollen und darauf beharrt, daß er individuelle Schicksale erzähle und im ganzen «die Verwandlung des deutschen Bürgers in den Bourgeois ein wenig verschlafen» habe.[9] Unverändert jedenfalls, vorher wie nachher, blieb sein Blick auf den sonderbaren, in eine geschichtslose Geschichtlichkeit versetzten einzelnen gerichtet, das «problematische Ich». In «Königliche Hoheit» heißt es über Klaus Heinrich, der seine grüßenden, im Sonntagsstaat versammelten Untertanen betrachtet: «Er wußte nicht, wie sie unverschönt und unerhoben am Wochentag blickten und waren»[10] – das gleiche gilt auch für den Autor, der das nicht nur nicht wußte, sondern nicht einmal zu wissen verlangte. Die Verleugnung der sozialen und politischen Umstände geht so weit, daß Thomas Mann auf die Frage, wie sich reale Ortsnamen in dem Buche ausgenommen hätten, antwortete: «Das Wort ‹Berlin›, ein einziges Mal in einer einzigen Zeile aufklingend, hätte mit den hundert störenden Ideenverbindungen, die es hervorruft, meine ganze Imagination über den Haufen geworfen.»[11] Selbst der Josephs-Roman, dessen vierter Band vielfach (und nicht ohne Legitimation durch Thomas Mann selber) als eine hintergründige Huldigung an das Amerika Franklin Delano Roosevelts, an eine Welt des aufgeklärten, pragmatischen, sozialen Glücksstrebens verstanden worden ist, erzählt nichts anderes (wie wiederum Thomas Mann, groß in seinen Widersprüchen, bemerkte) als der Roman der «Buddenbrooks» auch schon: eine «Verfalls- und Verfeinerungsgeschichte». Der junge Joseph sei durchaus mit Hanno zu vergleichen, äußerte er, «nur, daß ... in diesem mythischen Buch das Familiär-Bürgerliche ins Menschheitliche gesteigert wird».[12]

Nicht anders steht es, aufs Ganze gesehen, um «Lotte in Weimar», um «Doktor Faustus», den «Erwählten» und schließlich um «Felix Krull». Kurz nach dem Erscheinen des «Zauberberg» schrieb der Dichter auf entsprechende Einwände hin an Julius

Bab: «Daß das Soziale meine schwache Seite ist –, ich bin mir dessen voll bewußt und weiß auch, daß ich mich damit in einem gewissen Widerspruch zu meiner Kunstform selbst, dem Roman befinde, der das Soziale fordert und mit sich bringt. Aber der *Reiz* – ich drücke es ganz frivol aus – des Individuellen, Metaphysischen ist für mich nun einmal unvergleichlich größer. Sicher, Roman, das heißt Gesellschaftsroman, und ein solcher ist der Zbg. bis zu einem gewissen Grade auch ganz von selbst geworden. Einige Kritik des vorkriegerischen Kapitalismus läuft mit unter. Aber freilich, das ‹Andere›, das Sinngeflecht von Leben und Tod, die Musik, war mir viel, viel wichtiger. Ich bin deutsch ... Das Zolaeske ist schwach in mir, und daß ich auf den 8 Stunden-Tag hätte kommen müssen, mutet mich fast wie eine Parodie des sozialen Gesichtspunktes an.»[13] Der das schreibt, ist strenggenommen immer noch der Autor der «Betrachtungen eines Unpolitischen», der wie unberührt von dem, was die nationale Rechte ihm als «Überläuferei» vorwarf, von Gesinnungswechsel und Hochrufen auf die Republik, an der Idee einer elementaren, in der deutschen Geistestradition begründeten Politikfremdheit festhält.

Schon diese wenigen Andeutungen machen offenbar, wie irrig im Falle Thomas Manns der bloße Versuch einer genaueren politischen Positionsbestimmung ist. Man verfehlt sein Wesen selbst, die Lust am Vexatorischen, an Schein, Rollentausch und höherem Versteckspiel, sofern man ihn beim Wort nimmt. Sein innerstes Bedürfnis ging durchweg gegen Parteinahme, Tendenz und Engagement, sogar gegen alle Formen öffentlicher Mitmacherei, und noch Mitte der vierziger Jahre notierte er, dergleichen habe für ihn stets «leicht den Charakter des Phantastischen, Traumhaften, Skurrilen» gehabt.[14] Alle Gesinnungszugehörigkeiten waren seiner Natur tief zuwider, und wie Hans Castorp wollte er immer der «Herr der Gegensätze» bleiben. Den Streit beispielsweise darüber, ob er dem totalitären Glücksdespotismus Naphtas oder dem Freiheits- und Fortschritts-Belcanto Settembrinis stärker zuneige, hat er mit ratlosem Achselzucken verfolgt; er gab jeder seiner Figuren die Chance des besseren Arguments und der stärkeren Wirkung, sie waren alle seine Geschöpfe: er war für Tonio Kröger und Hans Hansen, war für Mario, doch für den Zauberer auch.

Als reflektierender Schriftsteller, der wie kaum ein anderer das eigene Werk unablässig interpretiert hat, hat Thomas Mann auch das mit jedem Roman, jeder Erzählung kunstvoll neu errichtete System der gebrochenen Bedeutungen, der angeschlagenen, nie nur einfach ins Recht oder Unrecht gesetzten Figuren zur eigenen Theorie entwickelt. Es handelt sich um nichts anderes als die Thomas Mannsche Ironie. Sie ist weit mehr als bloßes Stilmittel und literarischer Gestus, sondern rührt unmittelbar an den Grund der Persönlichkeit selber.

Mit einem beispiellosen methodischen und sprachlichen Erfindungsreichtum hat er sich dieser Ironie in allen denkbaren Formen bedient. Sie taucht ebenso als Untertreibung auf wie in der absichtsvoll überziehenden Beschreibung von Personen, Vorgängen und Empfindungen; in doppelten Verneinungen, die als Bejahung mit gleichsam stiller Reserve erscheinen, in leitmotivischen Wiederholungen wie beispielsweise Tony Buddenbrooks Formel vom Leben, das sie, weiß Gott keine Gans mehr, kennengelernt habe; in der kühnen Verkoppelung von Widersprüchen, im plötzlichen Tonartenwechsel und was man darüber hinaus noch anführen mag.

Für dieses novellistische Mittel, das eine allezeit überlegene, nie in die vorbehaltlose Identifikation übergehende Erzählhaltung statuiert, gibt es in jedem Werk des Dichters, auf jeder Seite geradezu, eine Vielzahl von Beispielen. So vermerkt Thomas Mann an hochgestellten, durchaus achtunggebietend eingeführten Personen mit Vorliebe den einen oder anderen ins Lächerliche weisenden Zug, an den Zarten das Triebhafte oder läßt im «Tod in Venedig» den Boten des Jenseits als komische Figur auftreten. Das Gesicht des «Kleinen Herrn Friedemann», das so jämmerlich «zwischen den

Schultern saß», war dennoch «beinahe schön», Herr Settembrini eine «Mischung von Schäbigkeit und Anmut».[15] Von besonderer Problematik sind, aus der Sicht eines derart distanzbedachten Erzählers, die Situationen emotionaler Gefühlsüberwältigung, und im «Zauberberg» finden sich zwei ingeniöse Beispiele für die Ausweichbewegung, mit deren Hilfe Thomas Mann es vermeidet, selber in die Falle jenes Gefühls zu tappen, in die er seine Geschöpfe gebracht hat. Denn der Rückzug Hans Castorps in die französische Sprache – beim Liebesbekenntnis gegenüber Clawdia Chauchat – bedeutet nichts anderes als den Versuch, sich noch im Geständnis der Leidenschaft abzusichern, sich nicht preiszugeben, einen Rest von Unverbindlichkeit zu wahren: «Car pour moi», äußert er, «parler français, c'est parler sans parler, en quelque manière – sans responsabilité.»[16] Möglicherweise noch sinnfälliger ist die Szene, in der Hans Castorp vor der Leiche Joachim Ziemßens steht. Die Schilderung der Gemütsbewegung, die ihn überfällt, wird unvermittelt abgebogen in die Beschreibung des «alkalischsalzigen Drüsenprodukts», das dem Trauernden über die Wangen läuft. «Er wußte», heißt es dann, wie um die Sache auf die Spitze oder richtiger, von aller Zuspitzung im Gefühl wegzutreiben, «es sei auch etwas Muzin und Eiweiß darin.»[17]

Noch greifbarer äußert sich der ironische Vorbehalt in der einfallsreichen Kombination von Adjektiven und Substantiven, die vielfach nicht nur eine dialektische Spannung zwischen den Wörtern herstellt, sondern zu unverhohlen antithetischen Verbindungen führt, in denen sich die gedankliche Substanz nahezu auflöst und die Erkenntnis weniger durch den begrifflichen Zusammenhang selber als durch dessen Suggestion vermittelt wird. In «Schwere Stunde» ist einmal von der «sehnsüchtigen Feindschaft» Schillers zu Goethe die Rede; Thomas Mann spricht vom «bleichen, verbrecherischen Heiligenantlitz Dostojewskis», nennt Nietzsche den «trunkenen Migräniker von Sils-Maria» und die Ironie selber schließlich, in einer doppelt gebrochenen Wendung, eine Form «höchster Selbstentäußerung», einhergehend mit «zärtlichster Verachtung».[18]

Von diesen sprachlichen und erzählerischen Formen, den kunstvollen Ambivalenzen, die alle Konturen aureatisch zerfließen lassen, sie ins Zwielichtig-Ungenaue heben, doch den Verlust an Präzision durch einen hohen Gewinn an Transparenz, Farben und Halbtönen aufwiegen, geht der Blick am Ende zurück auf Thomas Mann selber. Auf seiten der Persönlichkeit ist diese Ironie nichts anderes als ein Versuch der Selbstverheimlichung, die literarische Figur des «Inkognitos»; sie ist fundamentale Entscheidungs- und Bekenntnisscheu, die sich in die Haltung der Überlegenheit zu retten versucht.

Sie drängte folglich auch nicht nur im Werk hervor, sondern zeigte sich in den Bedürfnissen und Vorlieben ebenso wie in der habituellen Eigenart. Denn die Maskerade offenbart immer die Lust oder Nötigung der ganzen Person zur Verkleidung. Schon das Puppentheater des elterlichen Hauses, für das die Brüder, hinter einer Wand verborgen, in Rollen schlüpften, dramatische Zuspitzungen erfanden, Aktschlüsse erprobten und in alledem, auf noch kindlich spielerische Weise, etwas von Freiheit und Macht des «Herrn der Geschichte» erlebten, brachte diese Neigung zum Versteckspiel zum Vorschein. Mit den gleichen Bewandtnissen hat, auf ganz anderer Ebene, Thomas Manns lebenslange Leidenschaft für die Musik zu tun, die er, sofern dergleichen begründbar ist, gerade ihrer Vieldeutigkeit, ihres verschwimmenden, kaum faßbaren Wesens wegen liebte.

Auch seine äußere Erscheinung, der Zug ins Hochgeknöpfte, korrekt Manierliche und fast Beamtenhafte, das auf den Photographien der Zeit erkennbar wird, das Tenue bürgerlicher Reputierlichkeit, das er seinem Auftreten wie seinen Lebensumständen gab, ließe sich als existentielle Form der Ironie deuten. In einer Beobachtung, die soviel Einfühlung wie Selbstkritik enthält, hat Heinrich Mann in der Förmlichkeit des Bruders vor allem das Erbteil des Vaters gesehen; um ein Werk von Dauer hervorzubringen, habe Thomas sich vorgenommen, «pünktlich und genau (zu) sein. Es gibt kein Genie außerhalb der Geschäftsstunden»[19], schrieb er. Aber hinter allem zeremoniösen Gehabe, das Thomas Mann herauskehrte, stand, fast überbewußt, das Künstlerische, Ordnungswidrige, die Treulosigkeit gegen jede Konvention und jedes Prinzip: «Man ist als Künstler innerlich immer Abenteurer genug. Äußerlich soll man sich gut anziehen, zum Teufel, und sich benehmen wie ein anständiger Mensch.»[20]

Darin unterschied er sich auf unverkennbare Weise von Heinrich, der mondäne Verhältnisse und einen Lebensstil kavaliersmäßiger Bohème liebte, sich in aller Öffentlichkeit mit Frauen umgab, denen ein anrüchiger Lebenswandel nachgesagt wurde, aber zu frei und eigensinnig war, den Konventionen nachzugeben. Während Thomas sich mit einer Mischung aus Unbehagen und Scheu von den «Zigeunern im grünen Wagen» fernhielt, saß Heinrich mitten unter ihnen, ein ungenierter «Artist», ein «Ausreißer» und «Messerschlucker», wie Thomas Mann ihn gelegentlich bezeichnet hat.[21] Seine eigene Unabhängigkeit und Ausreißerei ging im Gegensatz dazu ganz nach innen, ins Verborgene, und mit guten Gründen hat man darauf hingewiesen, daß diese Unterschiede auch aus der abweichenden sexuellen Veranlagung der Brüder herrühren mögen.[22] Die gleichgeschlechtlichen Neigungen Thomas Manns, verbunden mit einem nervösen, leicht beeinflußbaren Temperament, zwangen ihn, sich eine «bürgerliche Verfassung» zu geben, deren Beengungen er schreibend, durch die Freiheiten der Kunst überwand. Seine Vorliebe für eine Personnage der Gebrochenen, der Versager, Teufelspaktierer und Hochstapler wäre dann eine Art romantischen Ausgleichs, mit dem er sich für den Übertritt ins Bürgerliche schadlos hielt, während Heinrich seine unbürgerlichen Lebensumstände, nach unsicherem Beginn, durch ein Werk kompensierte, das soziales Pathos mit appellhafter Moralität verband, die Figuren im Guten wie im Bösen monumentalisierte und in alledem ein Element von Schulmeisterernst erkennbar werden ließ. Beide schrieben von Sehnsüchten und lebten schreibend in einer Welt, in der sie mit der anderen, unterdrückten Seite ihres Wesens zu Hause waren.

Daneben gab es weitere Gründe für das Bedürfnis, die eigene Person zu verbergen. Auffällig ist immerhin, daß Thomas Mann, wie sehr er die Ironie auch zum Prinzip erhoben und gefeiert hat, nie ein Wort über die Motive verlor, die in die Persönlichkeit selber zurückreichen. Er hat sie durchweg künstlerisch begründet, vereinzelt auch als Ausdruck zivilisierter Menschlichkeit, als Zweifel, Bescheidenheit oder Verzicht auf große Gebärden beschrieben. Aber solche Hinweise lösen die Frage nicht, sondern kleiden sie nur in die Form einer Antwort, da hinter allen Kunsttheorien oder -haltungen wiederum ein Bedürfnis steht. Selbst die inzwischen veröffentlichten Tagebücher, die ein einzigartiges Dokument nie ermüdender Selbstbemusterung sind, wo von zahllosen Alltagsmalaisen, von nervösen Hypochondrien, Verdauungsstörungen und Todesanwandlungen bis hin zu den Auslagen für Schneider, Friseur und Zigarrenhändler die Rede ist, enthalten auf mehreren tausend Seiten kaum eine Andeutung zur Psychologie dieser offenbar elementaren Neigung. Einige Male ist von homoerotischen Anfechtungen die Rede, und wer darin einen Schlüssel sieht, wird zu einigen Einsichten finden. Im ganzen aber endet der exzessive Hang zur Selbstpreisgabe dort, wo die Ursache des ironischen Verhältnisses zur Welt aufzudecken wäre. Zugleich bestätigt der distanzlose Ernst, mit dem Thomas Mann die eigene Person betrachtet, die pedantische Gravität, mit der er wohlwollende Dutzendkritiken, Ehrungen oder den Beifall vermerkt, den er auf seinen Vortragstourneen erhält, die allgemeine Einsicht, daß die ironische Existenz zur Selbstironie unfähig ist.

Wenn Ironie ein Zeichen von Schwäche ist, war sie in seinem Fall, sofern man sich ans Belegbare hält, neben den erwähnten Gründen vom weit in die eigene Biographie zurückreichenden

Außenseitergefühl verursacht. Schon früh und in überwacher Bewußtheit hat der späte Nachfahre einer hanseatischen Kaufmannsfamilie empfunden, daß deren robuste Tugenden in ihm zu Ende gingen. Und wem die Figur des Hanno, des «kleinen Verfallsprinzen», wie Thomas Mann ihn nicht ohne narzißtische Zärtlichkeit genannt hat, allzu literarisch umgesetzt erscheint, kann in Peter de Mendelssohns Biographie nachlesen, wie der Schüler der Lübecker Gelehrtenschule Katharineum, fremd, blaß und hochmütig, der Welt gegenübertrat. Wenn der Hauptpastor Ranke von St. Marien, schon bald nach dem Tod des Senators, die rasch in der Stadt umlaufende Bemerkung von der «verrotteten Familie» machte[23], so bezog sich das zwar vorab auf einige Vorfälle der vergangenen Jahre, die in den «Buddenbrooks» mit den Namen Christians oder auch Hugo Weinschenks verknüpft sind. Aber gemeint waren sicherlich auch die beiden Söhne des Verstorbenen, die, teilnahmslos und blasiert, in «träumerischer Renitenz», die Kaufmannswelt verachteten, der sie entstammten.

Auch wenn man nur wenig über die Wirkung jener Skandalgeschichten und des boshaften Hirtenworts auf den jungen Thomas Mann weiß, ist doch ziemlich sicher, daß sie die Gefühle des Ressentiments gegen die Welt noch verstärkten und sich mit dem Bewußtsein leidender Verfeinerung, mit undeutlichen Schuldgefühlen und dunklen Kompensationswünschen zu der Vorstellung verbanden, zu etwas Besonderem, Unerhörtem ausersehen zu sein: dies alles aber in der Sorge, es vor den Menschen und ihrem Hohn geheimzuhalten.

Nur durch die Kunst, so viel erfaßte er, sofern man den frühen Zeugnissen, vor allem der Erzählung «Der Bajazzo» folgt, auf deren autobiographische Wahrheit Thomas Mann selber hingewiesen hat, konnte er sich dem Leben entziehen und gleichzeitig an ihm teilhaben. «Wie, wenn ich in der Tat ein Künstler wäre?», fragt die Titelfigur, ein von Selbstzweifeln erfüllter, vor der Welt hilflos und lächerlich wirkender junger Mann. In den sich überstürzenden Worten, mit denen er sein Verhältnis zu den Menschen kennzeichnet, klingt der ganze Außenseiterkomplex des Autors nach: «Ausgeschlossen, unbeachtet, unberechtigt, fremd, hors ligne, deklassiert, Paria, erbärmlich vor mir selbst.»[24] Aber indem er alles in Darstellung verwandelte, konnte er die verworrenen Gefühle zu gegliederten Satzperioden formen, die Ängste und Melancholien in Wortgehäuse sperren oder in erfundene Figuren verlegen. Im Kunstwerk bot sich die Möglichkeit, allen Meinungszwängen zu entgehen, indem er Behauptung und Widerspruch im Antagonismus erzählend eingeführter Gegenspieler zur Sprache brachte, hinter denen er sich ebenso offenbarte wie verbarg. «Es hilft nichts: man muß leben», sagt der Ich-Erzähler der Novelle. Aber das Leben und die Offenbarungseide, die es dem einzelnen abverlangte, wurden erträglicher durch die Möglichkeit, ihm ironisch auszuweichen.

Die literarischen Anfänge Thomas Manns standen ganz im Zeichen der deutsch-romantischen Tradition, die zahlreichen Erinnerungsstücke, die davon handeln, rufen stets aufs neue die Namen Schopenhauer, Wagner, Nietzsche herauf und verknüpfen sie variantenreich mit Begriffen wie Musik, Tiefe, Todesstimmung: dies ist, hat er so oder ähnlich wiederholt bekannt, «doch eigentlich die Heimat meiner Seele».[25] Von daher ebenso wie aus weiter zurückliegenden, dem deutschen Idealismus entstammenden Quellen kam die schroffe, von der eigenen Lebenserfahrung schon früh bestätigte Trennung von Geist und Leben, kamen schließlich die unentwegt beschworenen, auf die Höhe eines Kardinalkonflikts getriebenen Antinomien von Literatur und Wirklichkeit, von Kunst und Politik. Der Vorrang im Verhältnis zwischen dem einen und dem anderen war unstreitig: die erfundene Welt überragte unendlich das Schattenreich der Realität, die fiktive Wirklichkeit war existenter als jene, die sich vorurteilsvollerweise für wirklich hielt.

Die gleiche Vorstellung erhob den Künstler selber hoch über alle

Realität; er stand über den Machtkämpfen, den verächtlichen Balgereien der Interessen und demonstrierte in Person und Haltung die einzig wahrhaft unabhängige Instanz. Gerade sein gesellschaftliches Desinteresse, sein Abstand zur Wirklichkeit, bezeugte seinen Rang: ein Asozialer mit grandios weltfremden Zügen, dessen Asozialität freilich nicht genialischer Exzeß und antibürgerlicher Koller war, sondern rigoroser Lebensverzicht – Nietzsches «Pathos der Distanz» war der Schlüsselbegriff für diese ungemein hochstilisierte, ins Entsagungsvolle, Asketische, auch undeutlich Heroische ausgeweitete Künstleridee. Im «Tonio Kröger», der nichts anderes als die erzählerische Umsetzung dieses Konfliktes ist, sagt die Titelfigur: «Es ist nötig, daß man irgend etwas Außermenschliches und Unmenschliches sei, daß man zum Menschlichen in einem seltsam fernen und unbeteiligten Verhältnis stehe, um imstande und überhaupt versucht zu sein, es zu spielen, damit zu spielen, es wirksam und geschmackvoll darzustellen. Die Begabung für Stil, Form und Ausdruck setzt bereits dies kühle und wählerische Verhältnis zum Menschlichen, ja eine gewisse menschliche Verarmung und Verödung voraus. Denn das gesunde und starke Gefühl, dabei bleibt es, hat keinen Geschmack. Es ist aus mit dem Künstler, sobald er Mensch wird und zu empfinden beginnt.»[26]

Was immer aus diesen knapp resümierenden Bemerkungen über den philosophisch-literarischen Ideenhintergrund im Werk Thomas Manns hervorgehen mag: es leuchtet ein, daß solche Auffassungen einen Abstand zu Szenerie und Figuren herstellen, der die Umrisse der wirklichen Welt nahezu zerrinnen läßt. Nicht zufällig greift denn auch das Werk so häufig ins Mythische, ins Märchen- oder auch Legendenhafte aus, überall ist Zauberberg, hoch über einem entschwindenden Flachland. Das Gesellschaftliche, die Herkunft, der soziale Status einer Figur oder ihre Überzeugungen sind denn auch selten mehr als eine Farbe psychologischer Grundierung und bedeuten etwa ebensoviel wie irgendeine körperliche Mißbildung, ein tic nerveux, eine Absonderlichkeit in Kleidung oder Gebaren. Und wenn jene Ironie, die, nach allen Seiten hin, mit souveränem Gleichmut auf übereinstimmenden Abstand achtete, überhaupt Abneigungen oder Sympathien durchschimmern läßt, so gilt das eine den Erfolgreichen, Gesunden, die aus dem Blickwinkel des Autors immer zugleich auch die Gewöhnlichen sind, weil Vitalität eine Erscheinungsform des Trivialen ist: in Alois Permaneder, dem mit derbem Urlaut in die verdünnte Lübecker Luft einbrechenden Exoten aus dem Bayerischen, oder in Herrn Klöterjahn aus der Novelle «Tristan» hat Thomas Mann die Irritation durch die lebensstrotzende Strammheit, das Animalische in bourgeoiser Verkleidung, nicht ohne karikaturenhafte Schnörkel, in literarische Figuren übertragen.

Das andere aber, nämlich mitfühlendes, aus psychologischer Verwandtschaft inspiriertes Interesse gilt in diesem Werk ausschließlich den déracinés, den vergeistigten décadents: den Hannos, Aschenbachs, Tonio Krögers oder Hans Castorps, den pathologischen Sonderfällen der am Leben selbst Erkrankten oder sich ins Leben Zurücksehnenden bis hin zu den «aristokratischen Monstren». Sie alle sind, wie sie in diesem Erzählwerk auftreten, durchweg Vereinzelte, vom Leiden bedrohte und erhöhte Menschen, es gibt keine Klassen, keine Gesellschaft, überhaupt keine überpersönlichen Zugehörigkeiten, sondern nur Ferne, Fremdheit, Ausgeschlossensein; folglich auch keine Politik. In einem Brief an seinen Bruder Heinrich hat Thomas Mann, kurz vor Ausbruch des Ersten Weltkriegs, seine Unfähigkeit bekannt, sich «geistig und politisch eigentlich zu orientieren, wie Du es gekonnt hast». Fortschritt, Menschenrechte, Freiheit, überhaupt das gesamte politische Faszinationsvokabular der Zeit, bleibt in seinem Werk ohne Echo. «Mein ganzes Interesse», bekannte er, «galt immer dem Verfall, und das ist es wohl eigentlich, was mich hindert, mich für den Fortschritt zu interessieren.» In einem anderen Brief, wiederum, an Heinrich, heißt es noch bündiger: «Für politische Freiheit habe ich gar kein Interesse.»[27]

Doch die Umstände, insbesondere der Ausbruch des Ersten Weltkriegs, stellten dieses System ästhetisierender Wirklichkeitsverachtung in Frage, und der rückschauende Betrachter sieht sich, angesichts der Werke und privaten Zeugnisse jener Phase, einem Drama der Selbstentfremdung gegenüber: Thomas Mann selber hat davon gesprochen, daß er damals in die Krise seines Lebens geraten sei.[28] Aber wie er sich, in einer doppelten Bewegung, dem Anspruch der Politik entzog und ihm gleichzeitig entsprach, wie er auswich und sich stellte, offenbart aufs nachdrücklichste, daß Ironie für ihn nicht nur ein Stilmittel und unnachahmlich verwendeter Kunstgriff war, sondern virtuos gehandhabte Lebensmaxime.

Im Anschluß an zwei kürzere, bald nach Beginn des Krieges veröffentlichte Arbeiten, den «Gedanken zum Kriege» sowie dem Essay «Friedrich und die große Koalition», begann Thomas Mann mit der Niederschrift der «Betrachtungen eines Unpolitischen». Halb politisierendes Gedankenstück, halb autobiographische Selbsterforschung, kehrte es die bis dahin bezeugte politische Gleichgültigkeit in einen aggressiv vertretenen Anspruch auf Freiheit von aller Politik um und fügte den vertrauten Antithesen von Geist und Leben oder Tod und Schönheit die in wortreichen Paraphrasen variierten Gegensätze von Kultur und Zivilisation, Radikalismus und Kunst sowie schließlich, alles ins Prinzipielle steigernd, von deutschem Wesen und Politik hinzu: sie, die Politik, sei dem deutschen Charakter «fremd und giftig», heißt es beispielsweise, und in den deutschen Bildungsbegriff sei das politische Element bezeichnenderweise nicht eingegangen. In den polemisch gegen den Westen, gegen Aufklärung, Fortschritt, Demokratie oder Menschenrechte, alle diese «generösen Zauber- und Schwindelworte»,[29] gerichteten Passagen wurden nicht nur die Abschiedsängste einer bedrohten Lebensform vernehmbar, sondern auch, angesichts der alliierten Kriegspropaganda, etwas von dem fassungslosen Staunen, mit dem das deutsche Bürgertum seine hochmütige Abstinenz von der Politik als barbarische Rückständigkeit, als Ohnmacht und Untertanengesinnung herabgesetzt sah.

Die Attacken Thomas Manns erhielten die besonders grelle Farbe durch die erbitterte Auseinandersetzung mit seinem Bruder Heinrich, die zu eben jener Zeit auf den Höhepunkt kam. Die Spannungen hatten bald nach dem Erscheinen der «Buddenbrooks» eingesetzt und waren ursprünglich in brüderlicher Rivalität, im unterschiedlichen Erfolg, aber auch im entgegengesetzten Temperament begründet. Am frühen Briefwechsel der Brüder kann man verfolgen, wie dieser persönliche Gegensatz alsbald zu prinzipiellen Positionen umgeformt wird. Im zunehmend gesteigerten Abgrenzungsbedürfnis definierte Thomas Mann sich als «ethischer Individualist», als Vertreter eines protestantisch-romantischen Deutschtums, der sich der Literatur und ihrem Anspruch wie unter ein Joch beugte, immer Schwere Stunde, eine Sache von Mühsal und Selbstzweifel, der Disziplin und geduldigen Ausdauer, die alle Künstleremphase, alles Inspirationsfieber am Ende benötigten, damit das Werk zustande komme: Tag für Tag zum festgesetzten Zeitpunkt, unabhängig von Stimmung oder Eingebung, vor dem leeren Blatt Papier, um, wie er einmal geäußert hat, jene ein oder anderthalb Seiten voranzukommen, die schließlich heraussprangen, immer «am Rande der Erschöpfung».

Vom Gesellschaftlichen als Streitpunkt war in der Auseinandersetzung mit Heinrich anfangs verblüffenderweise kaum die Rede, viel eher schienen die Positionen geradezu vertauscht, und noch in einem Brief von Anfang 1905 äußerte Thomas Mann dem Bruder gegenüber, nicht ohne einen irritierten Unterton, er scheine «Irrungen und innere Niederlagen überhaupt nicht zu kennen» und nur noch Künstler, Ästhet zu sein, «während ein Dichter, Gott helfe mir, mehr zu sein hat, als bloß ein Künstler».[30] Erst kurze Zeit später, mit dem «Professor Unrat», machte Heinrich seine abrupte Wendung öffentlich. In ebenfalls zunehmend sich verschärfenden Absetzbewegungen kehrte er von nun an den politischen Moralisten heraus, der mitleidend und parteinehmend die Literatur als gleichsam operatives Mittel zur Weltverbesserung betrachtete. Der Gegensatz schien exemplarisch. «Du verachtest zuviel, es wird Dir schaden», wandte Heinrich sich, über eine seiner Romanfiguren, an den Bruder: «ich hasse lieber.»[31]

In aller Schärfe war der Zwist dann im Verlauf des Jahres 1915 entbrannt, als Heinrich Mann die Veröffentlichung seines Bruders über «Friedrich und die große Koalition» mit einem umfangreichen Essay über Émile Zola beantwortete, einem Stück berechnend verdeckter Polemik gegen die «Wortführer und Anwälte des Rückfalls», dessen Lektüre Thomas Mann, wie er später schrieb, «für Wochen krank machte».[32] Wie sehr der Gegensatz auch ideologisiert und auf die Forderung hochgetrieben war, Literatur und Politik müßten sich versöhnen und durchdringen oder beide würden entarten, schlug doch die brüderliche Eifersucht immer wieder durch. Niemand anderes als Thomas konnte gemeint sein, wenn es hieß: «Durch Streberei Nationaldichter werden für ein halbes Menschenalter, wenn der Atem so lange aushält; unbedingt aber mitrennen, immer anfeuernd, vor Hochgefühl von Sinnen, verantwortungslos für die heranwachsende Katastrophe, und übrigens unwissend über sie wie der Letzte!»[33]

Obwohl Thomas Mann die Arbeit an den «Betrachtungen» schon Monate zuvor begonnen hatte, stellte der Essay unversehens ein anschauliches Feindbild vor ihm auf, an dem er die eigene Position erst eigentlich entwickeln und ins Grundsätzliche ausbauen konnte. Die Figur des «Civilisationsliteraten», der er, ohne den Namen Heinrichs je zu nennen, ein eigenes, invektivenreiches Kapitel des Buches gewidmet hat, ist nichts anderes als die ins Riesenhafte, Weltverschwörerische aufgeblähte Person des Bruders: der «Humanitätskomödiant», der «Unzucht mit der Tugend» treibt, während er mit advokatorischer Plattheit, die eine Hand beteuernd aufs Herz gelegt, mit der anderen Rousseaus

«Contrat social» schwenkend, von Freiheit, Gleichheit und Fortschritt schwadroniert: «Den Hals in Pelz geschmiegt», schrieb er, auf Heinrichs luxuriöse Bedürfnisse deutend, «steht man, umstarrt von den Linsen der Kinematographen, und singt vom ‹Geist›.»

Demgegenüber erhob Thomas Mann selber, mit immer neuen Einfällen, Zitaten und Verweisen die These verschärfend, seine Entscheidungsschwäche geradezu zur Voraussetzung der künstlerischen Existenz: der wirkliche Künstler, entschied er, stehe immer zwischen den Fronten; er verachte, wie jedes geistige Wesen überhaupt, jenes Rechthabenwollen, das zur Voraussetzung des politischen Menschen gehöre, der eben deshalb tief widergeistig sei; der Künstler sei die Unzuverlässigkeit in Person, ein «Roué des Potentiellen», der mit allen, gerade auch den verbotenen Möglichkeiten, sein Spiel treibe, und zur Kunst sich in dem Maße fähig zeige, in dem er gesinnungslos ist. «Was mich empört», schrieb Thomas Mann damals an Ernst Bertram, «was mich anwidert, ist die gefestigte Tugend, die doktrinäre, selbstgerechte und tyrannische Hartstirnigkeit des Civilisationsliteraten, der ... verkündigt, daß jedes Talent verkümmern müsse, das sich nicht der Demokratie verschwört. Dann will ich lieber in Freiheit und Melancholie verdorren, als durch politische Borniertheiten blühen und selig werden.»[34]

Es liegt auf der Hand, daß die «Betrachtungen eines Unpolitischen», ihrem Charakter als Streit- und Verteidigungsschrift entsprechend, weder Selbstzweifel noch ironische Gebrochenheit vertrugen. Schon die Form des essayistischen Plädoyers erlaubte es, selbst der Theorie vom Künstlerverrat zum Trotz, Gesinnung zu demonstrieren, ein entschiedenes, alle spielerische Zweideutigkeit meidendes Bekenntnis abzulegen, und in der Tat wurde das Buch auch weithin so verstanden. In Wahrheit aber ist es, verliert man angesichts der ungewohnt verschärften Tonlage die Argumentation des Autors nicht aus dem Blick, wiederum ein Werk der Skepsis, des Argwohns gegen die eigene Sache, ein Buch, wie Thomas Mann selber gesagt hat, «ohne den Gedanken an endgültige Festlegung».

Schon die lauttönende Verteidigung des deutschen Obrigkeitsstaates sowie des Rechts auf Politikenthaltung war, wie er wohl wußte, selber ein Schritt in die Politik und sogar ins Zivilisationsliteratentum. Schwerer aber wog die Überzeugung, daß «ein Volkskrieg wie dieser unweigerlich, unbedingt und sogar unabhängig von seinem Ausgange die Demokratie bringen müsse».[35] Das aber konnte nichts anderes heißen als die Politisierung Deutschlands und damit zugleich das Ende dessen, was er als «deutsch» verstanden und sich zu eigen gemacht hatte, bevor er es jetzt erregt in Schutz zu nehmen begann, eine Welt apolitischer, selbstversunkener Innerlichkeit, die Welt Joseph Eichendorffs: nämlich «Traum, Musik, Gehenlassen, ziehender Posthornklang, Fernweh, Heimweh, Leuchtkugelfall auf nächtlichen Park»[36], kurz, eine hochromantische, idyllisch ausgeschmückte Idee. Daß sie nur wenig mit der Wirklichkeit, dem dröhnend sich industrialisierenden, ehrgeizig ausgreifenden Deutschland der Wilhelminischen Ära gemein hatte, tat der Idee selber keinen Abbruch. Der entscheidende Gedanke war vielmehr, daß es damit ein Ende habe, auch ein Ende haben müsse, wenn Deutschland überhaupt als Staat existieren und unter Staaten sich behaupten wolle. Wie mühsam diese Essenz aus dem regellosen, von Willkür und Wortreichtum geprägten 600-Seiten-Essay durch allen polemischen Vordergrundlärm hindurch auch herauszupräparieren sein mag, er bleibt der Abgesang auf das bürgerliche Deutschland, les adieux du siècle, und nicht zu Unrecht hat Thomas Mann auch von den «Betrachtungen» gesagt, sie seien ein Parallelwerk zu den «Buddenbrooks»: dort die Geschichte vom Verfall einer Familie, hier der Kunstessay, der, schon halbwegs vom anderen Ufer aus, nicht ohne innere Bewegung, den Untergang einer nationalen Eigenart beschreibt.

Im ersten Band der privaten Tagebücher Thomas Manns findet

sich, etwa aus der Zeit des Erscheinens der «Betrachtungen», eine Eintragung, die den Zwiespalt des Buches, der von nun an auch zum Zwiespalt seines Lebens werden sollte, aufs kürzeste formuliert: Es sei, heißt es da, in einem Gespräch die Rede davon gewesen, «Deutschland zu modernisieren, zu demokratisieren, mit dem alten, dem romantischen, dem kaiserlichen Deutschland aufzuräumen», doch habe man gleichzeitig auch von den «Qualen» gesprochen, die dieser Prozeß bereiten werde, weil das «Alte mit dem Deutschtum selbst vielleicht zu tief identisch ist».[37]

Um diesen Widerspruch und seine Auflösung geht es in den folgenden Jahren immer wieder. Gerade die frühen Tagebücher fallen ein ums andere Mal in eine Haltung gereizter Politikverachtung zurück; «Deutschland will die Politik los sein – das wenigstens will es denn doch haben von seinem weltpolitischen Zusammenbruch», heißt es Ende 1918.[38] Eindrucksvoller als vielfach sonst, erhält man auf diesen Seiten einen Begriff von dem tiefsitzenden antiwestlichen und antidemokratischen Affekt des deutschen Bürgertums, das sich nun, am Ende des Krieges, durch Druck und uneingelöste Versprechungen in die demokratische Zivilisation der Völker wie in einen Hinterhalt gelockt sah. «Erregung und Grauen», notiert Thomas Mann, er spricht von den «pharisäischen Greueln» des selbstgerechten Westens, nennt die Demokratie den «Riesen-Gemeinheits-Betrieb der Neuzeit», die Presse der Siegermächte «die losgelassene Bestie der Demokratie» und empört sich im Sommer 1919, angesichts der Verhandlungen in Versailles, über «die Affenkomödie des Friedens».

Zugleich offenbart sich auf diesen Seiten auch, ansatzweise zumindest, der tiefere Grund seiner bis in die letzten Lebensjahre zu wiederholten Malen, wie zögernd auch immer geäußerten Sympathie mit dem Kommunismus: das durchschlagende Motiv war und bleibt der schwer überwindbare Soupçon gegen den «Entente-Demokratismus»,[39] der ihm, in Abwandlung einer berühmten späteren Formel, die «Seele» Deutschlands zu gefährden schien, während der Kommunismus «nur» seine Freiheit bedrohte. Der Westen war platt, hedonistisch, bourgeois, mit einem Wort: politisch, während seine Vorstellung vom Kommunismus weitgehend mit dem Bild zusammenfiel, das er sich in der Beschäftigung mit der Literatur des Landes von Rußland zurechtgemacht hatte, dem tiefen und tragischen. Doch als in München die Räterepublik errichtet wird, kommt es zu raschen Enttäuschungen. Unverhohlen mokiert er sich im Mai 1919 über den Faschingscharakter dieser Revolution, die «wüste Narrenwirtschaft ... von bodenständiger ‹Gemütlichkeit› und kolonialem Literatur-Radikalismus», und bezeichnet den Bolschewismus, im Blick auf Rußland, als «die schrecklichste Kulturkatastrophe, die der Welt je gedroht hat, die Völkerwanderung von unten» mit der «Kirgisen-Idee des Rasierern und Vernichtens». Die Situation ohne Alternative, die getäuschte Erwartung nach beiden Seiten, hält eine der letzten Eintragungen des Tagebuchs fest: «Wie aber hat die ‹Revolution›, haben Politik, Programm und ‹entschlossene Menschenliebe› abgewirtschaftet.»[40]

Schon rund zehn Monate später hielt der Dichter in Berlin, Erstaunen und Irritation auslösend, die Rede «Von deutscher Republik». Der äußere Anstoß dazu kam offenbar von den radikalen Umtrieben, den Attentaten auf republikanische Politiker mitsamt dem sich ausbreitenden Gefühl der Gefahr von rechts, das wiederum die Linke zu militanten Gegenaktionen herausforderte, während die ohnmächtige, von den Siegermächten anhaltend diskreditierte und bedrängte Republik zusehends an Glaubwürdigkeit und Anhang verlor. Er sei «ein Mensch des Gleichgewichts», hat Thomas Mann von sich gesagt, was zugleich auch heißt, einer des Widerspruchs zur Zeittendenz, und sein erasmisches, auf Vermittlung und Ausgleich bedachtes Temperament hat ihn immer wieder gerade an die Seite der gefährdeten Sache gebracht.

Aber ganz ausreichend ist diese Deutung seiner «Bekehrung»[41] vermutlich nicht. Etwas anderes mag hinzugekommen sein.

Schon in den erwähnten Tagebuchnotizen meldet sich, zwischen allem Hohn auf die Politik, die nicht zuletzt vom eigenen Erfolg getragene Einsicht, daß er, Thomas Mann, jener ausschließlich privaten Sphäre, in der die politischen Auffassungen nur persönliche Bedeutung haben, längst entwachsen und mehr als jeder andere, Gerhart Hauptmann vielleicht ausgenommen, zum Repräsentanten berufen sei. Die Geschichte aber hatte diesen Anspruch in einer ihm absurd erscheinenden Weise umgekehrt. Denn unversehens, mit der Revolution und dem Übergang zur Republik, hatte Heinrich, der so lange und echolos der literarische Anwalt des Neuen gewesen war, ihn vom vorderen Platz verdrängt, der überwältigende Erfolg des «Untertan» und, davon mitgezogen, des «Professor Unrat», hatte das Gewicht des Bruders noch vermehrt, so daß Thomas plötzlich den Älteren wieder in dessen Erstgeburtsrecht eingesetzt sah. Es ist nicht auszuschließen, daß die unvermittelte Wendung zur Republik von dem Ehrgeiz herrührt oder doch befördert war, auch nach außen hin wieder an jene Stelle zu gelangen, die ihm einige Jahre lang unbestritten und nun dem «Bruder zur Linken» zugefallen war.

Eine ernste Erkrankung Heinrichs verschaffte Thomas Mann die Gelegenheit, dem Bruder endlich doch die von ihm selber mehrfach ausgeschlagene Versöhnung anzubieten. In einem Brief schrieb er ihm: «Es waren schwere Tage, die hinter uns liegen, aber nun sind wir über den Berg und werden besser gehen, – zusammen, wenn Dir's ums Herz ist, wie mir.»[42] Während Heinrich überschwenglich einstimmte und ihm ausrichten ließ, sie wollten sich «nun – Meinungen hin und her – nie wieder verlieren», machte Thomas sich jedoch «keine Illusionen über die Zartheit und Schwierigkeit des neu belebten Verhältnisses», wie er wenige Tage später an Ernst Bertram berichtete: «Ein modus vivendi menschlich-anständiger Art wird alles sein, worauf es hinauslaufen kann. Eigentliche Freundschaft ist kaum denkbar. Die Denkmale unseres Zwistes bestehen fort ... Das Herz will sich mir umkehren, wenn ich höre, daß er (Heinrich) nach dem Lesen einiger Sätze im ‹Berliner Tageblatt›, in denen ich von Solchen sprach, die Gottesliebe verkünden und ihren Bruder hassen, sich hingesetzt und geweint habe.»[43]

Die wiederhergestellte Verbindung hat Thomas Mann die Wendung zur Republik sicherlich erleichtert, ob nun Repräsentationsehrgeiz oder die Neigung zur gewollt gegensteuernden, die eigene Vorstellungswelt entschlossen verleugnenden Parteinahme das stärkere Motiv bildete. Kein Zufall war aber offenbar, daß er den 60. Geburtstag Gerhart Hauptmanns zum Anlaß nahm, die Öffentlichkeit mit seiner politischen Wandlung bekannt zu machen, der eine Repräsentant neben dem anderen, beide in Anwesenheit des Reichspräsidenten, gefeiert von Ministern und Würdenträgern in einer Festversammlung großen Stils. Die Vermutung, daß Thomas Mann nicht aus innerster Überzeugung sprach, sondern sich erst selbst zu dieser Huldigung hatte überreden müssen, wird auch von dem gekünstelten Schwung des Redetextes, seinem juvenilen Adeptenton gestützt: fast jeder Satz offenbart nicht nur die Mühen der Selbstverleugnung, sondern auch die Distanz zwischen dem Autor und seinem Gegenstand. Zwar gilt die Rede als Thomas Manns bedeutendstes Bekenntnis zur Republik. Aber diese Kombinationen aus Walt Whitman, Novalis und «Vater Ebert», aus Romantik und Humanität, Lust und Menschenbrust, sind weit eher Lyrik als Gedanke, eher Reim als Argument, und durchweg werden in dieser, wie in den weiteren, ähnlich gestimmten Reden aus späterer Zeit, die politischen Begriffe mit einer so souveränen Eigenmacht gehandhabt, daß den Zuhörern damit gewiß nicht mehr gesagt war, als daß hier einer guten, wenn auch weltfremden Willens war.

Dabei eigentlich blieb es immer. Stets aufs neue sieht man sich einem verwirrenden, vom subjektiven Belieben bestimmten Vokabular gegenüber, das Liberalismus, Konservatismus, Sozialismus und gelegentlich auch Kommunismus zu wilden Augenblicksehen zusammenführt: es ist und bleibt «Literatur» in einer dem Autor unvertrauten Sphäre. Aller Selbstbekehrungswille hob den Abstand zur Politik nicht auf. Immer bewegte er sich mit etwas linkischem Feinsinn am Rande des Getümmels, das heftige Fähnchenschwenken täuschte nicht darüber hinweg: er blieb der Betrachter, der noch im entschiedensten politischen Bekenntnis offenbarte, wie unpolitisch er war. Und es ist schwer vorstellbar, daß die später, während der Endphase der Republik, sich häufenden öffentlichen Auftritte, die immer dringlicher vorgetragenen Mahnungen zu Vernunft und Menschlichkeit, eine spürbare Resonanz in dem bürgerkriegsähnlich entzweiten, von Privatarmeen und laut lärmenden Demagogen widerhallenden Deutschland gehabt haben können.

Er habe versucht, hat Thomas Mann später, im Blick auf die Rede von 1922, gesagt, der Demokratie in Deutschland «einen Schimmer von Heimatlichkeit zu verleihen».[44] Seine eigene Heimat wurde sie deshalb aber nicht. Gewiß wäre die Behauptung falsch, er habe sich aus dem Bedürfnis nach Anpassung und Repräsentanz lediglich demokratisch aufgeführt und folglich die Öffentlichkeit getäuscht. Aber in seiner republikanischen Rhetorik blieb, wie er schon von den «Betrachtungen» gesagt hatte, ebenfalls ein Rest von Rolle, Advokatentum und Spiel, ein Rest von Vorbehalt, und mit nur geringer Übertreibung ließe sich behaupten, er habe, sooft er ans Rednerpult trat, den Part einer seiner literarischen Figuren übernommen, während er in Wahrheit unentschieden irgendwo im Spannungsfeld zwischen ihr und ihren Gegenspielern verharrte. Man kann, was damit gemeint ist, am anschaulichsten durch einen Hinweis auf den in jenen Jahren entstandenen «Zauberberg» verdeutlichen, der im Grunde nichts anderes ist als die epische Umsetzung eben dieses Zwiespalts: in seinen politischen Äußerungen, die sich unmittelbar an die Öffentlichkeit richteten, trat Thomas Mann als ein naher Verwandter Settembrinis auf, während er im Innersten ein Hans Castorp mit undeutlichen Schwächen auch für Naphta blieb.

Denn so viele Deutungsmöglichkeiten «Der Zauberberg» auch zuläßt: auf den Kern reduziert ist er die Parabel eines Menschen, der sich dem leidenschaftlichen Disput zwischen den beiden beherrschenden Ideologien der Zeit aussetzt, um in einer Art von Experiment mit sich selbst herauszufinden, welche Seite am Ende überlegen sei. Verkörpert werden die beiden Positionen in Herrn Settembrini, dem Wortführer bürgerlich-aufgeklärter, liberaler Humanität, und in seinem Gegenspieler Naphta, dem Anwalt eines theokratischen, dogmengläubigen Totalitarismus, der die Welt vermittels Gewalt zum Heil einer «staats- und klassenlosen Gotteskindschaft» führen will. Ihre Spannung und eigentümliche Intensität bezieht die in ausgedehnten Dialogen dargestellte Auseinandersetzung eben aus der Figur des von beiden Seiten pädagogisch umworbenen Hans Castorp. Interessiert verfolgt er den Abtausch der Argumente, neigt situationsweise auch der einen oder anderen Seite zu, verharrt zuletzt aber, als «verschlagener Junge», unschlüssig und mit der bloßen «Neugier eines Bildungsreisenden» auf seiner «ironischen», man kann auch sagen: unpolitischen Position.

Daran ändert sich auch nichts durch das Dazwischentreten des wunderlich-großartigen Mynheer Peeperkorn, vor dessen majestätisch stammelnder Persönlichkeit aller Ideologenstreit ins Blasse, Künstlich-Erregte zurückfällt, während Hans Castorp sich unversehens einer dritten Möglichkeit, jenseits aller theoretischen Weltverbesserungskonzepte, gegenübersieht: der Suggestion des großen Mannes. Settembrini begreift schon frühzeitig Castorps zögernde, vor aller Entscheidung und Parteinahme zurückweichende Haltung. «Sie wollen sagen», hält er ihm einmal entgegen, «daß Sie es so ernst nicht gemeint haben, daß die von Ihnen vertretenen Anschauungen nicht ohne weiteres die Ihren sind, sondern daß Sie gleichsam nur eine der möglichen und in der Luft schwebenden Anschauungen aufgriffen, um sich unverantwortlicherweise einmal darin zu versuchen.» Castorp wiederum relativiert

Settembrinis Auffassungen mit der Bemerkung, dieser sei «nur ein Vertreter – von Dingen und Mächten, die hörenswert waren, aber nicht allein, nicht unbedingt».[45]

Thomas Mann hat sich, in den zahlreichen kommentierenden Bemerkungen zum «Zauberberg», in keiner dieser Gestalten ganz erkennen wollen; nicht in Naphta, vor dessen «boshaftem Dunkelmännertum» ihm graue[46], wie er einmal schrieb, obwohl hinzuzufügen wäre, daß dessen Position, partienweise jedenfalls, die ins Radikale ausgezogene Linie der «Betrachtungen» wiedergibt; aber auch nicht in dem eifernden Weltbeglücker Settembrini, der sich in seiner unversiegend sprudelnden Eloquenz unverdrossen selbst bloßstellt und exemplarisch offenbart, wie leicht die Formeln von Völkerfrieden, Freiheit und Humanität ihren entschlossensten Anwälten von den Lippen kommen. Für seine «Komik», meinte Thomas Mann, habe er immer «entschieden Sinn» gehabt; es war noch einmal Heinrich, aber nun zur Romanfigur geworden, die Sympathie, auch Einverständnis verdiente und in der die einstige Gegnerschaft in Literatur aufgehoben und verwandelt war. «Am ehesten möchte ich mich noch mit Hans Castorp identifizieren», hat Thomas Mann in einem Interview, bald nach Erscheinen des Romans, auf eine entsprechende Frage wie beiläufig erklärt und anschließend, nicht ohne auffällige Eile, das Thema gewechselt.[47] Denn Hans Castorp war nichts anderes als die zur Romanfigur verdichtete Erscheinungsform des unpolitischen Betrachters, die Personifizierung seiner ureigensten, um der politischen Vernunft willen öffentlich zwar verleugneten, doch niemals aufgegebenen Wahrheit von einem «Menschentum ... von dem es sich in Deutschland vielleicht noch immer am besten träumen läßt, (und) das weder Liberalismus noch Faszismus und Bolschewismus ist».[48]

Die Absicht, sich aus den Kämpfen der Zeit herauszuhalten und, bis zur Mißdeutbarkeit, einen Standort zwischen den Fronten zu behaupten, ist sicherlich auch für seine fast vier Jahre lang durchgehaltene Weigerung mitbestimmend gewesen, sich vom Exil aus öffentlich gegen das Dritte Reich zu erklären. Er selbst hat dieses Verhalten, das im Kreise der Emigranten soviel Unverständnis wie Anstoß erregte, mehrfach mit der Rücksicht auf seine Leser in Deutschland begründet. Die Vorwürfe, denen er sich gegenübersah, ließen jedoch sämtlich außer acht, daß er, der Ideologe des Vorbehalts, trotz aller tiefeingewurzelten Scheu vor Gesinnungsgeständnissen und seiner nie überwundenen Aversion gegen die Politik, der einzige deutsche Schriftsteller von Rang war, der sich immer wieder nachdrücklich zu der dahinkrankenden und bedrohten Republik bekannt hat. Weder der pompös schweigende Gerhart Hauptmann noch all die Döblin, Feuchtwanger und Wassermann oder die später so redselig klagenden Linken von Anna Seghers bis Bertolt Brecht haben jener Republik, die schon in Furcht und Elend überging, mehr als ihre Gleichgültigkeit oder ihren Zynismus gegeben, und jedenfalls hat keiner ihr den Beistand gewährt, den ihr der Unpolitischste von allen geleistet hat.

Mit dem berühmten Neujahrsbrief von 1937 hat Thomas Mann schließlich seine Zurückhaltung aufgegeben: «Ich habe es mir nicht träumen lassen», schrieb er, «es ist mir nicht an der Wiege gesungen worden, daß ich meine höheren Tage als Emigrant, zu Hause enteignet und verfemt, in tief notwendigem politischen Protest verbringen würde. Seit ich ins geistige Leben eintrat, habe ich mich in glücklichem Einvernehmen mit den seelischen Anlagen meiner Nation, in ihren geistigen Traditionen sicher geborgen gefühlt. Ich bin weit eher zum Repräsentanten geboren als zum Märtyrer, weit eher dazu, ein wenig höhere Heiterkeit in die Welt zu tragen, als den Kampf, den Haß zu nähren. Höchst Falsches mußte geschehen, damit sich mein Leben so falsch, so unnatürlich gestaltete. Ich suchte es aufzuhalten nach meinen schwachen Kräften, dies grauenhaft Falsche, – und eben dadurch bereitete ich mir das Los, das ich nun lernen muß, mit einer ihm eigentlich fremden Natur zu vereinigen.»[49]

Der Brief macht das tiefe Dilemma deutlich, dem Thomas Mann auszuweichen versuchte und mit dem er von nun an zu leben hatte: daß er die moralische Übereinstimmung mit sich selbst nur herstellen konnte durch einen Akt der intellektuellen Selbstpreisgabe. Hatte er in den zurückliegenden Jahren, in seinen Bekenntnissen zur Republik, wie versteckt auch immer, seinem Hang zur Zweideutigkeit gelegentlich noch nachgegeben, so sah er sich jetzt zu einer Entschiedenheit gezwungen, die keinen Rest von ironischem Vorbehalt, keinen Zweifel mehr erlaubte. Für ihn war das die Widernatur, oder genauer: der Widergeist selbst.

Aber die Umstände ließen ihm keine Wahl: «Hitler hatte den großen Vorzug», hat er 1946, in den Aufzeichnungen über «Die Entstehung des Doktor Faustus», bemerkt, «eine Vereinfachung der Gefühle zu bewirken, das keinen Augenblick zweifelnde Nein, den klaren und tödlichen Haß.»[50] Überdeutlich war ihm bewußt, daß diese Vereinfachung ihn nicht mehr und nicht weniger kostete als einen Teil der eigenen Identität. An eine amerikanische Briefpartnerin schrieb er im Dezember 1940 unglücklich, er sei nicht zum Haß geboren: «Dieser ist mir aufgezwungen worden und hilft mir nicht, ich selbst zu sein.»[51] Wie tief der Abscheu über die Verbrechen des Hitlerregimes in den mit großem Ernst absolvierten Radioansprachen und Reden aus der Kriegszeit auch durchschlagen mochte: noch tiefer scheint häufig die Erbitterung darüber zu reichen, daß Hitler jene alte, dem Dichter so wesensgemäße Welt zerstört hatte, in der noch das Menschenrecht galt, unpolitisch zu sein. Und wo es nicht Erbitterung war und Haß, war es Depression. An René Schickele schrieb er: «Wir sind Fremdlinge» in dieser neu heraufziehenden Zeit, «und haben am Ende zu resignieren. Ich jedenfalls habe längst angefangen, mich historisch zu betrachten, als überständig aus einer anderen Kulturepoche, die ich im Individuellen zu Ende führe, obgleich sie eigentlich schon tot und versunken ist.»[52]

Die Vorstellung, verspätet und der eigenen Zeit entfremdet zu sein, die das alte Außenseitergefühl auf anderer Ebene wiederholte, aber auch die Freiheit des Alters, hat ihn vermutlich dazu gebracht, sich mit zunehmender Offenheit zu seinen Anfängen zu bekennen. Jedenfalls scheint es, als habe er um so eigensinniger auf der einstigen, aus Romantik, Wirklichkeitsfremdheit und Politikverachtung gemischten Vorstellungswelt beharrt, je entschiedener er sie als öffentlicher Anwalt von Freiheit, Demokratie und Menschenrecht verleugnete. In seinen Briefen distanzierte er sich immer wieder von seinem politischen Predigertum, den demokratischen «Gutmütigkeiten». An Ferdinand Lion beispielsweise schrieb er nach dem Kriege: «Meine demokratische Attitüde ist nicht recht wahr, sie ist bloße Gereiztheitsreaktion auf den deutschen Irrationalismus und Tiefenschwindel ... und auf den Faschismus überhaupt, den ich nun einmal wirklich und ehrlich nicht leiden kann. Er hat es fertig gebracht, mich zeitweise zum demokratischen Wanderredner zu machen, – eine Rolle, in der ich mir oft wunderlich genug vorkam. Ich fühlte immer, daß ich zur Zeit meines reaktionären Trotzes in den ‹Betrachtungen› viel interessanter und der Platitüde ferner gewesen war.»[53]

Das Bewußtsein, von der Zeit und ihren Frontstellungen zu einer Art gesinnungstreuer Torheit gezwungen zu sein, hat ihn nie ganz verlassen. Doch sollten die Zugeständnisse so gering wie möglich sein. Infolgedessen führte er nur fort, was er in den frühen zwanziger Jahren schon begonnen hatte: die Trennung von politisch-rhetorischer und schriftstellerischer Sphäre. Der Widerstand, den Hitler ihm abnötigte, machte den Unterschied nur sichtbarer, verschärfte ihn auch, änderte aber nichts. Auch dies war Galeerenarbeit. Seine Grundüberzeugungen jedenfalls und seine Vorzugsthemen, die Neigung zu Verfall, Musik, Todesstimmung, zur Ironie als Mittler zwischen Geist und Leben oder die Vorstellung, daß die Politik der deutschen Kunsttradition fremd sei: das alles hat er dafür nicht preisgegeben. Der deutsche Beitrag zur großen Kunst des 19. Jahrhunderts, schrieb er beispielsweise im Jahre 1940, «weiß vom Gesellschaftlichen nichts und will nichts davon wissen; denn das Gesellschaftliche ist … überhaupt nicht kunstfähig …: so will es der deutsche Geist; es ist sein Instinkt, lange vor jeder bewußten Entscheidung». Selbst den Krieg ordnete er in diesen Zusammenhang ein; er werde geführt, fuhr er fort, für «ein entpolitisiertes Europa, in dessen Atmosphäre allein Deutschland groß und glücklich sein kann».[54]

Die Sätze entstammen einem offenen Brief an den Herausgeber der Zeitschrift «Common Sense» zur Problematik der Beziehung zwischen Richard Wagner und dem Nationalsozialismus. Schon drei Jahre zuvor, als ihm die fatalen politischen Konsequenzen vorgehalten wurden, die mit dem Namen Wagners verbunden, von diesem zum Teil sogar vorausgedacht worden seien, entgegnete er zustimmend: «Ich weiß Bescheid.» Die Frage war, wieweit er selber, der aus eben dieser Tradition kam und ihr großer Vermittler war, in diesen Katastrophenzusammenhang einzuordnen oder aber zur Lossage davon bereit sei. Vorerst antwortete er, auf Wagner zurückkommend: «Aber welches Niveau, welche Kunst, welche Humanität immer noch! Es ist eben doch noch das alte, große Deutschland, wenn auch schon auf der Kippe – und schließlich, was wollen Sie, das ist meine Heimat, ich werde gerührt, wenn ich darauf komme.» Und dann wiederum und trotz allem das Bekenntnis: «Am Ende bin ich der Verfasser der ‹Betrachtungen eines Unpolitischen›, war es nicht nur, sondern bin es.»[55]

Thomas Mann hat die geistige Teilhaberschaft an den Tendenzen, die, wie entfernt und mittelbar auch immer, zur Herrschaft des Nationalsozialismus führten, nie geleugnet. Schon der vielfach als skandalös empfundene Essay von 1938, «Bruder Hitler», war ein bis an die äußerste Grenze geführter, alle Emigranten-Selbstgerechtigkeit meidender Versuch, den gemeinsamen Kulturhintergrund, das peinigende Verwandtschaftsgefühl zu dem aufzudecken, der die Welt mit immer neuen Übergriffen, Rechtsbrüchen oder Kriegsdrohungen in Schrecken und Angst hielt:

«Ich war nicht ohne Kontakt mit den Hängen und Ambitionen der Zeit», heißt es da, «und mit dem was kommen wollte und sollte, mit Strebungen, die zwanzig Jahre später zum Geschrei der Gasse wurden.»[56] In einem Vortrag nach dem Zusammenbruch des Hitlerregimes, Ende Mai 1945, über das Thema «Deutschland und die Deutschen» hat er diesen Gedanken noch erweitert und präzisiert: «Eines mag diese (deutsche) Geschichte uns zu Gemüte führen: daß es nicht zwei Deutschland gibt, ein böses und ein gutes, sondern nur eines, dem sein Bestes durch Teufelslist zum Bösen ausschlug. Das böse Deutschland, das ist das fehlgegangene gute, das gute im Unglück, in Schuld und Untergang. Darum ist es für einen deutsch geborenen Geist auch so unmöglich, das böse, schuldbeladene Deutschland ganz zu verleugnen und zu erklären: ‹Ich bin das gute, das edle, das gerechte Deutschland im weißen Kleid, das böse überlasse ich euch zur Ausrottung›. Nichts von dem, was ich Ihnen über Deutschland zu sagen oder flüchtig anzudeuten versuchte, kam aus fremdem, kühlem, unbeteiligtem Wissen; ich habe es auch in mir, ich habe es alles am eigenen Leibe erfahren.»[57]

Zum politischen Schriftsteller in irgendeinem begründbaren Sinne haben die Erfahrungen und Einsichten seiner achtzig Jahre ihn aber nicht gemacht; es gibt in einem strengeren Sinne keine Entwicklung, keine Bekehrung, keinen Parabelweg. Bis in diese späten Jahre bleibt unverändert zutreffend, was Heinrich Mann schon 1927, nicht ohne ein Gefühl verwirrten Staunens, über seinen Bruder bemerkt hat: daß Thomas «seine ungeheure Popularität nicht mit Konzessionen erkauft hat. Er ist von seiner angeborenen geistigen Haltung niemals auch nur um einen Millimeter abgewichen.»[58] Die turbulenten Ereignisse der Epoche jedenfalls, die seinen Lebensweg begleiteten und erschütterten, haben weder die tieferen Schichten seines Wesens noch sein Werk je erreicht, sondern nur seine Bereitschaft geweckt, in «verantwortungsvoller Ungebundenheit» zu tun, was er als seine Pflicht erkannte. Noch im «Doktor Faustus», der doch ein großes, auch und gerade politisch gemeintes Gleichnis deutscher Verirrung und deutschen Scheiterns erzählt, blieb er seiner frühen Neigung zu den «aristokratischen Monstren» treu, bei deren Anblick «das Volk dumme Gesichter macht»[59], wie er, Jahre zurück, beißend gehöhnt hat, mitsamt den kostbaren Antinomien von Kunst und Leben, Genie und Krankheit, Sünde und Begnadung. Durch allen Schauder, alles starre Entsetzen, das die Erzählung dieses Lebenswegs erfüllt, ist gleichzeitig immer auch das kaum unterdrückbare Glücksgefühl des Autors darüber heraushörbar, nach so vielen Umwegen, so vielen «höheren Scherzen», wieder ein tragisches, von Dämonie, Teufelswerk und geistiger Ausschweifung, von Musik und Theologie handelndes, mit einem Wort: das Deutsche als Sonderfall deutendes Werk vor sich zu haben.

Auch dies kam nicht aus unbeteiligtem Wissen. Vielmehr ist der «Doktor Faustus», mehr als jedes andere Werk des Dichters, ein verschlüsseltes Bekenntnis zu dem, woran er über alle Forderungen des Tages hinweg beharrlich festgehalten hat, ein Stück geistiger Autobiographie. Infolgedessen gingen auch jene frühen, die politischen und persönlichen Spannungen der Zeit widerspiegelnden Einwände in die Irre, die in dem Buch, auf wie verdeckte Weise auch immer, eine Lossage vom Land seiner Herkunft oder doch einen Schuldspruch über das deutsche Wesen schlechthin sahen. «Etwas vom Faust hat jeder bessere Deutsche», schrieb Thomas Mann während der Arbeit an dem Roman in einem Brief. Und in einem Gespräch mit Leonhard Frank ging er noch weiter «und gestand ihm, daß ich nie eine Imagination, weder Thomas Buddenbrook, noch Hans Castorp, noch Aschenbach, noch Joseph, noch den Goethe von ‹Lotte in Weimar› – ausgenommen vielleicht Hanno Buddenbrook – geliebt hätte wie ihn. Ich sprach die Wahrheit. Buchstäblich teilte ich die Empfindungen des guten Serenus für ihn, war sorgenvoll in ihn verliebt von seinen hochmütigen Schülertagen an, vernarrt in seine ‹Kälte›, seine Lebensferne, seinen Mangel an ‹Seele›, ... in sein ‹Unmenschentum› und ‹verzweifelt Herz›, seine Überzeugung, verdammt zu sein.»[60] Und etwas später spricht er davon, daß Leverkühn selbst wie auch sein Chronist Serenus Zeitblom «viel zu verbergen haben, nämlich das Geheimnis ihrer Identität». Dahinter verbarg sich niemand anderes als er selber.

Auch der «Doktor Faustus» stand folglich in der unmittelbaren Nachfolge der «Betrachtungen», noch einmal ein Parallelwerk zu dem frühen Buch. Der aus der ersten Nachkriegsausgabe der Gesammelten Werke verschämt ausgeschiedene Riesenessay ist denn auch in Bedeutung und programmatischem Rang kaum zu überschätzen; Thomas Manns Tochter Erika hat in ihrer Einführung zu der später gesondert publizierten Ausgabe der «Betrachtungen» nicht ohne genierte Beschönigungsabsicht geäußert, das Buch selber enthalte bereits in seiner Vorrede, die der Autor der ersten Ausgabe von 1918 hinzugefügt habe, «so viel härteste Selbstkritik, so viel Einschränkung, ja Zurücknahme», daß ein Mißverstehen dessen, was «hier ein im politischen Denken noch Ungeübter in verwirrend jähem Wechsel nach außen und gegen sich selbst» geäußert habe, kaum noch möglich sei.[61] Doch betreffen die Zurücknahmen nur einige aktuell-politische Überspitzungen, und in Wirklichkeit sind die «Betrachtungen eines Unpolitischen» gerade nicht ein Zeugnis der Verirrung, sondern das genaueste, über die Jahre hin treffend gebliebene Selbstporträt, weniger Zeit- als Lebensdokument und der unentbehrliche Schlüssel zu jedem genaueren Verständnis von Person und Gesamtwerk Thomas Manns.

Er selber hat es nicht anders gesehen und dem retuschierenden Vorspruch der Tochter vermutlich nur deshalb zugestimmt, weil er darauf hinauslief, jenen vielfach so verwirrend empfundenen Widerspruch zwischen den «Betrachtungen» und seinen republikanischen Plädoyers aufzuheben. Denn hier wie dort hatte er jene Position der Mitte behauptet, die für ihn gleichbedeutend war mit der Idee der Humanität selber. Wer in allem scheinbaren Überzeugungswechsel, allen politisch-pädagogisch gemeinten Verschiebungen nach einem festen Punkt sucht, wird ihn hier finden. Um dieser Idee willen war er zu jedem Zugeständnis an die Formen staatlicher oder sozialer Organisation bereit, sie waren lediglich Bauelemente. Hatte er noch 1918 die Sache der Humanität am sichersten im deutschen Obrigkeitsstaat bewahrt gesehen, so bekannte er vier Jahre später, in seiner Rede «Von deutscher Republik», er wolle die Jugend für das gewinnen, «was Demokratie genannt wird und was ich Humanität nenne, aus Abneigung gegen die humbughaften Nebengeräusche, die jenem anderen Worte anhaften»; ausdrücklich hatte er eingeräumt, daß er diese Abneigung teile.[62]

In alledem kam wiederum sein Grundbedürfnis nach Balance und Mittlertum zum Vorschein. Zur Zeit der «Betrachtungen» schien ihm das Gleichgewicht vom Westen her, durch den Triumph des demokratischen Prinzips, in Frage gestellt, später durch den deutschnationalen Irrationalismus – und immer hatte er sich, offen auch für problematische Haltungen, auf alles eingelassen, jede Sphäre «erkundet». Ein politischer Mensch, ein politischer Schriftsteller, sei es nach der Art seines Bruders, sei es gar im Sinne des zänkischen Parteigängertums der Gegenwart, wird in alledem nicht erkennbar; aber doch einer, ohne dessen Vermittlungsbemühung, dessen Ausgleichsbereitschaft kein politisches Gemeinwesen bestehen kann, wie überholt und einer anderen Epoche zugehörig seine Erscheinung sich unterdessen auch ausnehmen mag.

In jene zurückliegende Zeit, als der Geist um der politischen Vernunft und sozialen Nützlichkeit willen noch keine Zugeständnisse an die «Platitüde» zu machen hatte, sehnte er sich eigentlich immer zurück. Mit der Katastrophe des Hitlerreiches verband er die Hoffnung auf das Ende einer ideologisch erregten, von Haß und Unduldsamkeit geprägten Epoche. Die aus dem Tagebuch über «Die Entstehung des Doktor Faustus» zitierte Eintragung, in der er Hitler den großen Vorzug attestiert, eine Vereinfachung der Gefühle bewirkt zu haben, schließt mit den Worten: «Die Jahre des Kampfes gegen ihn waren moralisch gute Zeit.»[63]

Aber zugleich wohl auch eine ihm zutiefst fremde Zeit, und man kann aus diesen Worten unschwer die Erleichterung heraushören, daß nun, nach dem Untergang Hitlers, vielleicht doch wieder möglich würde, womit für ihn zeitlebens alle Literatur und nicht zuletzt die eigene Existenz untrennbar verhaftet waren: Spiel, Ironie und die unverbindlich abenteuernde Freiheit der Kunst. Erich Heller hat herausgefunden, daß Thomas Mann in dem erwähnten, als kritische Rechenschaft gemeinten Essay «Deutschland und die Deutschen» ganze Passagen aus den «Betrachtungen eines Unpolitischen» eingefügt hat, ohne sie freilich als Zitat kenntlich zu machen;[64] nur die Vorzeichen wurden vertauscht, die Zusammenhänge abgewandelt – und man stellt sich den Dichter vor, wie er, selbst noch im Schmerz über Unglück und Schuld seines Landes, dem unwiderstehlichen Hang zum Zweideutigen nachgibt und seine versteckten Späße treibt, indem er die Irrtümer von einst zwar preisgibt, sich aber gleichzeitig, durch die wortwörtliche Übernahme, in parodistischer Sympathie zu ihnen bekennt. In der einige Jahre später, gegen Ende seines Lebens geschriebenen «Phantasie über Goethe» finden sich die Sätze:

«Wenn er die Freiheit für schlecht aufgehoben erachtete in den Händen der Unfreien, so gönnte und nahm er selbst sich desto reichlicher davon, – eine umfassende, ins Ungreifbare, Undefinierbare entgleitende Freiheit, die Freiheit des Proteus, der in alle Formen schlüpft, alles zu wissen, alles zu verstehen, alles zu sein, in jeder Haut zu leben verlangt … Es ist da eine Art von souveräner Treulosigkeit, der es Spaß macht, die Anhänger im Stich zu lassen, die Partisanen jedes Prinzips zu beschämen, indem man es vollendet – und das andere auch. Ja, es ist etwas wie Weltherrschaft als Ironie und heiterer Verrat des einen an das andere, und ein tiefer Nihilismus, der zum Scheiden und Werten unwillige Objektivismus der Kunst …, ein Element der Fragwürdigkeit, der Verneinung und des umfassenden Zweifels, das ihn, wenn wir seiner Umgebung glauben dürfen, gern Sätze sprechen ließ, die gleich den Widerspruch auch schon enthalten.»[65]

Es war ein Selbstporträt, wenn auch zum Idealbild erhöht. Denn so hatte er immer sein wollen: ins Ungreifbare entgleitend, von souveräner Treulosigkeit, bereit zu heiterem Verrat und umfassendem Zweifel. Statt dessen hatte die Zeit ihn engagiert und zum Partisanendienst gezwungen. Aber nahe, immerhin, war er dem Bilde, wie er es von Goethe entworfen hatte, gekommen. Der Rest war eifersüchtige Bewunderung.

Heinrich Mann – Ein Unpolitischer wird besichtigt

Die Ahnung, daß bald für tiefe Schwärmereien
keine Gelegenheit mehr sein werde,
ließ mich vielleicht diese ergreifen.

Heinrich Mann[1]

Kaum ein Schriftsteller ist mit seinem Werk so vielen Legenden und Mißdeutungen ausgesetzt wie Heinrich Mann. Seine Anwälte, die ihn zur Größe reden, sprechen von «verhinderter Öffentlichkeit» und nennen ihn verkannt, von einer Gesellschaft um Rang und Erfolg betrogen, die sich, über die Jahre und allen Wandel hin, in anhaltender bourgeoiser Widersetzlichkeit gegen ein Lebenswerk sträubt, das ihr Wesen bloßgestellt hat: «Der arme Heinrich», wie ihn einer seiner larmoyanten Eiferer sieht.[2] Die Politik, so heißt es, die er, vom weltflüchtigen Ästhetizismus der frühen Jahre Abschied nehmend, als das Schicksal erkannte, sei ihm selber dazu geworden. Dem Bild, das eine traditionell unpolitische Nation vom Dichter besitzt, komme der politisch indifferente, in Menschheitsthemen ausweichende Thomas Mann weit stärker entgegen als dessen «Bruder zur Linken».

Die Verkanntheitslegende geht noch auf Heinrich Mann selber zurück. Vereinsamt im amerikanischen Exil, «müde von Jahren und Erlebnissen», bezeichnete er sich in einem Brief vom Juli 1949 als «einen aus dem Verkehr entfernten Autor»[3] und hoffte, das Beispiel Stendhals vor Augen, auf seine Wiederentdeckung nach dreißig Jahren. Tatsächlich geht die Auflage seiner bekanntesten Romane inzwischen in die Hunderttausende, doch zu einer wirklichen Aneignung seines Werkes ist es nicht gekommen; eine

Art Fremdheit blieb. Doch sollte man sie nicht vorschnell auf die Renitenz einer konservativ gestimmten Öffentlichkeit gegen den «Ahnherrn des linken literarischen Aktivismus» zurückführen. Womöglich haben die Vorbehalte weit mehr mit der Zeitgebundenheit des Werkes selber zu tun und die Widerstände dagegen viel eher literarische als politische Motive. Der Fall Brecht beispielsweise lehrt, daß eine Schriftstellerei, die weit polemischer und parteigebundener ist, es dennoch zu Ruhm und größter Popularität bringen kann.

Denn es handelt sich, wohin man blickt, um ein hochgradig absichtsvolles Werk. Immer ist darin ein angespannter ästhetischer oder moralischer Wirkungswille erkennbar, eine äußerste Forciertheit, die alles steigert und auf die Spitze treibt, und kaum je jedenfalls hat Heinrich Mann ein aus dem bloßen epischen Grundvertrauen kommendes, die erzählerische Substanz wie selbstverständlich entfaltendes Werk verfaßt. Seine Neigung zum Outrierten hat ihn Spracheroberungen von eindrucksvoller Kühnheit und Kraft machen lassen, aber auch zu jenen grellen, alle psychologischen Kompliziertheiten leugnenden Vereinfachungen geführt, in denen sich wenig mehr als der Wille zur pädagogischen Parabel behauptet. Aus diesem Grunde auch hat er zwar eine Schule gebildet und literarische Parteigänger gehabt, aber, von kurzen Perioden abgesehen, kein Publikum; sein Einfluß war größer als sein Erfolg. Gottfried Benn, für seine Generation sprechend, nannte ihn zu Beginn der dreißiger Jahre, als das Werk Heinrich Manns der breiteren Öffentlichkeit schon wieder verlorenging, «den Meister, der uns alle schuf».[4]

Dieser Virtuose des Ausdrucks, der Wortspieler und Sprachartist, dem Gottfried Benn huldigte, ist der eigentlich vergessene Heinrich Mann; und der Teil seines Werkes, der die deutsche Sprache zur Kunstprosa erweitert hat, ist dem literarischen Bewußtsein abhanden gekommen wie so vieles im Bruch der Kontinuität. Wie beherrschend und bis ins Persönliche reichend sein Stilisierungswille war, wird unter anderem daran deutlich, daß er nicht nur einzelne frühe Werke für eine Neuausgabe überarbeitet, sondern auch in allen Selbstzeugnissen seine schriftstellerische Biographie retuschiert hat: «Bis zu meinem 28ten Jahre», versicherte er in einer autobiographischen Notiz von 1911, «habe ich kaum geschrieben. Ich weiß nicht mehr, wie ich mir damals die Zukunft dachte; wohl garnicht.»[5]

Doch die beruflichen Auseinandersetzungen mit dem Vater, auch die Impressionen und Novellen, die er schon mit vierzehn Jahren zu schreiben begann, offenbaren das Gegenteil. Sie verbinden, nicht anders als die Aufsätze der frühen Jahre, ein Außenseitergefühl gegenüber der bürgerlichen Gesellschaft aufs widersprüchlichste mit der Übernahme bürgerlich-literarischer Konventionen, verwerfen den Naturalismus Gerhart Hauptmanns ebenso wie Maupassant oder Zola und halten ihnen Gustav Freytag oder Victor von Scheffel entgegen. Heinrich Manns erster, im Alter von dreiundzwanzig Jahren verfaßter Roman «In einer Familie» (1894), eine am Vorbild der «Wahlverwandtschaften» orientierte Ehebruchsgeschichte, die einiges kompositorische Geschick und eine frühentwickelte psychologische Einfühlungsgabe verrät, findet bezeichnenderweise zu einem versöhnlichen Ende und entläßt mit dem Schlußsatz, nach allen Verwirrungen des Gefühls, das eine der beiden Paare in «das echte, stetig geordnete, einträchtige und in seinem unscheinbaren Frieden so inhaltsreiche Leben in einer Familie».

Verleugnet oder durch Umdatierungen biographisch gelöscht hat Heinrich Mann darüber hinaus aber auch einen frühen Novellenband sowie vor allem die anderthalb Jahre, in denen er, inzwischen vierundzwanzig Jahre alt, Herausgeber einer militant völkischen Zeitschrift war, die unter dem Titel «Das 20. Jahrhundert. Blätter für deutsche Art und Wohlfahrt» erschien. Wie schon der Familienroman zu erkennen gegeben hatte, ließ er den Pessimismus der frühen Jahre fallen und entwickelte, vor allem im Anschluß an die Anschauungen des französischen Romanciers und Kulturkritikers Paul Bourget, die Grundlagen einer «gesunden» Gesellschaft: Herrscherhaus, Adel, Familie; eine entschlossene Kriegsmoral und rassisches Selbstbewußtsein. Er verhöhnte die Liberalen und attackierte die Sozialdemokraten, nannte die Republik die «einfältige Nachäffung» fremder Verhältnisse und sagte in einem Artikel unter der Überschrift «Jüdischen Glaubens» den Untergang der Kultur voraus, solange man die Juden, «die wilden Tiere im freien Spiel der Kräfte, duldet, anstatt sie auszurotten oder in Käfige zu sperren».[6]

Das strikte Schweigen, das Heinrich Mann in dieser Sache lebenslang gewahrt hat, macht es schwer zu sagen, worauf die sonderbare Jugendepisode zurückzuführen ist. Literarische Einflüsse mögen daran mitgewirkt haben, aber auch der Ehrgeiz, sich durch die Stellung als Herausgeber gesellschaftlich auszuweisen: das schlechte Gewissen des entlaufenen Bürgersohnes, der dem Vater in einem Akt verspäteten Trotzes das Unrecht demonstrieren wollte, das ihm durch den Testamentsvorwurf widerfahren war, er neige zu «träumerischem Sichgehenlassen» und besitze keine der Voraussetzungen zu erfolgreicher literarischer Tätigkeit.[7] Das Empfinden des Umwegs und der Abhaltung vom eigentlichen Lebensplan hat ihn dabei sicherlich begleitet. Um so durchschlagender dann, nach Jahren der Selbstzweifel, der apathischen Zustände, aber auch der philosophischen Studien und Verpuppungsprozesse vor allem im Zeichen Nietzsches, das befreiende Gefühl inspirierten Anfangs, dessen Euphorie noch in der Erinnerung, rund fünfzig Jahre später, nachklingt: «1897 in Rom, Via Argentina 34, überfiel mich das Talent, ich wußte nicht, was ich tat. Ich glaubte, einen Bleistiftentwurf zu machen, schrieb aber den beinahe fertigen Roman. Mein Talent ist in Rom geboren, nach dreijähriger Wirkung der Stadt.»[8]

Das Werk, mit dem Heinrich Mann seine literarische Biographie seither beginnen ließ, war «Im Schlaraffenland» und im strengeren Sinne eigentlich nicht, was der Begriff des Romans besagt: keine durchkomponierte, entwickelte Geschichte, sondern ein satirisch überzeichnetes Pandämonium von Großplebejern und entfesselten Vorstadtmachiavellisten, von Spekulanten, Opportunisten und Hochstaplern, die aber sämtlich, allem auftrumpfenden Getue zum Trotz, an den Schnüren eines einzigen Mannes zappeln, des Bankiers und Finanzpotentaten James L. Türkheimer. In ihm hat der romantische Antikapitalismus, auf den Heinrich Mann einige Jahre später und dann auf Dauer zurückkam, einen ersten, ins Weltverschwörerische reichenden Kolossaldämon geschaffen: die vulgäre, schlagflüssige Abart des Übermenschen, gedacht als bourgeoises Zerrbild der von Nietzsche entworfenen Idee. In radikaler Abkehr von den einstigen Positionen demaskierte der Verfasser mit dem Personal des Buches, den Geschäftemachern, den Adligen und den proletarischen Randfiguren, zugleich die gesamte bürgerliche Ordnung: Staat, Familie, Religion, den Katalog moralischer Imperative überhaupt, auch Kunst und Literatur, und entdeckte überall nur Heuchelei und Eigensucht, den ordinären Luxus von Neureichen, Kokottenwirtschaft und hechelnde Promiskuität. In seinem standortlosen, im Grunde nihilistischen Entlarvungsfuror ist das Werk denn auch nicht der «soziale Zeitroman»,[9] den Heinrich Mann hatte schreiben wollen, sondern viel eher das Zeugnis einer Orientierungskrise des Autors selber, zumal nicht selten der Eindruck sich einstellt, er sei von der Welt, deren üppig drapierte Nacktheit er enthüllt, weit stärker überwältigt, als es irgendeinem kritischen Vorsatz zuträglich wäre; er selber hat das mit dem Hinweis begründet: «Gute Satiren schrieb nie jemand, er hätte denn irgendeine Zugehörigkeit gehabt zu dem, was er dem Gelächter preisgab: ein Apostat oder ein Nichteingelassener. In Satiren ist Neid und Ekel, aber immer ein gehässiges Gemeinschaftsgefühl.»[10]

Dieser doppelte Blick, der nicht selten zugleich bewundert, was er bloßstellt, hat, weit auffälliger noch, die folgende Phase im

Frühwerk Heinrich Manns bestimmt. Gewiß wäre vom «Schlaraffenland» aus der entschlossene Schritt in die Gesellschaftskritik denkbar gewesen, in die Nachfolge Balzacs oder doch Zolas. Aber zu unfertig, zu sensitiv und anfällig für äußere Einflüsse, ist Heinrich Mann zunächst der vorherrschenden Tendenz gefolgt, die überdies seiner Begabung wie seiner Persönlichkeitsformel eigentümlich entgegenkam: der Verbindung aus Kraft und Unschlüssigkeit, Artistentum und moralischem Zweifel, aus morbidem Sensualismus und dem Leiden daran.

Von einer der Figuren aus seiner Koterie wird James L. Türkheimer einmal «ein Eroberertypus, ein Renaissancemensch» genannt und damit ein Stichwort eingeführt, das mit der geistesgeschichtlichen Szenerie des ausgehenden Jahrhunderts aufs engste verbunden ist. Die Namen von Conrad Ferdinand Meyer und Jakob Burckhardt, von Paul Heyse, Ricarda Huch, Arnold Böcklin und Hans Makart bis hin zu Graf Gobineau und Gabriele d'Annunzio veranschaulichen eine in Wissenschaft, Literatur und bildender Kunst gleichermaßen hervortretende Zuwendung zum 15. und 16. Jahrhundert, die durch Nietzsche vehement aktualisiert und von den Interpretenscharen in seinem Gefolge zu einer schwärmerischen Renaissanceraserei ausgeweitet worden war; es schien, als repetiere das alte Europa im Anschluß an den durch die Romantik erweckten Kult des Mittelalters noch einmal seine historischen Bewegungen, und in der Tat ist der Zusammenhang mit dem Empfinden von Erschöpfung, Dekadenz und verausgabter Kraft, kurz mit alldem, was als Fin-de-siècle-Stimmung beschrieben worden ist, unverkennbar.

Nietzsche hatte die Renaissance vor allem als Gegenbild der eigenen Epoche gezeichnet und, in radikaler Vereinseitigung, ihre aristokratischen Züge, ihre Vornehmheit, asketische Kälte und Freiheit gefeiert; doch die Mitwelt hatte sich den kritisch-moralischen Anspruch, den diese gleißenden Geschichtsstilisierungen enthielten, nicht zu eigen gemacht, sondern dem grausamen, schönheitsbesessenen, von starken Instinkten erfüllten Bild jener Epoche nur die Begründungen für ihre libertinen Bedürfnisse entnommen: «ruchlos» lautete die modische, durchaus zustimmend gemeinte Programmvokabel. Und Cesare Borgia, Held und Idol ungezählter Romane, Bühnenwerke und Abhandlungen der Zeit, hat immer wieder dazu herhalten müssen, dem auf allen gesellschaftlichen Ebenen hochdrängenden, rücksichtslos sich auslebenden Parvenu die trivialen Freiheiten zu lizenzieren, die er sich nahm, und damit gerade jenem von Nietzsche verabscheuten neuen Sozialtypus die Rechtfertigungen verschafft, gegen den er beschwörend gerichtet war.

Zugleich aber war der Renaissancismus eine Fluchtbewegung, die hochliterarische Verweigerungsgeste gegenüber einer bürgerlichen, in pragmatischer Nüchternheit erstarrten, entromantisierten Welt: ein gleichsam historischer Exotismus, der in die Vergangenheit wie nach entlegenen Ländern aufbrach und in dem Phantasiebild, das er sich von ihr entwarf, alles fand, was die Gegenwart ihm vorenthielt: Abenteuer, Schönheit, starke Begierden, das Glück und den Rausch des ungebändigten Lebens. Bezeichnenderweise enthält Heinrich Manns Roman «Die Göttinen» aus dem Jahre 1903, der womöglich das bedeutendste, sicherlich jedoch das charakteristischste Werk der Renaissanceschwärmerei ist, keine geschichtlich faßbare Schilderung dieser Epoche, sondern nur, was er als deren Lebensstimmung empfindet: schrankenlosen Individualismus, Genußsucht und Daseinsemphase, einen ästhetischen Immoralismus, der nicht mehr zwischen Gut und Böse, sondern nur noch zwischen Schön und Häßlich unterscheidet. Formal waren alle diese Elemente eingebunden in eine turbulente Szenenfolge, die sich der neuen Techniken der Collage, des abrupten Schnitts oder des Perspektiventauschs mit einer bedenkenlosen Kunstfertigkeit bedient, um jene Hektik zu erzeugen, die der pausenlose Wechsel zwischen rauschenden Festen und Revolutionen, Intrigen, Morden, Kunstabenteuern und Ausschweifung verlangt. Thomas Mann, der mit dieser Art Exzeßliteratur wenig anzufangen wußte, meinte noch im Rückblick spöttisch verwirrt: «Kataloge des Lasters, in denen keine Nummer vergessen war.»[11]

Geschildert werden Leben und Abenteuer der Violante, Herzogin von Assy, «einer großen Dame aus Dalmatien», wie Heinrich Mann in einem ankündigenden Brief seinem Verleger schrieb: «Im ersten Theile glüht sie vor Freiheitssehnen, im zweiten vor Kunstempfinden, im dritten vor Brunst. Sie ist bemerkenswerther Weise ein Mensch und wird ernst genommen; die meisten übrigen Figuren sind lustige Thiere wie im ‹Schl(araffenland)›. Die Handlung ist bewegt, sie erstreckt sich auf Zara, Paris, Wien, Rom, Venedig, Neapel. Wenn Alles gelingt, wird der I. Theil exotisch bunt, der 2te kunsttrunken, der 3te obscön und bitter.»[12] Das Ende des Romans, wenn alle Lebensmöglichkeiten erprobt, «die großen Träume von Jahrhunderten» nachgespielt sind, das Sterben als szenische Selbstfeier vorüber ist, vermittelt einen anschaulichen Eindruck von dem hymnischen Lyrismus, der, mal ekstatisch, mal getragen, den Stil des Werkes prägt. Aus ihrem weißen Gesicht, heißt es da, grüßten «die großen Flammen von Jahrhunderten. Alle Schönheiten der Assys waren noch einmal erstanden in dieser Frau. In ihr hatten alle ihre Leidenschaften noch einmal aufgeschrieen. Nun versiegte mit ihr der letzte Blutstropfen, der ihnen gehört hatte. Mit ihr erstarrte ihrer aller letzte Begierde, zerbrach ihrer aller letzte Geste, und senkte seinen Flügel ihr letzter Traum».

Das gleiche Thema hat Heinrich Mann, nun freilich mit zweifelnd kritischem Unterton, vor allem in der ebenfalls 1903 erschienenen Novelle «Pippo Spano» aufgegriffen. Sie erzählt die Geschichte des Dichters Mario Malvolto, eines dieser Renaissance-Enthusiasten, der in einem Bildnis des Condottiere Pippo Spano die Maximen starker, ruchloser Lebensvergötzung vor Augen hat, doch kläglich versagt, als die Umstände ihm eine jener großen, uneigennützigen Gesten abverlangen, die er literarisch verherrlicht. Wenn Heinrich Mann den Renaissancekult der Jahrhundertwende, zu dessen Wortführern er zählte, schon damals mit leicht ironisch distanziertem Einschlag als «hysterische Renaissance» bezeichnet hat, so legt diese Novelle die romantische Unverbindlichkeit, den nervösen und komödiantisch-sentimentalen, eben hysterischen Empfindungsgrund bloß, auf dem er beruhte.

Einige Monate später sagte Heinrich Mann sich, eher unvermittelt und durchaus bekenntnishaft, von den bisherigen Anschauungen los: von Renaissanceschwärmerei und Gegenwartsflucht, Wirklichkeitsverachtung und den Antinomien von Kunst und Leben. In einem Beitrag über Frankreich von 1904, geschrieben für Maximilian Hardens «Zukunft», erklärte er sich für die Republik, für Menschenrechte, für eine kritische Literatur, und ergänzte die Beteuerung kurz darauf durch einen Essay, der das hochmütige, menschenfeindliche Isolierungsbewußtsein des Künstlers gegenüber der Gesellschaft erstmals in Zweifel zog und bis zu dem Satz führte, daß die Kunst dem Leben zu dienen habe.[13] Nicht lange danach begann er mit der Arbeit am «Professor Unrat».

Gewiß war bei dieser überraschend anmutenden Wendung das Bedürfnis im Spiel, für sein Unbehagen in der Zeit einen festen Grund zu gewinnen, die literarischen Bespiegelungen von Künstlereinsamkeit und weltverachtendem Außenseitertum, auf die er sich immer wieder zurückgeworfen sah, durch einen Punkt außerhalb der eigenen Person zu überwinden. Seine Neigung zur Kritik an Menschen und Verhältnissen war über die bloße Beschreibung des Carneval humain im Grunde nie hinausgelangt und am Ende immer nur in eine metaphorisch dekorierte Leere gemündet. Jetzt suchte er Gewißheiten, und insofern war der Entschluß auch eine Lossage von den Kompliziertheiten erkennender Kunstarbeit, von den «Lastern des Geistes», wie es verschiedentlich heißt. Aller nach außen hin fast herausfordernd zur Schau getragenen Kunstsicherheit zum Trotz war Heinrich Mann sich seines literarischen Weges lange Zeit unsicher gewesen, sein vielseitiges, nervös empfängliches Talent zerrte ihn in diese oder jene Richtung, und noch während der Arbeit an den «Göttinnen» hatte er seinem Verleger geschrieben: «Aus der beobachteten Wirklichkeit hervor wächst bei mir doch sehr Karikatur und Excentricität. Soll ich das abwerfen? Ich weiß nicht. Möglichenfalls ist es gerade das Entwicklungsfähige?»[14] Nicht auszuschließen ist aber auch, daß der décadent in ihm die Politik als neuen, exotischen Reiz entdeckte, als Stimulans für die verfeinerten Sinne, denen die Wonnen des Ungewöhnlichen inzwischen schal geworden waren.

Jedenfalls darf man den Zusammenhang zwischen der ästhetizistischen und der politischen Phase im Werk Heinrich Manns nicht übersehen, und womöglich war, was dem flüchtigen Blick als Wendung und Gegensatz erscheint, im schwärmerischen Persönlichkeitsgrund eng verbunden. Vielleicht liegt mehr als ein Zufall darin, daß ein anderer Protagonist des Renaissancismus, Gabriele d'Annunzio, der Welt des leeren, schönen Scheins ebenfalls durch den Sprung in die Politik, wenn auch unter entgegengesetztem Vorzeichen, zu entkommen versucht hat, und es ist gewiß eine Überlegung wert, ob die Politik in diesem wie in jenem Falle nur eine romantische Option war, um vor der Welt und den Enttäuschungen zu fliehen, die sie einem sensitiven Naturell bereitete. Der Radikalismus von Schönheit und Kunst, das, was die Romantiker «Hirnsinnlichkeit» nannten, hätte dann auf politischem Felde nur eine andere Formel gefunden: der hysterischen Renaissance folgte die hysterische Politik[15].

Solche Erwägungen drängen sich jeder unvoreingenommenen Auseinandersetzung mit Leben und Werk Heinrich Manns auf, doch beschreiben sie offenbar noch immer nicht das ganze Problem. Denn was als Wendung zu Politik und Gesellschaftskritik erscheint, war auch und vielleicht in noch stärkerem Maße eine Wendung gegen Thomas Mann. Man verfehlt einen überaus wichtigen Aspekt für das Verständnis Heinrich Manns, wenn man das früh ausbrechende, alles überlagernde, unablässig nagende Bewußtsein brüderlicher Rivalität außer acht läßt. Denn Heinrich war immer «der große Bruder» gewesen und hatte sich so auch empfunden: streng, hochmütig und gelegentlich auch herrschsüchtig, die geschwisterliche Autorität, der es gefallen konnte, den Jüngeren, während Kindheitstagen, grundlos und nur einer Laune folgend, einmal ein Jahr lang keines Wortes zu würdigen. Mit dem Entschluß, Schriftsteller zu werden, hatte Heinrich überdies auch die Lebensentscheidung des Jüngeren mitbestimmt, dessen literarischer Ehrgeiz zunächst wie entlehnt wirken mochte und eine Art bloßer, bewundernder Nachlauferei zu sein schien. Der Ton, in dem er Thomas gegenübertrat, hatte lange Zeit etwas Elternhaftes, belehrend Überlegenes, und während der gemeinsamen Jahre in Italien hatte er, damals noch in seinen ästhetizistischen Vorstellungen befangen, den an den «Buddenbrooks» arbeitenden Bruder gemahnt: «Du hältst Dich zu lange bei der Kritik der Wirklichkeit auf ... Aber Du wirst schon auch noch zur Kunst gelangen.»[16]

Mit dem überwältigenden Erfolg des Buches jedoch hatte Thomas Mann den, der doch auch literarisch eine Art Erstgeburtsrecht reklamierte, von seinem Platz verdrängt und das Verhältnis umgekehrt: war Thomas so lange der Bruder von Heinrich gewesen, so wurde Heinrich jetzt zum Bruder von Thomas, und zweifellos hat dieser unvermittelte Rangwechsel den Älteren tief gedemütigt. Auch kam hinzu, daß Thomas, wo es sich ergab, den Bruder auf diesen Rollentausch hinwies und ihm mit gespielter, auf Kränkung berechneter Gleichgültigkeit seine Erfolge meldete. In einem erst 1981 aufgefundenen Brief vom Dezember 1903 beispielsweise unterrichtet er den Älteren über eine Studie, die er «bei niedrigem Barometerstand, gehetzt und ohne jede Stimmung in acht Tagen aufs Papier (gekratzt)» und «bösen Gewissens» abgeschickt habe, «in der bestimmten Erwartung, sie mit Hohn und Schande als untauglich zurückzubekommen». Statt dessen sei inzwischen ein Dankbrief von Samuel Fischer eingegangen, der beiläufig auch die Mitteilung enthalte, daß von den «Buddenbrooks» inzwischen das 11. bis 13. Tausend gedruckt werde. Und dann, mit unverhohlenem Triumph: «So geht es immer. Ich arbeite mit Ekel und ohne die geringste Genugtuung, ich gebe den Dreck in tiefster Verzweiflung weg, und dann kommen die Briefe, das Geld, die Lobsprüche, die Händedrücke, die ‹Verehrung›. Alle haben Genuß daran, nur ich nicht.»

Es läßt sich denken, auch Heinrich nicht. Hinzu kam, daß diese Passage nur die Eröffnung zu einer großen, mehrseitigen Auseinandersetzung mit dessen Werk war, deren zurechtweisender Ton ihm den Rollentausch mit jedem Wort noch schmerzlicher bewußtmachte, als es ohnehin der Fall war, und ersichtlich auch eben darauf abzielte. Ansatzpunkt war Heinrichs soeben erschienener Roman «Die Jagd nach Liebe», den der Jüngere, über alle Detailkritik hinaus, heranzog, um die literarische Entwicklung des Bruders im ganzen in Frage zu stellen. Denke er nur zehn, acht, fünf Jahre zurück, sei ihm Heinrich als «eine vornehme Liebhabernatur» erschienen, «ledig jedes Applausbedürfnisses, eine delicate und hochmüthige Persönlichkeit», für deren Werke gewiß ein empfängliches Publikum vorhanden sei. Dann heißt es: «Statt dessen nun diese verrenkten Scherze, diese wüsten, grellen, hektischen, krampfigen Lästerungen der Wahrheit und Menschlichkeit, diese unwürdigen Grimassen und Purzelbäume, diese verzweifelten Attacken auf des Lesers Interesse … in einem Buch, dessen Titel lieber lauten sollte: ‹Die Jagd nach *Wirkung*›.»

Denn die Begierde nach Wirkung, so lautet der Hauptvorwurf des Jüngeren, sei es eigentlich, die Heinrich «diese sinnlosen und unanständigen Lügengeschichten» erfinden lasse, die ihn zu einer «dick aufgetragenen Colportage-Psychologie» verführe, seinen Stil «wahllos, schillernd, international» mache und «jede Strenge, jede Geschlossenheit, jede sprachliche Haltung» zugrunde richte, kurz, ihn als Schriftsteller korrumpiere. Wenn Heinrich noch in den «Göttinnen» der Autor des Schönen und des Historischen gewesen sei, so habe er an deren Stelle jetzt den Sexualismus gesetzt, ohne freilich «das Unheimliche, das Tiefe, das ewig Zweifelhafte des Geschlechtlichen» spürbar werden zu lassen: «Die vollständige sittliche Nonchalance, mit der Deine Leute, haben sich nur ihre Hände berührt, mit einander umfallen und l'amore machen, kann keinen besseren Menschen ansprechen. Diese schlaffe Brunst in Permanenz, dieser fortwährende Fleischgeruch ermüden, widern an. Es ist zu viel, zu viel ‹Schenkel›, ‹Brüste›, ‹Lende›, ‹Wade›, ‹Fleisch›, und man begreift nicht, wie Du jeden Vormittag wieder davon anfangen mochtest, nachdem doch gestern bereits ein normaler, ein tribadischer und ein Päderasten-Aktus stattgefunden hatte … Ich spiele nicht Frà Girolamo, indem ich dies schreibe. Ein Moralist ist das Gegentheil von einem Moralprediger: ich bin ganz Nietzscheaner in diesem Punkte. Aber nur Affen und andere Südländer können die Moral überhaupt ignorieren, und wo sie noch nicht einmal Problem, noch nicht Leidenschaft geworden ist, liegt das Land langweiliger Gemeinheit.»[17]

Heinrichs Antwort ist nicht erhalten, nur einige Entwurfsnotizen auf der Rückseite des Briefes geben einen kurzen Hinweis auf die Tonlage der Erwiderung. Darunter finden sich einige Stichworte, die jenen Unterschied in Wesen und Arbeitsweise der Brüder festhalten, der am Ende auch über ihren literarischen Rang entschieden hat: «Mir gebricht es so vielmehr an Ruhe, an Zeit zum Abwägen. Ich habe die Angst: höre ich auf, ist es aus mit mir. Dann das Geld. Ich denke, wenn ich von Wirkung spreche, *ausschließlich* an das Geld. Ich behaupte mein volles Recht, mich über die Eitlen lustig zu machen, denen am Beifall um seiner selbst etwas liegt. Mir ist das unbestimmte Geräusch des Volkes dahinten gleichgültig. Ich weiß zu gut, daß der Ruhm nur ein weithin verbreiteter Irrthum über meine Person wäre; daß man klatschen würde, ohne zu wissen wem.»

Auch wenn Thomas Mann versucht hat, in den unmittelbar folgenden Briefen den Streit abzumildern, war der Bruch damit doch besiegelt, und niemals mehr jedenfalls hat er sich dem Bruder gegenüber freimütig geäußert, sondern dessen Arbeiten mit billigen oder doppelsinnig funkelnden Komplimenten überhäuft. So wenn er einem der Romane Heinrichs «vergeistigte Opernschönheit» zuspricht oder später von der «intellektuell federnden Simplizität» seines Stils spricht. Heinrich dagegen entnahm dem Brief womöglich doch die Einsicht, daß er literarisch ins Ausweglose geraten war und sich auf festeren Grund stellen mußte. Es ist sicherlich mehr als eine bloß zufällige Koinzidenz, daß er bald nach der Auseinandersetzung den erwähnten Aufsatz für Hardens «Zukunft» schrieb, mit dem er sich programmatisch von seinem Bruder entfernte. Die eigentliche Ursache des Zwistes aber hat noch einmal ein Brief der Mutter aufgedeckt. «Zeige nicht», schrieb sie am 20. November 1904 besorgt an Heinrich, «daß Du Dich von der literarischen Welt nicht so anerkannt fühlst, als es Thomas momentan ist ... Ihr seid *beide* gottbegnadete Menschen, lieber Heinrich, laß das persönliche Verhältnis zu T. ... nicht getrübt werden; wie konnten 1½ Jahre es so ändern bloß weil Deine letzten Arbeiten nicht durchwegs gefielen. Das hat doch mit d. geschwisterl. Verhältnis *nichts* zu *thun*!» Und: «Ich wünsche so von ganzer Seele, daß auch Dir die äußerliche Anerkennung zu Theil würde, denn leider kann der Schriftsteller nicht ohne sie fertig werden.»[18]

Ohnehin labiler, unsicherer veranlagt, wurde für Heinrich von nun an nahezu alles, was er dachte, plante und schrieb, zur stillen, erbitterten Auseinandersetzung mit dem übermächtigen Schatten des jüngeren Bruders. Das Gefühl unerwarteter Zurücksetzung stürzte ihn in die Krise seines Lebens. Sie konnte ihn zerbrechen, ihm aber auch die Möglichkeit eröffnen, im Widerspruch zu Thomas den eigenen, unverwechselbaren Ausdruck zu finden; sie konnte ihn schließlich auch von sich selber abbringen und verfälschen. Thomas Mann hat 1921, nach dem Höhepunkt des Konflikts, im Blick auf diesen Rivalitätskomplex und dessen Auswirkung auf Heinrich bemerkt: «Der innere Entstehungsherd des Giftes, das sein Dichtertum zu zersetzen drohte, war sicher hier.»[19]

Schon der Renaissancismus, vor allem die «Göttinnen»-Trilogie, war ein Versuch, den Autor der «Buddenbrooks» sowohl durch hochgetriebene Artistik als auch, zumindest dem konzeptionellen Umfang nach, künstlerisch zu übertreffen. Es war vermutlich nicht ohne maliziöse Nebenabsicht, daß der Jüngere auf das ambitionierte Werk noch im gleichen Jahr mit der Lakonie der «Tonio Kröger»-Novelle antwortete, die, ebenso wie das dialogische Gedankenstück «Fiorenza» zwei Jahre darauf, eine dezidierte Absage an den Bellezza-Ästhetizismus war, die «Blasebalg-Poesie», wie Thomas Mann später offen höhnte, die «Blut- und Schönheitsgroßmäuligkeit» mitsamt all der Schwärmerei für «dick vergoldete Renaissance-Plafonds und fette Weiber».[20]

Solche Gereiztheiten finden sich schon in einigen Freundesbriefen aus jener Zeit, wo vom Erkenntnisverzicht Heinrichs die Rede ist, von seiner «langweiligen Schamlosigkeit», der «geistlosen und unseelischen Betastungssucht seiner Sinnlichkeit» und von dem «leidenschaftlichen Widerstand», zu dem diese Bücher herausforderten, sogar vom «Haß».[21] Dergleichen blieb Heinrich gewiß nicht verborgen, und er mochte sich sagen, daß nichts den Kunstbegriff des Bruders heftiger provozieren mußte als der entschlossen parteiergreifende Übertritt ins Politische. Denn darin waren sie sich, allen Meinungsverschiedenheiten zum Trotz, so lange immer einig gewesen: daß der Schriftsteller in exklusiver Entfernung von der Wirklichkeit, hoch über allen Interessen und Tagesstreitigkeiten, als «Herr der Gegensätze» regierte. Indem Heinrich «das Volk» entdeckte, den «Fortschritt» und das «Menschheitsglück», sagte er sich in den Augen des anderen geradezu von der Kunst selber los und durchtrennte noch die letzten Gemeinsamkeiten. Man darf sicher sein, daß Heinrich eben dies beabsichtigte. Wenn er in einem späteren, freilich nie abgeschickten Brief an Thomas schrieb: «Ich empfinde mich als durchaus selbständige Erscheinung, u. mein Welterlebnis ist kein brüderliches, sondern eben das meine. Du störst mich nicht», so stellte er den Charakter ihres Verhältnisses geradezu auf den Kopf.[22]

Der theoretische Ausdruck dieses Bruchs waren die programmatischen Essays Heinrich Manns wie «Geist und Tat», «Voltaire – Goethe» oder «Gustave Flaubert und George Sand», bis hin zu dem als berechnete Kränkung des Bruders gedachten und das Zerwürfnis für längere Zeit besiegelnden Aufsatz über «Zola». In diesen Arbeiten fand und vertiefte er nicht nur sein Verhältnis zum französischen Sozialroman des 19. Jahrhunderts; vielmehr erhob er zugleich auch die Dritte Republik zum verklärten Gegenbild des kaiserlichen Deutschlands. Sein hochgestimmter Glaube an die Demokratie, an Wahrheit, Freiheit, Gerechtigkeit, an die verwandelnde Kraft von Geist und Literatur: all diese nun über Jahre hin unermüdlich abgewandelten Formeln haben sich in jener vom Willen zum Ideal getragenen Beschäftigung mit Frankreich gebildet.

Wie stark und zugleich vereinfachend Heinrich Manns neugewonnene Gewißheiten waren, wie ungebrochen sein richtungversetzter Hang zur Überspitzung, belegt eine Textstelle, in der er versichert, die französischen Schriftsteller hätten «die Demokratie erzogen. Das ist die Wirkung Zolas und das ist, seinen Tendenzen zum Trotz, die von Balzac ... Victor Hugo, der aus der Verbannung seine republikanischen Fanfaren schickt, Sainte-Beuve, der im Senat die Freiheit der Presse verteidigt, Flaubert mit seinem Ideal einer Regierung der Wissenschaft, des Geistes selbst; und Lamartine, in der Stunde, als sein Wort den übergetretenen Strom einer Menge bändigt, und Rochefort, während seines langen Duells mit einem Kaiser, und Zola, der die Kanonen der Gewalt zum Schweigen bringt vor der Wahrheit: sie alle haben das Glück gekannt, sich nicht stumm und ohne Arme zu fühlen, von einem Volk, dem der Geist nicht nur ein überirdisches und belangloses Spiel ist, auf eine Tribüne gehoben zu werden, ihr Wort die Dinge bewegen, den Geist in Welt und Tat verwandelt zu sehen.»[23] In der ihn umgebenden deutschen Wirklichkeit dagegen entdeckte Heinrich Mann nur ein «menschenfeindliches, der Reaktion ergebenes Geschlecht», das ihn leiden machte. «Ich lebe», schrieb er, «unter dem Druck dieser sklavischen Masse ohne Ideale ... so unverhüllt und brutal wie sonst nirgends in der Welt.»[24]

Der eigentlich literarische Ausdruck der Entzweiung mit dem Bruder waren die gesellschaftskritischen Romane, insbesondere «Professor Unrat» (1905) sowie «Der Untertan» (1914, 1918). Gegen das psychologische Zergliederungs-Raffinement des Jüngeren und dessen vielfach gebrochene, mit soviel Abstand wie Sympathie gezeichnete Figuren stellte er den bewußt vereinfachten Typus, und in der Tat waren es diese Vergröberungen, dieser vorbedachte, in der satirischen Absicht begründete Schritt hinter die Zeit und ihre psychologischen Erkenntnisstandards zurück, der Thomas Mann womöglich noch betroffener machte als der immerhin diffizile Kunstwiderspruch der früheren Werke: «Das alles ist das amüsanteste und leichtfertigste Zeug», notierte er nach der Lektüre des «Professor Unrat», «das seit Langem in Deutschland geschrieben wurde ... Unmöglichkeiten, daß man seinen Augen nicht traut.»[25]

Es war die alte Neigung Heinrichs zum Überhasteten, literarisch «Schnellfertigen», an der die produktionsethische Strenge Thomas Manns, seine Geduldigkeit und sein Ziseleur-Temperament Anstoß nahmen, jetzt aber ergänzt und erweitert um Heinrichs ins Politisch-Soziale gewendeten Hang zum Extrem, zur nicht selten absichtsvoll zurechtgestutzten Pointe. Und tatsächlich hat dieser offen tendenziöse Zug den literarischen Wert der gesellschaftskritischen Romane Heinrich Manns nicht unerheblich beeinträchtigt.

Das gilt am wenigsten für den «Professor Unrat», dessen Mittelpunktfigur im Konflikt zwischen tyrannischer Prinzipienstarrheit und tief verwirrendem Triebbedürfnis nicht nur demaskiert und lächerlich gemacht, sondern auch, bis hin zur Empörung gegen die bestehende Ordnung, psychologisiert und mit Menschenzügen ausgestattet wird. Darin unterscheidet sich der frühe Roman – von so unverkennbar mißlungenen Werken wie «Die Armen»,

«Der Kopf» oder «Die große Sache» abgesehen – von dem rund zehn Jahre später entstandenen «Untertan», der Unvermögen oder Unwillen des Autors, den komplexen Charakter aller sozialen oder menschlichen Realität zu erfassen, nachdrücklich offenbart. Wieviel Beobachtungsschärfe und grandios bösartigen Einfallsreichtum, wieviel bestürzendes Vorauswissen das Buch auch vorweist – am Ende enthält es mehr pamphletistische als literarische Wahrheit und steht mit seiner verächtlich wegwerfenden Gebärde der eigenen Intention eher entgegen; bezeichnenderweise sollte es ursprünglich auch das Motto haben: «Dies Volk ist hoffnungslos.» In keiner Szene jedenfalls, keiner seiner bald berechenbaren Reaktionen gewinnt Diederich Heßling Züge, in denen die Leser ihr eigenes Untertanentum wiedererkennen konnten. Als durch und durch konstruierte Figur, eine ins Mythologische gesteigerte Sozialmarionette, förderte sie eher die Vorstellung, der Untertan sei immer nur der andere. Hermann Hesse hat diesen Mangel bemerkt, als er über einen der anderen gesellschaftskritischen Romane Heinrich Manns schrieb, der Autor nehme den Problemen ihren Ernst, indem er einfach die eine Partei «bis zur Lächerlichkeit degradiere».[26] Und auch Thomas Mann, dessen Urteil gewiß einigen Vorbehalt verdient, traf etwas Richtiges, als er in diesen Büchern «epische Güte» vermißte. Heinrich Mann selber hat das Dilemma der Sozialsatire Jahre später in die Worte gefaßt: «Das ist sehr schwer: Wahrheiten sagen und doch nicht ganz entmutigen.»[27]

Man hat in den gesellschaftskritischen Romanen, die rund fünfundzwanzig Jahre lang das literarische Werk Heinrich Manns bestimmt haben, trotz vielfach treffender Züge, einen Ausdruck des eigentümlich unsicheren, balancelosen Verhältnisses der Deutschen zu sich selbst gesehen: der Neigung zur Infragestellung des eigenen Wesens, zur radikalen Selbstbezichtigung. In historischen Voraussetzungen begründet, hat sie mit der Sehnsucht nach dem Ideal zu tun und das Land, seit es zum Bewußtsein von der Veränderbarkeit aller Verhältnisse kam, zum Vorzugsplatz sowohl kritischer Geister als auch revolutionärer Utopisten und Gesellschaftsphantasten gemacht. Gemeinsam war den einen wie den anderen die Tendenz, hoch über aller Wirklichkeit deren reineres Urbild zu errichten und die Realität für die Widerspenstigkeit zu strafen, mit der sie sich vollkommenen Zuständen zu verweigern pflegt; und verbindend war auch ihr in aller Regel apolitischer Charakter. Doch gehört es gerade zum romantisch-apolitischen Wesen, unter allen Rollen, die öffentliche Wirkung versprechen, mit Vorliebe die politische zu wählen.

Gewiß wird man Heinrich Mann nicht vorschnell oder gar an beliebiger Stelle in dieses Spektrum einordnen. Aber die Tendenz zum gesellschaftlichen Ideal, das Leiden an der Wirklichkeit bei gleichzeitig affektschärfender Distanz zu ihr: das findet sich bei ihm doch, auch wenn in alledem mehr humane Sorge, mehr Unschuld und Literateninbrunst war als vielfach sonst. «Der Haß des Geistes auf den infamen Materialismus dieses ‹deutschen Reiches› ist beträchtlich. Aber wie soll er eine Macht werden?», schrieb er im Dezember 1909 vom fernen Nizza aus in einem Brief. «Was wir können ist: unser Ideal aufstellen, es so glänzend, rein und unerschütterlich aufstellen, daß die Besserern erschrecken und Sehnsucht bekommen.»[28]

Heinrich Mann hat seinen kritischen Abstand zur deutschen Gesellschaft verschiedentlich auf seine Herkunft «zwischen den Rassen», das südländische Erbteil seiner Mutter, zurückgeführt, aber sicherlich auch und entschiedener noch hat das frühe Italienerlebnis dazu beigetragen. Zahlreiche Briefe und autobiographische Notizen haben das Gefühl äußerster Überwältigung festgehalten, das ihn schon auf der ersten Reise, 1893, in dieses «Wunderland» erfüllte und das sichtlich anders und stärker war als das traditionelle Italienglück vieler Deutscher; er selber hat es als eine Art Wiederbegegnung beschrieben: «Seine Erfahrungen reichten tief, er war eingeweiht wie ein Verwandter»[29], heißt es einmal, und an anderer Stelle, den gleichen Gedanken noch verdeutlichend: «Ich ging, sobald ich konnte, heim nach Italien.»[30]

Gleichwohl muß er sich seltsam fremd in dieser Umgebung ausgenommen haben. Allen Schilderungen der Zeitgenossen zufolge war er von eher steifem, scheuem Gehabe und wie gefangen in einer gewissen schwerblütigen Würde: Heinrich Mann werde «den Lübecker ‹Anstand› auch im Bordell nicht los», notierte René Schickele belustigt, und Kurt Tucholsky, der ihn bewunderte, ergänzte den gleichen Eindruck durch den Hinweis auf den pädagogenhaften Zuschnitt der Erscheinung: «Er ist groß und blond, ein wenig embonpoint schon, er roch merkwürdigerweise wie eine Schiefertafel ... sieht aber im ganzen doch sehr gut und soigniert aus.»[31] Was Heinrich Mann in Italien entdeckte, war die andere, von norddeutschem Ernst, norddeutscher Zugeknöpftheit überlagerte, doch nie zu freiem Ausdruck gelangte Seite seines Wesens. In der Generosität und Menschlichkeit des Südens, seiner Rhetorik, dem Theaterglanz und seinem impulsiven Sensualismus glaubte er zu finden, was er immer schon vermißt und zur Selbstergänzung nötig hatte. «Diese naive Animalität», so hat er die elementare Erfahrung jener Jahre kurze Zeit später zu begründen versucht, «dient mir als Ausgleich für meine Geistigkeit; ihr leichtes Leben ist der geduldige Träger meines angestrengten.»[32]

Doch war diese überschwengliche Rückkehrempfindung nicht alles, was diese Jahre weckten. Wie viele Reisende auch vom Italienerlebnis inspiriert und gesteigert worden sind, so viele hat es zerbrochen oder doch unfähig gemacht für das Leben im konventionell gebundenen, puritanischen Norden. Heinrich Mann ist sich in Rom und Palestrina zumindest dieses Zwiespalts, der weit in Herkunft und Persönlichkeit reichte, bewußt geworden, und bezeichnenderweise hat er seine Heimatstadt Lübeck danach nie mehr wiedergesehen. Nicht minder aufschlußreich ist, daß in Italien nicht nur sein Talent, sondern auch der kritische Affekt gegen die deutsche Gesellschaft geboren wurden: er entdeckte gleichsam, was ihm versagt war, und objektivierte das Leiden an sich selber im Leiden an Deutschland. Im Zusammenhang betrachtet, waren seine ersten beiden größeren Romanwerke, «Im Schlaraffenland» und «Die Göttinnen», von der Erfahrung der idealen Welt des Südens eingegeben, an der er die verachtenswerte, ungeliebte Realität des eigenen Landes maß.

Diese Welt ist auch der Gegenstand seines sicherlich schönsten und möglicherweise allein dauernden Werkes: des Romans «Die kleine Stadt». Erzählt wird, wie eine Operntruppe zu einem Gastspiel in ein verschlafenes italienisches Provinznest einfällt, ein pathetisches Durcheinander von Leidenschaften, Intrigen und prahlerisch geführten Fehden anrichtet und nach kurzem Aufenthalt wieder abzieht: ein Nichts an Handlung eigentlich, wie aus Luft gebildet und in Luft sich wieder auflösend, das aber offenbart, wie häufig Heinrich Mann sich mit seiner Neigung zur bizarr beladenen Kolportage übernommen hat, während er in diesem Buch allen schwerelosen Zauber der commedia dell'arte-Welt entfalten konnte. Advokat, Priester und Barbier, der Maestro, die Primadonna und das Liebespaar übernehmen alle ihre halbwegs vorgegebenen Rollen, kein einzelner ragt heraus, der Held des Buches ist «das Volk», und mit Recht hat man immer wieder die mühelose Sicherheit gerühmt, mit der die mehr als hundert Personen, eine jede unverwechselbar, auf engem Raum durch den selbstentfesselten Tumult gelenkt werden. Es mag Heinrich Manns Bestreben gewesen sein, in dem Werk das demokratische Weltbild in das farbige Gewimmel, die vitale Herzlichkeit einer südländischen Kleinstadt umzusetzen, aber es war ironischerweise Thomas Mann, der es «das hohe Lied der Demokratie» genannt hat, eine Formel, die der Autor augenblicklich aufgriff und wiederholt verwendete: «Das Stärkste, was ich gemacht habe», wie er noch am Ende seines Lebens bekannte.[33]

In der Tat, so absichtslos, so frei von politisch-pädagogisch erbitterter Gestik ist Heinrich Mann nie wieder gewesen. Anders als dieser Roman ist das Werk der zwanziger Jahre, in denen er auf der Höhe seines Ansehens stand und seinen Ruhm wie sein Repräsentantentum in großen Zügen genoß, nicht zu Unrecht vergessen. Mitunter scheint es, als habe er den politischen und gesellschaftlichen Verpflichtungen, die ihm nun zufielen, größere Bedeutung eingeräumt als der literarischen Tätigkeit. Erstaunlich bleibt, daß es aus den Jahren, die eigentlich die seinen waren, kein literarisches Werk von einiger Bedeutung gibt. Zwar wurde «Der Untertan», der die sozialpsychologischen Verbiegungen der Kaiserzeit bloßstellte und eine Art Begründung für dessen Zusammenbruch zu liefern schien, ein großer Erfolg, und der plötzliche Ruhm des Autors zog auch die früheren Romane mit, vor allem den «Professor Unrat». Einen Augenblick lang schien die alte Rangfolge zwischen den Brüdern wiederhergestellt, und jedenfalls notierte Thomas Mann in seinem Tagebuch, er führe jetzt eine einsame Existenz, während Heinrichs Leben «sehr sonnig» sei. Doch dauerte der Zustand nicht, und der «Eifersuchtsgram» des Jüngeren fand spätestens mit dem Erscheinen des «Zauberberg» ein Ende. Die erzählerischen Arbeiten Heinrich Manns dagegen, die mehr noch als vordem unter den Eiligkeiten und Simplismen des Autors litten, stießen auf zunehmendes Befremden, und Arthur Schnitzler, der mit Heinrich Mann befreundet war, hat ihm einmal die «Verzerrungen» und «Überdeutlichkeiten» vorgehalten, die «eigenwillig hastende stilistische Durchführung», die den Eindruck erwecke, als wenn er seinem «eigenen Genie mißtraue».[34]

In den Vordergrund traten nun essayistische und journalistische Arbeiten, schon die erste Neuveröffentlichung, mit der er 1919 hervortrat, war eine Essaysammlung unter dem Titel «Macht und Mensch», die er «der deutschen Republik» widmete. Was Italien so lange emotional für ihn bedeutet hatte: die Idee von Heimat und tieferer Zugehörigkeit, wurde jetzt im intellektuell-politischen Sinne mehr und mehr durch Frankreich ersetzt. «Wir sind jeder da und dort, aber alle auch in Frankreich geboren», hat er später geschrieben.[35]

Ausgangspunkt und Maßstab aller seiner Schriften zum Tage war die Französische Revolution, und wenn er einst über George Sand bemerkt hat: «Es ist, als spräche ein Mensch von 1789», so gilt das für ihn, den später Geborenen, auch. Schon das Vokabular weist darauf hin: die immer wiederkehrenden Begriffe von Freiheit, Gleichheit, Gerechtigkeit, von Wahrheit, Geist und Volk, all diese grandiosen, aber leicht vergilbten Hochherzigkeiten, von denen er sich mancherlei Befeuerndes für die Zukunft versprach, während sie viel eher als bloße, resonanzlose Mythen wirkten und die Bedürfnisse derer, an die sie sich richteten – das verbreitete Verlangen nach Erkenntnis der Lage, nach Standortbestimmung und neuen Zielen – auf bewegend-anachronistische Weise verfehlten. Joseph Breitbach hat berichtet, daß Heinrich Mann auch später noch, während des französischen Exils, gänzlich außerstande war zu erkennen, daß er in Frankreich «eine reine Verbaldemokratie bewunderte, die ganz undemokratisch im Sozialen war»: ihm drängten sich, bis zur Blindheit, durchweg die großen Wörter vor die Wirklichkeit. «Unter uns Menschen des zwanzigsten Jahrhunderts», verkündete er im Jahre 1919 der von der Niederlage, von Hunger, Chaos und Existenzangst verstörten Nation, «lebt auf und handelt weiter die französische Revolution. Sie ist ewig, ist übernationales Geschehen im Angesicht der Ewigkeit. Im Schein von Blitzen hat sie einst für Augenblicke vorweggenommen, was noch die künftigen Jahrhunderte unserer Welt mit täglicher Wirklichkeit erfüllen soll. Der ihr befreundete, ihr gewachsene Geist Deutschlands, Kant, kehrt nun, von weither, zurück in den Worten Wilsons. Die Republik, die sie meinte, ist kämpfendes Menschentum; wir können keine andere meinen.»[36]

Die Hoffnungen Heinrich Manns, die sich in solchen wie in ungezählten anderen Zeugnissen bekundeten, waren gewiß nicht nur rhetorische Durchgängerei, sosehr er sich häufig vom eigenen Überschwang, dem alten Schwärmerwesen, überrennen ließ. Sie waren aber doch so hochgespannt und alle jene überständig wirkenden Begriffe, die ihm anscheinend leicht aus der Feder gerieten, mit so pedantischer Starre ernst gemeint, daß keine Wirklichkeit, wie immer sie aussehen mochte, ihnen hätte gerecht werden können. Nie wäre ihm begreiflich gewesen, daß die Abstriche von den äußersten Erwartungen zur Politik gehören, ja das Wesen der Politik selber sind. Infolgedessen ist er den Weg vieler apolitischer Deutscher aus jenen Jahren mitgegangen: vom gekränkten Ideal über die Enttäuschung in die Resignation, aus der er sich allenfalls bei offiziösen Anlässen, als gesuchter Festredner und Präside, aufschwungweise befreite. Im Oktober 1923, als sich das Reich der bis dahin schwersten inneren Krise gegenübersah, rief er in einem offenen Brief den Kanzler Stresemann auf: «Ich fordere die Diktatur der Vernunft ... Ergreifen Sie Personen und Besitz, rächen Sie die bis in den Tod beleidigte Nation! Die soziale Demokratie soll endlich gewappnet und als Rächer dastehen. Sie ist unsere einzige Rüstung, wer sie angreift, muß zerbrechen.» An Kurt Tucholsky aber schrieb er wenige Monate später, er trage sich mit Auswanderungsgedanken: «An eine analphabetische Reaktionsperiode schließt sich lückenlos die nächste an ... Während des ganzen Wilhelms wartete ich, ob nicht doch mal Licht käme. Aber erst nach der Revolution steht es fest, daß ein Fünfziger ganz gewiß keins mehr sehen wird.»[37]

Thomas Mann hat zu Beginn der dreißiger Jahre, nicht ohne mokanten Unterton, dem Sinne nach bemerkt, sein Bruder habe weniger die Republik als seinen Traum davon gewollt.[38] Auch darin wird die zutiefst apolitische Natur Heinrich Manns erkennbar, daß er angesichts der unvollkommenen, von halben Hoffnungen, halben Idealen gezeichneten Realität in immer neuen, anderen Traumbereichen Ausflucht suchte. Stets und an erster Stelle war da Frankreich oder doch das Bild, das er sich in enttäuschungsloser Liebe davon zurechtgemacht hatte. Eine Zeitlang hing er seine Erwartungen an die Pan-Europa-Idee und hielt Freundschaft mit dem Grafen Coudenhove-Kalergi; dann wiederum und unentwegt aufs neue verfolgte er Ideen von einer Führerschaft der Intellektuellen: sie seien kraft inneren Auftrags die eigentlichen Volksvertreter, versicherte er, wie denn überhaupt politisches Handeln Literaturkenntnis voraussetze. Im Jahre 1923, angesichts des Ruhrkonflikts mit Frankreich, verlangte er sogar ökonomische Vollmachten für den eigenen Stand: «Die Wirtschaft stehe unter der Aufsicht einer geistigen Auslese beider Demokratien. Politik ist Angelegenheit des Geistes», formulierte er apodiktisch.[39] Und schließlich tauchte, aus anfänglichem Widerspruch und entsetzter Ablehnung, das zunehmend sich verklärende Bild der Sowjetunion auf.

Noch im Jahre 1919 hatte er in «Macht und Mensch» den russischen Bolschewismus als «ein Gebilde aus Blutdurst und Logarithmen» beschrieben, in dem jeder einzelne mehr zu verlieren habe als «sein bißchen Eigentum: vor allem seine gesunde Kritik, seinen Weltverstand und seine offenen Augen». Aber sein Radikalismus der Worte, die Magie mythischer Begriffe wie Revolution, Gerechtigkeit und Sozialismus, die ihn zum Träumen brachten und im fernen, nie gesehenen Rußland doch zum Sieg gekommen waren, löste zusehends die Vorbehalte auf. In einer Betrachtung aus dem Jahre 1924 hat er den Fluchtcharakter dieser Umbesinnung angedeutet, als er schrieb, die Größe Lenins sei ihm erst vor dem Hintergrund der deutschen Entwicklung begreiflich geworden.[40] Auch darin wirkte wieder, wie in all diesen ruhelos vagabundierenden Sehnsüchten, das Utopiebedürfnis des politisierenden Intellektuellen mit, vor allem aber ein verdrehter, weltfremder, oft und zugleich nie enttäuschter Literaturernst, der den satirisch überzeichneten Figuren des eigenen Romanwerks mehr und mehr in die Falle ging. Während er im eigenen Lande nur den bornierten, zynischen Ungeist am Werke sah und über seinen hochgetriebenen Phantasmagorien die Wirklichkeit der mühsam sich behauptenden, nur von erklärten Feinden oder gnadenlosen Rigoristen umgebenen Republik aus dem Auge verlor, gab er der

Sowjetunion, was er jener versagte. «Die Oktoberrevolution», so faßte er im Rückblick zusammen, was ihn damals und bald für immer seine Hoffnungen an das Land im Osten binden ließ, «ist, wie jede echte, tiefe Revolution, die Verwirklichung einer hundertjährigen Literatur».[41]

Auch die Gegenwelt, die solchen Traumbildern stets korrespondiert, fehlte nicht: «die Industrie» mit ihren «teuflischen Plänen», die «Aufsauger», «Enteigner» und «Substanzentzieher», unablässig im Finstern heckend und fressend. Die Geschichte der Weimarer Republik betrachtend, kann man für Heinrich Manns Forderung auf Verstaatlichung der Grundindustrie sicherlich Argumente ins Feld führen. Problematisch war aber das Dämonenwesen, das er für sein Begehren mobilisierte. Weniger eine Sache des dramatisierenden Effekts, entstammte es vielmehr, wie alle Verschwörungstheorien, dem Unvermögen, den Zusammenhang komplexer gesellschaftlicher Vorgänge zu begreifen, und wie stets ging auch hier die Schwäche mit dem Bedürfnis einher, für alle fehlgeschlagenen Hoffnungen, alle unerfüllt gebliebenen Wünsche die Machination verborgener Gegenmächte verantwortlich zu machen.

Der andere große Widersacher, auf den er von Beginn der Republik an, in Appellen und Beschwörungen, aufmerksam machte, war der Nationalismus der Zeit, das aus der nie begriffenen Niederlage und dem moralischen Verdikt der Siegermächte herstammende, unversöhnliche Ressentiment gegen eine Welt von Feinden. Und wiewohl Heinrich Mann auch hier wieder seinem übertreibenden Temperament folgte, wenn er beispielsweise der Nation den Stolz auf die Niederlage abforderte, damit die Sieger sich des Sieges schämten[42], kann man seine unerschrockenen Mahnungen, denen die Geschichte so bestürzend recht gegeben hat, nicht ohne Bewegung wiederlesen. Im ganzen sind die Aufsätze und Reden, mit denen er sich, solange die Republik dauerte, als der politische Repräsentant der Literatur und des «aus der Welt hervorgehobenen und vor sie hingestellten Gewissens»[43] zu Worte gemeldet hat, eine seltsame Mischung aus Hellsicht und Verblendung, Gespensterglauben, Irrtum und humaner Vernunft.

Paradoxerweise erreichte Heinrich Manns öffentliches Ansehen in den Jahren, als die Republik ihrem Ende entgegenging, seinen Höhepunkt. Im Januar 1931 wurde er zum Präsidenten der Sektion Dichtkunst in der Preußischen Akademie der Künste gewählt, zu seinem 60. Geburtstag, einige Wochen später, feierten ihn hundertdreißig Schriftsteller aus aller Welt, und im Jahre darauf wollte Kurt Hiller ihn sogar dazu bewegen, als Kandidat für das Amt des Reichspräsidenten gegen Hindenburg, Hitler und Thälmann anzutreten. Bezeichnenderweise haben die neuen Gewalthaber ihn schon annähernd vierzehn Tage nach der Machtergreifung gezwungen, sein Amt als Akademiepräsident aufzugeben, sie würden, erklärten sie, andernfalls die Institution auflösen. Wie stark Unsicherheit, Angst und das Mißtrauen selbst unter Gesinnungsfreunden schon in diesen Tagen umgingen, geht aus dem Bericht Hermann Kestens über eine Beratung hervor, zu der sich einige der bedrohten Schriftsteller zusammengefunden hatten. Als Bertolt Brecht eine «Leibwache» der Roten Hilfe oder der Gewerkschaften für die politisch Engagierten unter ihnen vorschlug, antwortete Heinrich Mann ironisch: «Eine Leibwache? Uns zu bewachen oder überwachen? Uns zu schützen oder in Schutzhaft zu bringen? Uns zu verteidigen oder zu verraten?»[44] Wenige Tage später verließ er Deutschland.

Auch im Exil, von Südfrankreich aus, widmete er einen erheblichen Teil seiner Kraft und seiner Zeit der Politik. Im Laufe weniger Jahre schrieb er über dreihundert Artikel, vor allem für die «Neue Weltbühne», das «Pariser Tageblatt» und die «Dépêche de Toulouse». Unermüdlich unterzeichnete er Resolutionen, organisierte, korrespondierte und ließ sich als Präsident, Vorstand oder Ehrenmitglied in eine Vielzahl meist kommunistisch beeinflußter Komitees wählen, der «Hindenburg des Exils», wie Ludwig Marcuse spottete.[45]

Von seiner Erscheinung, seinem Gehabe, seinen Stimmungen im südfranzösischen Exil gibt es eine anschauliche Skizze im Tagebuch René Schickeles: «Wir sitzen im ‹Café Monmot›, da kommt Heinrich Mann. Er wird fett. Doppelkinn, das die Bewegungen des Kopfes nicht immer ganz mitmacht. Der Kopf geht weg, und das Kinn bleibt liegen. Nachdem er seinen Kaffee bestellt hat, zieht er, wie er das offenbar täglich tut, die Zeitung aus der Tasche und legt sie sorgsam vor sich auf den Tisch. Es ist die ‹Dépêche de Toulouse›. Er bekommt sie als Mitarbeiter umsonst. Andere Zeitungen liest er nicht. Dann faltet er die Hände und sieht einen aus seinen blauen Augen an. Sie sind harmloser als die eines Kindes. Beim geringsten Anlaß bricht ein Ausdruck von Mißtrauen durch. Schon, wenn seine Eitelkeit sich von fern bedroht fühlt ... Er arbeitet an seinem Roman. Den ganzen Tag am Schreibtisch. Seine einzige Erholung der kurze Cafébesuch zwischen fünf und sechs. ‹Seit zwei Jahren geht es so mit der Arbeit. Ich brauche Ferien.› Im Augenblick, da er es ausspricht, breitet sich eine maßlose Müdigkeit über ihn. Sein Gesicht zerfällt. Die Augen blicken traurig in die Ferne. Die Arme hängen. Ich kenne keinen einsameren Menschen.»[46]

Angesichts der politischen Geschäftigkeit, die Heinrich Mann in der Emigration entfaltete, mutet es um so erstaunlicher an, daß es ihm möglich war, den großangelegten, noch in Deutschland begonnenen Roman zu schreiben, von dem die Tagebuchnotiz spricht. Viele halten das Buch, «Die Jugend und die Vollendung des Königs Henri Quatre», für sein Hauptwerk, er selber hat es als eine Art Summe seines Lebens angesehen.[47] In der Tat bot schon die Wahl des Themas eine Idealformel, die es ihm erlaubte, alle Widersprüche seines seltsam verbogen anmutenden Werkes, einmal wenigstens, zu vereinigen: die von Handlungszeit und Handlungsort vorgegebene, fast schon versunkene Renaissancebegeisterung mitsamt den mannigfaltigen Möglichkeiten zum Grellen, Überhitzten, emphatisch Dampfenden, zu bengalischem Feuer und künstlichem Donner auf der einen, und seine politischen Träume von der Herrschaft der Denkenden und der «Macht der Güte» auf der anderen Seite: dies alles noch verbunden und ins Ernste gesteigert durch eine unübersehbare, der Konzeption selber entstammende Moralität, die seinen lehrhaft-pädagogischen Neigungen Genüge tat. In einem Hinweis auf das Buch hat Heinrich Mann zu dieser Verflechtung aus farbiger Erzählung, politischem Ideal und Nutzanwendung bemerkt: «In Frankreich hatten sie einen Fürsten, er war der Fürst der Armen und Unterdrückten, wie er der Fürst der Denkenden war ... Aus seinen Abenteuern, Taten, Leiden habe ich eine lange Reihe von Bildern und Szenen gemacht, bunt zu lesen und anzusehen. Alle zusammen haben den Sinn, daß das Böse und Furchtbare überwunden werden kann durch Kämpfer, die das Unglück zum Denken erzog, wie auch durch Denkende, die gelernt haben zu reiten und zuzuschlagen.»[48]

Auch wenn das Werk Heinrich Mann noch einmal als großen Schriftsteller zeigte, war es doch zugleich ein halber Widerruf und nicht ohne resignativen Zug: der Abschied von jenem gesellschaftskritischen Zeitroman, dem er sich dreißig Jahre zuvor zugewandt und dem er, wenn er es übersah, einen Teil seines Talents geopfert hatte; am Ende waren es nur wenige Werke, die einigen Bestand versprachen. Nach dem Abschluß des «Henri Quatre» schrieb er denn auch: «Auf Romane aus dieser Zeit lasse ich mich nicht ein ... Was geht einen Schriftsteller der krampfige Unfug dieses Geschlechts noch an. Schon zuviel mit allen Artikeln ...»[49] Wie tief wesensfremd ihm die Frage der Macht und des politischen Interesses war, geht auf mittelbare Weise noch einmal aus dem Romanwerk selbst hervor. Denn obwohl Heinrich Mann ausgedehnte Vorstudien getrieben hatte und der Stoff geradezu darauf drängte, Aufstieg und Herrschaft des «kleinen Königs von Navarra» vor dem weiten Hintergrund eines Kräftespiels weltgebietender Mächte, Rom eingeschlossen, sichtbar zu machen und die historischen, ökonomischen und sozialen Bedingungen mit dem Gang der großen Geschichte sowie eines großen Lebens zu verbinden, ist von alledem kaum oder nur andeutungsweise die Rede; vielmehr stammen Inhalt, Farbe und Kunstglanz des Buches, wieder einmal, von einer «Lebensstimmung», aus deren diffusem Licht allenfalls die geistigen und religiösen Triebkräfte der Zeit hervortreten, um jene frei an die Geschichte angelehnte Parabel zu tragen, die ihr Autor im Sinne hatte.

Gleichzeitig aber war der «Henri Quatre» auch ein Huldigungswerk: der Roman historischer Größe, in dem der Autor sich nach all den charakterlosen und korrupten Figuren, die sein voraufgegangenes Werk bevölkerten, dieser ewigen Bilderflucht von Heuchlern, Versagern und plebejischen Monstren, endlich der Sehnsucht nach Verehrung ergab. Es war noch einmal eine Phantasie über Geist und Macht, Gedanke und Tat, und wie er bisher immer nur auf Formen der Gemeinheit gestoßen war, so sah er jetzt, zumindest auf seiten seines Herrschers, einzig «Güte», «Zartsinn», «Mitgefühl» und dergleichen mehr am Werk. Nicht ohne Irritation jedoch wird man beim Vergleich zwischen dem Roman und den teilweise gleichzeitig entstandenen Aufsätzen Heinrich Manns zum Tage gewahr, daß durch die mit so viel verklärender Wärme gezeichneten Züge des Königs, in einem Akt erstaunlicher Unterschiebung, das Bild Stalins zum Vorschein kommt. Das ganze liebende Vokabelwerk, das der Stilisierung des «bon roi» ins human Große, Menschenfreundliche gilt, kehrt in der Apotheose des so ganz anderen wieder, und am Ende verschwimmt ihm die lebensvolle, noble Gestalt des Königs mit der des maskenhaft finsteren Despoten im Kreml zu einem einzigen Bild. Es wäre wohl der Mühe wert, in einer systematischen Studie die Wortparallelen angesichts der so unterschiedlichen, nur durch ein apolitisches Bewunderungsbedürfnis verbundenen Männer im einzelnen nachzuweisen. Alles, was Stalin äußere, komme aus der «Wärme für die Menschen», schreibt er einmal, er rühmt dessen «offene Herzlichkeit», die «Güte», «das kindliche Lachen» und weiß zu berichten, daß jener nicht die Macht suche, sondern «den Genuß der befriedigten Vernunft, und Geistesfreude ohne Ende». Die Barbareien des Diktators dagegen werden, wo es nicht anders geht, metaphorisch eingedunkelt: «Den Gipfeln nähert sich nur, wer mit den Abgründen vertraut ist.» Als Heinrich Mann in der gleichen Nummer der «Internationalen Literatur», die einen Auszug aus dem «Henri Quatre» abdruckt, einen Leitartikel Stalins entdeckt, fühlt er sich im Innersten bewegt und all seine Dichterträume vom Machtanspruch der Intellektuellen beglaubigt; Stalins Gedanken seien «zuversichtlich, gütig und von klarer Geistigkeit», notiert er.[50] Und unversehens war er nun für jenen Traum auch zu Abstrichen an den großen, beflügelnden Worten von «Menschenliebe», «Erbarmen» oder «Brüderlichkeit» bereit. Golo Mann hat bei Gelegenheit von einem sozialdemokratischen Politiker namens Seger berichtet, der um diese Zeit, nach längerem KZ-Aufenthalt, als gebrochener Mann nach Paris kam und der Sowjetunion vorwarf, durch die Bekämpfung der Sozialdemokratie der Herrschaft Hitlers vorgearbeitet zu haben. «Mit Seger ist es nichts», schrieb Heinrich Mann daraufhin, er «beschimpft jetzt die Sowjetunion.» Und mit einer Ironie, die dem Opfer noch das Mitgefühl versagte, setzte er hinzu: «Durch Leiden außer Form gekommen?»[51]

Die Jahre in Frankreich hat Heinrich Mann nicht als Exil empfunden. Aber im Herbst 1940 sah er sich von der immer weiter ausgreifenden Macht Hitlers abermals vertrieben: von Marseille aus flüchtete der nahezu Siebzigjährige, zusammen mit den Werfels, den Feuchtwangers und Golo Mann, auf bedrohlichen Gebirgspfaden, nur einen Rucksack mit ein paar Habseligkeiten bei sich, über die Pyrenäen. Das verhaßte Spanien stellte ihnen bereitwillig Durchreisevisen aus, blieb aber unbedankt. Nach kurzem Aufenthalt floh er weiter nach Portugal und von dort in die Vereinigten Staaten. Vom Schiff aus zurückblickend, notierte er: «Der Blick auf Lissabon zeigte mir den Hafen. Er wird der letzte gewesen sein, wenn Europa zurückbleibt. Er erschien mir unbegreiflich schön. Eine verlorene Geliebte ist nicht schöner. Alles, was mir gegeben war, hatte ich an Europa erlebt, Lust und Schmerz eines seiner Zeitalter, das meines war; aber mehreren anderen, die vor meinem Dasein liegen, bin ich auch verbunden. – Überaus leidvoll war dieser Abschied.»[52]

Erst damit begann die Emigration. In einem Brief schrieb er: «In Amerika kam ich wohl den 13. Okt. 1940 an. Früher nie.» In einem anderen als buchstäblichen Sinne war er auch jetzt nicht angekommen. Das letzte Lebensjahrzehnt war beherrscht von Empfindungen der Fremdheit, des Verlorenseins und des Rückzugs aus der Welt. Seine Herrenhaftigkeit, wohl auch sein Altersstolz, erschwerten ihm die Gesten geselliger Anpassung, die Photographien der letzten Jahre zeigen einen Greis, müde und in eingesunkener Haltung vor dem Schreibtisch oder auf den Stufen seines kalifornischen Hauses hockend, dem Skepsis, Scheu und Bitterkeit das Lächeln gefrieren lassen, um das er sich bemüht. Einem Brieffreund schrieb er: «Hier misse ich nichts, erwarte nichts, habe dafür das träumerische Alter.»[53]

Erinnerungen stiegen herauf, die verwehten Bilder des alten Europa und jener bürgerlichen Welt, die er demaskiert und deren schönen Schein er doch geliebt hatte in all der falschen Herrlichkeit, der Eleganz und Etikette, und mit dem Schimmer des Abschieds, der darüber lag: «Der europäische Geist hatte … einen glücklichen Augenblick, er war um 1890 und noch einige Jahre nachher.»[54] Doch war es nicht nur Greisenwehmut, die ihn dahin zurückbrachte; vielmehr war dies seine Welt gewesen. Er hat einst beschrieben, wie er, schon als Siebenjähriger, im elterlichen Hause, hinter der Tür des Saales stehend, einem Ball zugesehen hatte, «ratlos ergriffen von dem Glück, dem alle nachtanzten»; und mit Anfang zwanzig hatte er den Plan gefaßt, eine Geldsumme aufzunehmen, die, wie er meinte, der Rente eines dreifachen Millionärs entsprach, nach Paris zu gehen und, unter Anleitung einer «eleganten Frau», einen Monat lang eine «existence supérieure» zu führen. «Jedes Stück, mit dem ich in Berührung komme, muß soignirt sein», notierte er. Die Erfahrung sollte ihm «einen Rahmen und einen Vorwand» für die Kenntnis jener haute vie verschaffen, die er als Schriftsteller darzustellen beabsichtigte.[55]

Auch später hat er ein unverlierbar bürgerliches Wesen durch ein gewisses mondänes Kolorit zu korrigieren versucht, einen Hauch von Lebemann, Boulevard und Demimonde. Davon zeugte schon der Frauentypus, mit dem er sich, in allem Wechsel, gleichbleibend umgab, jene üppigen, vielerfahrenen, immer leicht ins Grelle ausschlagenden Erscheinungen, die Thomas Mann mit mildem Spott als «Heinrichsbräute» zu bezeichnen pflegte.[56] Und Golo Mann hat überliefert, wie Heinrich nach dem Ersten Weltkrieg, als der Erfolg des «Untertan» ihm endlich die großen Gelder brachte, von Zeit zu Zeit zusammen mit seiner Frau den Orientexpreß bestieg, um zwischen München und Salzburg in einer Atmosphäre von Internationalität und Eleganz zu dinieren. Einiges spricht dafür, daß seine libertinen ebenso wie seine genießerischen Neigungen ihn, lange vor allen politischen Erwägungen, nach Frankreich gezogen haben. Er liebte die Orte, die, im Nachklang wenigstens, etwas von dem verschwenderisch glitzernden Prunk der Jahrhundertwende bewahrt hatten, Paris, Monte Carlo, Nizza, «ein Fest Tag und Nacht», schwärmte er, «der ganze Luxus der Erde schien hier versammelt. Nie wieder wird man so prachtvolle Kokotten sehn»:[57] Die Szenerie ist auch der Hintergrund seines letzten, drei Jahre nach der Katastrophe des alten Europa erschienenen Romans, «Der Atem», der das Ende jener Welt gleichnishaft mit dem Tag einer Sterbenden verknüpft. Der Strudel verschlinge das alles jetzt, schrieb er; «Wir grüßen noch».

Gelegentlich klagte er über Armut. Aber es war mehr das Gefühl, am Ende eines langen, unabhängigen und gern mit etwas weltmännischem Glanz umgebenen Lebens auf die Großmut anderer angewiesen zu sein. Denn er blieb in Amerika auch literarisch ein Fremder, lediglich «Professor Unrat» und «Der Untertan» fanden einen Verleger. Tantiemen erhielt er kaum noch, eine Zeitlang überwies ihm ein Moskauer Verlag einige Gelder, vor allem aber und regelmäßig half Thomas Mann. Infolgedessen war er auch bereit, dem Drängen Ostberlins nachzugeben, das ihn im Jahre 1949 zum ersten Präsidenten der neu zu gründenden Deutschen Akademie der Künste berufen und eingeladen hatte, in die DDR überzusiedeln. Aber er war voller Zweifel, zögerte den Entschluß ein ums andere Mal hinaus, er fürchtete nicht nur, sich in neue, falsche Abhängigkeiten zu begeben, sondern auch, daß beide Seiten von allzu unterschiedlichen Erwartungen ausgingen. «Die Angelegenheit ... widert mich an», bemerkte er in einem Brief.[58] Denn er war, in allen seinen Widersprüchen, immer auch ein Bürger geblieben, konservativ und mit sozialem Empfinden. Zwar hatten viele seiner Werke die bewegende Kraft des materiellen Interesses beschrieben, aber die Einsicht war ihm von Balzac viel eher als von Marx gekommen. «Das Geistige erscheint mir als das Primäre», beharrte er denn auch bis zuletzt, «es hat in der Geschichte den Vortritt.»[59] Thomas Mann, der ihm zugeraten hatte, nach Ostberlin zu gehen, meinte später, es sei zuletzt «immer deutlicher (geworden), daß er nichts mehr wünschte, als in Ruhe gelassen zu werden». Wenige Wochen bevor er die Überfahrt antreten sollte, am 12. März 1950, starb er über Nacht an einer Gehirnblutung. «Es ist im Grunde eine gnädige Lösung», schrieb der Bruder.[60]

Empfindungen der Resignation, der menschlichen und geistigen Vereinsamung, sind auch in Heinrich Manns Memoirenbuch «Ein Zeitalter wird besichtigt» eingegangen und haben es als Dokument später Lebensstimmung wichtig gemacht. Die Absicht hingegen, die eigene Biographie mit einem kritischen Porträt der Epoche zu verbinden, ist am Ende doch Absicht geblieben. Nur stellenweise treten Passagen hervor, die ein Erlebnis, ein Sentiment festhalten und in der Ergriffenheit des Wiedererinnerns die einstige Kraft und Beweglichkeit seiner Sprachphantasie mit einer knappen, resümierenden Einfachheit eindrucksvoll verbinden. Vor allem die politischen Betrachtungen jedoch scheinen wie aus großer, unbegriffener Ferne geschrieben, aus der Bewegung des Abgangs schon, als sei der Autor längst über die Grenze hinaus, wo Widersprüche oder Ungereimtheiten nach Auflösung verlangen und, statt zu stören, nur noch das Gefühl stolzer Nachlässigkeit bestärken. Im Grunde war ihm die Welt der Tatsachen immer fremd gewesen und die Fakten nur Phantasieimpulse, über die er souverän und nach poetischer Manier schaltete. An einer Stelle spricht er, wieder einmal den pathetischen Vermengungen von Literatur und Politik erliegend, vom «Ruhm» der Moskauer Prozesse: «Der große Dialog zwischen dem Staatsanwalt und dem Journalisten Radek: wörtlich könnte er bei Dostojewski stehen.»[61] Selbst wer vergessen wollte, was über die Vorgänge auch damals schon bekannt und zugänglich war, wird den Rückfall in den Ästhetizismus der «Pippo Spano»-Welt, die das Leben zum literarischen Material degradiert hatte, nicht übersehen, und auch nicht, wie er hinter sich ließ, was er über die Politik als Prinzip von Wahrheit, Mitleid und Gerechtigkeit je verkündet hatte.

Stärker als in den dreißiger Jahren, endgültiger auch nach all den zurückliegenden Kämpfen und polemischen Ausschweifungen, brach nun die einfache Sehnsucht nach Verehrung durch; sie sei, meinte er, «eine sittliche Gabe» und befähige «zu unterscheiden, nach unten und oberhalb».[62] Bismarck, die Haßfigur früherer Jahre, tauchte aus den betrauerten Schatten wieder auf, «mein Bismarck», wie er, zur Verwirrung vieler, mit vertraulich huldigendem Tonfall vermerkte, es war auch hier wiederum die Literatur, die am Ende alles heilte: «Der Brief an den Vater seiner künftigen Frau, sein Werbebrief, welch ein Manifest menschlicher Schönheit! Man verneigt sich und ist beglückt. Wer das schrieb – wer überhaupt sein klassisches Deutsch schrieb, kann das unbedingt

Schlechte niemals weder gewollt noch sich erlaubt haben.»[63] Für die Gegenwart schienen Stalin, Churchill und Roosevelt, ziemlich unterschiedslos, seinen Verehrungsbedürfnissen Genüge zu tun und, umrißweise doch, den Traum vom denkenden Machthaber wahrzumachen. Seine Hoffnung ging auf die Selbsterschöpfung des «irrationalen Zeitalters», in dem er zu leben gehabt hatte. Er war skeptisch, aber gleichzeitig ungeduldig: «Und es dauert, es dauert –!», schrieb er.[64]

Denn dieses Zeitalter hatte ihm, wie er es rückblickend sah, den Kampf aufgezwungen. Er hatte viel darüber versäumt. Schon in den Auseinandersetzungen mit dem Bruder war jener der Treibende, zum Konflikt Drängende gewesen, während er den Ausgleich oder doch das Einander-gelten-Lassen gesucht hatte. Aber hier wie dort war ihm keine Wahl geblieben. «Kampf allein tut es nicht», schrieb er jetzt, «was bleibt denn von den Kämpfen.» Auf sein von Streit und Polemik erfülltes Werk zurückblickend, wolle er nicht als «Verfasser eines romanhaften Leitartikels», gemeint war «Der Untertan», weiterleben, äußerte er einem Briefpartner gegenüber. Und in einer biographischen Skizze aus dem Jahre 1946 ließ er «Die kleine Stadt» sowie «Die Jugend und die Vollendung des Königs Henri Quatre» als «Geschenk des Schicksals» gelten; das übrige erwähnte er nicht.[65]

Offenbar hat er den disparaten Charakter seines Gesamtwerks selber empfunden, der in so auffälligem Widerspruch zu dem kategorischen Ausdruck stand, den er so gern kultivierte. Im Grunde ist er in allen Jahren über die Unsicherheiten des Beginns nie hinweggekommen, er blieb empfänglich für die gegensätzlichsten Einflüsse. Das hat seinen Romanen die häufig experimentelle, die sprachlichen wie technischen Mittel riskant erweiternde Farbe gegeben, gleichzeitig aber auch seinen Rang gemindert. Denn der Begriff der Größe ist mit einem Maß an Stetigkeit verbunden, an unbeirrbarer Steigerung des Werkes wie der Person, über das er nicht gebot. Anders als Thomas Mann hat er sich weder im Persönlichen noch im Literarischen eine «Verfassung» geben können.[66] Möglich ist, daß er durch die Wendung ins Politische eben dies erreichen wollte. Aber vielleicht hat er durch diesen Schritt sein Werk noch disparater als ohnehin schon gemacht und jene Eindeutigkeit, die er suchte, gerade verloren; gewonnen hat er sie jedenfalls nicht.

Nicht anders als Thomas Mann auch war ihm die Politik immer fremd geblieben, nur daß er sich heftiger, leidenschaftlicher auf sie eingelassen hatte. Sie blieb dennoch unbegriffen, eine ferne Realität, und vielleicht war es am Ende doch die frühe, unverlorene Neigung zum Exotismus, die ihn auf politischem Gelände nach Ersatzbefriedigungen suchen ließ. Bezeichnenderweise enthielten die Romane jener Lebensphase durchweg mehr Kolportage als durchschaute Wirklichkeit, mehr Melodram als erzählerisch bewältigte Erkenntnis, und meist traten die Akteure der Politik, wo immer er sie ins Spiel brachte, so unvermittelt aus den Kulissen wie in der Oper die Tenöre. Im Sommer 1940, verwirrt von der Einsicht, sich so oft getäuscht, so oft die Entwicklungen falsch vorausgesagt zu haben, schrieb er an Thomas Mann, was als eine Art Lebensmotto aller zutiefst unpolitischen Menschen gelten kann: «Nichts zu wissen, ist unser Bestes.»[67] Für seine Fremdheit auf dem Felde, auf das er da geraten war, spricht auch, daß die gesellschaftskritischen Sujets seit 1930, nach so vielen Jahren, einfach abbrechen und so unversehens, wie sie aufgetaucht waren, aus dem Werk wieder verschwinden – ganz als habe er selber erkannt, daß dies alles Umweg, Ausflucht, Irrtum gewesen sei. Zuletzt jedenfalls sieht man ihn, auch hierin wiederum nicht unähnlich dem Bruder, zu den Anfängen zurückkehren; und während jener die alten Vorzugsthemen von Künstler und Bürger, Geist und Außenseitertum wieder aufgreift, sieht Heinrich sich eingeholt von den einstigen, wenn nun auch gelassener exekutierten Avantgardismen der frühen Jahre.

Was ihm im Gegensatz zu Thomas Mann fehlte, waren Kälte und Geduld. In seinem Essay über Flaubert hat er dessen Gesicht «rot von den Ausschweifungen der Arbeit» und verwüstet von einer Leidenschaft beschrieben, die man wie «einen Ausschlag ... schreiend kratzt».[68] Aber in seiner Bewunderung war mehr Sehnsucht als Anspruch auf Doppelgängerschaft. Da ihm die Worte leicht wurden, tat er sich schwer damit, den engen Zusammenhang von Mühsal und Kunst zu erfassen. Wiederholt hat Thomas Mann mit mißbilligender Verblüfftheit darauf verwiesen, wie der Bruder ein Werk nach dem anderen «hinlegte», und die Bemerkung Detlev Spinells aus der «Tristan»-Novelle, ein Schriftsteller sei ein Mensch, dem das Schreiben schwerfalle, war sicherlich ebenso an die Adresse Heinrichs gerichtet wie die Grübeleien aus «Schwere Stunde», wonach das Talent nichts Leichtes sei, kein bloßes Können, sondern das bis ins Selbstquälerische verstärkte Bewußtsein des Ungenügens gegenüber dem idealen Ausdruck. «Ich habe», hat Heinrich Mann in seinem Memoirenbuch eingeräumt, «zu oft improvisiert, ich widerstand dem Abenteuer nicht genug, im Leben oder Schreiben, die eins sind».[69] Auf das Verhältnis zu Thomas bezogen, enthält der Satz nicht nur das Eingeständnis, daß dem Bruder der Vorrang gebühre, sondern auch die Behauptung des eigenen, andersgearteten Wesens.

Zuletzt hatten die Zeit und das gemeinsame Schicksal, wenn nicht die Gegensätze, so doch deren Empfindlichkeiten getilgt, und bald hat Heinrich auch den Bruder in sein Verehrungsbedürfnis eingeschlossen. Man sehe ihm «die Freude an, mit seinem Bruder beisammen und einig zu sein», hatte René Schickele schon in der Zeit des französischen Exils beobachtet.[70] Jetzt schrieb der Ältere in das für Thomas bestimmte Widmungsexemplar eines seiner letzten Bücher: «Meinem großen Bruder ...» Anders und unnachgiebiger in seinem Kunstrigorismus als Heinrich, hat dieser jedoch, über alle neu vertieften Empfindungen brüderlicher Gemeinsamkeit hinweg, an den Unterschieden in der Sache festgehalten und dem Werk des anderen auch in diesen Jahren kaum etwas abgewinnen können. Heinrich habe «aus neuen Merkwürdigkeiten» gelesen, heißt es einmal nach einem Besuch des Bruders.[71]

Eine Art Schlußwort, noch einmal die tieferen, über alle politischen Gegensätze hinausgreifenden Ursachen ihres Konflikts beschreibend, zugleich aber auch die Versöhnung beschwörend, hat Heinrich gesprochen. In dem Roman «Der Atem», der 1949, wenige Monate vor seinem Tod erschien, übertrug er das Bruderproblem auf zwei Schwestern, von denen die ältere im Augenblick des Sterbens der jüngeren, erfolgreichen bekennt, was auch ihn selber von Thomas entzweit und schließlich für immer entfremdet hat: «Hasse mich nicht, weil ich lebte oder weil ich sterbe. Ich weiß, du haßtest mich nur mit Selbstverleugnung, wir waren doch Schwestern ... Uns trennte, daß ich nicht deinen Ehrgeiz hatte; deine Laufbahn war voll Kampf, in allen Wechselfällen hieltest du dich oben, dir erschien ich lau. Dennoch verstand nur ich dich. Nur dein Urteil traf mich. Wir kränkten uns mit unserer Unabänderlichkeit, gleichwohl habe ich dich geliebt, am meisten, wenn wir verfeindet waren. Du weißt es. Weißt du es nicht? ... Dich verstimmte, daß ich den Wettbewerb ausschlug, anstatt trotz Widerstand besiegt zu werden ...»

Dann folgt eine letzte Geste grüßender Bewunderung: «Sogleich werde ich vergangen sein, du allem bist meine Nachwelt, bei der ich fortlebe.»[72]

Anmerkungen

Anmerkungen zum Vorwort

1 Thomas Mann, Briefe. Hrsg. von Erika Mann. Frankfurt am Main 1961–1965, Bd. I (1961), S. 160 (18. April 1919).

2 Thomas Mann – Heinrich Mann, Briefwechsel 1900–1949. Hrsg. von Hans Wysling. Erweiterte Neuausgabe. Frankfurt am Main 1984 (im folgenden zitiert als «Briefwechsel»), S. 34 (5. Dezember 1903).

3 Ebd., S. 135 (nicht abgeschickter Brief vom 30. Dezember 1917).

4 Thomas Mann, Briefe an Otto Grautoff und Ida Boy-Ed. Hrsg.

von Peter de Mendelssohn. Frankfurt am Main 1975, S. 184 (11. März 1917).

5 Briefwechsel, S. 137f. (3. Januar 1918).

6 Ebd., S. 140 (5. Januar 1918).

7 Vgl. Marcel Reich-Ranicki, Der König und der Gegenkönig. Aus Anlaß der erweiterten Neuausgabe des Briefwechsels zwischen Thomas und Heinrich Mann. In: «Frankfurter Allgemeine Zeitung» vom 2. April 1985.

8 Golo Mann, Der Bruder zur Linken. Zur Neuauflage von Heinrich Manns ‹Ein Zeitalter wird besichtigt›. In: «Frankfurter Allgemeine Zeitung» vom 21. September 1974.

9 Der Bajazzo. In: Thomas Mann, Gesammelte Werke in 13 Bänden. Frankfurt am Main 1960–1979 (im folgenden zit. als «GW»), Bd. VIII, S. 106.

10 Heinrich Mann, Ein Zeitalter wird besichtigt, Berlin 1947 (im folgenden zitiert als «Zeitalter»), S. 253ff.

Anmerkungen zu Thomas Mann

1 Das Motto aus Shakespeares «Hamlet» ist eines der Lieblingszitate Thomas Manns und von ihm des öfteren sowohl in Kennzeichnung der eigenen Person als auch als eine Art Lebensmaxime verwendet worden. In einem Brief vom Juli 1954 zitiert er die Stelle mit dem Bemerken, sie sei ihm «in der Anwendung auf mich selbst keineswegs fremd».

2 H. Mann, Mein Bruder. In: «Neue Rundschau» 1945, Juni-Heft.

3 Kurt Sontheimer, Thomas Mann und die Deutschen. München 1961, S. 67.

4 Th. Mann, Briefe II (1963), S. 300ff. (19. Februar 1943); Briefe III (1965), S. 248 (13. März 1952).

5 Th. Mann, GW XII, S. 11.

6 Th. Mann, Briefe I, S. 201 (5. Dezember 1922). Das zuvor angeführte Zitat stammt aus dem Vorwort zur gedruckten Fassung der Rede «Von deutscher Republik», vgl. GW XI, S. 810.

7 Th. Mann, Briefe I, S. 398 (1. September 1935).

8 Briefwechsel, S. 141 (5. Januar 1918).

9 Th. Mann, Betrachtungen, S. 130.

10 GW II, S. 64.

11 GW XI, S. 569.

12 Briefe I, S. 389f. (23. Mai 1935).

13 Ebd., S. 238 (23. April 1925).

14 Th. Mann, Die Entstehung des Doktor Faustus. In: GW XI, S. 181 (im folgenden zitiert als «Entstehung»).

15 GW III, S. 82; ferner GW VIII, S. 79.

16 GW III, S. 469.

17 Ebd., S. 744.

18 Th. Mann, Adel des Geistes, S. 225; die zuvor angeführten Zitate finden sich, in der erwähnten Reihenfolge, in GW VIII, S. 377; IX, S. 656; IX, S. 658.

19 H. Mann, Zeitalter, S. 235.

20 GW VIII, S. 294.

21 Briefe I, S. 79 (11. Januar 1910).

22 Marcel Reich-Ranicki, a. a. O.

23 P. de Mendelssohn, Der Zauberer. Das Leben des deutschen Schriftstellers Thomas Mann. Erster Teil 1875–1918. Frankfurt am Main 1975, S. 141.

24 GW VIII, S. 133f. und S. 125. Das folgende Zitat ebd., S. 106.

25 Brief an Paul Amann (27. August 1917), zit. nach: Dichter über ihre Dichtungen Bd. 14, I–III. Thomas Mann. Hrsg. von Hans Wysling, München 1975–1981, Bd. I (1975), S. 652.

26 GW VIII, S. 295f.

27 Briefwechsel, S. 48 (27. Februar 1904); die zuvor erwähnte Bemerkung ebd., S. 127 (8. November 1913).

28 Briefe III, S. 297 (28. Juni 1953).

29 GW XII, S. 279; die zuvor erwähnte Bemerkung ebd., S. 30.

30 Briefwechsel, S. 58 (18. Februar 1905).

31 H. Mann, Der Kopf, zit. nach H. Wysling, Einführung zum Briefwechsel, S. LVI.

32 Zit. nach: Briefwechsel, S. 395 (6. April 1921).

33 So eine der Attacken aus dem «Zola»-Essay, die, neben anderen, in der Neuausgabe von 1931 getilgt wurden.

34 Zit. nach: Briefwechsel, S. IL (15. Januar 1916).

35 GW XII, S. 340 und GW XI, S. 313.

36 GW XII, S. 376.

37 Th. Mann, Tagebücher 1918–1921. Hrsg. von P. de Mendelssohn. Frankfurt am Main 1979, S. 16 (28. September 1918).

38 Ebd., S. 110f. (18. Dezember 1918).

39 Ebd., in der angeführten Reihenfolge: S. 35 (15. Oktober 1918), S. 45 (25. Oktober 1918), S. 132 (11. Januar 1919), S. 46 (26. Oktober 1918) und S. 265 (15. Juni 1919).

40 Ebd., S. 555 (20. November 1921); ferner S. 226 (4. Mai 1919) sowie S. 212f. (2. Mai 1919).

41 Peter Gay, Weimar Culture: The outsider as insider. New York 1968, S. 74.

42 Briefwechsel, S. 142 (31. Januar 1922).

43 Briefe I, S. 197 (2. Februar 1922). In diesem Brief berichtet Thomas Mann auch über die im Text erwähnte Reaktion Heinrichs.

44 GW XIII, S. 174.

45 GW III, S. 582; auch S. 138f.

46 Th. Mann, Meine Zeit, S. 316; zur folgenden Bemerkung über Settembrini vgl. Briefe II, S. 207f. (19. September 1941).

47 Vgl. Dichter über ihre Dichtungen, Bd. I, S. 509.

48 Ebd., S. 525.

49 Briefe II, S. 9ff. (1. Januar 1937).

50 GW XI, S. 253f.

51 Zit. nach Dichter über ihre Dichtungen, Bd. II (1979), S. 615.

52 Briefe I, S. 357 (2. April 1934).

53 Briefe III, S. 248 (13. März 1952).

54 Th. Mann, Zu Wagners Verteidigung. Brief an den Herausgeber des ‹Common Sense›, vgl. GW XIII, S. 351ff., insbes. S. 356 und 359.

55 Zit. nach: Dichter über ihre Dichtungen, Bd. II, S. 553.

56 GW XII, S. 850.

57 GW XI, S. 1146.

58 H. Mann in «Literarische Welt», 4. November 1927.

59 GW II, S. 86.

60 Entstehung, GW XI, S. 203f. Die vorerwähnte Briefstelle findet sich in einem Schreiben an Erich v. Kahler, vgl. Briefe II, S. 397 (20. Oktober 1944).

61 Th. Mann, Betrachtungen, Ausgabe von 1956, S. X.

62 GW XI, S. 819.

63 Entstehung, GW XI, S. 253f.

64 Vgl. Erich Heller, Thomas Mann. Der ironische Deutsche. Frankfurt am Main 1959, S. 178.

65 GW IX, S. 740.

Anmerkungen zu Heinrich Mann

1 Heinrich Mann, Zeitalter, S. 305.

2 So Jean Améry in «Frankfurter Rundschau» vom 15. März 1975; von «verhinderter Öffentlichkeit» spricht Hugo Dittberner in: Heinrich Mann. Eine kritische Einführung in die Forschung. Frankfurt am Main 1974, S. 9.

3 An Karl Lemke (2. Juli 1949), zit. nach: H. Mann, Briefe an Karl Lemke und Klaus Pinkus. Hamburg o. J., S. 109.

4 Gottfried Benn, Gesammelte Werke in vier Bänden: Wiesbaden 1959, Bd. I, S. 138.

5 Autobiographie von 1911, abgedr. in: Heinrich Mann 1871–1950. Werk und Leben in Dokumenten und Bildern. Hrsg. von der Deutschen Akademie der Künste zu Berlin. Berlin und Weimar 1971 (im folgenden zit. als «Dokumente»), S. 465.
In ähnlichem Sinne schreibt H. Mann in einer autobiographischen Notiz von 1946: «Nach kleinen Vorübungen begann Heinrich Mann seine wirkliche Tätigkeit um 1900, mit gegen dreißig Jahren»; ebd., S. 546.

6 Vgl. Peter de Mendelssohn, Der Zauberer. Das Leben des deutschen Schriftstellers Thomas Mann. Frankfurt am Main 1975, S. 214; ferner Klaus Schröter, Heinrich Mann in Selbstzeugnissen und Bilddokumenten. Reinbek 1967 (Rowohlt-Monographien Bd. 125), S. 34ff.

7 Dokumente, S. 50.

8 So an Karl Lemke (29. Januar 1947), a.a.O., S. 44.

9 H. Mann, Sieben Jahre. Chronik der Gedanken und Vorgänge. Berlin 1929 (im folgenden zit. als «Sieben Jahre»), S. 267: «Mit fünfundzwanzig Jahren sagte ich mir: Es ist notwendig, soziale Zeitromane zu schreiben. Die deutsche Gesellschaft kennt sich selbst nicht. Sie zerfällt in Schichten, die einander unbekannt sind, und die führende Klasse verschwimmt hinter Wolken.»

10 H. Mann, Ausgewählte Werke in Einzelausgaben. Band XI: Essays. Berlin 1954 (im folgenden zit. als «Essays»), Bd. I, S. 106.

11 Th. Mann, Betrachtungen eines Unpolitischen. Frankfurt am Main 1956, S. 532.

12 Dokumente, S. 87f.

13 H. Mann, Essays, Bd. I, S. 105ff.

14 Brief an Albert Langen (24. Februar 1901), zit. nach Dokumente, S. 84.

15 Th. Mann, Betrachtungen, S. 535ff.; vgl. dazu auch Walther Rehm, Der Renaissancekult um 1900 und seine Überwindung. In: «Zeitschrift für deutsche Philologie», Jg. 1929, S. 296ff.

16 a.a.O., S. 531.

17 Vgl. Briefwechsel, S. 28ff. (5. Dezember 1903). Im Anschluß dort auch der Antwort-Entwurf Heinrich Manns.

18 Ebd., S. 346f.

19 H. Mann, Briefe an Ludwig Ewers, 1889–1913. Berlin und Weimar 1980, S. 394 (6. April 1921).

20 Th. Mann, Betrachtungen, S. 531.

21 Vgl. Th. Mann, Briefe an Otto Grautoff und Ida Boy-Ed. Frankfurt am Main 1975; die erwähnten Bemerkungen stammen aus einem Brief an Ida Boy-Ed (19. August 1904), S. 150.

22 Briefwechsel, S. 140 (nicht abgeschickter Brief vom 5. Januar 1918).

23 H. Mann, Essays, Bd. I, S. 16f.

24 An Ludwig Ewers, a.a.O., S. 422 (31. Oktober 1906).

25 Vgl. Briefwechsel, S. XXXIII f.

26 Vgl. Kurt Wolff, Briefwechsel eines Verlegers 1911–1963. Frankfurt am Main 1966, S. 270f.

27 An Klaus Pinkus, a.a.O., S. 133 (11. Februar 1938); zur Bemerkung von Th. Mann vgl. Briefwechsel, S. 404.

28 Zit. nach K. Schröter, a.a.O., S. 68.

29 Autobiographie von 1946, zit. nach Dokumente, S. 546.

30 Autobiographische Skizze von 1904, ebd., S. 76.

31 Vgl. Kurt Tucholsky, Ausgewählte Briefe 1913–1935. Hamburg 1962, S. 458 (9. August 1923); zur Bemerkung von René Schickele vgl. dessen Tagebücher, die eine Fülle aufschlußreicher Beobachtungen über H. Mann enthalten; abgedr. in René Schickele, Werke in drei Bänden. Köln 1959, Bd. III, S. 1052 (Eintr. vom 4. August 1933).

32 Aus dem Notizbuch um 1906/07; zit. nach Dokumente, S. 114.

33 Brief an Karl Lemke (29. Januar 1947), a.a.O., S. 46; zur Bemerkung von Th. Mann vgl. Briefwechsel, S. 101, ferner auch Dokumente, S. 112ff.

34 Zit. nach K. Schröter, a.a.O., S. 90.

35 Zeitalter, S. 400.

36 H. Mann, Essays, Bd. II, S. 63.

37 Zit. nach Dokumente, S. 211ff.; der offene Brief an Stresemann ist abgedr. in Sieben Jahre, S. 153ff.

38 So in der Besprechung von H. Manns Roman «Die große Sache», abgedr. in Briefwechsel, S. 403ff., insbes. S. 406f.

39 H. Mann, Sieben Jahre, S. 139; vgl. auch ebd., S. 96; ferner ders., Zeitalter, S. 339.

40 H. Mann, Sieben Jahre, S. 174.

41 H. Mann, Zeitalter, S. 53.

42 H. Mann, Essays, Bd. II, S. 54.

43 Ebd., Bd. I, S. 264.

44 Zit. nach K. Schröter, a.a.O., S. 116.

45 So in «Die Zeit» vom 25. März 1960.

46 R. Schickele, a.a.O., S. 1071f.

47 Vgl. Briefwechsel, S. 222 (3. Oktober 1935).

48 Aus: Ein denkwürdiger Sommer, zit. nach: Dokumente, S. 259.

49 So an K. Pinkus, a.a.O., S. 137 (30. November 1938).

50 Alle Zitate aus «Neue Weltbühne», 1935, S. 1344, 1341.

51 Golo Mann, Der Bruder zur Linken. In: «Frankfurter Allgemeine Zeitung» vom 21. September 1974.

52 H. Mann, Zeitalter, S. 481.

53 An K. Lemke, a.a.O., S. 83 (26. Oktober 1948). Zum zuvor erwähnten Zitat über die Ankunft in Amerika vgl. «Frankfurter Allgemeine Zeitung» vom 29. März 1958: «Ein Ausweg: Der europäische Völkerbund», Briefe Heinrich Manns aus der Emigration. Mitgeteilt von Alfred Kantorowicz (Brief vom 3. März 1943).

54 So schon im Jahre 1923, vgl. H. Mann, Sieben Jahre, S. 101.

55 Mein Plan, 11. November 1893; abgedr. in: Dokumente, S. 55ff.

56 Mündliche Mitteilung von Katja Mann gegenüber dem Verfasser.

57 R. Schickele, a.a.O., S. 1093 (Eintr. 22. April 1934). Zum folgenden Zitat s. H. Mann, Zeitalter, S. 247.

58 An K. Pinkus, a.a.O., S. 167 (und 195) (1. Oktober 1949).

59 H. Mann, Zeitalter, S. 207.

60 Zit. nach Eva Lips, Zwischen Lehrstuhl und Indianerzelt. Berlin 1965, S. 150f.; ferner Th. Mann, GW X, S. 521.

61 H. Mann, Zeitalter, S. 120.

62 Ebd., S. 193.

63 Ebd., S. 280.

64 Ebd., S. 205.

65 Vgl. Dokumente, S. 551, ferner H. Mann, Zeitalter, S. 260. Der erwähnte Brief bei K. Lemke, a.a.O., S. 91 (10. Dezember 1948).

66 Vgl. Briefwechsel, S. 68 (17. Januar 1906).

67 Ebd., S. 283 (23. Juli 1940).

68 H. Mann, Essays, Bd. I, S. 89 f.

69 H. Mann, Zeitalter, S. 197; den Hinweis auf die «Tristan»-Novelle und «Schwere Stunde» verdanke ich der Einführung von H. Wysling zu Briefwechsel, S. XXXV f.

70 R. Schickele, a. a. O., S. 1052 (Eintr. 4. August 1933).

71 Vgl. GW, Bd. XI, S. 477.

72 H. Mann, Der Atem. Hamburg 1958, S. 806; vgl. auch ebd., S. 826.

In Münster und anderswo

Zu Friedrich Reck-Malleczewens «Bockelson»

Ich stellte einen König dar
Und rezitierte komödiantisch einen Possentext
Durchsetzt mit Bibelstellen
Und mit Träumen einer beßren Welt
Die halt das Volk so träumt.

Jan Bockelson in Friedrich Dürrenmatts
«Die Wiedertäufer»

Er nannte sich «der gerecht koningk in dem neuen Tempel» und gab vor, auf dem Stuhle Davids zu thronen, tausend Jahre lang. Doch nur rund zwanzig Monate dauerte Jan Bockelsons Herrschaft über Münster, ein chaotisches, seliges, wüstes Regiment. Im Januar 1536, rund sechs Monate nach der Einnahme der Stadt, wurde er gefoltert und exekutiert. Der zerrissene Leib wurde vom Henker in einem Eisenkäfig aufrecht hingestellt, am Turm der Lambertikirche emporgezogen und der Verwesung und dem Fraß der Vögel überantwortet. «Also», meint ein zeitgenössischer Chronist, «ist aus dem koningk ein monstrum und schouwspel geworden.»

Das hämische Chronistenwort dürfte auf Beifall rechnen, wenn tatsächlich einfach wäre, was sich ihm einfach darstellt; wenn immer schon böse wäre, was dem Verteidiger gegebener Ordnungen böse erscheint: die Verneinung des Bestehenden, der Anspruch auf neue Wahrheit und größere Gerechtigkeit; und wenn immer schon gut wäre, was sich auf den Katalog der Tugenden, auf Gemeinsinn, Treue zum Überlieferten und Gehorsam beruft. Doch die Tugend kann Dumpfheit oder Schwäche oder Indolenz sein.

Die Chronistenvorstellung weiß nichts vom «Gewaltrecht des Guten», den Rechtfertigungen des Schreckens, die um so überzeugender wirken, je näher das Reich der Freiheit gekommen scheint. Und sie weiß nichts von den Erscheinungsformen des Bösen, das keineswegs als Gewalt und Unterdrückung auftreten muß, sondern sich unter wechselnden Masken prinzipienstreng, selbstlos, unbestechlich oder jovial geben und viele uneigennützige Empfindungen wecken kann.

Der Traum von einem Endreich der Fülle und des Friedens ist so alt wie die Menschen selbst. Jahrtausende haben sich daran gewärmt: in der Poesie, im Denken, in der politischen Programmatik. Er trat in allen denkbaren Varianten auf, zeigte sich milde, aggressiv, skeptisch oder verklärt. Wo immer er jedoch einen Totalentwurf für die Gesellschaft dekretierte und zu verwirklichen suchte, endete er im Terror oder scheiterte auf andere Weise. Die Erkenntnis dieser Zwangsläufigkeit ist so alt wie sinnlos. Sie konnte keine Einsicht wachrufen, solange der Mensch, über die Vernunft hinaus, auch Affekt und Phantasie besitzt. Daher ist der im spätmittelalterlichen Münster unternommene Versuch, den Endzeittraum auf brüske und wirre Weise zu realisieren, aus der Ordnung der Zeit, aus der Gemeinschaft ihres Denkens und Empfindens radikal herauszutreten, unter anderen Vorzeichen wiederholt worden. Desgleichen hat die Neigung, aktuelle Bedürfnisse mit eschatologischen Erwartungen zu verknüpfen, ihre späteren Wortführer gehabt, nicht anders übrigens als der von einer Person oder Gruppe reklamierte Glaube an die Berufung zur Weltherrschaft.

Die Wortführer fanden ihre Anhänger. In manipulierten Rauschzuständen vermeinten die Bürger von Münster wunderbare Erscheinungen zu erblicken: feurige Wolken, die die Stadt einhüllten, einen goldglänzenden Christus mit Schwert und Zuchtrute, apokalyptische Reiter, die Faust voll herauströpfelnden Blutes, so daß die Gesichter der Christen, wie es in einem zeitgenössischen

Bericht heißt, selbst angesichts der äußersten Hoffnungslosigkeit «schön von Farbe» wurden. Die kollektiven Euphorien, die weder durch Entbehrungen noch durch Erschütterungen zu dämpfen waren und bis zur gänzlichen Negierung des Selbsterhaltungstriebes reichten – auch das hat sich unter anderen, doch immerhin vergleichbaren Bedingungen wiederholt.

Nicht ohne Grund sind die beiden bedeutendsten Emanzipationsphasen der europäischen Geschichte: der Übergang vom Mittelalter zur Neuzeit sowie das 19. und 20. Jahrhundert von hochgehenden Eruptionen begleitet oder gefolgt. Die rationalistische Wendung, die beiden Zeitaltern eigentümlich ist, der Sturz aus vertrauten Lebens- und Gesellschaftsformen hat turbulente Abwehrreaktionen zur Folge gehabt. Zwar haben für die Ausbrüche des endenden Mittelalters nicht anders als für die totalitären Bewegungen unserer Zeit soziale Spannungen, die Ängste und Verbitterungen proletarisierter Massen sowie deren Orientierungsnöte angesichts zerbröckelnder Normen und Autoritäten eine wichtige Rolle gespielt; aber die spezifischen Sehnsüchte, denen die Massen sich ergaben, und die Richtung, die ihre Heilserwartungen einschlugen, belegen im einen wie im anderen Falle die elementare Neigung, sich in einer heller und kälter werdenden Welt Fluchtstätten des Irrationalismus zu schaffen.

Gewiß haben eschatologische Konzepte von Lauf und endgültiger Bestimmung der Welt zu allen Zeiten die Phantasie erregt. Indes, nur zweimal gelang es ihnen, unter bestimmten Bedingungen Massenanhängerschaft und aggressive Kraft zu gewinnen. Der Versuch, Voraussetzungen, Struktur und Verlauf dieser vehementen Rückwendungen ins bergende Halbdunkel irrationaler Phantasiewelten zu vergleichen, hat verblüffende Übereinstimmungen zutage gefördert. Friedrich Reck-Malleczewens «Bockelson» verdankt dieser Absicht seine Entstehung. Mit hassendem und zugleich leidendem Blick auf die eigene Zeit hat er das Buch Mitte der dreißiger Jahre, während der Herrschaft des Dritten Reichs, geschrieben. Die Parallelen, die es zwischen dem Münster des 16. und dem Deutschland des 20. Jahrhunderts zeichnet und die dem Buch streckenweise den Charakter eines romanartig ausgeführten Schlüsselberichts verschaffen, sind gleichwohl belegbar. Die historischen Quellen legitimieren die paradigmatische Absicht.

Aus der Betrachtung des revolutionären Chiliasmus lassen sich zahlreiche Elemente zur Analyse der totalitären Sozialmythologien unserer Gegenwart gewinnen. Die besonderen, von Zeit und Umwelt bestimmten Glücksverheißungen, denen er sich ergab, die Fahnen, Feldzeichen und Formeln, die er seinem Aufbruch vorantrug, muten die Gegenwart auf den ersten Blick zwar fremdartig an; doch deren Funktion und Charakter, die soziologischen und psychologischen Voraussetzungen, unter denen er, eine breite Spur von Blut und Tränen hinter sich, seinen Weg ging, sind geblieben. Übersichtlich, auf begrenztem Raum, bieten die Vorgänge an der Wende zur Neuzeit wie im Modell sich dar. Man hat sie einen frühen «Prolog» zum Auftreten der totalitären Bewegungen der Gegenwart genannt.

Die Geschichte der Wiedertäufer von Münster ist nur eine besonders spektakuläre und besonders dramatisch verlaufende Episode in dieser tumultuarischen Entladung. Eine eigentümlich chiliastische Schneise erstreckt sich von Holland über den Niederrhein nach Westfalen und von dort über Thüringen bis hin nach Böhmen. Hier vor allem, wenn auch nicht ausschließlich in diesen Landstrichen, treten über mehrere Jahrhunderte, gegen alle Ausrottungsbemühungen von seiten der bestehenden Ordnungsmächte, rebellische Massenpropheten auf, die «wie Engel des Lichts vor dem gemeinen Pöffel» zu erscheinen wußten und ein Himmelreich der Gewalttätigen predigten. Sie sprachen vom Frieden des Herrn, von der Verderbnis der Welt und der großen Züchtigung, die ihr zugedacht sei. Schon werde aus Babylon die unter denkwürdigen Zeichen und Wundern erfolgte Geburt des Antichrist gemeldet, doch auch die Boten Gottes seien aufgebrochen, um die Auserwählten zu siegeln und sie an den vier Enden der Welt zu versammeln, wo sie das Schwert erhielten zur Entscheidungsschlacht; denn die letzte Zeit sei nahe.

Im einzelnen waren die Abweichungen beträchtlich. Die einen forderten brüderliche Gemeinschaft ohne Besitz- und Standesunterschied, andere hielten die Kindtaufe für ein Greuel; diese fanden die weltliche Gewalt unerträglich, jene das Kirchenregiment sowie die Verehrung Gottes in festen Häusern oder in den hergebrachten liturgischen Formen, da Gott im Herzen jedes einzelnen wohne; wiederum andere verwarfen den Bürgereid, den Kriegsdienst oder die Einehe. Eine große Bedeutung gewannen dabei die Gesichte oder Erscheinungen, in denen sich Gott selber durch begnadete Menschen offenbarte. Nach den Predigten des thüringischen Sackpfeifers Klaus Ludwig pflegten die Zuhörer sich, vom Geist dazu aufgefordert, in wahlloser Promiskuität, die sie «Christerie» nannten, zu kopulieren.

Das Unbehagen entzündete sich an zahllosen Erscheinungsformen der geltenden Ordnung, und immer wieder lief es darauf hinaus, die Obrigkeit abzuschaffen, die gottlosen Pfaffen auszurotten, die Güter neu zu verteilen und eine allgemeine Änderung der Dinge zu erwirken. Bereits zu Beginn des 12. Jahrhunderts mobilisierte der Häresiarch Tanchelm im Flandrischen eine Gefolgschaft, die ihm ekstatisch anhing und, wie der Chronist zu berichten weiß, sein Badewasser teils als Reliquie nach Hause trug, teils als Abendmahlsersatz schlürfte. Zwar zielten die Thesen Tanchelms noch überwiegend auf theologische Streitfragen und die Beseitigung innerkirchlicher Mißstände; doch meldeten sich in gewissen Wendungen und mehr noch im soziologischen Bild seiner Anhängerschaft veränderte soziale Verhältnisse als Antriebselement kommender Erschütterungen.

Von diesem Zeitpunkt an gehen religiöse und soziale Unrast, merkwürdig sich ergänzend, wechselseitig sich steigernd, vielerorts eine hochexplosive Verbindung ein. Die Ereignisse, die den folgenden vierhundert Jahren die blutigen Merkmale verschaffen, sind aus der einen oder der anderen Ursache allein nicht zu begreifen. Über Jahrhunderte hatten johanneische und sibyllinische Weissagungen, vielfach ausgeschmückt und kommentiert, den Unterdrückten und Beladenen Kraft zum Ausharren gegeben. Die Idee der Parusie, der Niederkunft eines streitbaren Heilands im Gefolge rächender Heerscharen, war bis dahin weniger eine reale Erwartung als vielmehr eine weit in die Zukunft verlagerte Trostvorstellung, an der das Bedürfnis für ausgleichende Gerechtigkeit sich nährte. Desgleichen hatte die plebs pauperum wieder und wieder gegen die Reichen gestanden, der Kampf der Besitzlosen gegen die Privilegierten hatte seine unvordenkliche Geschichte; doch gingen die Auseinandersetzungen zumeist um verhältnismäßig eng gesteckte Ziele, um die Verminderung gewisser Lasten, die Gewährung bestimmter Rechte: sie rührten die bestehende Ordnung im Grundsatz nicht an.

Dieses Bild, das vor allem dem frühen Mittelalter die Stimmung einer «majestätischen Mittagsstille» vermittelt hatte, begann am Ausgang der Epoche in Lärm und Aufruhr umzuschlagen. Eine schwer erklärliche Unrast trieb die Menschen hinaus, ergriffen vom «großen Lauffen», das sie, wie süchtig, in wechselnden Gruppierungen überkam, ohne daß sie ein konkretes Ziel nennen konnten. Die Hektik des Zeitalters, seine zahlreichen hysterischen Züge erwecken den Eindruck, als sei es von einem tiefen inneren Konzeptionsschauer geschüttelt. Und erst allmählich, doch zusehends deutlicher, gibt es die Richtung preis. Das soziale und das eschatologische Element vereinigen sich zum Phänomen des revolutionären Messianismus. Wo immer nun sich gesellschaftliche Forderungen unter dem Einfluß schwärmerischer Massenpropheten mit Endzeiterwartungen verbinden, der Protest der Besitzlosen jenseitige Dimensionen hinzugewinnt, zum «Großen Gericht», wie später zum «Letzten Gefecht» permutiert, und der Herrschende oder der Reiche vom politischen oder sozialen Anspruchsgegner zum Bösen schlechthin, zum Antichrist sich wandelt, kommt es zu heftigen Entladungen.

Diese Vermischung der Ebenen: die Erhöhung gesellschaftspolitischer Auseinandersetzungen zum Weltendrama, hat der sozialen Empörung, jetzt und für alle spätere Zeit, erst Stoßkraft und militante Weihe verliehen. Nie ist das eine ohne das andere Element erfolgreich. Die Welt, so weiß der revolutionär Entschlossene von nun an, ist nur für den zu erobern, der über ihre Ränder hinaustritt und seine Machtambitionen mit einem Schimmer metaphysischen Lichts zu umgeben versteht.

In eben dieser Ausgangshaltung stimmen der Chiliasmus an der Wende zur Neuzeit und die revolutionären Sozialmythologien des 19. und 20. Jahrhunderts überein. Hier wie dort wird das soziale Ringen nicht nur als Auseinandersetzung um die Veränderung der materiellen und gesellschaftlichen Situation der Massen verstanden, sondern als Entscheidungsschlacht um das Schicksal der Welt: immer ist Harmagedon. Und Übereinstimmung, zumindest mit der weitaus bedeutendsten Variante der modernen Sozialmythologie, besteht auch hinsichtlich der Zukunftsvorstellung. Dem säkularisierten Paradies der klassenlosen Gesellschaft, dem Reich der Freiheit, entspricht das Neue Jerusalem, auf das so viele ausschweifende Heilsträume sich richteten, jenes irdische Zwischenreich, in dem die sündenfreien Auserwählten unter der Herrschaft eines Friedenskönigs tausend Jahre lang bis zur Wiederkunft Christi leben würden: ein Millennium des Glücks und des Überflusses, wo der Himmel über den Gerechten offensteht, Honig von den Felsen träufelt und die Löwen, nach der Weissagung des Propheten Jesajas, Stroh fressen werden wie die Ochsen.

Der Adressat dieser Verheißungen war ein labiles, affektgeladenes Proletariat, dessen dunkle Werkstätten, nach einem einprägsamen Bilde Rankes, «plötzlich von diesen Meteoren einer nahen seligen Zukunft erleuchtet» wurden. Der Niedergang der gutsherrlichen Ordnung, der chronische Bevölkerungsüberschuß in den großen Städten, die konjunkturelle Unsicherheit, Münzverschlechterungen und Inflationen, der skrupellose Aufstieg frühkapitalistischer Unternehmer sowie später der Zerfall der Zünfte: diese und andere charakteristische Krisenphänomene einer Übergangszeit hatten große Teile der Bevölkerung nicht nur verarmt, sondern wurzellos gemacht. Ohne materiellen und emotionalen Rückhalt in der Gesellschaft, ohne Institutionen auch, die ihre Ansprüche hätten formulieren und vertreten können, bildeten sie eine brodelnde, revolutionär gestimmte Masse, die sich ihren Panikstimmungen überlassen sah. Die Zerrüttung der geistlichen Autorität, deren Vertreter die bestehende Ordnung theologisch gestützt und für die nun tausendfach emporschießenden Existenznöte keine zureichende Erklärung hatten, ließ diese Massen überdies ohne die Tröstungen der Kirche. Die ziellosen Aggressionen bedurften zur Entladung daher nur der zündenden Parolen, der Feindbilder und suggestiven Zukunftsvorstellungen.

Zu ihrem Flucht- und Kristallisationspunkt wurden jene prophetischen Führerfiguren, die neben einer dunkel metaphysischen Legitimation vor allem über die des demagogisch gehandhabten Wortes verfügten. Der exaltierten Zeitstimmung folgend, wußten sie sich in mancherlei Gestalt Anhang zu verschaffen: als Endzeitkaiser, als Wiedergeburt eines der Monarchen, die dem Volksglauben zufolge in den Bergen schliefen, als Vorboten der Parusie, Herolde Christi, ja als dessen Reinkarnation.

Der soziale Typus blieb durch die Jahrhunderte eigenartig festgelegt. Herkommen, Milieu, Lebensumstände gleichen sich auf oft erstaunliche Weise. Viele entstammten dem niederen Klerus oder dem deklassierten Handwerkerstand. Auf zumeist abenteuerliche Weise hatten sie sich, nach hier und dort getrieben, das Zufallswissen erworben, das sie nun ohne langes Zögern und mit «feuriger Imagination» auf die Gegenwart anwandten, und das, je dunkler es sich reimte, ihnen desto nachhaltiger Gefolgschaft und Autorität bei den Massen sicherte. Einer der Anhänger Jan

Bockelsons rühmte dem einstigen Schneiderlehrling, Herbergsvater, Schauspieler und König von Münster noch auf der Folter nach, er habe «großen Verstand in der hilligen Schrifft und große Wohlsprechenheit» besessen. Und wie Bockelson kamen fast alle «von draußen» in die Städte und Gegenden, die sie, für zumeist kurze fiebernde Dauer, dem Aufruhr überantworteten: das Geheimnis des Fremdlings war ebenso Teil ihres Charismas, wie die Bindungslosigkeit des Auswärtigen Bedingung ihrer Kälte und der Unnachsichtigkeit war, mit der sie über gewachsene Ordnungen, angestammtes Recht, über Leben und Tod verfügten. Nicht selten stand das Trauma einer gescheiterten Lebenserwartung am Beginn, soziale Demütigungen, zu «Erweckungserlebnissen» stilisiert, markieren die Wendung von der gesellschaftlichen Randzone zur Führerschaft lokaler Zusammenrottungen. Das Empörertum dieser hochgradig erbitterten Intelligenzija leitet sich oft ununterscheidbar aus gerechtem Zorn, Vergeltungskomplexen und Größenwahn her.

Indes werden nicht nur im vorherrschenden Typus von Führern und Gefolgsleuten die Parallelen zu den späteren Erscheinungen greifbar; auch der Prospekt des ideologischen und machttaktischen Instrumentariums weist vielfältige Übereinstimmungen auf. Die wirkungssicher zum Einsatz gebrachte Überzeugung, im Endzeitdrama von einem auserwählten Führer in eine auserwählte Gemeinschaft berufen zu sein, verlieh dem darniederliegenden Selbstwertgefühl der Massen emphatische Impulse. Der beschwörend geltend gemachte Unfehlbarkeitsanspruch, die dämonische Übersteigerung stereotyper Gegenbilder, das heisere «Rott aus, rott!» gegenüber allen Andersdenkenden, die Propagierung der totalen Gemeinschaft, die Armbinden, Abzeichen, Straßensammlungen, Slogans («Ein Schafstall – Eine Herde – Ein König!»), bis hin schließlich zur kenntnisreich eingesetzten Wirkung von Terror und Volksbelustigung: das alles mutet an wie die Elemente eines modernen Stückes im mittelalterlichen Kostüm.

Die Geschichte des Täuferaufstandes von Münster, wie Friedrich Reck-Malleczewen sie erzählt hat, bestärkt diesen Eindruck noch durch den Ablauf des Geschehens. Bis in manche Einzelheiten erscheint sie darin wie ein Schema vom Ablauf moderner Machtergreifungsprozesse. Das beginnt mit der allmählichen, von innen her angesetzten Überwältigung der Stadt durch die aus Holland stammenden Prädikanten, die auf jenen bürgerlichen Modepöbel stoßen, der seine Mitläuferei stets und bis in die Gegenwart als Aufgeschlossenheit gegenüber allem Neuen auszugeben pflegt; der stufenweisen, durch zunächst vereinzelte Gewalteinsätze geschürten Volksstimmung; es setzt sich fort mit der unter dem Druck der Straße manipulierten Wahl; wir begegnen der Mechanik von Gleichschaltung und Selbstgleichschaltung; dem schwindenden Behauptungswillen der etablierten Autoritäten, die sich, zwischen Verständnis und Widerstand schwankend, immer aufs neue vom «friedlichen und freundlichen Nebeneinanderleben» redend, zu halbherzigen Abwehraktionen entschließen und damit den Machtverfall eher fördern als aufhalten, sowie am Ende schließlich den berechnenden Akten einer konservativen Kollaboration. Reck-Malleczewen selbst hat versichert, daß die Übereinstimmungen mit dem Deutschland Hitlers, auf die er beim Studium der münsterschen Dokumente gestoßen sei, sich in einem Maße gehäuft hätten, «daß ich sie, meinen Kopf nicht noch mehr zu gefährden, direkt unterdrücken mußte». Unmittelbar nach der Machteroberung setzt die Jagd der «Perfecti», der Abzeichen- und Armbindenträger, auf die unsicheren Elemente ein. Man registriert die Vertreibungen, die Bücherverbrennungen und den Bildersturm, das Trickwerk der Stimmungslenkung, die Vergötzungsphrasen, als deren Stichwortgeber sich der hinkende Goldschmied Dusentschnuer hervortut, sowie schließlich die theatralischen «Umläufe» und Volksfeste, unterbrochen von den Paroxysmen gesetzloser Willkür, die es demjenigen, der «lusten hedde, einen dot zu schlain», erlaubten, «einen (zu) nemmen und schlain den dot».

Sehr bald freilich erlahmte der revolutionäre Überschwang, das System richtete sich ein, verfestigte sich. Das mag nicht nur auf die still und zähe im Innern der Stadt wirkenden Gegenkräfte, sondern auch darauf zurückzuführen sein, daß das aufrührerische Münster sich seit Februar 1534 belagert und abgeschnürt sah. Um die voraussehbaren Bedrängnisse, die den Bewohnern freilich als Teil des geweissagten Heilsplanes dargestellt wurden, unbeschadet zu überstehen, sahen sich alle Bürger aufgefordert, ihre Vorräte anzugeben, Gold, Schmuck und Wertgegenstände im Rathaus abzuliefern, während gleichzeitig die Einführung einer Art kommunaler Gütergemeinschaft betrieben wurde, wie sie, der Apostelgeschichte zufolge, von den Jüngern Jesu in der Gemeinde von Jerusalem eine Zeitlang vorgelebt worden war. Einige Wochen später proklamierte Jan Bockelson, nach dreitägiger meditierender Zwiesprache mit Gott, eine neue Verfassung, die die generationenalte, auf der Wählbarkeit der Ratsherren beruhende Ordnung zugunsten eines ernannten Kollegiums ablöste. An der Spitze der Gemeinde standen künftig zwölf Älteste sowie zweiundvierzig Gewerbevorsteher, denen ein strenges Regiment aufgegeben war. Die Todesstrafe war unter anderem vorgesehen für Gotteslästerung, Ungehorsam gegen die Obrigkeit, gegen Eltern und Herren, für Ehebruch, Geiz, Diebstahl und Verleumdung, sowie schließlich für Zank, Murren und Aufruhr. Schon hier deutete sich an, daß die Gesetzgebung des Neuen Jerusalem, noch ehe die versprochene soziale Revolution eigentlich begonnen hatte, zum Mittel der Herrschaftssicherung entartete und, kaum war dies gewährleistet, zusehends offener in die Befriedigung persönlicher Bedürfnisse überging – am anschaulichsten zum Ausdruck gelangt durch den Mitte Juli 1534 ergangenen Erlaß zur Einführung der Vielweiberei, der wie die detailgetreue, wenn auch mit dem Bibelwort: «Seid fruchtbar und mehret Euch!» begründete Vorwegnahme einer Denkschrift Martin Bormanns vom 29. Januar 1944 wirkt. Im Herbst 1534 änderte Bockelson die Verfassung der

«Gemeinde Christi» in ein theokratisches Königtum, dessen unbeschränkter Herrscher mit den monarchischen Insignien, mit Hofstaat und sechzehn Frauen er selber war.

Die kommentierenden Einwürfe aus späterer Zeit bleiben unüberhörbar bis zum Ende: zum Beispiel angesichts der Proklamation des totalen Krieges in der erschöpften Stadt, der sinnlos prolongierten Aushalteappelle, der zynisch vorgegaukelten Hoffnungen auf eine Intervention in letzter Stunde, dies alles auslaufend in ein großes, von Untergangsstimmungen entfachtes Morden, die Abrechnung mit Untreue und Verrat. Und schließlich fehlt auch das ideologische Dementi nicht, die Abkehr der besiegten, gefangenen und vor Gericht gestellten Führungsfiguren von ihren Taten und Überzeugungen, so daß Hingabe und Opfer vieler Tausender sich desavouiert sehen, ehe ganz am Ende selbst die Figur dessen auftaucht, der aus dem aktiv beförderten Wahnwitz jener Jahre, so als sei nichts geschehen und nichts zu verantworten, in die bürgerliche Normalität zurückkehrt: in der Tat, ein Modell!

Reck-Malleczewen hat diese «Geschichte eines Massenwahns», wie der Untertitel des Buches lautet, mit dem Blick auf das nationalsozialistische Deutschland geschrieben. Obwohl die Parallelen, die es sichtbar macht, gewiß nicht als überzeichnete Projektionen einer erbitterten Zeitgenossenschaft in die Vergangenheit zu bewerten sind, haben doch die besonderen Umstände der Niederschrift ihre Spuren hinterlassen. Das aggressive Engagement des Autors schlägt Zeile für Zeile durch und macht das Buch zum wohl entschiedensten Dokument der vielberedeten, aber kaum artikulierten literarischen Gegnerschaft zum Nationalsozialismus.

Indessen schlagen Zeitpunkt und Begleitumstände der Entstehung noch auf andere Weise durch. Die wiederholten Versuche, das Geschehen mit dem Begriffsvokabular der Dämonologie zu deuten, die nach «kosmischen» Zusammenhängen fahndenden Interpretationsbemühungen Reck-Malleczewens, die gelegentlich geäußerte Überzeugung von der «schaurigen Periodizität» solcher Katastrophen – das alles hat wohl nicht nur in dem vorgeprägten konservativen Geschichtsbild des Autors seinen Ursprung, sondern muß sicherlich auch begriffen werden als Ausdruck verzweifelter Ratlosigkeit gegenüber einer monströsen persönlichen Erfahrung, die sich für den Zeitgenossen der strikt rationalen Analyse noch widersetzte.

In den gleichen Zusammenhang gehört vermutlich auch, daß Reck-Malleczewen in so bemerkenswerter Weise die Bedeutung der sozialen Problematik unterschätzt. Er räumt ihr nicht mehr als einen sekundären Rang ein und läßt sie, wo überhaupt, nur als «Ressentiment» gelten. Allzu entschieden neigt er dazu, Niedertracht, Fieberwahn und bösartige Bastardkomplexe in Erscheinungen zu sehen, die ihre sehr realen Antriebe der Not und gesellschaftlichen Deklassierung hatten. Auch duldet seine polemische Absicht es nicht, hinter den gewiß grauenhaften, aus Bigotterie, Blutdurst und Eigensucht gemischten Erscheinungen, in die der Aufruhr pervertierte, die verwischten Spuren eines uralten Menschentraumes zu erkennen: des unbedingten und ungeduldigen «Willens zum Paradies». Jüngere Arbeiten haben nachgewiesen, daß das einfache Schema des Pöbelaufstandes auf die Geschehnisse von Münster nicht anwendbar ist. Zwar beherrschten die niederen Schichten die Straße; die städtischen Herrschaftspositionen jedoch blieben nach wie vor zu einem beträchtlichen Teil in den Händen einer aktiven bürgerlichen Honoratiorenschaft: plus ça change, plus c'est la même chose, lautet die alte skeptische Formel dafür. Im Dunkel der von der Plebs nie eigentlich begriffenen Lage bedienten die traditionellen Machtgruppen sich, nach einer Phase der Unsicherheit, der täuferischen Ideologie und Ungeduld vor allem, um die eigenen Positionen oder was davon verblieben war, so weit wie möglich über die Zeit zu retten.

Und schließlich ist wohl auch in die Beschreibung und Bewertung der Person Jan Bockelsons mehr von der nationalsozialistischen Führerphysiognomie eingegangen, als die historische Identität zu gestatten scheint. Zweifellos bedarf es nur geringfügiger perspektivischer Verschiebungen, um hinter Jan Bockelson und seiner gestiefelten Tappedürs das Urprofil totalitärer Führungsfiguren und ihrer Schlägerformationen auftauchen zu sehen. Auch drängt ja die eigentümliche Mischung von Willenskraft und Affektgebundenheit, von raffinierter Beweglichkeit, theatralischem Ingenium und Scharlatanerie den Durchblick von Bockelson auf Hitler geradezu auf. Aber die prägenden Umweltbedingungen, der Grad der ideologischen Befangenheit, die Motive der Empörung: diese und andere Eigenarten oder Züge machen eine Beschreibung im Sinne absichtsvoller Austauschbarkeit doch problematisch.

Mit Nachdruck hat Reck-Malleczewen aus den spärlichen Quellen alle Züge herausmodelliert, die auf eine Art biographischer Verwandtschaft zwischen dem einen und dem anderen hindeuten. Da sind die vergleichbar trüben Umstände der Herkunft: Jan Bockelsons Mutter war die Tochter eines Kleinhäuslers, die auf der Wanderschaft durch Holland einen unehelichen Sohn zur Welt bringt, dessen Vater sie erst nach der Niederkunft heiratet; da sind die vagabundierenden, unsteten Jugendjahre des späteren Königs von Münster, seine Unfähigkeit, das erlernte Schneiderhandwerk auszuüben, die unklare Neigung zur Kunst, die theatralische Gabe, mit der er sich erstmals vor den Gästen einer selbsteröffneten Schankstube in Leyden hervortut; sodann der Anschluß an die literarische Bohème der Stadt, die Aufnahme in die «Kammer der Rhetoriker», einen Literatenklub, in dem er mit seinen Gedichten und Schauspielen als große Begabung gefeiert wird. Unruhig und anpassungsfähig, wie er war, erkannte er, daß die aufstrebende Wiedertäuferbewegung seinem Ehrgeiz unvergleichliche Chancen und Ziele bot. Von Jan Matthys, dem Führer der niederländischen Täufer, ließ er sich Anfang 1534 nach Münster schicken, dem ausersehenen Neuen Jerusalem, das, wie Matthys behauptete, bei der prophezeiten Züchtigung der Welt als einzige Stadt verschont bleiben werde. In der Deutung eines zeitgenössischen Porträts von Jan Bockelson brechen Reck-Malleczewens Verachtung und sein polemischer Abscheu gegen das in allen voraufgegangenen Hinweisen beständig durchscheinende Bild Hitlers schließlich unverhohlen durch:

«Das sind die verschwommenen und versulzten Züge des im Chausseegraben geborenen Bastards, des Kneipen- und Hurenwirts, der auch als Literat dilettieren konnte, des abortiv verlaufenen Schneiders, der bei seiner Zunft wahrscheinlich für einen großen Dichter, im Klub der Rhetoriker aber vermutlich für einen geschickten Gewandschneider gehalten wurde. Am Hals die Kette (des Königs von Münster) und am ganzen Leibe dieses Geschmeide, mit dem der Minderwertige so gern die tiefen Wunden seines Selbstbewußtseins verdeckt, über der ganzen Erscheinung aber jene Unseligkeit, die aus der Charakterschwäche so leicht ins Laster und ins Verbrechen gleitet: die Stigmata des in übler Stunde und in üblem Bette Gezeugten, der aus einem Taugenichtsdasein so leicht in die Kloake, aus dem Milieu des Dreckigen aber ins Lasterhafte und aus dem Lasterhaften endlich ins Verbrecherische und Blutdürstige wechselt ... Wer hier kratzt, wird zunächst nur auf eine dicke Schicht von Hysterie stoßen, wer tiefer schabt, stößt gar auf eine armselige und im Grunde unbedeutende Kreatur. Denn die Geschichte, die doch auf die Dauer immer nach unabänderlichen Gesetzen arbeitet, erlaubt sich wohl manchmal den grausamen Scherz, den Jämmerling, den Schwätzer und Hysteriker für kurze Zeit auf ihre Podeste zu heben, das Nichts für kurze Zeit zum Mittelpunkt der großen Dinge, den Pickelhäring zum wattierten Kondottiere, den Gerber Kleon in der Vorstellung des Pöbels zum zweiten Perikles, den Gracchus Babeuf in der gleichen Vorstellung zum Gracchus Cornelius zu machen.

Dies aber immer nur für eine kurze Galgenfrist; dies alles nur, um den Polichinelle in Kürze um so grausamer zu entlarven. Um den betrogenen Betrüger unter dem Gelächter der Welt in die Gosse zu tunken, um zum Schluß einen zerfetzten und mit glühenden Zangen gezwickten *roi dessou* in einem Eisenkäfig an die Spitze des Münsterer Lambertiturmes zu hängen.

Ein Häufchen Nichts also, geladen mit Hysterie, und füglich könnte man mich fragen, weswegen ich auf dieses Buch seinen Namen schreibe.

Dies aber ist ja auch nicht die Geschichte eines armseligen Tscheka-Königs – es ist die Geschichte eines dämonischen deutschen Rausches, eine Episode, bei der aus den geheimen Gewölben dieser zweitsehenden fälischen Seele alle die Teufel, die Albe, die Satanasse entwichen, die man bis dahin nur auf fromme gotische Tafeln zu bannen wagte. Der Regisseur war, trotz aller goldenen Ketten und Fingerringe, nur ein armer Hanswurst, das Fastnachtsspiel aber, das wurde deswegen doch gespielt von einer um so vollblütigeren Komparserie.»

In solchen Passagen überschreitet das Buch offenbar den historischen Zusammenhang und wird zum Dokument des Widerstands. Die Zeiten des Verstehens um jeden Preis seien in der Geschichtsschreibung vorüber, vermerkt Reck-Malleczewen an einer Stelle, die Vorgänge der Vergangenheit dienten dem an der eigenen Zeit Verzweifelten ebensosehr dazu, die eigene Erbitterung wachzuhalten und die Hoffnung zu beleben. Darin ist sicherlich auch die Ursache für den beständig wiederholten Hinweis auf die kurze Dauer der Ereignisse von Münster zu sehen; für die Befriedigung, mit der geschildert wird, wie Jan Bockelson, angesichts des näherrückenden Endes, auf seinem verlassenen Thron sitzt und mit aufgestütztem Kopf vor sich hin ins Leere starrt; wie er im vergitterten Wagen zur Schaustellung über Land gefahren wird und schließlich die angeblich von Gott selber offenbarten Grundsätze, in deren Zeichen er die Macht erobert und regiert, gemordet und seine Anhänger zum Ausharren gezwungen hat, um des eigenen Davonkommens willen verleugnet. Selbst beim abschließenden

Morden in den Straßen der am 24. Juni 1535 gefallenen Stadt kann der Autor seine Sympathien für die Eroberer kaum verhehlen.

Mit dem in Feuer und Blut erstickten Experiment von Münster verlor der revolutionäre Chiliasmus, der in den voraufgegangenen Bauernkriegen schon halb gebrochen war, die aufrührerische Dynamik. Die Wiedertäufer entwickelten sich zu einer Sekte brüderlicher Beschaulichkeit und haben mit der Rückkehr zu ihren sanfteren Ursprüngen zahlreiche quietistische Richtungen innerhalb der christlichen Kirchen nicht unwesentlich beeinflußt. Andere nahmen nun die Tradition des sozialrevolutionären Heilsgedankens auf und gaben sie weiter. In den Entwürfen englischer und französischer Utopisten werden Elemente dieser Sehnsucht ebensosehr erkennbar wie in den blutig hingeschriebenen idyllischen Konzepten der Revolution von 1789; sie sind bei Weitling, Marx oder Tolstoi spürbar, in den Visionen der revolutionären europäischen Intelligenz des 19. Jahrhunderts oder im Endzeitdenken gegenwärtigen Philosophierens, sei es bei Herbert Marcuse oder Ernst Bloch. Denn wie verworren im einzelnen auch war, was in Münster geschah: Es blieb zuletzt doch in der Tradition einer rabiaten Heilserwartung, und durch allen hysterischen Vordergrundlärm war immer noch, merkwürdig anrührend, etwas von jenem alten «Murren der Kinder Israels» zu hören, die gegen die Härte des Gesetzes aufbegehren.

Die modernen totalitären Sozialreligionen haben, mehr oder minder, im Zeichen chiliastischer Vorstellungskomplexe erstmals wieder die Massen mobilisiert. Gewiß waren die Ausgangshaltungen von Kommunismus und Nationalsozialismus denkbar verschieden. Kaum etwas unterstreicht dies so nachdrücklich wie die Tatsache, daß der Sozialismus zumindest der frühen Zeit in der Tat eine Eschatologie besaß, während die Zukunftsvorstellung des Nationalsozialismus wenig mehr als eine von Fluchtängsten beherrschte, in die immer gleichen Eroberungs-, Unterwerfungs- und Ausrottungskonzepte auslaufende Hegemonialidee war. Der religiös gefärbten Endreichutopie des einen hat der andere nur eine auf die eigenen Komplexe verweisende, imperiale Weltreichutopie entgegenzusetzen. Die totalitäre Realität jedoch wies, wenigstens zeitweilig, beträchtliche Übereinstimmungen zwischen dem einen und dem anderen auf, und beide haben sich, im System rechtfertigender Selbstdarstellung, nicht ungern auf die spätmittelalterlichen Vorgänge gestützt. Wie es eine auf Friedrich Engels zurückgehende, marxistische Tradition der Bezugnahme auf die Wiedertäufer gibt, so haben die Nationalsozialisten sich verschiedentlich auf die sozialrevolutionären Gruppen der Begharden und Beginen berufen und in dem ersten Millenniumspropheten mit radikaler nationalistischer Tendenz, dem sogenannten Oberrheinischen Revolutionär und dessen Buch der hundert Kapitel (1510), ein frühes ideologisches Vorläufertum gefeiert. Freilich lassen solche Berufungen nicht nur die intendierte Folgerung zu, daß die eigenen Zielsetzungen ihre geschichtliche Würde besitzen und damit legitimiert seien. Ebensosehr ist der Umkehrschluß möglich, wonach der Rückgriff auf die irrationalen Wahnwelten, dem wir in diesen frühen Erscheinungen so nachdrücklich begegnen, immer mit Gefolgschaften rechnen kann, und daß ein Mittelalter existiert, das bis in unsere Tage reicht.

Dieses Mittelalter ist gegenwärtig in jeder irrationalen Reaktion auf Existenz- und Orientierungsnöte. Es wirkt als Antriebselement in den Fluchtversuchen, deren Spur über unsere Straßen geht: bei den Apologeten der Gewalt und eines aufrührerischen Anarchismus, dem hektischen Weltverbesserertum, das in die Traumwelt eines vagen Paradieses ausbricht. Ihren romantizistischen Charakter enthüllen die unterschiedlichen Bewegungen der Gegenwart nicht zuletzt dadurch, daß sie im Widerspruch gegen das Bestehende verharren, die Definition ihrer Ziele jedoch verweigern. Nach der Art von Gruppen, deren Mitglieder sich überwiegend emotional verbunden wissen, wollen sie durchweg, bei allen Abweichungen im einzelnen, Affekte pflegen und die Gegensätze zur bestehenden Ordnung eher mit ostentativ verzweifelter Gebärde aushalten als aufheben. Denn nicht erst die revolutionäre Veränderung des bestehenden, sondern schon die konkrete Beschreibung des ersehnten Gesellschaftszustandes würde die Spannung schwächen und dem eigenen hochgetriebenen Außenseitergefühl Abbruch tun. Die Revolution der Jugend oder was doch so heißt, ist in Wahrheit eine Rebellion, die vom eigenen Unbehagen ausgeht und dort auch verharrt. Sie bezieht ihre Impulse weniger aus der Glücksvorstellung einer künftigen als aus der Unglücksvorstellung der gegenwärtigen Gesellschaft und ist, im ganzen, nur ein neues Kapitel in der Geschichte eines Geistes, der sich seit je auf sein unpolitisches Wesen einiges zugute hält.

Immerhin hat das schwärmerische Mißbehagen der Gegenwart, insbesondere soweit es sich auf Karl Marx beruft, den utopischen Charakter wiederentdeckt, der allem entschiedenen politischen Denken innewohnt. Im Konsumkult der kapitalistischen wie in der Konsumnot der sozialistischen Welt ist er auf eine eher prosaische Weise verendet. Mitunter hat es den Anschein, als sei es das Bestreben und die Funktion dieser weltweiten Unruhe, eine Ordnung der vulgären Zwecke eschatologisch zu durchsetzen und ein übriges Mal die Diagnose Karl Mannheims zu widerlegen, daß wir in einem «trockenen Zeitalter» lebten. Gewiß ist vieles an dem Aufruhr kurzsichtig, outriert und reine Selbstergriffenheit, anderes setzt, eher belustigt, das Unmögliche voraus. Wenn der Himmel einstürzt, das ist richtig, werden wir alle Lerchen fangen. Aber fehlendes Augenmaß, Selbstergriffenheit und ein Hang zum Unmöglichen gehören zum Wesen utopischen Denkens, wieviel davon auch immer in Münster und anderswo zum Vorschein gekommen sein mag.

So wäre am Ende denkbar, daß Friedrich Reck-Malleczewen doch nicht fehlgegangen ist, als er erzählte, wie es, historisch streng, eigentlich nicht ganz gewesen ist. Denn was immer als das vorherrschende, der genaueren geschichtlichen Analyse standhaltende Motiv im Münster der beginnenden Neuzeit wirksam gewesen sein mag: Der revolutionäre Aufruhr kann zwar das Recht haben, doch das «Heil», auf das er sich mit Vorliebe beruft, hat er nicht. Was man so nennt, entzieht sich gerade, wo sich der Überschwang, der kollektive Zukunftsrausch breitmachen. Die Revolution, die es näherbringen könnte, sieht alltäglich und nüchtern aus. Und vielleicht ist es so, daß die geschichtlich bekannten Revolutionen gescheitert sind, weil nicht hinreichend bedacht oder hinreichend befolgt werden konnte, daß die Utopie vom «Heil» vernünftig ist, wie denn die Vernunft, so unansehnlich sie sich häufig ausnehmen mag, die eigentliche Utopie ist.

Parabel von Macht und Moral

Über Arnold Zweigs «Der Streit um den Sergeanten Grischa»

1983

Zu den überraschenden Befunden der Literaturgeschichte zählt, daß der Erste Weltkrieg kaum bedeutende Romanwerke hervorgebracht hat, obwohl schon die Zeitgenossen ihn als Zusammenbruch einer Welt und Epocheneinschnitt gedeutet haben. Die Gewalt der Erfahrung äußert sich weit nachhaltiger in Tagebüchern und anderen Formen registrierender Literatur als in erzählenden Werken. Remarques «Im Westen nichts Neues» oder selbst Hemingways «In einem andern Land» machen die Erschütterungen, den Schockcharakter jener Jahre weniger authentisch spürbar als beispielsweise Ernst Jüngers «In Stahlgewittern».

Unter die wenigen Ausnahmen rechnet Arnold Zweigs «Streit um den Sergeanten Grischa». Als der Roman im Jahre 1928, nach einem Vorabdruck in einer Tageszeitung, in Buchform erschien, erlebte er sogleich mehrere Auflagen, wurde in siebzehn Sprachen übersetzt und hat den Ruhm des Autors so dauerhaft begründet, daß Arnold Zweig selbst um das Buch einen auf acht Bände geplanten Romanzyklus gruppierte, an dem er bis zum Ende seines Lebens gearbeitet hat. Nicht zuletzt dieses ambitiöse Vorhaben, das offensichtlich größere Kraft, aber auch ein leichteres Schicksal erfordert hätte, als es dem Verfasser gegeben war, hat den Ruhm des früheren Werkes überschattet. Zwar zählt Arnold Zweig in der DDR zu den Klassikern der Literatur dieses Jahrhunderts. In der Bundesrepublik dagegen erfüllt er für einen Anspruch wie diesen wenig mehr als die Voraussetzung, kaum gelesen zu werden.

Man hat die unterschiedlichsten Einflüsse im Werk Arnold Zweigs nachgewiesen, Kant und Sigmund Freud, den deutschen Idealismus und jüdisches Utopiedenken, französische und russische Schriftsteller des 19. Jahrhunderts. Aber wie kein anderer hat Theodor Fontane ihn geprägt. Das gilt weniger im literarischen Sinne, wiewohl er selbst sich als Romancier «in der Nachfolge Fontanes» bezeichnet hat. Romantischer, auch verschwärmter als jener, besaß er zudem kaum etwas von dessen Skepsis, Ironie und gelassener Lebensdistanz. Zum Vorbild wurde Fontane ihm vor allem, weil er den in seiner Herkunft begründeten Zwiespalt in einer selbstverständlich wirkenden Manier aufgelöst und produktiv gemacht hatte. Was jenem in der entspannten Verbindung von romanischem und preußischem Erbteil gelungen war, wollte Arnold Zweig im Ausgleich von jüdischem und preußischem Wesen zustande bringen.

Tatsächlich durchdringen sich das eine und das andere bei kaum einem Schriftsteller auf ähnlich intensive Weise. Die besondere Anziehung, die Preußentum und Judentum aufeinander übten, ist ja weniger auf historische Zufallsgründe zurückzuführen, auch wenn die preußische Liberalität den Ausgangspunkt bildete, von dem der Emanzipationsgedanke zunächst über die Landesgrenzen und bald auf ganz Europa übersprang. Was die wechselseitige Gravitation zustande gebracht, belebt und zu einem Kulturereignis von europäischem Rang gemacht hat, war vielmehr in einer eigentümlichen Nähe im Wesen begründet. Preußische Rationalität, der Glaube an die Macht der Vernunft, Strenge gegen sich selbst, die Vorherrschaft des Ethischen oder die Idee des Gesetzes, das waren Elemente, für die sich unschwer Entsprechungen auf jüdischer Seite ausmachen lassen. Bezeichnenderweise hielt Arnold Zweig Kleists «Prinz von Homburg» für das «schönste deutsche Drama», und im «Streit um den Sergeanten Grischa» läßt er eine der Hauptfiguren, einen General aus altem preußischen Geschlecht, sagen: «Ich möchte schwören, diese jüdischen Rechtsanwälte, sie lieben das Recht um seiner selbst willen, so wie wir unsere Güter und Felder.»

Ein Kriegsroman im strengen Sinne ist das Buch nicht. Vielmehr bildet der Krieg nur die Kulisse und schafft die extremen Situationen, die den Menschen jene Bewährungsproben abnötigen, in denen sie sich offenbaren. Gerade daß sich Zweig entschloß, seinen Stoff, anders als die meisten Kriegsromane, über die Darstellung von Schrecken, Angst, Überleben und Sterben hinauszuführen und ins Prinzipielle zu erweitern, hat das Buch zu einem der seltenen großen Romane über den Ersten Weltkrieg gemacht.

Das eigentliche Thema des Buches ist der Konflikt zwischen Recht und Gesetz, zwischen Moral und Macht. Und das Pathos des Einfalls besteht gerade darin, daß in einem Krieg, in dem täglich Tausende sterben, ein erbitterter, bis in die höchsten militärischen Ränge reichender Streit um einen einzelnen Kriegsgefangenen, einen «ruppigen Russen», entbrennt. Der Ausgang dieser Auseinandersetzung enthüllt zugleich, wie im Schlaglicht, einen politisch-moralischen Zustand.

Die Handlung hat die Einfachheit und die plausible Kraft großer Parabeln. Der Kriegsgefangene Grigorij Iljitsch Paprotkin ist zu Beginn des Jahres 1917, nach sechzehn Monaten stumpfsinnigen Lagerlebens, geflohen: aus Ärger über die gestohlenen Jahre, beunruhigt von den Gerüchten über einen Frieden, der nicht kommt, und weil er einfach nach Hause will. Als er wieder eingefangen wird, gibt er sich in der irrigen Vorstellung, besser davonzukommen, für einen anderen aus, dessen Erkennungsmarke ihm der Zufall in die Hände gespielt hat. Doch gerät er eben dadurch in Verdacht, ein Spion zu sein, wird vor Gericht gestellt und zum Tode verurteilt. Als er die Wahrheit gesteht, ist es zu spät. Obwohl er zusehends Fürsprecher gewinnt, Soldaten, Offiziere, den Kriegsgerichtsrat sowie den Kommandierenden General, hat er doch zwei nahezu unüberwindliche Gegner: die Rechtskraft des Urteils sowie die Erwägung, daß Autorität und Disziplin Schaden nehmen müssen, wenn Entscheidungen widerrufen und Unsicherheiten der militärischen Führungsspitze erkennbar werden.

Arnold Zweig hat diese Positionen in zwei eindrucksvollen Figuren gegenübergestellt, deren Auseinandersetzung der sorgsam vorbereitete, durch retardierende Einschübe umsichtig hinausgezögerte Höhepunkt des Romans ist. Auf der einen Seite steht General von Lychow, ein «greiser preußischer Junge mit noblem Herzen», dessen Unbestechlichkeit durch ein Element jener pietistischen Frömmigkeit imprägniert ist, die zum altpreußischen Charakter, allem Rigorismus zum Trotz, einen rechtschaffenen, menschlich versöhnenden Zug beigesteuert hat. Unsentimental, herrenhaft und streng in den Grundsätzen, übt er doch Nachsicht gegenüber der Wirklichkeit, die «Exzellenz von Lychow, geb. Fontane», wie Kurt Tucholsky ihn in seiner Kritik des Romans genannt hat.

Ihm gegenüber steht der Generalquartiermeister Schieffenzahn, «das Gehirn des gesamten Gebiets zwischen Ostsee und Karpaten, die Stelle, an der alles Bewußtsein, Einsicht, Wille, Befehl ward», ein genialer Organisator und kühler, mechanistisch operierender Kopf, der jede Entscheidung den Erwägungen von Zweck und Erfolg unterwirft. Wenn in Lychow Züge des alten Briest oder Dubslavs von Stechlin eingegangen sind, dann in Schieffenzahn diejenigen Ludendorffs. Charakteristischerweise kann er zunächst kaum begreifen, worauf sein Gegenüber hinauswill, alles komme nur auf den Sieg an, und nichts, so äußert er, sei «gleichgültiger in einem so großen Zusammenhange als Haarspalterei über Recht und Unrecht». Was heiße schon Recht? Der Staat schaffe das Recht.

Die entscheidenden Sätze, mit denen Lychow widerspricht, lauten: «Recht tun erhält die Staaten, Herr. So hab' ich's von Jugend auf gelernt. Wo der Staat anfängt, unrecht zu tun, ist er selber verworfen und niedergelegt. Ich weiß, Herr, in wessen Auftrag ich hier im Lichtkreis Ihrer Lampe für einen armseligen Russen fechte! Um Größeres als Ihren Staat, nämlich um den meinen!

Um ihn als Beauftragten der Ewigkeit! Staaten sind Gefäße; Gefäße altern und platzen. Wo sie nicht mehr dem Geiste Gottes dienen, krachen sie zusammen wie Kartenhäuser. Ich aber, Herr General Schieffenzahn, weiß, daß Rechttun und Auf-Gott-Vertrauen die Säulen Preußens gewesen sind, und will nicht hören, daß man sie von oben her zerbröckelt.»

Die Auseinandersetzung konfrontiert zwei schroff entgegengesetzte Denkweisen. Doch hat es Arnold Zweig vermieden, der einen flammend recht zu geben und der anderen die starken Gründe zu verweigern. Schieffenzahn ist kein Monstrum, und was ihn leitet, sind nicht Grausamkeit oder Haß. Das Prinzip macht das Drama, nicht der Affekt. Schon hier taucht, wie umrißhaft auch immer, jener Typus auf, der, wenige Jahre später nur, seine Untaten nicht aus Leidenschaft begehen wird, sondern unerregt, von innerer Beteiligung wie von Skrupeln gleich weit entfernt, und der seine Rechtfertigungen aus der Gewißheit holt, Instrument höherer Zwecke zu sein. Die Resignation Lychows offenbart, daß jenem die Zukunft gehört. Er selbst dagegen repräsentiert die abtretende Schicht. Das Recht des Stärkeren obsiegt über die Idee des Rechts, die bei den Schwächeren ist. Im Grunde zählt «Der Streit um den Sergeanten Grischa» zu jenen Romanen, die noch einmal das große Epochenthema vom Verfall variieren.

Das Buch ist vielfach als kritischer Gesellschaftsroman begriffen worden, und gewiß ist es das auch. Aber zugleich und weit stärker noch ist es ein Buch der Huldigungen. Das wird erst heute deutlich. Im Wiederlesen offenbart sich einmal mehr, welcher Einschnitt das Jahr 1945 war und daß Hitler mehr zugrunde gerichtet hat als einen Kontinent, ein Reich, Städte und Menschen. Was er in Wirklichkeit zerstörte, war eine Lebensform, deren Größe und Gesittung Arnold Zweig, trotz und in aller Kritik, noch einmal vergegenwärtigt hat.

Zunächst ist der Roman die Huldigung an eine Welt, in der bei aller Feindschaft, aller vom Krieg beförderten Ressentiments die moralischen Maßstäbe noch weithin verbindliche Kraft besitzen und das Gefühl lebendig ist, die Sache des eigenen Landes, sie möge ausgehen wie immer auch, müsse von einem Akt des Unrechts auf eine Weise in Mitleidenschaft gezogen werden, die durch keinen Sieg aufzuwiegen ist. Der Oberleutnant Winfried, der gegen Ende des Romans, bei schwindender Hoffnung auf Grischas Rettung, dessen Befreiung plant, sagt über seine Motive: «Um Deutschland geht es uns; daß in dem Land, dessen Rock wir tragen und für dessen Sache wir in Dreck und Elend zu verrecken bereit sind, Recht richtig und der Gerechtigkeit nach gewogen werde. Daß dies geliebte Land nicht verkomme, während es zu steigen glaubt ... Denn wer das Recht verläßt, der ist erledigt.» Solche Sätze, wenn auch nicht ohne Verkündigungston vorgebracht, aber weit mehr noch zahlreiche Einzelzüge im Reden und Verhalten der auftretenden Figuren sowie die Fabel selbst markieren den kaum noch meßbaren Abstand zu dem, was später geschah. Auf nahezu jeder Seite sieht sich der Leser vor der Frage, wann, wo und wie oft wohl Deutsche während der Hitlerjahre dergleichen wenn nicht gesagt, so doch gedacht haben mögen.

Darüber hinaus ist der Roman auch eine Huldigung an die deutsch-jüdische Symbiose. Nicht nur der Kriegsgerichtsrat Posnanski, der Berater Lychows, sowie der Schreiber Bertin, in dem Arnold Zweig eine Art Selbstporträt entworfen hat, sind Juden und mit ihren Kameraden durch die gleichen Ansichten, Nöte und schließlich auch Verzweiflungen verbunden; vielmehr hat Zweig seine Geschichte auch vor dem Hintergrund einer russisch-jüdischen Kleinstadt erzählt und in zahlreichen Nebenpersonen das Bild eines offenen, trotz aller Gegensätze, trotz Krieg und Mißtrauen humanen Lebenszusammenhangs entfaltet. Auch dies vergangen. Wie unüberbrückbar groß sich die Entfernung ausnehmen mag, die uns inzwischen davon trennt, so drängt sich doch nicht selten der Eindruck auf, auch Arnold Zweig habe sie, als er das Buch in den zwanziger Jahren schrieb, schon als verloren betrachtet. Obwohl er nahezu alle Figuren des Romans, vom Divisionsgeneral bis zum einfachen Soldaten, dem Sergeanten Grischa zur Seite stellt, wird das Urteil doch vollstreckt. Das Bewußtsein des Autors ist von dem pessimistischen Vorauswissen beherrscht, der eine Gegenspieler Schieffenzahn werde breite Gefolgschaft finden und die Welt von morgen bestimmen. «Was ein Mensch wie er tat, war mit Dauer geladen», heißt es einmal.

Es hat nichts mit jener sonderbar fremd gewordenen Welt zu tun, die der Gegenstand dieses Buches ist, daß es auch literarisch einige Altersspuren aufweist. Das wird in der Neigung zu kosmologisch ausgreifenden Passagen, vor allem bei Kapitelanfängen, nicht weniger deutlich als in manchen zeitgenössischen Modernismen, so, wenn die Räder eines Bauernwagens «durch das diamanthelle Blau eines Aprilendes ihr entsetzlich gefoltertes Geschrill knarren», eine Bemerkung Lychows «plötzlich heiser und kirschbraun» ausfällt oder die Schilderung einer Autofahrt des Generals mit den Worten ansetzt: «Der graue Wagen, den schwarz und rot umrandeten weißen Wimpel des Divisionärs am Kühler, bohrte seine Nase langgestreckt mit der Begeisterung eines Renners in den Wind, dem Horizont zu, der flachwellig und spielend vor ihm wich.»

Schwerer wiegt eine gewisse Inkongruenz von Autor und Stoff. Immer wieder stößt man darauf, daß hier ein episch behagliches Talent sich ein Sujet von hochdramatischem Zuschnitt gewählt hat. Das gibt dem Buch, wo immer es ins Erzählerische gerät, Anschaulichkeit, Wärme, auch Glanz. In der Darstellung der Konflikte dagegen bleibt es merklich hinter den vom Stoff gewährten Möglichkeiten zurück. So stoßen selbst in der Auseinandersetzung zwischen Lychow und Schieffenzahn nicht die Gegensätze in äußerster, unversöhnlicher Zuspitzung aufeinander; weit eher drängt sich, befördert noch durch das Stilmittel der meist indirekten Rede, die Vorstellung auf, zwei ältere Herren trügen, zuweilen heftiger werdend, eine Meinungsverschiedenheit aus. Seinem innersten Wesen nach auf Einvernehmen und Vermittlung gestimmt, suchte Arnold Zweig, hier wie anderswo, nicht die Verschärfung, sondern die Milderung der Gegensätze. Das geht so weit, daß er Schieffenzahn sogar zu dem Entschluß gelangen läßt, den Vollstreckungsbefehl zu kassieren; doch erreicht die Anordnung die Division nicht.

Es bleibt ein ironisches Faktum, daß dieser so elementar auf Ausgleich und Versöhnung bedachte Autor seinen Ruhm einem Buch über einen unauflösbaren Prinzipienstreit verdankt. Mit seinem Bedürfnis nach Abschwächung der Gegensätze, nach Ausgleichung und Assimilation in jedem Sinn mag auch zusammenhängen, daß er in späteren Jahren zu einer eher verlegen stimmenden Erscheinung wurde. Obwohl einer Generation angehörend, die noch das Glück auf dieser Welt für möglich hielt und die naive Kraft zur Utopie besaß, hat er sich doch nie dem Kommunismus angeschlossen, sondern das Heil im Zionismus gesucht. Als er 1948, dem Heimweh, seinem Repräsentanzverlangen und der unverlorenen Sehnsucht nach seinen kulturellen Ursprüngen folgend, der Aufforderung der DDR nachkam und aus Israel nach Deutschland zurückkehrte, unterwarf er auch die eigene Person seinen pietistischen Neigungen. Einst hatte er öffentlich gegen die Unfreiheit im kommunistischen Machtbereich protestiert; jetzt nahm er sie hin. Schweigend beugte er sich der Verdammung des Zionismus, der Ächtung seines «Vaters» Sigmund Freud und fügte sich den Forderungen der Zensur, indem er ältere Arbeiten umschrieb oder ideologisch garnierte. Selbst Menschen, die ihm nahestanden, überließ er, der am Schicksal eines russischen Gefangenen das Recht als Fundament der Staaten beschworen hatte, den Drangsalierungen der Macht.

Gegen Ende des Buches vom «Streit um den Sergeanten Grischa» schreibt General von Lychow einem ehemaligen Kameraden einen Brief. Darin heißt es, er werde niemals hinnehmen, was geschehen sei, selbst im Tode nicht; Jahr für Jahr werde er in der

Nacht, in der Grigorij Iljitsch Paprotkin hingerichtet wurde, aus der Gruft in Hohen-Lychow aufstehen und spuken. Ein großes Bild, hinter dem die Figur desjenigen, der es erfand, dem Blick gnädig entschwindet. Der Niedergang preußischer Rechtlichkeit und Moralität spiegelt sich auch im Leben dessen, der sie in seinen Büchern so emphatisch bewundert hat.

Friedrich Sieburg

Ein Porträt ohne Anlaß

Schreiben ist Leben
Friedrich Sieburg

Er hatte alles, was ein Schriftsteller haben und erreichen kann. Schon das erste Buch, das er nach einigen literarischen Fingerübungen veröffentlichte, wurde ein Welterfolg und sein Titel zur Refrainzeile einer Pariser Revuenummer. Er war der meistbeachtete ausländische Korrespondent im Paris der Zwischenkriegsepoche, verfügte über eine Autorität, die ebenso durch seine Persönlichkeit wie durch umfassende Bildung und eine bestechende Formulierungskunst abgesichert war; er hatte zahlreiche Bewunderer sowie eine angemessene Zahl von Gegnern, deren geringere Statur es ihm erlaubte, seinen Polemiken eine Prise wahrhaft verletzenden Wohlwollens beizumischen; und schließlich gebot er über eine nie versiegende produktive Kraft, die ihn – trotz einer Schreibpause von nahezu zehn Jahren – auf über dreißig Bücher kommen ließ. In der Tat: er hatte alles; und als ihm in den fünfziger Jahren, auf einem Empfang in Stuttgart, ein Lokalredakteur gleichen Namens vorgestellt wurde, rief er in naivem Mitgefühl aus: «Mein Gott! Wie furchtbar! So wie ich zu heißen und nicht ich zu sein!»

Und doch gab es eine Wunde, die ihn quälte. Wer die Bilder aus der späteren Zeit betrachtet, kann den Zug von Bitterkeit und Misanthropie in dem Gesicht nicht übersehen. Auch im Schriftlichen aus jenen Jahren herrscht vielfach eine Gereiztheit, die mehr Unruhe und Verschattung offenbart, als er sich oder anderen je eingestanden hätte. Zur Repräsentantenrolle geschaffen, ist ihm gerade diese versagt geblieben und er mehr und mehr in eine Isolation geraten, die er als absurd, grausam und persönlichkeitswidrig empfand. So machte er sich, notgedrungen, zum Widersacher gegen den Zeitgeschmack, gegen dessen Vorlieben und Maßstäbe, und kehrte den Gegensatz schroff und bis in den großbürgerlichen Lebensstil mit oft genußvoll übertreibender Gestik heraus. Einem Fotografen des «Spiegel», der ihn in seinem Haus im württembergischen Gärtringen fotografieren wollte, schrieb er mit den Worten ab:

«Ich bin sehr gern bereit, in einer sorgfältig gestellten asketischen Kulisse mit Feldbett und Mülleimer für Sie aufzutreten. Aber meine Utrillos und Louis-XVI-Sessel dem öffentlichen Anblick auszusetzen, habe ich keinen Mut mehr ... Besuchen Sie mich einmal und Sie werden sehen, wie sehr meine bescheidenen und nur mir gehörenden Lebensumstände die Mißgunst der ‹brave new world› herausfordern müssen.»

Franz Schonauer, der diese eher erheiternde Episode mit der ganzen Indignation des Modeplebejers aus der Einheitswohnküche berichtet, hat auf treffende Weise aber auch den Vorwurf formuliert, der Sieburg in den Nachkriegsjahren so sehr zu schaffen machte und sein Bild bis in die Gegenwart prägt: zwar kein Nazi, aber doch ein hochfeiner Collaborateur gewesen zu sein.

Merkwürdig berührt immerhin, daß der Versuch, Näheres über Sieburgs Verhalten während des Dritten Reiches in Erfahrung zu bringen, auf vielfältige Schwierigkeiten stößt. In den Erinnerungsbüchern derer, die ihn kannten, taucht er, wie auffällig er sich auch zur Erscheinung brachte, kaum oder nur in blassen Erwähnungen auf: so bei Ernst Jünger, Wilhelm Hausenstein, Margret Boveri oder Hans Speidel. Von den noch Lebenden haben einige die Einzelheiten vergessen, andere schützen offensichtlich Vergeßlichkeit vor, und wiederum andere lehnen jede Auskunft rundheraus ab, so etwa Carlo Schmid, der einige Zeit vor seinem Tode erklärte, er werde kein Wort gegen seinen Freund Friedrich Sieburg sagen – obwohl nach herabsetzenden Erinnerungen gar nicht gefragt war.

Diese Ausflüchte, die fast den Charakter einer Verschwörung des Schweigens annehmen, spiegeln nicht nur die Kränkungen wider, unter denen Sieburg selber gelitten hat; sondern auch, daß er bei vielen, die ihm nahestanden, noch immer auf ein hohes Maß an Freundesnachsicht rechnen kann, die seine Gegner ihm naturgemäß versagen. Sein Charme, die Schlagfertigkeit, über die er gebot, und seine Eloquenz, überhaupt das unablässig Sprühende seines Wesens: das alles hat ihm zahlreiche Bewunderer verschafft; Freunde dagegen gewann er sichtlich weit eher durch seine unverkennbaren Schwächen, vor allem seine entwaffnende Eitelkeit, seinen naiven Besitz- und Genußwillen und seine hochgradige Verletzlichkeit.

Der nach wie vor erhobene Vorwurf gegen Friedrich Sieburg, sich auf anstößige Weise mit dem Hitler-Regime eingelassen zu haben, offenbart nicht zuletzt einen charakteristischen Austragungsmodus des Generationskonflikts. Als der beim Publikum wohl einflußreichste Literaturkritiker der ersten Nachkriegsphase war er auch eines der bevorzugten Opfer jener Methode des literarischen Vatermords, die damals üblich wurde: nämlich die Angehörigen der älteren Generation nicht aufgrund überholter literarisch-ästhetischer Kategorien, sondern durch den immer erneuten Hinweis auf ihr politisches Versagen zu disqualifizieren. Sieburg selber hat häufig über die Heuchelei dieser Auseinandersetzung geklagt, über die Verleumdungen und Denunziationen, denen er ausgesetzt gewesen sei und – preziös noch in seinem Zorn formulierend – davon gesprochen, daß er in vollen Zügen einen Kelch habe leeren müssen, «der bis obenhin mit Dreck gefüllt war».

In der Tat hat das moralische Athletentum, das viele Angehörige der jüngeren Generation so dreist hervorkehrten, sich nie glaubwürdig machen können. Seine Wortführer, deren konjunkturelle Anfälligkeit sich doch gerade auch in diesen Vorwürfen kundtat, konnten kaum je überzeugend dartun, daß sie ausgerechnet der vehementesten Konjunktur, die je über das Land hereingebrochen war, nämlich der des Jahres 1933, mit jener Integrität widerstanden hätten, die sie unterderhand für sich reklamierten. Die Auseinandersetzung verbarg denn auch einen weit tiefer reichenden, aus Lebensweg und persönlicher Erfahrung herstammenden, im Grunde unversöhnlichen Gegensatz.

Friedrich Sieburg wurde am 18. Mai 1893 im westfälischen Altena in einfachen Verhältnissen geboren und besuchte zunächst dort und später in Düsseldorf die Schule. Von prägendem Einfluß waren vor allem die Studienjahre in Heidelberg, wo er Volkswirtschaft, Geschichte und Philosophie studierte und sowohl mit der soziologischen Schule Max Webers als auch, durch Friedrich Gundolf, mit dem George-Kreis in Verbindung kam. An den Kritiker Karl August Horst hat er darüber geschrieben:

«Es war ein klassischer Augenblick, den ich dort erlebte. Max Weber las nicht mehr, empfing uns aber bisweilen in seinem Garten am Samstagnachmittag. George tauchte manchmal in seinem schwarz lackierten Strohhut, priesterlich verkleidet, an einer Straßenecke auf und jagte uns, die wir dort studentisch durcheinanderschrieen, in die Flucht. Gundolf war der Stern. Er hatte zwar keine pädagogische Begabung, aber seine pädagogische Leidenschaft ... Die Übungen waren von beispielloser Intensität; ich habe sie nie mehr aus meinem Geist entfernen können und bin ihnen bei jeder lyrischen Interpretation, die ich versuche, verpflichtet ... Dieses sommerliche Zusammenströmen in seinem Hörsaal mit dieser wunderbaren Atmosphäre von geistiger Neugier und Ehrfurcht, ist mir unvergeßlich. Ich denke heute fast mit Tränen an diese Situationen, die unreproduzierbar sind ... Ich versichere Ihnen: es war das Paradies, und wer in ihm verweilt hat, dem kommt die Welt seitdem oft farblos und trocken vor, als sei sie aus Asche gemacht.»

Friedrich Gundolf hat das Wort vom «Bildungserlebnis» gefunden, und dasjenige Sieburgs wird in diesen Zeilen erkennbar: es ist, was er selber seine «Lust an der Verehrung» genannt hat, die Ehrfurcht vor «Statuen». Sie war eines der Elemente, aus denen sich später der Gegensatz zu einer Generation entwickelte, die sich von ihren Lehrern weit häufiger düpiert wußte und nicht ohne Grund auf Kritik, auf den prinzipiellen Zweifel an aller geistigen Überlieferung setzte, dabei aber nicht selten den Widerspruch radikal überdehnte.

Literarisch entzog Sieburg sich schon frühzeitig dem Einfluß der George-Schule. Bald nach dem Ersten Weltkrieg, den er bezeichnenderweise bei einer Eliteeinheit als Kampfflieger und Luftoffizier mitgemacht hatte, veröffentlichte er unter dem Titel «Die Erlösung der Straße» einen Gedichtband, der ganz im Zeichen expressionistischer Vorbilder steht und, als auffälligste Beiträge, einen revolutionär gestimmten «Aufruf an Berlin» sowie ein Stück reiner Verklärungspoesie auf den Tod Rosa Luxemburgs und Karl Liebknechts enthält. Unverlierbar aber blieben, aller literarischen Entfremdung zum Trotz, der Ästhetizismus des George-Kreises, der intellektuelle Aristokratismus, desgleichen der Sinn für präzeptorale Selbstinszenierung, den Sieburg hochentwickelt vorführte, sowie schließlich ein feierlicher Literaturbegriff. «Wenn einer ein Buch veröffentlicht hat», äußerte er, «hat er im Grunde das Gewand eines Ordens angelegt»: auch dies durchweg Elemente, die späteren Kontroversen reichlich Nahrung boten.

Dem Gedichtband ließ Sieburg noch eine Sammlung von Erzählungen folgen, dann gab er den poetischen Ehrgeiz auf. Zu genau war ihm bewußt, daß man sich als Dichter nur auf unverwechselbare Weise, im Grunde allein durch Genialität ausweisen kann, und die später oft bezeugte Irritation durch alles Mittelmäßige, Nur-Bemühte, bewährte sich schon gegenüber den eigenen frühen Hervorbringungen. Sieburg wurde Journalist. Als Korrespondent der «Frankfurter Zeitung» berichtete er zunächst aus Kopenhagen und ging anschließend, im Jahr 1925, für das Blatt nach Paris. Das Buch, das er vier Jahre später als eine erste Bilanz seines Frankreich-Erlebnisses unter dem Titel «Gott in Frankreich?» veröffentlichte, machte ihn mit einem Schlage hochberühmt. Reich an brillanten Formulierungen, mit großer essayistischer Verve geschrieben, hat es das Frankreich-Bild einer Generation geprägt, wie auf ihre Weise die Bücher von Curtius und Voßler, sowie später die Darstellung Herbert Lüthys. Es war eine Huldigung an französische Lebensart, französische Humanität und französische Verspätungen, durchsetzt von modernitäts-kritischer Skepsis gegen deutsche Unrast und die ihm aus der Ferne aufgegangene Neigung seines Landes, das Gefühl für menschliche Substanz zu verbrauchen.

Im vielzitierten ersten Kapitel der ursprünglichen Fassung des Buches hat Sieburg die Gründe genannt, warum er über Frankreich geschrieben habe. Es heißt da unter anderem:

«– Weil ich dem Fortschritt der Ideen vor der Idee des Fortschritts den Vorzug gebe;

– weil ich noch einmal den Atem anhalten und verweilen möchte, ehe die Welle mich der alten Welt entreißt und jenem Schicksal zuschleudert, das mich aus einem Genießer in einen Konsumenten verwandelt;

– weil ich schwach genug bin, mich in einem altmodischen und unordentlichen Paradies lieber aufzuhalten als in einer blitzblanken und trostlosen Musterwelt;

– weil ich meinen Mitmenschen etwas von jenem Schmerze mitteilen möchte, den ich empfinde, wenn ich von der Ewigkeit zur Tagesordnung übergehen muß;

– weil ich einen hemmungslosen Glauben an die Zukunft für eine Gefahr halte, solange er nicht von der Liebe für eine verlorene, aber unverlierbare Sache, nämlich die Vergangenheit, gedämpft ist;

– weil es gut, ja notwendig ist, eine Weile zu sinnen und sich das Herz beim Anblick des zurückbleibenden Frankreichs schwer werden zu lassen, ehe die Fahrt ins neue Zeitalter beginnt ...»

Das Aufsehen, das dem Buch zuteil wurde, hatte nicht nur

mit dem blendenden Sprachwitz und der Kunst Sieburgs zu tun, Alltagsbeobachtungen zu charakteristischen Haltungen französischer Lebensart zu verdichten. Vielmehr hatte das Buch auch die ganze Gunst des Augenblicks für sich, und einiges spricht dafür, daß weniger der Zufall als das hochentwickelte Witterungsvermögen des Autors, sein Instinkt für Themen und Tendenzen der Zeit, den Erfolg vor allem bewirkt hat. Zu einem Zeitpunkt erschienen, als die Welt vom deutsch-französischen Gegensatz so beherrscht wie ermüdet war, fand es die Formel, die all die Tagesquerelen und bornierten Reibereien im Politischen auf zwei entgegengesetzte Vorstellungen von der Welt zurückführte und damit der Auseinandersetzung die Würde eines universellen Konflikts verlieh. Auf diese Weise hat es entspannend, am Ende auch versöhnend gewirkt, und niemand anderes als der ehemalige Ministerpräsident Poincaré, die Symbolfigur aller antideutschen Affekte in Frankreich, hat es bald nach Erscheinen, nicht ohne Zeichen des Respekts, zum Gegenstand einer öffentlichen Rede gemacht. Sieburg selber hat verschiedentlich geäußert, zahlreiche Franzosen hätten sich immer wieder gefragt, ob das Buch eher für oder gegen Frankreich gerichtet gewesen sei, und in der Tat mochten sie sich fragen, ob der Bewunderung, die es ausdrückt, nicht ein hohes Maß an Neid, und der Liebe nicht ein Anflug gereizter Eifersucht beigemischt sei. Vorherrschend aber war zweifellos die Angst vor den Gefährdungen der in Frankreich verkörperten Vergangenheit sowie die Klage darüber, daß das Gestrige nicht ewig sei. Noch der Neuausgabe von 1935, zwei Jahre nach Hitlers Machtergreifung, hat Sieburg ein Vorwort vorangestellt, in dem er die von einem rauschhaften Gemeinschaftsethos erfaßten Deutschen aufforderte, kein Ärgernis am individualistischen Lebensgefühl Frankreichs, dem eigensinnig behaupteten kleinen Glück des Landes zu nehmen; denn dies sei «eine Welt, die leben will und deren Ideale von der Mehrzahl aller Abendländer geteilt werden».

Sieburgs hochentwickeltes Gespür für Bewegungen und Tendenzströme der Zeit kam erneut, nun allerdings auf eher problematische Weise, zum Vorschein, als er Anfang 1933 eine umfangreiche Betrachtung unter dem Titel «Es werde Deutschland» veröffentlichte. Schon 1932 abgeschlossen, war es gewiß kein Produkt jenes scharenweisen intellektuellen Überläufertums, das einen ebenso hochmütigen wie beflissenen Scharfsinn aufbot, um den geistlosen und ungehobelten, nun aber so erfolgreichen Nazis zu erklären, wer sie eigentlich seien und worauf die Geschichte mit ihnen hinauswolle. Vielmehr standen auch dahinter die Erfahrungen der französischen Jahre, das in der Begegnung mit dem angeblich ungebrochenen Nationalgefühl des Nachbarvolkes erst geweckte Bewußtsein für die Fatalitäten einer vielfach zerrissenen, aggressiv mit sich selbst konfrontierten Nation. Sieburg hat schon kurze Zeit später bemerkt, das Buch sei kein «Dokument des Dritten Reiches», sondern der Versuch einer Beschreibung seiner historisch-psychologischen Voraussetzungen, das Ergebnis patriotisch gestimmten Nachdenkens weniger über die deutsche Politik als über Wesen und Charakter der Nation.

Eben diese Intention gibt dem Buch aber auch den vagen, pathetisch vergrübelten Ton, der es in die weitere Nachbarschaft jenes politisierenden Feuilletonismus rückt, den man im Begriff der «Konservativen Revolution» zusammengefaßt hat. Erst in dem Vorwort, das der Autor der etwas späteren englischen Ausgabe voranstellte, hat er dann doch noch versucht, seine Betrachtungen, die auf ihre Weise ebenfalls diejenigen eines Unpolitischen sind, etwas näher als der Text es eigentlich gestattet, an die Ereignisse in Deutschland heranzurücken. Schon der abgewandelte Titel «Germany: my country» mußte, so kurz nach Hitlers Machtergreifung, wie ein Bekenntnis wirken, das die neuen Machthaber «for good or ill» einschloß oder doch in den übergreifenden Zusammenhang eines erwachenden, aus «babylonischer Gefangenschaft» heimkehrenden Nationalgefühls stellte, zu deren bürgerlichen Wortführern Sieburg sich jetzt selber zählte. «Die deutsche

Revolution», heißt es einmal, «ist ein Akt nationaler Selbstbewußtwerdung, und in diesem Sinne ist mein Buch ein Teil dieser Revolution.» Und an anderer Stelle: «Da ich weiß, welche Annehmlichkeiten Deutschland freiwillig zurückweist und welchen Glücksgütern es herausfordernd den Rücken kehrt, kann ich auch die Größe und das Wagnis dieses Aufbruchs in die Zukunft ermessen. Weil ich ein Leben gekannt und gelebt habe, das im Deutschland von heute nicht mehr besteht, fühle ich mich berechtigt, dieser Jugend – die nicht die meine ist – ein sehr großzügiges Verständnis entgegenzubringen.»

Der politische Anpassungsdrang solcher und anderer Sätze, die dem Nationalsozialismus «innere Wahrheit» oder den Rang einer «rettenden Idee» attestierten, ist unverkennbar, wiewohl der Text im ganzen mehr von jenem für die Zeit charakteristischen Lavierstil enthält, als sich dem flüchtigen Blick offenbart: jener Verbindung aus etwas lauteren Bekenntnisformeln und leisen, gleichsam zur Seite gesprochenen Vorbehalten. So schreibt Sieburg, in einer durchaus doppelsinnigen Huldigung, daß es im neuen Deutschland keine menschlichen Einzelwesen mehr, sondern nur noch Deutsche gebe; er weist auf die Exzesse hin, die so viel «Kritik, ja sogar Widerwillen in der Außenwelt» hervorriefen; oder versichert, in wohl nicht absichtsloser Zweideutigkeit, daß die Welt zwar Hitlers Bedeutung als Staatsmann, nicht aber seine prophetische Gabe bezweifeln könne.

Um so verblüffender mutet an, daß das Buch, wie Sieburg verschiedentlich geäußert hat, zusammen mit einem 1932 veröffentlichten Bericht über eine Arktis-Expedition, von den Behörden verboten wurde. Über die Gründe, die dazu führten, ist aus den verfügbaren Unterlagen nichts zu erfahren. Man kann aber vermuten, daß der Autor mit seiner politischen Betrachtung unter eine Art Sammelverdikt für konservative Tagesschriftsteller fiel, während der Reisebericht Anstoß erregte, weil die Fahrt mit einem sowjetrussischen Eisbrecher unternommen worden war.

Die einschüchternde Wirkung dieser Verbote drängte Sieburg mehr und mehr in die Reiseschriftstellerei ab, er hat später erklärt, er sei seit jener Zeit in seiner «Themenauswahl sehr viel vorsichtiger» geworden. Zwar blieb er als Korrespondent der «Frankfurter Zeitung» in Paris und war zeitweilig auch von London aus für sie tätig; aber die vier Bücher, die er vor Beginn des Krieges veröffentlichte, halten sorgfältig Abstand von aller politischen Problematik und führen, anhaltend virtuos, seine Fähigkeit vor, aus Impression, Erlebnis und Analyse ein zwar höchst subjektives, immer aber überredend stilisiertes Porträt fremder Länder und fremder Lebensart zu entwickeln.

Die Ausnahme bildet die 1935 erschienene Biographie «Robespierre». Sie ist als Sonderfall um so auffälliger, als sie, der Bekundung zahlreicher Zeitgenossen zufolge, im Deutschland jener Jahre als kritische, die Gegner des Regimes ermutigende Publikation verstanden wurde, ähnlich wie später Ernst Jüngers «Auf den Marmorklippen». Wer das Buch im nachhinein liest, wird, abgesehen von der allgemeinsten Parallele, die in der Figur des gemütsgeschädigten, die überkommenen Moralvorstellungen dialektisch verwirrenden Staatsterroristen vorgegeben ist, schwerlich entdecken, was den Eindruck mancher Leser von einst stützen könnte; in Wirklichkeit hat man es dabei wohl mit einem jener Fälle interpretierender Eigenmacht zu tun, wie sie unter politischen Unterdrückungsverhältnissen als Mittel kritischer Verständigung häufig sind. Auch macht Sieburgs allgemeines Verhalten: die Neigung, das unberechenbare Regime durch gelegentliche rhetorische Zugeständnisse bei Laune zu halten, weitaus wahrscheinlicher, daß er die Umdeutung allenfalls in Kauf nahm, viel eher aber fürchtete. So notiert Thomas Mann am 24. Februar 1934, nach einem Vortrag in St. Gallen, kurze Zeit vor ihm habe Friedrich Sieburg an gleicher Stelle gesprochen und dabei erklärt, «der Deutsche brauche die metaphysische Legitimation der Führung, Hitler fühle sich als von Gott eingesetzt».

Doch gerät man mit alledem bereits in jene Zone der Vermutungen, in der die Antworten auf nahezu jede Frage nach Sieburgs Haltung, nach seinen Tätigkeiten, Motiven und Anschauungen während der folgenden Jahre liegen. Nur einige rohe Tatsachen sind zweifelsfrei: daß er 1939, wenige Tage vor Kriegsausbruch, von Paris aus nach Deutschland zurückkehrte, sich jedoch nicht in die Redaktion der «Frankfurter Zeitung», sondern nach Berlin begab und, zusammen mit einigen anderen renommierten Journalisten wie Hans-Georg v. Studnitz und Giselher Wirsing, in die neugegründete Informationsabteilung des Auswärtigen Amtes eintrat. Der französische Botschafter Robert Coulondre hat berichtet, daß Sieburg am Nachmittag des 30. August, knapp zwei Tage vor dem Überfall auf Polen, offenbar mit einem Vermittlungsauftrag bei ihm vorstellig wurde. Kurz nach Kriegsbeginn wurde er an die deutsche Botschaft in Brüssel entsandt und tauchte im Sommer 1940, nach dem Sieg über Frankreich, im Range eines Botschaftsrats wieder in Paris auf. Schon nach annähernd anderthalb Jahren verließ er jedoch diesen Posten und kehrte als Feuilleton-Redakteur an die «Frankfurter Zeitung» zurück: «überglücklich», wie er äußerte, endlich «wieder unter wohlwollenden Menschen» zu sein. Als das Blatt im Herbst 1943 verboten wurde, stieß er erneut zum Auswärtigen Amt. Wie gelegentlich schon in früheren Jahren reiste er in sogenannten Sonderaufträgen, über die Näheres zwar nicht bekannt, immerhin aber zu vermuten ist, daß sie diplomatisch-gesellschaftlicher Art waren, unter anderem nach Rom, Madrid und Lissabon. Seine Vorgesetzten schätzten vor allem seine Weltkenntnis und Gewandtheit, die ihm überall ein rasches Entrée verschafften. Kurz vor Kriegsende erhielt er den Auftrag, sich nach Sigmaringen, an den Aufenthaltsort eines Teils der geflohenen französischen Regierung zu begeben, um, wie er bitter bemerkte, dort den «Hofnarren» zu spielen. Von den einrückenden Franzosen in Tübingen festgesetzt, wurde er Ende 1945 angewiesen, sich in «résidence forcée», eine Art Verbannung, nach Birkenfeld an der Nahe zu verfügen. Im Sommer 1946 kehrte er nach Tübingen zurück, hatte aber bis 1948 Publikationsverbot.

Schon die Gründe, die Sieburg zum Ausscheiden aus der «Frankfurter Zeitung» veranlaßten, liegen ganz im unklaren. Er selber hat erklärt, er habe unter den Bedingungen des Krieges nicht mehr journalistisch arbeiten wollen, überdies sei seine Verpflichtung für «Das Reich», das gerade im Aufbau befindliche Renommierblatt des Regimes, vorgesehen gewesen. Das klingt nicht ganz unglaubwürdig für einen Mann, der nach unliebsamen Erfahrungen als politischer Essayist in der Reisereportage eine Ausweichmöglichkeit gefunden hatte, die ihm künftig sowohl durch die Beschränkungen des Krieges als auch angesichts des scharf politisch formulierten Auftrags der neugegründeten Wochenzeitschrift versperrt bleiben mußte.

Nicht recht begreiflich mutet aber an, daß er sich den befürchteten Zudringlichkeiten der Politik ausgerechnet durch den Übertritt in den diplomatischen Dienst zu entziehen versuchte; nicht ohne einen Zug trotziger, die Illusion von einst aufrechterhaltender Naivität hat er von einer «Flucht ins Auswärtige Amt» gesprochen. Vermittelt wurde der Schritt offenbar durch Annelies von Ribbentrop, die Frau des deutschen Außenministers, die den Autor Sieburg seit Jahren schätzte und zu sich lud. Seine Freundschaft mit dem als Botschafter im besetzten Frankreich vorgesehenen Otto Abetz, in dessen Stab er eintrat, sowie die Aussicht, Paris wiederzusehen, mögen an dem Entschluß mitgewirkt haben; aber ausschlaggebend waren alle diese Gründe nicht.

Von weit größerem Gewicht und stark genug, Sieburgs Ängstlichkeit vor politischer Verstrickung auszuschalten, war sein Bedürfnis nach einem großen Lebensrahmen, nach Auftritten, Kulissen und schönen Umständen. Seine Freunde berichten denn auch, mit welchem Glück, welcher geradezu strahlenden Kinderlaune er von der brokatbestickten Uniform des Diplomaten schwärmte, dem grandiosen, die bürgerlich-bescheidenen Verhältnisse der

«Frankfurter Zeitung» unwiderstehlich übertrumpfenden Glanz und Gloria des Auswärtigen Dienstes. Der elementar schauspielerische Zug seines Wesens, den er als Schriftsteller nur ersatzweise in Sprachpointen oder effektvoll gebauten Kapitelschlüssen hatte befriedigen können, versprach sich hier zeitlebens erträumte, doch nie ausgelebte Möglichkeiten. Über Chateaubriand, dem er eine bewundernde, vexierbildhaft ins Selbstporträt hinüberspielende Biographie gewidmet hat, schrieb er, der große Antrieb dieses Lebens sei gewesen, «nicht nur zu sein, sondern auch zu gelten».

Verlangen nach Macht indes bewegte ihn nicht: ihn reizte ihre Nähe, die Beglückungen, die aus der bestaunten Zugehörigkeit zum «engsten Kreis» erwachsen, nicht ihr Besitz. Zwar mochte er sich, bestärkt durch sein literarisches Bild der französischen Geschichte, romantischen Ideen einer Versöhnung von Geist und Macht hingeben. Doch was immer er sich dazu erhofft und erträumt haben mochte, beruhte auf irrigen Vorstellungen von den eigenen Möglichkeiten, und bald schon mußte er, dem Urteil ehemaliger Amtskollegen zufolge, einsehen, daß er nicht die Macht vergeistigte, sondern ins undurchschaubare Gestrüpp eines chaotisch organisierten Gewaltstaats geraten war, wo alle Selbstbehauptungsversuche so hilflos wie zweideutig wirkten. Er war und blieb ein Beobachter, und von allen Versprechungen der Macht reizte am Ende ihn weniger, was man damit anzufangen, als was sie dem Repräsentationsbedürfnis zu bieten vermochte: Privilegien, Würden und einen gut sichtbaren Platz auf der Tribüne. Bezeichnenderweise beneidete er Ernst Jünger um den Auftrag, im Stab des Generals von Stülpnagel das militärische Tagebuch zu führen: «Er ist jetzt der Goethe des Militärbefehlshabers», äußerte er einem Bekannten gegenüber nachdenklich und nicht ohne spürbar zu machen, daß diese Aufgabe seinen eigenen geheimen Wünschen nahekam: dem Bedürfnis nach bevorzugtem Standort, der soviel Nähe wie Distanz zur Macht gewährleistete, sowie nach schreibender Tätigkeit. Die Machenschaften dagegen, in die er sich geraten sah, die Intrigen und Positionskämpfe, steigerten nur seinen ohnehin vorhandenen Widerwillen vor der Politik.

Er hat, als Botschaftsrat in Paris, den Kreis seiner Pflichten denn auch bald auf die bloßen «actes de présence» im gehobenen gesellschaftlichen Umgang beschränkt und, anders als seine Auftraggeber es gewiß von ihm erwarteten, nicht die Sache des Regimes, sondern, wie stets, vor allem die der eigenen Person vertreten. Aus den anderthalb Jahren dieses Pariser Aufenthaltes ist nicht mehr als eine kurze Ansprache überliefert, die er am 22. März 1941 vor der «Groupe Collaboration», einem kleinen, wenn auch nicht einflußlosen Intellektuellen-Zirkel, über das Thema «Frankreich – gestern und morgen» gehalten hat. Die entscheidenden, ihm später immer wieder entgegengehaltenen Sätze der Rede lauten:

«Hier, in Ihrer Douce France, ist mein Charakter hart geworden. Frankreich hat mich zum Kämpfer und zum Nationalsozialisten erzogen. Wieviele Nächte habe ich nicht mit französischen Freunden diskutierend verbracht, unentwegt das Tuch der Penelope webend, um es am anderen Morgen wieder aufgetrennt zu finden. Eines Tages sah ich ein, daß es notwendig war, diesen sterilen Dialog zu unterbrechen … Mehr und mehr habe ich mich von Frankreich entfernt, bin auf Reisen gegangen, habe Afrika besucht, wo ich ein jüngeres, realistischeres Frankreich gefunden habe als in Frankreich selbst … (Erst) einige Tage vor Kriegsausbruch habe ich das Land dann wiedergesehen. Ohne Hoffnung bin ich durch die Straßen von Paris gelaufen, habe noch einmal einen Blick auf all die Herrlichkeiten dieser Stadt geworfen und ihren ganzen Zauber empfunden. Ich war wie Mazarin, der, im Vorgefühl des nahen Todes, durch die schönen Säle seiner Residenz irrte, mit ungläubigem Finger die Schätze berührte, seine schönen Teppiche, seine Bilder, und sagte: ‹Muß ich das alles wirklich zurücklassen?›

An einem Sommerabend, als ich zum letzten Mal auf dem Pont

du Caroussel die Seine überquerte, suchte mein Blick die Türme von Notre Dame, das Schiff der Ile St. Louis, aber schon entschwand der goldene Dunst. Die Nacht brach schnell herein, eine Nacht ohne Sterne, voller Drohungen und Ängste, die Nacht einer großen Stadt mit bösen Träumen. Einige Tage später war ich wieder auf deutschem Boden und, seltsam, die Ängste verließen mich plötzlich, der Vorhang war gefallen, allem zum Trotz fand ich mich jung wie einer, der mit leeren Händen von einer Reise wiederkehrt, frei, die Feder oder das Schwert zu ergreifen.

Das war für mich das Ende des unaufhörlichen Dialogs, in den wir, Sie und ich, so viel guten Willen, so viel Patriotismus eingebracht hatten ...»

Dem Dialog mußte, darauf lief die Rede hinaus, die von der Geschichte sanktionierte Order folgen. Frankreich habe Abschied zu nehmen von seinen pittoresken, liebenswürdigen und menschlichen Lebensformen, dem «Ideal des Anglers», wie Sieburg formulierte, und, dem Beispiel wie dem Anspruch Deutschlands folgend, sich entschlossen der Zukunft zuzuwenden. Trotz aller unverlorenen Sympathie mit dem Lande, von der die Rede auch zeugt, wird man doch, durch die poetischen Einfärbungen hindurch, den hegemonialen Ton nicht überhören können und auch nicht die Verleugnung alles dessen, was Sieburg selber einst gefeiert hatte: der universelle Konflikt war entschieden, der Spruch der Geschichte gegen Frankreich ausgefallen. Und wenn dies alles nicht ohne Anstrengung gesagt war, so doch mit jener irrationalen Ergebung in das Walten eines historischen Gesetzes, die eine lange und fatale Tradition hat, und deren Anwälte sich noch ein moralisches Verdienst daraus errechnen, daß sie den Untergang dessen bejahen, was sie lieben. In ähnliche Richtung weist eine andere Bemerkung Sieburgs aus dieser Zeit. Eingehend auf den Bruch, der sich zu seinem Frankreichbild von einst aufgetan habe, entgegnete er unglücklich, doch wie um sich zur Härte zu zwingen: «Ce n'est pas l'heure de l'amour.»

In solchen Äußerungen ist er weiter gegangen, als seine Furchtsamkeit nach hier wie dort ihm eigentlich erlaubte. Zu allen Beschreibungen seines Verhaltens zählt der Hinweis, er habe stets darauf geachtet, sich nach keiner Seite festzulegen, und in der oszillierenden Erscheinung sein Heil gesucht: der geistige Mensch sei als der durchweg Schwächere auf Geschmeidigkeit angewiesen und müsse seine wahren Empfindungen tief in sich verschlossen halten, hat er später bemerkt. Vielfach ist denn auch beobachtet worden, daß er im persönlichen Gespräch durchaus präsent, beherrschend und hochkonzentriert wirkte, gleichwohl seine Auftritte aber häufig etwas seltsam Unverbindliches, Verschlüsseltes, elegant Doppelbödiges hatten. Der Wortjongleur, der er war, haßte alle Eindeutigkeiten. Arno Breker, zu dessen Freunden Sieburg zählte, berichtet in seinen Erinnerungen, dieser habe einmal rasch und stillschweigend sein Haus verlassen, als unter den Anwesenden eine politische Kontroverse ausgebrochen sei. Um so bemerkenswerter ist die Versicherung des damals schon halb im Pariser Untergrund lebenden Paul Medina, des späteren Frankreich-Korrespondenten der «Frankfurter Allgemeinen», er habe sich in Notlagen verschiedentlich erfolgreich an den Botschaftsrat Sieburg gewandt.

Im ganzen aber galt er offenbar den einen wie den anderen als unzuverlässig und, wenn nicht alles täuscht, ist darin einer der Gründe für seinen frühen Weggang aus Paris zu sehen. Ein anderer waren die bald hervortretenden Spannungen mit Otto Abetz. Die gemeinsame, wenn auch naive Absicht, ausgerechnet als Besatzungsdiplomaten das deutsch-französische Verhältnis mit Hilfe intellektueller Kontakte von den traditionellen Ressentiments zu befreien, wurde von Abetz mit eher derben Mitteln verfolgt, so daß Sieburg sich häufig über das hochgreifend einfältige Frankreichbild «großgewordener Hitlerjungen» mokierte. Persönliche Gegensätze kamen hinzu; die unvermeidlichen Spannungen zwischen dem durch eine Parteikarriere nach oben gekommenen Zeichenlehrer, der über seine provinzielle Herkunft nie recht hinausgelangt war, und dem urbanen Außenseiter, der in Auftreten und Umgangsformen, bis hin zu den dekorativ bestückten privaten Umständen, aristokratische Standards proponierte. Verschärfend trat hinzu, daß Sieburg jederzeit, über den Botschafter hinweg, direkten Zugang zum Außenminister hatte. Die zahlreichen Unzuträglichkeiten, die schließlich zu einem heftigen Streit und anschließender Trennung führten, hat Abetz in die schonende Formulierung gekleidet, der Autor des «Gott in Frankreich?» habe sich «seelisch bedrückt (gefühlt), Paris, das er im Glück gekannt habe, im Unglück zu sehen», und deshalb seinen Posten alsbald verlassen. Mit der Bemerkung, er sei «die erste Ratte, die das sinkende Schiff betrete», kehrte Sieburg 1942, als durch alle Scheinsiege hindurch der Fehlschlag des hitlerschen Kriegsplans schon sichtbar wurde, nach Deutschland zurück.

Zu den Gründen, die seinen diplomatischen Auftritt in Paris beendeten, hat Sieburg sich im nachhinein so wenig geäußert wie zur Erfahrung des Dritten Reiches überhaupt und allenfalls in eher konventionellen Metaphern Abscheu und Distanz bekundet, so wenn er von der «Zeit der Barbarei» oder den «Jahren der Finsternis» sprach. Eine gedankliche, das eigene Verhalten einbeziehende Auseinandersetzung findet sich jedoch in seinen Publikationen nicht, Stolz und Selbstbewußtsein mögen ihn daran ebenso gehindert haben wie die Empfindlichkeit dessen, der die Gewissensfragen nicht öffentlich machen, sondern den «cachettes du cœur» vorbehalten will. In die gleiche Richtung einer teils erschrockenen, teils melancholischen Selbstanklage deutet auch, daß er, all seiner fast zwanghaft anmutenden Schreibmanie, seiner Ausdrucks- und Formulierbesessenheit zum Trotz, fast zehn Jahre lang verstummte und auch keine Arbeiten zur späteren Veröffentlichung verfaßte. In einem Privatbrief aber schrieb er beispielsweise: «Ich streite nicht ab, daß ich in meiner inneren Diskussion mit dem deutschen Graus geschwankt habe.» Wurde er dennoch ins Gespräch darüber gezogen, hat er zumeist mit einer Gereiztheit reagiert, die nicht nur den Anspruch gerade seiner lautesten Kritiker zurückwies, Zeiten wie diese unbeirrbar und couragierter überstanden zu haben; vielmehr schien er, in seinem intellektuellen Aristokratismus, auch davon überzeugt, daß der Schriftsteller das Vorrecht, wenn nicht die Pflicht habe, schreckliche Zeiten selbst um den Preis moralischer Zugeständnisse zu überleben und eher ins Zwielicht als an den Henker geraten dürfe; denn er habe kein Beispiel, sondern Beschreibungen zu geben.

Gleichwohl überwand er nie die Irritation darüber, in Situationen gedrängt worden zu sein, die zuletzt doch immer auf die Alternative von Überleben oder Schuld hinausliefen, und im ganzen hat Sieburg sich durch die Erfahrungen des Dritten Reiches nur in seinem hergebrachten Ressentiment gegen die Politik bestärkt gefühlt. Er habe «zu viele Menschen gesehen», hat er bei Gelegenheit geäußert, «die nach einer ganz kurzen Zeit in der Politik zu einem Haufen Trümmer zermahlen wurden». Sein Entschluß, sich nach der Aufhebung des über ihn verhängten Schreibverbots zunächst als einer der Herausgeber der «Gegenwart», anschließend als Mitarbeiter der «Frankfurter Allgemeinen», überwiegend der Literaturkritik zu widmen, ist vor allem aus diesem antipolitischen Affekt zu begreifen. «Zu keiner Zeit haben die lesenden Menschen die Realität geliebt», bekannte er; die Politik war in diesem Vorstellungszusammenhang nur die widerwärtigste, unglückbringende Erscheinungsform der Realität.

Hier lag auch, jenseits aller moralisch begründeten Verfeindung, der entscheidende Divergenzpunkt zwischen dem Kritiker Sieburg und der jüngeren Schriftsteller-Generation. Diese hatte aus der Vergangenheit die entgegengesetzten Schlüsse gezogen und gründete ihr politisch-soziales Engagement gerade auf die Erfahrungen der Geschichte. Nicht selten mit schneidendem Hohn, weit häufiger jedoch mit ironisch gestimmter Erheiterung hat Sieburg die Entwicklungen einer Literatur begleitet, die vor allem guten Willens war, formale Kriterien geringachtete und den Einbruch sozialer Kategorien in jene individualistische Welt betrieb, die unwiderruflich die seine war. «Wer vom Schriftsteller verlangt, er solle seine Existenz durch ‹soziales Pathos› rechtfertigen», schrieb er, «der unterwirft sich den niedrigen Zeitmächten, die den Menschen mit der Schlinge seines schlechten Gewissens fesseln und so um seine letzte Freiheit bringen wollen.»

Diese gesellschaftliche Verweigerung, der unbelehrbare Hochmut, mit dem er jeden unmittelbar sozialen Anspruch an die Literatur leugnete und gleichsam schon von der Gartentür her abwinkte, wenn die Engagierten, Ernstmeinenden sich zum Disput einstellten, hatte etwas ungemein Aufreizendes. Mitunter scheint es, als seien hier, in Literatur und Kritik, unvereinbare Koordinatensysteme zur Anwendung gekommen, die sich nur vage an einem ganz entfernten Punkt berührten. Denn die Literatur ziele, hat Sieburg wiederholt bekannt, auf die Herstellung und Besserung menschlicher Beziehungen, in diesem sehr weitgefaßten Sinn sei sie allenfalls sozialer Natur. Darüber hinaus ging er nicht.

Hinter der skeptisch gebrochenen Hoffnung, die aus Maximen wie dieser immerhin sprach, hinter aller geistreichen Laune, mit der er sie vertrat, blieb aber stets der Pessimismus eines zutiefst konservativen Temperaments spürbar, der die Entfremdung weiter vorantrieb. Zahlreiche literarische Kritiken Sieburgs scheinen oft nicht mehr als ein beliebiger Anlaß, die eigenen Verdüsterungen zu räsonieren. Zwar hatten Zeiten des Untergangs ihn stets stärker angezogen als Epochen des Aufstiegs, und gewiß ist es kein Zufall, daß zwei der historischen Biographien, die er verfaßt hat, die Darstellung Robespierres wie diejenige Napoleons, das Schicksal ihres Helden vom Ende, dem Augenblick des Scheiterns her, erzählen. Aber die Gegenwart, so klagte er, biete entgegen der Regel «Barbarei ohne Aufstieg, Verfall ohne Verfeinerung». Was die Perioden des Abstiegs, jenseits aller intellektuellen Faszination, für ihn auch persönlich so verführerisch machte, war, daß sie den hedonistischen Neigungen, die ihn beherrschten, seinen kulturelitären Bedürfnissen nach Bildung, Stil, Geschmack, kurz: allen Formen gehobenen Lebensgenusses weitaus stärker entgegenkamen. «Mir träumt von einer Gegenwart», schrieb er mit jenem elegisch gebrochenen Witz, auf den er sich verstand, «die alle Symptome des Verfalls aufweist, als da sind Meinungsfreiheit, Gastronomie, gutes Deutsch, Liebe zur Literatur, Geschichtssinn, Frauenverehrung und Eigenbrötelei ...»

Die rasch sprichwörtlich gewordene Formel von der «Lust am Untergang», die Sieburg einer 1954 erschienenen Sammlung kulturkritischer Essays als Titel voranstellte, war denn auch mehr als jene bloß zynische Pointe, die, in denkwürdiger Bruderschaft, die anstoßnehmende Öffentlichkeit von Adenauer bis zur intellektuellen Linken dahinter vermutete. Thomas Mann immerhin fand in dem Buch «äußerst gescheite und stilistisch hochstehende Dinge», wie er in einem Brief an die Tochter Erika bemerkte. Als analysierende Betrachtung von Symptomen und Hintergründen bundesdeutscher Mißgefühle gedacht, beschrieb es doch eher Stimmungen und Depressionen des Autors und vereinigte, bei allem diagnostischen Witz, weniger Denkstücke als rationalisierte Seufzer zur Gegenwart. Der Schatten, den die persönlichen Erfahrungen, die Gefühle von Unrecht und Zurücksetzung warfen, verdunkelte die Gegenstände und behinderte Sieburgs einst so untrügliche Wahrnehmungsfähigkeit. Zwar war die individuelle Farbe, die er allem Geschriebenen zu geben wußte, immer seine Stärke gewesen und das Schreiben selbst, nicht anders als die nie versagende Lust daran, der in Stil umgesetzte Ausdruck seines Narzißmus. Doch in früheren Jahren hatte der Ausgleich zwischen persönlichen und objektiven Zuständen sich nahezu mühelos hergestellt, während die «Lust am Untergang», wie manches andere, weit eher auf die Beschreibung einer gesteigerten Verletzlichkeit als die einer vorgefundenen Lage hinauslief. Nur in der literarischen Kritik, wo der Gegenstand in klarem Umriß vor ihm stand und nicht einer komplexen Wirklichkeit entnommen werden mußte, gelangen ihm nach wie vor beispielhafte Glanzstücke: unvergeßliche Exekutionen ebenso wie Zeugnisse seiner immer noch ungebrochenen Lust an der Verehrung.

Der mit den Jahren zusehends hervortretende Stilisierungswille Sieburgs, das rituell Herrenhafte seines Auftretens, ist wohl am ehesten als Abwehrreaktion eines überempfindlichen Temperaments zu verstehen. Hinter all der Feierlichkeit, mit der er der Umwelt, aber auch sich selbst begegnete, herrschten weiche Grundstimmungen, die in häufigen Rührungszuständen und Gemütsüberwältigungen hervortraten. Zahlreiche Beobachter haben feminine Züge an ihm registriert und sich erinnert, daß er in jungen Jahren verschiedentlich freundschaftlichen Umgang mit Homosexuellen unterhalten habe. Dergleichen mochte nicht nur aus dem Vermächtnis des George-Kreises herstammen, sondern deutete offenbar auch, nicht anders als die beharrliche Vorliebe für Freunde und Frauen mit adligen Namen, den Willen an, die beengte westfälische Herkunft durch exzentrische Verhältnisse entschlossen hinter sich zu bringen. Als Beruf des Vaters gab er regelmäßig «Kaufmann» an, doch war der Vater in Wirklichkeit Eisenbahnkontrolleur, und weniges hätte Sieburg, wäre es je zu seiner Kenntnis gelangt, glücklicher gemacht als der im Grunde geringfügige Irrtum des britischen Botschafters in Lissabon, der ihn in einem Schreiben nach London vom Oktober 1940 durchweg «von Sieburg» apostrophierte.

Die alte «Frankfurter Zeitung», der Sieburg in jungen Jahren beigetreten war, bot daher, faßt man dies alles zusammen, nicht nur seinem Aufstiegsehrgeiz, seinem Rollenbedürfnis und dem Verlangen nach einem dekorativen Lebenshintergrund unvergleichliche Möglichkeiten; vielmehr kam der elitäre, an kultiviert männerbündlerischen Vorstellungen entwickelte Zusammenhalt innerhalb der Führungsgruppe des Blattes, die Stimmung von Freundschaft, gegenseitiger Bewunderung und Intimität auch der empfindsamen Seite seines Wesens entgegen. Im Freundeskreis, beim Lesen eines Gedichts oder in der Erinnerung an einen Verstorbenen kamen ihm leicht und häufig die Tränen; und selbst im Verlauf seiner Intervention beim französischen Botschafter, kurz vor Beginn des Krieges, hat er, dem Bericht Coulondres zufolge, angesichts der drohenden Kriegsgefahr zu weinen begonnen.

Doch konnte die Stimmung ebenso unvermittelt umschlagen und sich in groben, alle Beherrschung abwerfenden Ausbrüchen entladen. Als er in Gesellschaft, beim Rotwein, von einem näheren Bekannten nicht ohne einen Unterton maliziöser Arglosigkeit gefragt wurde, wie er es denn als Schriftsteller bewerkstellige, immer und unter allen Umständen die geheimen Erwartungen des Publikums zu treffen, starrte er den Fragenden kurz und entgeistert an und schüttete ihm dann wortlos den Inhalt seines Glases ins Gesicht. Die Vermutung ist nicht abwegig, daß hinter seinem zeremoniellen Gebaren, dem unnachsichtigen Beharren auf Konvention und hoher Etikette, nicht zuletzt der Disziplinierungswille eines überaus labilen Menschen stand, der sich weder seiner schwer zu zügelnden eruptiven Gefühle noch seiner sentimentalen Stimmungsschübe je ganz sicher war.

Hier hat man auch die Ursache dafür zu sehen, daß seine literarischen Urteilskategorien in so auffälliger Weise von Begriffen wie Takt, Anstand oder Höflichkeit mitbestimmt waren; wenn Literatur eine gesellschaftliche Aufgabe hatte, so war sie, seiner unbeirrbaren Überzeugung nach, vor allem zivilisierender Natur. Er mißtraute jener vorgeblichen Passion für die «Wahrheit», die oft nur ein Ausdruck von Zerstörungslust oder Menschenverachtung ist, und glaubte, daß es ohne Takt keine Humanität geben könne. «Was mich», so hat er in einer Kritik über Martin Walser geschrieben, «von ihm und seinesgleichen unheilbar trennt», ist «eine Kleinigkeit»: nämlich Takt. «Takt, was ist das schon?» fragte er und fuhr dann fort, es sei «die Frage, über deren Abgrund hinweg wir nicht zusammenkommen können. Mit Sitte und Anstand, so niedrig sie auch im Kurse stehen mögen, können Welten im Sturz aufgehalten werden. O rühre, rühre nicht daran. Laßt doch einige winzige Bereiche bestehen, vor denen ihr mit eurer hoch begabten Schnoddrigkeit zögert! Dies sanfte Zögern wird der Menschheit mehr helfen als alle eure literarischen Anstrengungen. Dieser Walser ist ein Genie, wenn auch einstweilen nichts dabei herauskommt, aber ihn kümmern die haarfeinen Rücksichten nicht, jenseits derer zunächst nur die Taktlosigkeit und, wenn man nicht scharf aufpaßt, die Unmenschlichkeit beginnt.»

Dergleichen Verwahrungen haben die ohnehin bestehende Entfremdung zwischen ihm und der Mehrzahl der jüngeren Schriftsteller bis zur gegenseitigen Nichtbeachtung verstärkt, und wie mächtig er auch war: auf die Literatur der Nachkriegsära hat er kaum Einfluß geübt. Zwar war sein journalistischer Rang unbestritten, auch wenn die eleganten, den spätbürgerlichen Bildungshochmut genußvoll auskostenden Stilmittel Sieburgs so viel Spott wie Geringschätzung hervorriefen. Immerhin war er belesen, verfügte über aggressiven Scharfsinn und artistische Formulierfreude. Daß aber zum Schriftsteller mehr als nur Talent, nämlich menschliche und moralische Unzweideutigkeit gehörten, schien vielen von der Zeit ungeschoren gebliebenen Köpfen in Person und Biographie dieses Mannes exemplarisch offenbar zu werden. In ihm fanden sie daher auch die ideale Gegenfigur: groß und doch in einem jederzeit abrufbaren Punkte wehrlos, ein Vertreter jener Vätergeneration, deren persönliche Lebensumstände so fragwürdig waren wie ihre literarischen Maßstäbe. Mit alledem galt er als überholt und unrettbar altmodisch, ein Monument der restaurativen Epochenmerkmale. Angehörige der Gruppe 47 schickten ihm Gartenzwerge ins Haus.

Ein Mann wie er, so hat Sieburg einmal geäußert, reize die Mitwelt zur Banalität des Urteilens, und in der Tat hat die polemische Auseinandersetzung mit ihm und seinem Werk, die zänkische Inferiorität dieser Anwürfe, auf andere Weise seine Behauptung bestätigt: «Unter Brüdern, viel Großes ist in den verflossenen Jahren auf dem Gebiet der Literatur deutscher Sprache nicht geleistet worden.»

Impulsiv, wie er war, hat er es seinen Gegnern aber auch immer leichtgemacht und aller Welt die eigenen Blößen gleichsam offen dargeboten. «Ich bin ja für meine Eitelkeit berühmt», bekannte er in einem Gespräch mit Horst Bienek, und sicherlich war er naiv genug zu glauben, daß soviel Freimut seine Schwäche mildere und eigentlich auch erlaubt mache. Am Ende lief alles auf ein paar Grundwidersprüche hinaus: das Verlangen dazuzugehören, in großen Rollen aufzutreten – und doch den eigenen Absonderungsbedürfnissen Genüge zu tun; Erfolg wie einen Anspruch zu betrachten – und doch von Mißgunst verschont zu bleiben; nur die persönlichen Möglichkeiten zu bedenken – und doch geliebt zu werden. «Er wollte *sich*», schrieb er, in lapidar treffender Kürze, auf der ersten Seite der Napoleon-Biographie über seinen Helden. Doch der eigenen Person gegenüber versagte seine psychologische Phantasie. «Warum hassen mich diese Leute?», pflegte er angesichts der zahlreichen, auf die persönliche Kränkung zielenden Attacken fassungslos zu fragen.

Vielleicht ist das Erlebnis des alten Frankreich, dem Sieburg seinen größten Erfolg verdankte, auch die Ursache vieler späterer Mißhelligkeiten gewesen: nämlich die Vorstellung einer ganz auf das private Glück hin organisierten Gesellschaft, daß der Mensch in der Verwirklichung seiner persönlichen Neigungen, seinem Ehrgeiz, seinem Genußwillen und, ist die Zeit danach, in seiner Entschlossenheit zum Überleben aufgehen dürfe; daß er, selbst oder gerade unter schrecklichen Verhältnissen, ein Recht auf die «douceur de vivre» habe. In den Anfeindungen, denen Sieburg sich ausgesetzt sah, wird immer wieder der Vorwurf des Opportunismus laut; er aber schien eher zu glauben, er sei nicht konsequent genug darin gewesen und all sein Unglück rühre daher, sich im Leben weiter vorgewagt zu haben, als Klugheit und die Einsicht in die

Macht des Bösen es geboten. Jedenfalls lassen jene Überlegungen diese Deutung zu, die er den alternden Chateaubriand anstellen läßt, als er die Erkenntnis eines zwischen Literatur und Politik geführten, von Erfolg, Widerspruch und Irrtum erfüllten Lebens resümiert: «Immer, wenn er sich fanatisch gezeigt hatte, anstatt jenen anständigen Opportunismus zu betätigen, dessen Brauchbarkeit er so früh erkannt hatte, war er in eine Sackgasse geraten, und nicht er allein ... Er hatte die Politik nur um des Rahmens willen geliebt, den sie seinem Ich gab. Auf der Suche nach sich selbst hatte er die Wirrnisse der Politik durchquert, und er hatte diese romantische Zweideutigkeit mit einem unruhigen Gewissen bezahlt. Jetzt war alles vorbei.»

In der Person Friedrich Sieburgs wird das Dilemma der ästhetischen Existenz, des Wort- und Ideenspielers, in einer Epoche der moralischen Entscheidungszwänge offenbar. Zweifellos verachtete er die Nationalsozialisten, das stupide, plebejische Herrenmenschentum, das er kennengelernt und beobachtet hatte, wie es dämonisch durch die Geschichte chargierte. Zugleich jedoch kamen die theatralischen Züge des Regimes, seine Lust an Pomp und gleißendem Spektakel, den eigenen komödiantischen Bedürfnissen auf eine Weise entgegen, die ihn immer erneut überrumpelte und seine kultivierten, verfeinerungssüchtigen Maßstäbe außer Kraft setzte.

So wurde ihm alles zur Rolle: ein Spiel mit großen Auftritten, aber voller verschwiegener Vorbehalte und Aversionen. Er betrachtete das Leben als ein großes Theater und wollte, wenigstens für lange Zeit, die tödlichen Alternativen nicht wahrhaben, in die er mit seinem Drängen auf die Bühne zwangsläufig geriet. Das abwägende Urteil wird nicht übersehen, wieviel gebührende Verachtung für die ideologischen Terroristen all die vorgetäuschte Gesinnung, das geheuchelte Engagement enthält; es ist, wie die Umstände noch immer lehren, die Gegenwehr der Schwachen. Aber Ehrgeiz und Karrierebewußtsein, auch wo sie sich hinter müden, tragisch umwitterten Gesten verbergen und vor lauter «goût de l'abîme» fast unkenntlich werden, irritieren manchen Betrachter doch; und nicht jeder ist bereit, das «Fluctuat nec mergitur» im Wappen von Paris als Überlebensmaxime für finstere Zeiten gelten zu lassen und derer, die sie sich zu eigen machen, mit Nachsicht zu gedenken.

Zuletzt wird man auch bedenken müssen, daß Sieburgs Anpassungsbereitschaft nichts anderes als die in moralischen Bewährungslagen hervortretende Kehrseite dessen war, was seinen literarischen Rang ausmacht. Es steckt ein merkwürdiger, in allen Auseinandersetzungen über die Rolle des Künstlers unter Diktatursystemen nur selten bedachter Widerspruch darin, Gesinnungstüchtigkeit, Treue und Charakterstärke bis in den Tod von denen zu verlangen, deren Tätigkeit in hohem Maß von ihrer produktiven Selbstpreisgabe, ihrer Beeinflußbarkeit und affizierbaren Schwäche, kurz: von Eigenschaften abhängt, die im Leben als fragwürdig gelten und den Beigeschmack des Anstößigen besitzen, ohne die aber in der Literatur die reine Öde herrschte. Das gute Herz verbürgt noch nicht die gute Prosa. Wie hoch man auch die literarische Bedeutung Friedrich Sieburgs einschätzen mag: den literarischen Typus hat er, wie er selbst von sich gesagt hat, auf eine selten ungetrübte Weise verkörpert. An ihm wird beispielhaft sichtbar, wie problematisch es ist, vom Schriftsteller Charakterproben zu erwarten. Die Sensibilität, über die er verfügte, verlieh ihm Einfühlungsvermögen, Instinkt für Fremdes, ihm selber weit Entferntes, aber auch die Anfälligkeit dafür. Es gibt einen Grad des Verstehens, in dem immer auch ein Stück Selbstaufgabe steckt. Zu vorbehaltlos hatte er sich in andere Menschen, Völker, Lebensformen hineinversetzt, als daß er den Umständen noch einen unbeirrbar eigenen Charakter hätte entgegenstellen können. Sein ganzes Leben war ein Dauerakt der Anverwandlung fremden Wesens gewesen, und er hatte dieses Vermögen mit einem Teil des eigenen bezahlt. Alles konnten die Verhältnisse ihm abverlangen:

Einstimmung bis hin zur Identifikation, Anschauung, Assonanz, entdeckendes Verständnis – nur nicht selbstbehauptenden Widerstand. Der Wille dazu konnte nur auf einem Grunde wachsen, den er um der eigenen Lebensleistung willen aufgegeben hatte.

Friedrich Sieburg war sich dieser Problematik bewußt. Seine Freunde verbürgen sich dafür, daß er mehr noch als unter den wenigen kompromittierenden Sätzen, die er sich in den Jahren des Dritten Reiches abgenötigt hatte, unter seinen Trugschlüssen, den falschen Hoffnungen und dem nachgebenden Verständnis gelitten habe, sowie schließlich darunter, daß er dies alles niemandem begreiflich zu machen vermochte. Andere bestreiten das; er sei nicht zum Selbstvorwurf, sondern nur zum Mitleid mit sich selbst begabt gewesen. «Niemand hat Glück mit Deutschland», schrieb er; aber mehr als eine Bitterkeit, deren Ursache unaufgedeckt bleibt, verrät die Äußerung nicht. Auch darin entzieht er sich, wie er es wollte, jeder Eindeutigkeit im Persönlichen. Mehr als er selber je geschwankt hat, schwankt das Bild, das er hinterlassen hat.

Würde auf engstem Raum

Chronist des Übergangs: Ernst Jünger

Am 29. März 1945, seinem fünfzigsten Geburtstag, notierte Ernst Jünger: «Das ist die Mitte des Lebens, wenn man es nicht mit der Elle, sondern auf der Waage mißt.»[1] Jetzt stellt sich heraus, daß es auch mit dem Ellenmaß die Mitte seines Lebens war. In diesen Tagen wird Ernst Jünger hundert Jahre alt.

Seine Tagebücher, die diesen Vermerk enthalten und fast zehn Jahre lang den Zweiten Weltkrieg und dessen Nachbeben begleiten, sind später unter dem ursprünglich nur für einen Teil der Aufzeichnungen verwendeten Titel «Strahlungen» vereint worden. Sie sind nicht nur eines der großen literarischen Dokumente aus dem Innern der Zeit, dem «Bauch des Leviathans», wie es einmal heißt, sondern zugleich das aufschlußreichste Zeugnis eines zwischen vielen Epochenpunkten unruhig wandernden und doch merkwürdig konsequenten Autors, Achse und Scheitelhöhe seines Lebenswerks. Aus diesem Grunde deckt es auch, wie keine andere seiner Hervorbringungen, die Ursachen auf, die Ernst Jünger zu einer der umstrittensten Figuren der Jahrhundertliteratur gemacht haben. Schon im Heranrücken dieses Jahrestages ist aufs neue offenbar geworden, daß zumindest das Echo dieses fast lebenslangen Streits, wie hergeholt auch immer, bis in unsere Tage hallt.

Die Eklats, mit denen alles begann, liegen weit und bis in das Jahr 1920 zurück. Als 1949, nach einem vier Jahre währenden Publikationsverbot von seiten der Besatzungsbehörden, das Hauptstück dieser Tagebücher erschien, war zu hören, Ernst Jünger sei einer der «Sprengmeister» bei jenem Vernichtungswerk gewesen, dessen Verheerungen er jetzt aus ungeheurer Ferne, ohne Trauer und ohne Zorn, beschreibe. Darin enthalten war vielfach der Vorwurf, daß er das Eingeständnis persönlicher Schuld vermissen ließe, die große Läuterungsgeste, die man von ihm, nachdrücklicher als von irgendeinem anderen Schriftsteller, erwartete. Ein feindseliger Unterton beherrscht die Auseinandersetzung mit ihm bis in die Gegenwart. Schärfer als irgendwer provoziert er eine Zeit, deren Nihilismus keine Tabus mehr kennt und die längst dazu übergegangen ist, literarische Skandale als Unterhaltungsnummern anzurichten.

Natürlich ist bei alledem, bis heute sich verstärkend, viel von jener Unkenntnis am Werk, die dem guten Gewissen erst zu sich selbst verhilft. Das kam noch einmal in dem Begleitlärm von 1982 zum Vorschein, als Ernst Jünger den Goethe-Preis der Stadt Frankfurt erhielt. Da war, im Fortgang der Jahre, fast alles aus dem Blick geraten, was ihn und den Rang seines Werkes ausmachen: die Kunst der Beobachtung, aus deren Wahrnehmungen er nicht selten in zeitenferne Gedankenlabyrinthe vorstieß, seine Eigenart als Diagnostiker und gewiß oft abirrender Zeichendeuter, als Bilderfinder, Sprachartist sowie beharrlicher, aus seltsamen Dunkelheiten ins Hellsichtige gelangender Einzelgänger. Sonderbar, wie er im Wechsel der Zeiten die Vorwürfe immer wieder auf sich zog. Im Gegensatz zu den frühen Jahren, als ihm von allen Seiten sein vermeintliches Parteigängertum vorgehalten worden war, erregte jetzt die Selbstversunkenheit des über sein Papier gebeugten, in seine kalligraphischen Spiele verliebten Registrators der kleinen und der großen Weltbegebenheiten Anstoß. Schon seine Sprache, die stolzen Draperien, in denen er seine Einsichten vorwies, offenbarten allzu unverhohlen einen Hochmut, der alles vermissen ließ, was die Gleichheitsmode der Zeit sowie der Moralismus, auf den sie sich so viel zugute hält, verlangten.

In der Tat gibt es ein Mißverhältnis zwischen dem gleichsam hohen Ton, auf den die «Strahlungen» wie fast alle Werke Jüngers gestimmt sind, ihrer marmorierten Glätte, und den Umständen von Krieg, Diktatur und Zerstörung, in denen er sich bewegte. Manchen schien es, er verwende auch das Entsetzliche nur als Vorlage für ebenso prächtige wie kalte Stilparaden. Zutreffend ist, daß die Kriterien, die ein literarisches Werk auch an den moralischen Erschütterungen messen, die es anzeigt, zumal im Blick auf die Hitlerjahre, keiner Rechtfertigung bedürfen, und wer es erlebt hat, erinnert sich noch der brillanten Polemik, die Peter de Mendelssohn nach dem Erscheinen des Buches unter dem Titel «Gegenstrahlungen» im «Monat» veröffentlichte.[2] Darüber sollte jedoch die Frage nicht verlorengehen, ob die kühle, ungerührte Wahrnehmung, wie sie Ernst Jünger damals und seither unablässig vorgehalten worden ist, sein Abstand zu den Ereignissen, nicht womöglich seine Weise war, die Schrecken der Zeit auszuhalten und ihnen zwar nicht den Abscheu oder, wie es in diesen Eintragungen verschiedentlich heißt, den «Ekel», wohl aber den Aufschrei zu versagen. Das war der Tribut, den er nicht leistete.

Ebenso verweigerte er sich später den appellativen Selbstbezichtigungen. Nicht nur, daß er darin zu viel Pädagogenvorsatz am Werke sah, wie er ihm immer fremd gewesen war, und bald auch bloß noch rituelle Reflexe, die durchweg erkenntnislos blieben. Vielmehr schienen sie ihm auch jene weiten Wellenschläge nicht zu erfassen, die er in Betrachtung der historischen Abläufe einzig wahrnahm. Im einen wie im andern stand er außerhalb des Geschehens, des Grauens wie der Gutartigkeit. Er verzeichnete sie, ohne teil daran zu haben.

Worauf er statt dessen seinen Blick lenkte, waren die zeitübergreifenden Entwicklungen sowie die geringfügigen Erscheinungen, die «planetarischen» Abläufe oder die Panzerungen der Käfer. Was dazwischenlag, der ganze mittlere Bereich mit der Wirklichkeit von Mensch und Welt, war ihm zumindest in den frühen Jahren fremd. Er fand nichts oder doch zu wenig darin, was die Betrachtung lohnte.

Die merkwürdig abgewandte Vorliebe für Insekten, Gewächse oder Mineralien war schon vom Vater auf ihn gekommen und hatte den hochdekorierten Offizier des Ersten Weltkriegs veranlaßt, aus der Reichswehr auszuscheiden, um in Leipzig und Neapel Naturwissenschaften zu studieren. Und je zudringlicher und unruhiger die Zeit wurde, desto mehr sah er darin eine Möglichkeit, sich ihren tausend Bedrängnissen zu entziehen. Insoweit sind die «Strahlungen», die ihn in der eigentlich kritischen Phase seines Lebens zeigen, auch eine Erziehung zum Stoizismus, und wiederholt ermahnt ihr Autor sich angesichts der Schrecken ringsum zum philosophischen Gleichmut. «Je mehr sich die Panik steigert», heißt es einmal, «desto erbaulicher wird der Anblick des Mannes, der ... den Schrecken die Verneigung weigert.»[3]

Der anhaltende Widerspruch gegen Ernst Jünger stützt sich jedoch auf noch weitere Motive. In sonderbarer Gewichtsverkehrung überlagert das vom Ersten Weltkrieg und dem nachwirkenden «Fronterlebnis» beherrschte Frühwerk mit seinen drei oder vier Titeln alles Spätere. Gewiß hatte er damit einen spektakulären Auftritt auf der literarischen Szene gehabt, und unüberhörbar waren die rauschhaften Töne, mit denen er, trotz aller Kaltblütigkeit auch der Sprache, den Krieg als Entfesselung «barbarischer Fülle und Wucht» feierte.[4] Seither blieb er festgelegt, der «Nationalist», «Militarist» und Liebhaber von Stahlgewittern, als der er, ungeachtet aller Wandlungen, bis heute gilt.

Die Unterschiede zwischen den frühen Arbeiten und den Publikationen seit der Mitte der dreißiger Jahre erschließen sich nicht dem flüchtigen Blick. Sie verbergen sich hinter einem undurchlässigen, gleichbleibend hochstilisierten Sprachgestus, der fast nie zu erkennen gibt, was ihn jeweils bewegt, ängstigt oder allenfalls hoffen läßt: eine eigentümliche Verbindung aus Gehobenheit, Präzision und den Rudimenten einer am Generalstabsdeutsch geschulten Lakonie.

Die Einwände gegen den Apotheotiker des Krieges trafen jedoch stets nur den freilich scharf erhellten Vordergrund. Was ihn schon in den Gräben der Materialschlachten und, davon herkommend, während der Weimarer Jahre weit stärker fasziniert hatte, war der Untergang der alten und die Heraufkunft einer neuen Welt, deren Umrisse er aus ungezählten, ins oft Verworrene entgleitenden Chiffren herauszulesen versuchte. Jener Krieg habe das bürgerliche 19. Jahrhundert, schrieb er, erfüllt von der katastrophischen Stimmung der Zeit, «in Grund und Boden geschossen»[5] und eine Epoche noch unbekannter Werte und Begriffe am Horizont sichtbar gemacht. Die Zukunftsphantasmagorie, die er sich daraus zusammenreimte und vor allem in dem Großessay «Der Arbeiter» von 1932 zum Bild vereinte, war mehr Vision als politischer Entwurf und eher raunende Beschwörung als Programm. Sie verwob die kalte Verachtung der bürgerlichen Welt und aller ihrer Werte, Traditionen und Moralbegriffe mit dem Schrecken und manchen vagen und wirren Hoffnungen zum Grundriß einer radikal neuen Ordnung. Wie die endende Epoche ihr höchstes Ziel in der Entfaltung der Individualität gesehen habe, werde das anhebende Zeitalter den einzelnen in den Typus zurückschmelzen und von Technik, Anonymität und einem martialischen Gemeinschaftspathos geprägt sein. Die eschatologische Ungeduld und Hitze, die zu den Zeichen der Zeit gehört und alle Lager erfaßte, hat ihre Brandspuren auch im Werk Jüngers hinterlassen, und wer wie er die Geheimsignale des Kommenden zu lesen vermeinte, sah sich fast zwangsläufig auf die Seite der Destrukteure längst anachronistisch empfundener Verhältnisse gestellt. Das zerberstende Jahrhundert, schrieb er im «Abenteuerlichen Herzen», habe überall Abgründe geöffnet und Risse im Mauerwerk des Bestehenden sichtbar gemacht, «durch die wir die Geheimnisse der Architektur erraten, die uns gemeinhin verborgen sind».

Auf diese Phase bezieht sich der Vorwurf, daß Ernst Jünger zu den Wegbereitern des Totalitären zähle, zumal er in den zwanziger Jahren, auf seinen «Erkundungsgängen» durch die revolutionären «Ober- und Unterwelten» der Zeit, manche Berührung mit der noch vor ihrem Aufstieg stehenden Hitlerpartei hatte. In den herrschenden Wirrnissen mit ihren kreuz und quer laufenden, von der Idee einer verwandelten Welt behexten Gruppen und Konventikeln brachte ihn die Suche nach der Ordnung, die aus den Wehen des Nachkriegs hervorgehen werde, in Fühlung mit vielen Seiten, er verkehrte mit Erich Mühsam und Gregor Strasser, mit Joseph Goebbels, Carl Schmitt, Arnolt Bronnen sowie dem sowjetischen Emissär Karl Radek, der ihn für die Weltrevolution gewinnen wollte. Am intensivsten war wohl die Verbindung mit dem national-bolschewistischen Zirkel um Ernst Niekisch. Aber anders als die einen wie die anderen, die in den Konvulsionen eines teils reaktionären, teils fortschrittlichen, doch hier wie da vom Umsturzfieber erfüllten Futurismus ihre Plätze suchten, blieb er stets mehr Beobachter als Partisan. Denn er war seiner selbst immer zu sicher gewesen, um sich auf irgendwelche Zugehörigkeiten einzulassen, die nur ins Fremde und folglich Falsche führen konnten.

Gleichwohl hat Ernst Jünger in den «Strahlungen», seit Anfang 1943 mehrfach wiederkehrend, von der «Schuld» gesprochen, die sie alle, die exzentrischen, in ihre Räusche von Untergang und Neuerschaffung verliebten Intellektuellen jener Jahre von rechts bis links, auf sich luden: «Erst später, viel später ging mir das Unheilvolle dieser Zusammenkünfte auf», heißt es einmal, und daß hinter nahezu jedem «der Tod stand, während sie rauchten und das Grammophon lief ... Das Parkett war dünn, auf dem getanzt wurde»; aber sie spürten das Brechen des Bodens nicht.[6] Immerhin hat er das zweimal an ihn gerichtete Ansinnen der Nationalsozialisten, als einer ihrer Abgeordneten ein Reichstagsmandat zu übernehmen, ebenso entschieden abgelehnt wie nach 1933 den Eintritt in die Dichter-Akademie und dem *Völkischen Beobachter* sogar den Abdruck seiner Arbeiten untersagt. Einige Zeit später schrieb das Blatt, der Autor nähere sich allmählich «der Zone der

Kopfschüsse», und es gehörte zu den Erfahrungen jener Jahre, daß solche Drohungen keineswegs metaphorisch gemeint waren.

Die sichtbare Wende im Werk markiert die Parabel «Auf den Marmorklippen», die 1939 erschien und das Schreckensbild einer ins Ortlose versetzten Welt der Willkür und des Terrors beschreibt, unendlich fern und für die Mitlebenden gleichzeitig albtraumhaft nah. Verkörpert wurde sie vor allem durch den «Oberförster», seine Helfershelfer und die in einem gelichteten Waldstück versteckte «Schinderstätte» namens «Köppels-Bleek», wo Menschenleiber ausgebeint und die Häute von einem gleichmütig vor sich hinpfeifenden Männchen auf der Werkbank bearbeitet wurden. Niemand, der das Buch bei seinem Erscheinen las, hat es nicht als das Abbild dessen angesehen, was das Regime hinter glanzvoll hochgezogenen und doch seltsam verdüsterten Kulissen trieb, und als das gewagteste, in unvergeßliche Bilder des Grauens gefaßte Zeugnis des literarischen Widerstands ist das Werk alsbald ins allgemeine Bewußtsein eingegangen. Was Ernst Jünger schützte, war nicht nur sein über die Grenzen des Landes hinausreichender Ruhm, so daß Hitler selber anordnete, von einer Maßregelung abzusehen. Vielmehr spielte auch die Sorge der Machthaber mit, sich durch die Verfolgung des Autors auf eine Weise zu demaskieren, die dessen Anklage ins Recht setzte.

Zur Verwirrung vieler hat Ernst Jünger demgegenüber mehrfach geäußert, er sähe das Werk nur ungern als «Tendenzschrift» aufgefaßt[7], es sei ihm nicht so sehr um eine Bloßstellung der NS-Herrschaft, als um ein Phantasiebild vieler Verhältnisse in vielen Weltgegenden zu tun gewesen. Aber zumindest im Blick auf die eigene Person ist die Abkehr von der einst verklärten «Titanenwelt» des technizistischen Kollektivismus unverkennbar, und über weite Strecken tritt auch das Erschrecken darüber hervor, daß mit Hitler die Zeit der intellektuellen Spiele, der ins Apodiktische gehüllten Gedankenexperimente, zu Ende war. Was immer bis dahin von Jünger und seinesgleichen an Menschheitsprognosen und Epochenkommandos formuliert worden war, hatte nur Papier, Streit und allenfalls verlorene Freundschaften gekostet. Jetzt war ein Typus auf der Bühne erschienen, der die geistvollen Konstruktionen und das, was nur Worte gewesen waren, buchstäblich nahm und dafür einen Preis verlangte, der in der Wirklichkeit entrichtet werden mußte. Der am Ende unterliegende, in die Flucht getriebene Ich-Erzähler ist ein Gelehrter, kein Angehöriger jener kriegerischen Kaste mehr, der sich der frühe Jünger zugehörig empfunden hatte. Weit zurück lag mit einem Mal die Welt der «Mauretanier», der er schon ein Jahr zuvor, in der zweiten Fassung des «Abenteuerlichen Herzens», abgeschworen hatte, jener Geheimbund «subalterner Polytechniker der Macht», in deren Zirkel die Luft, wie er unterdessen erkannt hatte, «von Grund auf böse» gewesen sei. Es sei ihm nicht möglich, bekennt der Erzähler, «auf das Leiden der Schwachen und Namenlosen herabzusehen, wie man vom Senatorensitz in die Arena blickt».[8] Und wohl erstmals fielen nun, als Inbegriff alles Verteidigenswerten, Worte wie «Freiheit» und «Menschenwürde».

Die Verneinung jedes tendenziellen Vorsatzes der «Marmorklippen» selbst noch nach dem Ende des Dritten Reiches hat vermutlich auch mit jenem Stolz zu tun, der auf der entgegengesetzten Seite Heinrich Mann zu der Bemerkung veranlaßte, Bekenntnisse verbiete die Selbstachtung. Das Gericht, schrieb Ernst Jünger, gibt es nur im eigenen Innern, dort werde auch «die Sanktion erteilt ... Jedes irdische Forum ist dagegen ein Ort der Finsternis».[9] Jedenfalls ist hier wie in anderen seiner Äußerungen die Absicht unüberhörbar, sich im nachhinein, als alle Gegnerschaft gegen das Hitler-Regime zu kleiner Münze geworden war, nicht in den Kreis des Widerstands zu drängen, auch wenn er während seiner Pariser Jahre unter dessen Akteuren zahlreiche Freunde gehabt und zuletzt auch verloren hat. Aber die Verachtung für Hitler, der in jenen Aufzeichnungen nie anders als unter dem herabwürdigenden Pseudonym «Kniébolo» auftritt, für seine Statthalter oder

Schergen sowie für die «Leichenwelt», die sie überall unter ihren Füßen zurückließen, schlägt so anhaltend durch, daß man darin geradezu eines der Leitmotive dieses Tagebuchs erkennen kann. Es macht zugleich die Verwahrung gegen die regimekritische Stoßrichtung der «Marmorklippen» wenig glaubwürdig.

Ernst Jünger selber hat in seiner Vorrede zu den «Strahlungen» vermerkt, das Tagebuch sei «im totalen Staat das letzte mögliche Gespräch».[10] Wiederholt stößt man folglich auf Eintragungen über die Geheimhaltung und Sicherstellung der Notizhefte oder über die Möglichkeiten einer raschen Identifizierung von Freund und Feind. Zu den häufig wiederkehrenden Einsichten gehört denn auch die Erkenntnis des tiefen Bruchs, den das NS-Regime sowohl gegenüber aller Vergangenheit als auch der Welt gegenüber bedeutete, und was ihn herbeigeführt hatte, war nichts anderes als das gleichsam universelle Gewicht seiner Verbrechen. Anfang 1943 kommen ihm Hinweise über die Hoffnung der Machthaber zu Ohren, der Tod eines der gegnerischen Staatsmänner könne eine Wende herbeiführen, wie sie Friedrich den Großen infolge des Todes der russischen Zarin rettete, und tatsächlich ist diese Wunschvorstellung im April 1945 noch einmal kurz und hektisch aufgeflammt. Aber Jünger weist schon jetzt dergleichen Illusionen zurück, Friedrich habe die «Weltsympathie» genossen, während Hitler der «Weltfeind» sei.[11]

Den innersten Kern seines Urteils bilden die Berichte über die Judenmorde, die ihm verschiedentlich zugetragen werden. Sie lösen Mal um Mal sein ungemindertes Entsetzen aus, es würde ihn nicht wundern, bemerkt er einmal fassungslos, wenn daraufhin «der Erdball in Stücke flöge», die Greuel müßten «das Universum gegen uns aufbringen».[12] Kaum anderswo auf diesen Seiten mit all ihrer kühlen, herabgestimmten Lebenstemperatur wird ein vergleichbares Maß an affektiver Erregtheit hörbar, und einmal äußert er im Anschluß an die Begegnung mit einem Bataillonskommandeur, der über die Behandlung von Deserteuren sprach, solche Äußerungen verursachten ihm «eine Art Übelkeit». Doch weist er sich schon im folgenden Satz mit der bezeichnenden Wendung zurecht, er müsse auch angesichts des Grauens die Dinge zu sehen versuchen «wie der Arzt den Kranken».[13] Ganz in diesem Sinne fragt er sich um die gleiche Zeit, als er während einer Zugfahrt das Gespräch zweier Offiziere mithört, nach den Ursachen für den Ausbruch von so viel «kannibalischer Gesinnung».[14] Nie oder nur selten verharrt die Empörung bei sich selbst; vielmehr wird sie stets zum Anstoß forschenden Interesses.

Vermutlich aus dem gleichen Grund fallen diese Aufzeichnungen auch weitgehend aus der Tradition des Tagebuchs heraus, jedenfalls sind sie kein Ort der Zwiesprache, der den Zweifel hörbar machte, dem jeder ausgesetzt ist, und der Auseinandersetzung mit den Gegenstimmen in sich selbst. Kein Satz wirkt nur hingeschrieben, wie es der Tag und die Stunde mit sich brachten, alles ist komprimiert, in Form gebracht und Eintragung auf Eintragung wie eine Emailarbeit ausgeführt mit kostbaren und manchmal geheimnisvoll blitzenden Inkarnaten. Es gibt infolgedessen keine Unsicherheit, kein Schwanken und schon gar keine Selbstentblößungen. Auch keinen Haß, von dem Jünger einmal bekennt, er sei nicht seine Domäne.[15] Sondern nur die wie von weit her kommenden Dicta zur Lage, vermischt mit Vermerken zum Tag oder zur jeweiligen Lektüre, zu seinen Begegnungen und Streifzügen, oder auch flüchtige, wiewohl ins Abschließende getriebene Einfälle – dies alles vorgetragen mit der «salamandrischen Ruhe»[16] des naturwissenschaftlich geschulten Beobachters, der sich ans Sichtbare hält oder doch von ihm ausgeht.

Selbst das Karussell der Figuren, die auf diesen Seiten auftauchen, bildet davon keine Ausnahme. Im Wechsel begegnet er Picasso und Braque, Hendrik de Man, Jean Cocteau und Montherlant, Sacha Guitry, der Arletty und immer wieder auch dem Gespenstergeist Paul Léautaud, der ihm Anfang Juli 1944, für den Fall, daß er untertauchen müsse, «in sehr zarter Weise» seine

Hilfe anbietet.[17] Doch sie alle und ungezählte andere bewegen sich seltsam gesichtslos durch die Szenerie, durchweg erregt auch hier wiederum nur die Außenseite das Interesse des Verfassers, Figur, Gestik, Auftreten. Allenfalls notiert er eine mitgeteilte Anekdote. Nicht ohne Verblüffung gewahrt der Leser, daß dieser unablässig kombinierende, geradezu von einer Art Enträtselungsmanie besessene Kopf den Menschen gegenüber ohne Neugier ist. Kaum je flicht er eine psychologische Bemerkung ein und nimmt im Grunde statt der Einzelwesen viel eher den Typus wahr, dem immer schon seine größere Aufmerksamkeit galt. Am Ende bleiben nur Namen, und kennte man viele davon nicht aus anderen Zusammenhängen, fielen sie rasch aus der Erinnerung.

Demgegenüber bildet die naturwissenschaftliche Beobachtung, die immer neue Hinwendung zu Insekten, Steinen und Pflanzen einen der Glanzpunkte des Buches, und oft verdichten sich die Beschreibungen zu großer, nie hintergrundloser Anschauung. Selbst an der Front, aber vor allem im heimischen Kirchhorst, begibt er sich auf ausgedehnte Exkursionen über Land, in den Wald oder ins Moor, um jenen auffälligen Bildungen nachzuspüren, in denen die Schöpfung gleichsam über sich selber nachdenkt, und während der Pariser Jahre ersetzt die Suche nach kostbaren Ausgaben naturkundlicher Werke die «subtilen Jagden» im Freien. Es ist der unendliche Reiz der Oberfläche, dem er sein Leben lang erliegt, der unabsehbare Einfallsreichtum der Natur, ihrer Schätze und Wunder, die ihm ein nie endendes Staunen abnötigen, und des öfteren vermeint man unter aller strengen Diktion geradezu das Glück zu verspüren, das ihm die immer neuen Fragen ebenso bereiten wie die dahinterstehende Gewißheit von der Lesbarkeit der Erscheinungen. In einer Art Hymnus, der mit der Erinnerung an den Vater beginnt, dann in eine Zurückweisung Darwins übergeht, der in der Natur nur das Konkurrenzprinzip am Werk gesehen und keinen Blick für den fürstlichen Aufwand gehabt habe, die in tausendfältigen Schönheiten sichtbar werdende «unerhörte

Verschwendung im vergänglichen Stoff», heißt es schließlich: «In der Substanz eines winzigen Blütenkelches, eines zitternden Staubfadens verbirgt sich höherer Sinn als in all diesen (von Darwin vermessenen) Entfernungen und Abläufen, die das Herz vereinsamen.»[18]

Das ist der eigentliche, nie ermüdende Antrieb seiner Naturbeobachtung: die Suche nach dem geheimen Weltplan und damit nach dem Sinn, der in der Fülle des Wahrnehmbaren verschlossen sein muß. Alle Erscheinungen, von den Blättern und den Steinen über die Bewegungen der Geschichte bis hin zu Schmerz und Tod seien nur als Buchstaben in der Bildersprache der Welt zu verstehen und Bruchstücke einer verborgenen Botschaft. Für den, der danach nicht suche, ende alles in wüster Zoologie, und jedwedes Beobachten, Sammeln, Vergleichen und Denken laufe zuletzt auf nichts anderes hinaus, als die Fundstücke zu dem magischen Wort zusammenzusetzen, das ihr Geheimnis preisgibt.

Es ist dieses Entschlüsselungsverlangen, das alle Phasen im Lebensgang Jüngers so merkbar zusammenhält, daß die Einzelstationen wie zufällige Szenen- oder Kostümwechsel auf einem vorgegebenen Weg erscheinen. Schon die Flucht des Unterprimaners aus der bürgerlichen «Herrschaft der Gemütlichkeit» in die Fremdenlegion war, wie unbewußt ihm selbst auch immer, von dieser Unruhe bestimmt. In den frühen Kriegsbüchern findet sie bereits literarischen Ausdruck, versucht sich dann, in den Jahren nationalrevolutionärer Umtriebe, in ersten Antworten, die eine tiefe Neigung für schicksalhaft eingedunkelte Zukunftsbilder verraten, die aber, wie er bald erkannte, ein Irrweg waren, weil sie vom Gedanken und nicht vom lebendigen Urmuster ausgingen: Er habe sich damals, hat er bekannt, «mit der Schere der Begriffe ... das Leben zu Papierblumen (zurechtgestutzt)».[19] Seither hatte er jene Zonen nie mehr verlassen, wo die Erscheinungen den Rang bedeutungsvoller Symbole gewannen und für den, der zu lesen verstand, zu Schlüsseln für Vorgänge und Umgruppierungen wurden, die in irgendwelchen unerschlossen dahindämmernden Tiefen vor sich gehen.

Der Zusammenhang dieser spekulativen Passion mit der deutschen philosophischen Tradition und ihren theologischen Eingeschworenheiten ist offensichtlich. In der Vorstellung von der Gleichnishaftigkeit der Welt und dem verborgenen Sinn, dem alles entgegenstrebe, hat sie einen Gedanken entwickelt, der ihrer metaphysischen Bedürftigkeit auch dann noch Genüge tat, als sich mit der Aufklärung das Denken zunehmend säkularisierte. Wechselweise war es mal der Weltgeist, mal die Geschichte oder ein anderes Prinzip, das als unwiderstehlich ordnende Kraft hinter den Erscheinungen wirkte, und jede dieser Verpuppungen hat im Grunde dazu gedient, das nie gestillte Verlangen nach Transzendenz zu befriedigen. Wie weit es reichte und wie viele Fremdheiten es verband, offenbart noch eine Tagebuch-Notiz Thomas Manns aus dem Jahre 1949, in der er von einem «unbehaglichen Nachdenken über Ernst Jünger» schreibt und dann hinzufügt: «Vergleich mit der metaphysischen Sehnsucht meiner eigenen Jugend.»[20]

Was den Weg anging, blieb Jünger dabei, daß das Denken von der Anschauung ausgehen müsse, weil von daher alle Kraft komme, alle Schönheit und aller Trost. Der Schritt, der nicht in einem Irrgarten enden solle, führe folglich immer vom Akzidentiellen zum Allgemeinen. Nach einem Streifzug durch ein verwahrlostes, vom Krieg mitgenommenes Waldstück, dessen Narben die Natur soeben zuzudecken begann, notierte er: «Wunderbar tröstlich sind solche Gänge, die aus dem Geschehen und seiner Oberfläche in die Tiefe führen», und treffend hat man den mythischen Antäus, der nur in der Berührung mit der Erde stark war, so etwas wie seine heraldische Figur genannt.[21] Es ist zugleich diese Anlehnung an die Natur, «die Heimat, das unzerstörbare Land», die sein tiefes, im Lauf der Jahre immer verfinsterter hervortretendes Mißtrauen gegen den technischen Fortschritt begründet hat:

Er war die wirkliche Entfremdung, in die der Mensch geraten konnte. In einem späteren Reisetagebuch schreibt er auf Sardinien, er sei im Verlauf von zwei Wochen auf der inzwischen entwickelten und motorisierten Insel noch keiner Schlange begegnet: «Das sind die leeren Fußstapfen, die der Fortschritt hinterläßt.»[22]

Man kann in alledem unschwer die andere große deutsche Tradition entdecken, und sie hat Ernst Jünger nicht weniger stark beeinflußt. Alle Gefühlsaskese, zu der er sich anhielt, und alle nüchterne Form, in die er seine Gedanken kleidete, haben den romantizistischen Zug nicht verbergen können, der ihm eigen war, und einmal ist von den «blauen Stahlblumen» die Rede, die der junge Offizier hinter den Schrecken des Krieges gesucht habe. Wenn man seinen Stil «gläsern» genannt hat oder «kristallin», bedeutete dies doch auch immer, daß schon dicht unter der Oberfläche die dunklen Einsprengsel lagen, die so rätselhaft waren und deren Entzifferung nur dem Geheimwissen einiger weniger möglich war.

Es war nicht zuletzt diese Verbindung von Rationalität und Ausdeutungsfähigkeit, seine offenbare Vertrautheit mit den taghellen wie den auf der Nachtseite gelegenen Ansichten der Dinge, die ihn zum legitimen Nachfahren des Romantischen gemacht hat. Er selber hat von seinem Denken gesagt, es verlange «weniger die Beweisbarkeit als die Zeugenschaft und Nähe des Verstandes, der immer mitleuchten soll»[23], und an anderer Stelle auf den Unterschied zwischen der ihm fremden mathematischen und der das Außen wie das Innen erfassenden «malerischen Genauigkeit» hingewiesen.[24] Darüber hinaus kann man eine Vielzahl weiterer Berührungspunkte mit der romantischen Überlieferung ausmachen. Sie reichen bis hin zu seiner Vorliebe für Absonderlichkeiten, für Zauber- und Dämonenwesen, für Schiffbrüche, Perversionen sowie überhaupt für die plötzlich in irgendein Idyll einbrechenden Signale des Unheimlichen. Auch für Träume, wie denn die «Strahlungen» partienweise geradezu Traumprotokolle sind, die den Leser nicht selten im unklaren lassen, ob eine bestimmte Eintragung den Erlebnissen bei Tag oder dem Phantasiereich der Nacht zuzuordnen ist, und Jünger notiert einmal, die Dinge gerieten ihm zuzeiten sichtlich durcheinander.[25]

Romantisch ist aber auch sein Aristokratismus, der Sinn für noble Gelassenheit in allen Lagen, im Glück wie im Unglück, mit der sich die Deutschen, wie es einmal heißt, so schwertäten, daß ein Wort wie «gracious» unübersetzbar sei.[26] Ganz in dem bei Jünger anklingenden Sinn hat niemand anderes als Ernest Hemingway von «grace under pressure» als dem Inbegriff äußerster Bewährung gesprochen. Es liegt ein altmodischer Anflug um dieses Ethos der «Haltung», das Jünger zu jener «désinvolture» ausgebildet hat, die im Ersten Pariser Tagebuch noch zu den Vorzugsgegenständen seines Nachdenkens zählt: eine Maxime, die Selbstzucht, Distanz, Heiterkeit, Integrität und Geistesgegenwart zum Prinzip gewappneter Überlegenheit verbindet. Die «Kälte» und Menschenferne des Beobachters gewannen in diesem Begriff den gleichsam moralischen Grund und ließen sich dann sogar als die eigentliche, der höheren Warte vorbehaltene Moral verstehen.

Die «Strahlungen» lassen sich unschwer auch als fortlaufender Bericht jenes Dilemmas lesen, in das Ernst Jünger damit geriet. «Désinvolture» war ein Wort aus einer anderen Welt, und folgerichtig kam es ihm auch im Lauf der Jahre zusehends abhanden. Denn die Zeit, in der es noch zum Maßstab taugte, kannte jene Untaten nicht, die, wie es einmal heißt, die in den «Marmorklippen» entworfene Phantasiehölle in der Wirklichkeit fortsetzten und «die Farben eines Tages (auslöschten)».[27] Désinvolture war keine Antwort darauf. Jünger beobachtete es an den Generälen, die, wie er sich inzwischen eingestand, nur noch «Spezialisten auf dem Gebiet der Befehlstechnik» waren. Und nach einem Bericht über die «ungeheuerlichen Schandtaten des Sicherheitsdienstes» bei der Eroberung von Kiew bricht es aus ihm heraus: «Ein Ekel ergreift mich ... vor den Uniformen, den Schulterstücken, den Orden, den Waffen, deren Glanz ich so geliebt habe.»[28]

Empfindungen des Abschieds von der Lebensform, in der er groß geworden war, sowie der Ergebung ins Unabwendbare, die aus seinem Bild vom Gang der Welt kamen, haben Ernst Jünger von da an beherrscht. Einiges davon ist in seine Aufzeichnungen zum 20. Juli 1944 eingegangen, der im Pariser Hauptquartier des Generals Karl-Heinrich v. Stülpnagel sein zweites Zentrum hatte. Er stand mit allen Akteuren auf vertrautem Fuß. Mit Stülpnagel verband ihn nicht nur die Vorliebe für philosophische sowie naturwissenschaftliche Grübeleien, und bezeichnenderweise hatte eines ihrer letzten Gespräche die griechische Stoa zum Gegenstand; vielmehr sah Jünger in dem General auch die Verkörperung jener untergehenden Welt, der er selber angehörte; Caesar v. Hofacker weihte ihn im Frühjahr 1944 in die Pläne der Verschwörer ein, mehrfach besuchte ihn Fritz-Dietlof v. d. Schulenburg, und zu Hans Speidel, dem Stabschef Rommels, bestand eine anhaltende Freundschaft. Von ihrem letzten Treffen am 16. Juli 1944 hat Jünger die Frage festgehalten, wann endlich es wohl gelingen werde, sich Hitler, «diese Schießbudenfigur», vom Halse zu schaffen.[29]

Die Notiz läßt offen, wem die Äußerung zuzuschreiben ist, doch spricht alles dafür, daß sie von Speidel kam; Jünger selber blieb auch da der reine Beobachter, dem alles zum Schauspiel wurde und die Abläufe zu nichts anderem als zu Gegenständen literarischer Anatomie. Schon im Gespräch mit Caesar v. Hofacker hatte er sich skeptisch gegenüber den Attentatsplänen der Verschwörer gezeigt. Mit der Beseitigung Hitlers werde nichts bewirkt, lautete sein Einwand, weil die Überwindung der «Vernichtungswelt» nicht auf der politischen oder historischen Ebene gelingen könne. Vor seinem geschichtsphilosophisch geweiteten Blick wogen solche Gewaltakte nichts, dergleichen blieb im Episodischen, während die wirklichen Veränderungen in Abläufen mit riesiger, vom großen «Bauplan» verhängter Amplitude stattfanden. «Wenn wir am Zeiger rücken, verändern wir die Ziffern, doch nicht den Schicksalsgang», schrieb Jünger.[30]

Welchen tiefeingewurzelten, auf eine lange Tradition zurückgehenden Reflexen dieser Glaube entsprach, läßt sich in der neueren Geschichte des Landes immer wieder ausmachen. Sie werden gerade während jener Zeit in den vielen resignativen Stimmen vernehmbar, die Hitler, den Krieg und die Verbrechen als ein Verhängnis ansahen, dem man nicht wehren, sondern allenfalls ins Auge sehen könne; das Schicksal ließe sich nicht betrügen. Der Ergebungsgedanke, der darin zum Ausdruck kam, reichte bis zu den Angehörigen des Kreisauer Kreises, die das Regime als Symptom einer Weltkrise ansahen, dem nicht durch einen Umsturz, sondern nur durch ein «Umdenken von den Wurzeln her» beizukommen war. Zwar hatte Jünger diesen Rückzug ins Metahistorische philosophisch unterbaut, während er anderswo weit eher als Stimmungsohnmacht auftrat, hinter der sich Wankelmut und Schwäche verbargen. Doch zugleich hatte er ihn auch bis zu dem Punkt getrieben, wo der freie Wille und aller Sinn für politische Verantwortung nahezu aufgehoben waren, so daß von einer Tat wie dem 20. Juli nur noch die subjektive Geste blieb, eindrucksvoll, aber sinnlos, auch nicht ohne menschliche Größe und mit dem Anrecht auf eine anhaltende Erinnerung. «Es gibt Lagen», hat Jünger rückblickend geschrieben, «in denen man auf den Erfolg nicht achten darf; man steht dann freilich außerhalb der Politik. Das gilt auch für diese Männer, und daher gewannen sie moralisch, wo sie historisch scheiterten.»[31]

Es ist, nimmt man alles zusammen, diese Geringschätzung des Politischen, der Fatalismus im Zeichen schicksalhafter Fügungen sowie die Leugnung des sich selbst bestimmenden Willens, an der die wohlmeinenden Versuche scheitern, Ernst Jünger mit der demokratischen Gegenwart zu versöhnen. Auch hat er nie ein Hehl gemacht aus seiner Geringschätzung für den modernen, aufgeklärten Typus mit dem «Zweifel um jeden Preis, ausgenommen die eigene Haut»: In der Tat, «für republikanische Gesinnungsstrenge kann man ihn nicht in Anspruch nehmen».[32] Keineswegs ist, was dazwischen steht, sein «Militarismus» und der von ihm lange aufgegebene «Nationalismus», wie sie ihm der selbstgefällige, stets in seinen Gestrigkeiten steckenbleibende Zeitgeist entgegenhält. Doch begegnet man in seinem Werk, aufs Ganze gesehen, einem Determinismus sowie einer Ferne zu den Aufgaben und konkreten Entscheidungslagen der Politik, die mit dem Wesen demokratischer Ordnungen schwerlich zu vereinbaren sind. Daß es ein großer, geschichtsphilosophischer Ton ist, der seine Absage an die Wirklichkeit trägt, macht sein Werk unzeitgemäß im Politischen. Sein Rang bleibt davon unberührt.

Auf solche Zusammenhänge geht denn auch die Entdeckung Jüngers durch die postsozialistische Linke zurück. Denn über viele Stationen, von den frühen technizistischen Ereiferungen bis zur Idee des in einem Irgendwo hinterlegten Weltplans, ist er stets seinem Glauben an Sinn und Ziel der Zeitläufte treu geblieben. Noch die Friedensschrift, die er in den Pariser Jahren auf dem Höhepunkt der Hitlerschen Machtausdehnung zu schreiben begann, gründet sich auf die Erwartung einer Ordnung, die kommen wird, weil sonst aller Sinn, der in den Schreckenserfahrungen der Zeit liegen muß, verloren sei. Nichts anderes als dieses hegelianische Vertrauen in den Gang der Dinge, das seit dem Untergang des Sozialismus heillos kompromittiert ist, knüpft an Jüngers Namen die Hoffnung, wieder in den Urstand eingesetzt zu werden. Vom 19. Jahrhundert hat der Dichter im Blick auf die Naturwissenschaften sowie auf die Physiognomie der Epoche überhaupt bemerkt, es enthalte viel «versteckte Theologie».[33] Das gilt für die Philosophie bis hin zu Marx auch, und vor allem gilt es für sein eigenes Bild von der Welt. Darin liegt, jenseits aller vordergründigen Frontstellungen, jene Gemeinsamkeit, die ihn mit den vermeintlichen Gegnern auf der Linken zusammenbringt.

Ohnehin war nie er es gewesen, der den Gegensatz beschworen hat. Die «Strahlungen» verzeichnen Begegnungen mit Parteigängern aller Richtungen. Zwar verheimlicht er nicht die große

Nähe zu den einen. Aber die anderen haben keinen geringeren Anspruch auf Gehör, die Grenze verläuft bei den Gewaltanwendern. «Man muß den Typus des Verfolgers im Auge behalten, nicht die Art der Parteiungen», heißt es in den «Adnoten». Seine Wahrnehmung bleibt daher durchweg auf die Positionen beschränkt und zumeist empörungslos. Eines Tages, nach dem Ende der Hitlerzeit, denkt er an die Weggefährten der frühen Jahre zurück, an das nächtliche Stimmendurcheinander in Berliner Mansarden und Hamburger Kellern. Dann fährt die Erinnerung fort: «Wer Glück hatte, fiel auf den Schlachtfeldern. Andere mußten über die Grenzen fliehen, wurden gehetzt, erschlagen, gehenkt, gefoltert oder zogen, umstellt, den Selbstmord vor. Sie wurden Befehlshaber, Polizeichefs, Statthalter, Aufrührer, Zuchthäusler und endlich wieder all dieser Bedeutungen entkleidet wie ein Spiel Karten, das man nach der Partie zusammenlegt.»[34] Und noch einmal, etwas später: «Ich hatte in jenen Jahren zuweilen das Gefühl, in einer Runde von Gezeichneten zu weilen, in der Kabine eines Schiffes, das schon gesunken war und an dessen Fenstern Schatten vorbeiglitten.»[35] Auch dies alles: die Freunde, ihre Rollen, die Richtungen, in die sie versprengt worden waren, die Tode, die sie starben, nur ein Gleichnis.

Mit dieser Fernsicht hat auch seine Unangefochtenheit durch die Ideen und Ideologien der Zeit zu tun, die Impassibilité, mit der er über die Jahre hin bei sich selber blieb. Alles Glück und alle Bedrängnisse dieser Welt waren nur Abbilder, und am Ende löste sich, was Menschen bewegte, ob Jubel oder Jammer, in reine Phantomempfindungen auf. Es war diese Einsicht, die allem die Spitze nahm, den Gegensätzen, den Ängsten oder Schmerzen, und die insbesondere das Bewußtsein der Gefahr relativierte. Eine ganze Reihe von Eintragungen legt die Vermutung nahe, Ernst Jünger habe sich in den ungezählten Bedrohungen sei es des Krieges, sei es der Diktatur geradezu unverwundbar gefühlt, als sei ihm, was Menschen zustoße, fremd. Viel eher jedenfalls begegnet man einer

Art Todesungeduld, die noch einmal auf seine Wurzeln im Romantischen verweist.

Doch drängt sich auch der Gedanke auf, seine Unerschrokkenheit habe nicht nur mit philosophischer Distanz zu tun; auch nicht mit der Sehnsucht des abenteuerlichen Herzens nach der Blume «eine Handbreit neben dem Abgrunde»[36], an die er sich im Rückblick auf das Gefahrenglück erinnerte, das ihn bei der Niederschrift der «Marmorklippen» erfüllte. Vielmehr scheint es, er habe nach der Schockerfahrung des Ersten Weltkriegs die Zeit, die ihm gegeben war, als unverhofft geschenktes Leben angesehen, das er in nur noch partieller Zugehörigkeit und jedenfalls aus größerer Ferne zu leben habe als alle anderen.

Das bleiben Fragen, auf die das Werk keine Antwort gibt. Nicht auszuschließen ist auch, daß seine Unerreichbarkeit nur eine Maske war und er mehr Unruhe, Verzweiflung und Verlustschmerzen empfand, als er um der «Haltung» willen je zu erkennen gab. Die Kirchhorster Blätter, der fünfte Band der in den «Strahlungen» zusammengefaßten Tagebücher, schließt im April 1945 mit einem Gedanken, der das Pathos der historischen Lage und den Abschied von einer Unschuld des Denkens, die auch Ernst Jünger sich nur noch unter Mühen und nicht ohne Widersprüche bewahrt hatte, in wenigen Sätzen ausdrückt. Zwar besitzen sie inzwischen nicht mehr die selbsterklärende Kraft von damals und werfen ihr Licht auch nicht mehr nach so vielen Seiten. Dennoch haben sie, über den Tag hinaus, ihr Gewicht bewahrt: «Von einer solchen Niederlage erholt man sich nicht wieder … Sie deutet eine Wende im Leben der Völker an, und nicht nur zahllose Menschen müssen sterben, sondern auch vieles, was uns im Innersten bewegte, geht unter bei diesem Übergang. Man kann das Notwendige sehen, begreifen, wollen und sogar lieben und doch zugleich von ungeheurem Schmerz durchdrungen sein.»[37]

Die Erfahrung dieses Weltkriegs und des Zerstörungsfurors, den er entfesselt hatte, auch die Erfindung der Atombombe, bestärkten ihn in der einst mit anderen Gründen entwickelten und niemals aufgegebenen Überzeugung, daß ein welthistorischer Zyklus abgelaufen sei. Aber während er in frühen Jahren umfassende Hoffnungen daran geknüpft hatte, düsterte sich sein Bild von der Zukunft nunmehr zunehmend ein. In ihrem tiefen, von keinem Trost erreichbaren Pessimismus sind nahezu alle Werke, die den «Strahlungen» folgten, Ausdruck eines katastrophenhaften Weltgefühls.

Im Januar 1945 hatte er notiert: «Oft habe ich den Eindruck, auf Papier zu schreiben, das sich schon unter dem Anhauch der Flamme bräunt»[38], und in einer der resümierenden Betrachtungen über jene Jahre ist bereits vom «Abschied von der Geschichte» die Rede; alle Entwicklungen kämen jetzt ans Ende, die Welt sei in einer umfassenden, aus ungezählten Spuren herauslesbaren Bewegung zum Unheil begriffen, hin zu jener «Großen Deponie», die er in dem Roman «Eumeswil» beschworen hat und über deren Halden nicht mehr Menschen, sondern Gespenster geistern.

Der Erzähler des Buches kommt zu dem Schluß, daß in der Schöpfung «von Anfang an etwas verfehlt sein» müsse, was durch keine menschliche Anstrengung je geheilt werden kann, durch kein moralisches Gesetz und keine utopische Verheißung, weil auch sie an dem Bruch teilhaben, der sich durch alles zieht. Auch durch keine religiöse Hoffnung, und bezeichnenderweise blieb bereits die Lektüre der Bibel, die Jünger durch alle Kriegsjahre hindurch begleitet hat, ganz philologisch und mythengeschichtlich, durch kein Empfinden für die geistliche Botschaft der Texte erhellt. Gleichwohl trieb ihn der Gedanke um, daß das Vollkommene existiere, weil es den Hunger danach gibt, auch die Idee davon und den Traum, wie sehr es sich auch vom Menschen entfernt haben mochte. Erstmals, argwöhnte er jetzt, entschwand es dem Blick und sogar der Sehnsucht, der Prozeß war nicht zu steuern. Alles, was blieb, lief darauf hinaus, sich von den tausend Sackgassen fernzuhalten, in denen die Wege immer wieder endeten, keinen Rat zu geben und zu nehmen, die großen Fragen im eigenen Innern zu lösen, es nicht im Äußeren zu versuchen, wo keine Hilfe kommen kann.

Es ist, blickt man zurück, eine weite Strecke, die er zurückgelegt hat, angefangen von den «Stahlgewittern» über die «Marmorklippen» und die «Strahlungen» bis hin zu «Heliopolis», «Eumeswil» und vielem anderen. Vielleicht hat die Tatsache, daß sein Leben eine so große Spanne umfaßt und über viele Stationen und Brüche ins kaum Vordenkliche zurückreicht, auch jenes Empfinden seltsam postumer Zeitgenossenschaft erzeugt, das ihn umgibt. Er selber hat irgendwelche Wandlungen freilich stets bestritten und wie in einer Erinnerung an die soldatische Eindeutigkeit, in deren Zeichen sein Leben begonnen hatte, glauben machen wollen, sein Werk sei aus einem Guß.

Doch viel mehr, als Jünger sich je eingestand, war er der Chronist einer Übergangsepoche, der sich trotz des Abstands, den er wahrte, hineingezogen sah in ihre Verworrenheiten und Widersprüche. Er teilt diese Erfahrung mit eigentlich allen bedeutenden Dichtern und Schriftstellern der Zeit von Thomas Mann über Bertolt Brecht bis zu Gottfried Benn, der Rückzug auf die weltflüchtigen Passionen des abenteuerlichen Auges bewahrte ihn nicht davor, weil der Betrachter niemals nur Betrachter, sondern immer auch Teil des Geschehens ist. Mitunter taucht in den späten Aufzeichnungen eine Reminiszenz an den «Arbeiter» auf, unvermutet und fremd zwischen Betrachtungen über den Wert des einzelnen, den Staat als Monstrum oder die helfende Kraft des Glaubens im Angesicht des nahenden Verhängnisses: «Ein Weltuntergang ohne transzendentale, metaphysische Aspekte und ohne das mächtige Licht, das von dort kommt und die Furcht vernichtet – das ist ein trauriges Bild. Es entstammt einer Zeit des Schwundes», heißt es in «An der Zeitmauer».

Der Verzicht auf die kühnen und suggestiven Vereinfachungen der frühen Jahre, die zunehmende Differenzierung und Gerechtigkeit seiner Wahrnehmungsweise, haben den leeren Raum noch erweitert, der immer um ihn war. Er blieb der Schriftsteller einer Minderheit, der mit ungeheurem, ins Träumerische entrücktem Gleichmut seine Pronunziamentos verkündete und keinen Blick für die Erwartungen des Publikums hatte und ob es ihm zuhörte oder nicht. Zutreffend hat Golo Mann schon vor Jahren bemerkt, diese Unbeirrbarkeit bei gleichzeitiger, niemals nachlassender Wandlungsbereitschaft und Neugier bis ins höchste Alter grenze «ans Wunderbare».[39]

Im ersten Band der späten Tagebücher «Siebzig verweht» hat er seine Eindrücke von einem Besuch in Kyoto festgehalten. Der Palast des Shoguns und jeder der Räume seien bis in die geringfügigste Einzelheit nach einem großen Prinzip gebildet, notiert er, das dem europäischen «Pathos der Distanz» entgegengesetzt sei. Nicht ohne Bewunderung bezeichnet er es als «Wahrung der Würde auf engstem Raum»[40], und legt damit die Vermutung nahe, dies sei die Maxime, der er selber gern gefolgt wäre. Am Ende mag er sogar dahin gelangt sein. Aber für geraume Zeit erlaubten soviel Bei-sich-selber-Sein weder sein Wahrnehmungshunger noch das Jahrhundert, das er trotz aller gesuchten Freiheit niemals nur teilnahmslos beobachtet, sondern in seiner Unruhe und ganzen Dauer auch durchlebt hat.

Anmerkungen

1 Ernst Jünger, Strahlungen. Bd. 1 und 2. München 1988, Bd. 2, S. 390 (Eintrg. v. 29. März 1945).

2 Peter de Mendelssohn, abgedr. in: Der Geist in der Despotie, Berlin 1953, S. 182ff. Jünger hat auch die Mitarbeit an Ernst Niekischs Zeitschrift nach 1933 fortgeführt und während des Hochverratprozesses, der diesem 1937 gemacht wurde, der Familie Niekischs Unterkunft gewährt. Als die jüdischen Mitglieder aus dem Traditionsverein seiner Weltkriegseinheit ausgeschlossen wurden, protestierte er dagegen durch seinen eigenen Austritt.

Vgl. dazu Heimo Schwilk, Ernst Jünger. Leben und Werk in Bildern und Texten. Stuttgart 1988, S. 305. Ferner Ernst Niekisch, Gewagtes Leben. Begegnungen und Begebnisse. Köln/Berlin 1958, S. 190ff.

3 Strahlungen, Bd. 2, S. 423 (Eintrg. v. 2. Mai 1945).

4 Ernst Jünger, Sämtliche Werke. Stuttgart 1987ff., Bd. 7, S. 39.

5 Ebd., Bd. 9, S. 133.

6 Strahlungen, Bd. 2, S. 40 (Eintrg. v. 16. April 1943) und S. 430 (Eintrg. v. 7. Mai 1945). Vgl. auch ebd., S. 306 und S. 415.

7 Ebd., Bd. 2, S. 617f. (Eintrg. v. 2. April 1946).

8 F. Jünger, Sämtliche Werke, Bd. 7, S. 203. Vgl. dazu auch Dolf Sternberger, Eine Muse konnte nicht schweigen. ‹Auf den Marmorklippen› wiedergelesen. In: Gang zwischen Meistern. Frankfurt/Main 1987, S. 314.

9 Strahlungen, Bd. 2, S. 452 (Eintrg. v. 16. Mai 1945). Den Gedanken des Bruders griff auch Thomas Mann auf und äußerte sich beifällig über Jüngers Weigerung, sich als Figur der Opposition auszugeben: «Das ist mir lieber als das humanistische Schwanzwedeln und die gefälschten Leidens-Tagebücher gewisser Renegaten und Opportunisten.» Vgl. Th. Mann – Agnes E. Meyer, Briefwechsel 1937–1955. Frankfurt/Main 1992, S. 649 (Brief v. 14. Dezember 1945).

10 Strahlungen, Bd. 1, S. 11.

11 Ebd., Bd. 2, S. 13 (Eintrg. v. 28. Februar 1943).

12 Ebd., Bd. 2, S. 47 (Eintrg. v. 21. April 1943) und ebd., S. 82 (Eintrg. v. 22. Juni 1943).

13 Ebd., Bd. 2, S. 269 (Eintrg. v. 26. Mai 1944).

14 Ebd., Bd. 2, S. 245 (Eintrg. v. 3. April 1944).

15 Ebd., Bd. 1, S. 17.

16 Ebd., Bd. 1, S. 191 (Eintrg. v. 25. Juni 1940).

17 Ebd., Bd. 2, S. 284 (Eintrg. v. 6. Juli 1944).

18 Ebd., Bd. 2, S. 457 (Eintrg. v. 26. Mai 1945).

19 Ebd., Bd. 2, S. 139f. (Eintrg. v. 4. September 1943).

20 Thomas Mann, Tagebücher 1949–1950. Hrsg. v. Inge Jens, Frankfurt/Main 1991, S. 103 (Eintrg. v. 24. September 1949).

21 So Karl Korn, Im gläsernen Turm. Ernst Jünger zum siebzigsten Geburtstag. In «Frankfurter Allgemeine Zeitung» vom 27. März 1965; ferner Strahlungen, Bd. 2, S. 503 (Eintrg. v. 5. August 1945).

22 Albert v. Schirnding, Begegnungen mit Ernst Jünger. Ebenhausen 1990, S. 39.

23 E. Jünger, Sämtliche Werke, Bd. 3, S. 271f.

24 Strahlungen, Bd. 2, S. 216 (Eintrg. v. 22. Januar 1944) und S. 422 (Eintrg. v. 2. Mai 1945).

25 Ebd., Bd. 1, S. 370 (Eintrg. v. 26. August 1942).

26 Ebd., Bd. 1, S. 97 (Eintrg. v. 2. Februar 1940).

27 Ebd., Bd. 1, S. 287f. (Eintrg. v. 9. Januar 1942) und S. 315 (Eintrg. v. 6. März 1942).

28 Ebd., Bd. 1, S. 473 (Eintrg. v. 31. Dezember 1942).

29 Ebd., Bd. 2, S. 286 (Eintrg. v. 16. Juli 1944).

30 Ebd., Bd. 1, S. 235 (Eintrg. v. 29. April 1941).

31 Ebd., Bd. 1, S. 16.

32 Wolf Jobst Siedler, Die Entzifferung der Zeichen. Laudatio auf den Goethe-Preisträger der Stadt Frankfurt, vgl. «Frankfurter Allgemeine Zeitung» vom 30. August 1982.

33 Strahlungen, Bd. 2, S. 636 (Eintrg. v. 13. März 1947).

34 Ebd., Bd. 2, S. 549 (Eintrg. v. 22. September 1945).

35 Ebd., Bd. 2, S. 583 (Eintrg. v. 13. November 1945).

36 Ebd., Bd. 1, S. 434 (Eintrg. v. 2. Dezember 1942).

37 Ebd., Bd. 2, S. 401 (Eintrg. v. 11. April 1945).

38 Ebd., Bd. 2, S. 363 (Eintrg. v. 26. Januar 1945).

39 Vgl. zu diesem Motivkomplex Helmuth Kiesel, Wissenschaftliche Diagnose und dichterische Vision der Moderne. Max Weber und Ernst Jünger. Heidelberg 1994, S. 185ff.

40 E. Jünger, Siebzig verweht I. Stuttgart 1980, S. 117 (Eintrg. v. 3. bis 12. August 1965).

Kein Ende der Affäre mit Gott

Versuch über Graham Greene

Die verbreitete Unterschätzung, der das Werk Graham Greenes seit je begegnet, geht nicht zuletzt auf den pathetischen Kulturbegriff eines Publikums zurück, das literarischen Rang nicht ohne Verständnismühe und einen Hauch anspruchsvoller Langeweile denken kann. Nichts ist dem Ruf dieses Autors abträglicher gewesen als der in annähernd fünfundzwanzig Romanen und zahlreichen Kurzgeschichten eigensinnig wiederholte Versuch, Ängste und Elend des Menschen, die unheilbaren Brüche einer Welt nach dem Sündenfall, in einer spannenden Geschichte zu erzählen, man kann auch sagen, Weltliteratur mit der Kolportage zu versöhnen.

Alle Mißverständnisse, die Graham Greene erweckt hat, haben mit diesem doppelgesichtigen Zug seiner Bücher zu tun. Die einen sehen in ihm einen Autor hintergründig getönter Kriminalromane, doch beharrt er darauf, nie einen Kriminalroman geschrieben zu haben: «Bücher dieses Genres, besonders der englischen Spielart, beginnen in der Regel damit, daß auf einem einsamen Landsitz ein Toter in der Bibliothek liegt, doch wo liegt, zumal auf einsamen Landsitzen, je ein Toter in der Bibliothek?» Fast ungehalten weist er zurück, ein katholischer oder gar politischer Schriftsteller zu sein, «ich schreibe nicht für eine Sache», und von allen Formeln, auf die man sein Werk verkürzt hat, läßt er am ehesten die eines Unterhaltungsschriftstellers gelten.

Doch steckt in dem bereitwilligen Zugeständnis des Autors mehr Lust am Understatement, als der Wahrheit zuträglich ist.

Schon die Handlungsorte, die er bevorzugt, die trostlosen Vorstadtbezirke, die in der Hitze dämmernden, Fäulnis und Korruption ausbrütenden exotischen Drecknester sowie das verlorene, in Haß, Bitterkeit und Selbstquälerei merkwürdig entblößt wirkende Personal, sind von den eleganten Kulissen aller Unterhaltungsliteratur weit entfernt.

Vergleichbar ist allenfalls eine Äußerlichkeit. Die Entfaltung von Charakteren und Problemen vollzieht sich durchweg im Zusammenhang einer den Leser gefangennehmenden Handlung. Sie setzt meist beiläufig und jedenfalls ohne den einschüchternden, vollen Registerton großer Literatur ein: «Seit Castle vor mehr als dreißig Jahren in die ‹Firma› eingetreten war, aß er zu Mittag immer in einem Pub hinter der St. James's Street, nicht weit von seinem Büro.» Nichts erscheint, nach derart trivialen Einsätzen, abwegiger als der Gedanke an eine Sache auf Leben und Tod in einem mehr als vordergründigen Sinn, an Verzweiflung, Ausweglosigkeit, Schuld und letzte Dinge. Doch bald weitet sich der Rahmen, das scheinbar Belanglose gewinnt an Schwerkraft, neue Handlungselemente verwickeln und verschärfen die zunächst nur angedeuteten Konflikte, und unversehens zeigt sich, daß es innerhalb der nach wie vor eingängigen Geschichte um eben nichts anderes als um letzte Dinge geht. Vom Kriminalroman stammt nicht mehr als das Verstrickungsmotiv schuldig Unschuldiger, die aber nicht von Polizei und Detektiven, sondern von Gott oder doch einer verborgenen, im Bewußtsein des Menschen tätigen Macht gejagt werden.

Zwei Stränge laufen in diesen Romanen zusammen. Der eine geht auf die angelsächsische Tradition der Literatur als einer geselligen Einrichtung zurück, die der intelligenten Zerstreuung dient und den Besitz an Erfahrung, Welt- und Lebenskenntnis erweitert. Ihre Regeln verbieten alles Schwere, schwerfällig Gebildete, den anspruchsvoll entfalteten Ernst, und halten als schärfstes Verdikt jene Wendung bereit, die auch im sozialen Umgang jede Auseinandersetzung abrupt beendet: daß eine Sache zu langweilen beginne. Und obwohl dieser weitläufig belesene Autor gewiß nicht zu den bewußtlosen Traditionalisten gerechnet werden kann, sondern hinter der von ihm übernommenen, wenn auch charakteristisch entwickelten Form der «novel of action» die reflektierte Entscheidung eines Schriftstellers steht, der die anspruchsvoll neuen Tendenzen der Literatur, Virginia Woolf oder James Joyce, kennt, aber meidet, zieht er selber eine einfachere Deutung vor. Er habe früh zu lesen begonnen und sei deshalb nicht von der großen Literatur beeinflußt worden, wie man sie erst als Heranwachsender in die Hand bekomme; vielmehr hätten ihn Abenteuerromane, auch Mantel- und Degenstoffe, die Bücher seines Großonkels Robert Louis Stevenson, Rider Haggards «King Salomon's Mines» oder Marjorie Bowens berühmte «Viper of Milan» weit stärker geprägt und seine unverlierbare Neigung zum Melodramatischen ausgebildet. Und obwohl keines seiner Bücher zu einem Abschluß kommt, der die gestörte Ordnung wiederherstellt und die Verzweiflung der Akteure endet, fühlt er sich, wie er bemerkt hat, in schlechten Filmen noch heute selbst vom unglaubwürdigsten Happy End gerührt und ergriffen: «Das Leben ist nicht so. Solche Tapferkeit und solche Treue erträumen wir nur; aber in meiner Bedrängnis wünsche ich, es gäbe sie wirklich.»

Die Äußerung deutet zugleich auf das andere Hauptmerkmal seiner Bücher. Es reflektiert das grüblerische, von Melancholien heimgesuchte Temperament des Autors, der in der spekulativen Anstrengung nach jenen kaum wahrnehmbaren Möglichkeiten sucht, das ununterdrückbare Gefühl von Leere, Grauen und Gottverlassenheit ins Unrecht zu setzen. Graham Greene hat gelegentlich von den «Wüsteneien» gesprochen, die er bewohne, und sich als manisch-depressiv bezeichnet. Hinter den zahlreichen Reisen, die er zeitlebens vor allem in die Gefahrengebiete der Welt unternommen hat, nach Malaya und Vietnam, in das Kenia der Mau-Mau oder das Haiti des Papa Doc Duvalier, stand weder der traditionelle britische Exotismus, das Angestecktsein von den Tropen, noch die Absicht, abgelegene Stoffe und Schauplätze ausfindig zu machen, als vielmehr das Bedürfnis, dem taedium vitae, der quälend empfundenen Eintönigkeit des Lebens durch Erfahrungen der Angst und des äußersten Risikos zu entrinnen.

In der Erinnerung an seine frühen Jahre hat Graham Greene geschrieben: «Vor dem Schrecken läuft man schreiend fort; Angst hingegen hat etwas seltsam Verführerisches, Angst und sexueller Reiz sind geheime Verbündete.» Und nicht anders als in seiner Reiseunrast sieht er auch in der Literatur einen Fluchtversuch, der zweite Band seiner fragmentarischen Autobiographie trägt den Titel «Ways of Escape», gemeint ist immer die «acedia», die alte Mönchskrankheit, der er zu entkommen trachtet, und das Schreiben selber hat er als «Königsweg der Flucht» definiert: «Manchmal frage ich mich, wie alle jene, die nicht schreiben, komponieren oder malen, es zuwege bringen, dem Wahnwitz, dem Trübsinn und der panischen Angst zu entfliehen, die dem menschlichen Dasein innewohnen.»

Das Fluchtmotiv hat schon die Phase früher Bewußtwerdung mit der Kraft einer Zwangsvorstellung beherrscht: «Die Schrecknisse begannen, als ich dreizehn war.» Damals trank er eine Fixierlösung, die er für giftig hielt, aß Tollkirschen, schluckte Kokain und ein anderes Mal zwanzig Aspirintabletten – dies alles, um der demütigenden Gleichförmigkeit des Internatslebens, dem Mangel an Einsamkeit, der ordinären Promiskuität dieser Zwangsgemeinschaft zu entkommen. Auch das zu jener Zeit mehrfach wiederholte Spiel mit dem Russischen Roulette entstammte weniger dem Entschluß zum Selbstmord als dem Verlangen, die entwürdigende Monotonie durch einen Schuß zu beenden und den Tod für einen Adrenalinstoß in Kauf zu nehmen. «Das Merkwürdige ist», hat er später dazu bemerkt, «daß auch das Gefühl der Gefahr langweilig werden kann.» Nach sieben oder acht Versuchen gab er das Spiel mit dem Revolver auf.

Die in der literarischen Kritik häufig anzutreffende Tendenz, Leben und Werk eines Schriftstellers zu verknüpfen, wird nicht selten bis zu dem Punkt getrieben, wo das eine, auf fast mechanische Weise, nur noch zum Beleg des anderen dient. Doch im Fall Graham Greenes scheinen alle bestimmenden und literarisch produktiv gewordenen Motive weniger der Biographie, als lediglich einigen wenigen Jugendjahren zu entstammen. Das gilt ebenso für die Idee des Russischen Roulette, das in dem Roman «Dr. Fischer aus Genf» wiederauftaucht, wie für den Dauerhader mit Gott, der für das Gesamtwerk des Schriftstellers kennzeichnend geworden ist. Seine Konversion zum Katholizismus im Jahre 1926 führt er zwar gern auf äußerliche Anlässe zurück, auf die Konfession der Frau, die er bald darauf heiratete, sowie, noch beiläufiger, auf sein Bedürfnis nach Zeitvertreib. Aber hinter dieser Neigung, die existentiellen Probleme und Lebensentscheidungen ins Banale hinunterzuspielen, steckt viel eher die Intimscheu eines Menschen, dem die schriftstellerische Arbeit das Äußerste an Selbstpreisgabe abverlangte. Schon als Schüler jedenfalls veröffentlichte er eine preisgekrönte Erzählung über das Glaubensproblem sowie einen Disput zwischen Gott und dem Teufel, die sich bei einer Schachpartie gegenübersitzen; und nicht ohne Grund liebt er es, ein Gedicht von George William Russell zu zitieren, wonach die großen Leiden der Welt aus den «Schatten und Dämmerungen» der frühen Jahre kommen, und «in Judas' verlorener Kindheit Christus verraten ward».

Das alles ist in noch auffälligerem Maße vom eigentlichen Leitmotiv im Werk Graham Greenes zu sagen. Im Mittelpunkt stehen durchweg gebrochene Charaktere, eine Personnage seltsam moroser, von Zweifeln zerfressener Menschen, die, unbegabt zu jeder Form der Treue und Loyalität, in Bewährungsproben geraten, denen sie nicht gewachsen sind. Daß die Menschen schwach sind und die Umstände, die sie sich schaffen, übermächtig, daß das Versagen unvermeidlich und Leben soviel wie Verrat ist: Auf diese Grundsituation geht es immer wieder hinaus, und sie spiegelt nichts anderes als Graham Greenes überwältigendes Jugendtrauma wider.

Sein Vater leitete in Berkhamsted, einem kleinen Ort im Süden Englands, ein Internat, und wie viele Freunde er unter den Mitschülern auch gewann: er blieb immer «der Sohn des Direktors», immer vom Mißtrauen verfolgt, es war eine Art «Hölle» von Einsamkeit und Jugendverzweiflung: «Ich konnte mich den anderen nicht anschließen, ohne meinen Vater zu verraten, während sie mich wie einen Kollaborateur im feindbesetzten Gebiet betrachteten.»

Doch stammt das Pathos des Verrats, der menschlichen und moralischen Unzuverlässigkeit, das den Figuren Graham Greenes eigentümlich ist, nicht nur aus persönlicher Erfahrung; es hat auch mit seinem Sinn für literarische Wirklichkeitstreue zu tun. Seine frühen Romane, die er denn auch aus seinen Gesammelten Werken ausgeschieden hat, eifern noch Stilvorstellungen nach, die er zu jener Zeit für Kunst hielt. Dann zwangen materielle Sorgen ihn, die Höhenluft artifizieller Prosa zu verlassen und den Blick auf die Realität zu richten: «Die Wirklichkeit, die gesegnete Wirklichkeit!», hat er rückblickend, nicht ohne einen Seufzer der Erleichterung, formuliert. Die verkommenen, häufig wie entleert wirkenden Orte in seinen Romanen mit ihren stickigen Hinterzimmern, den Bordellen, Lehmhütten und Lasterhöhlen, mit Gewalt, Schmutz und den lauernden Bussarden auf Wellblechdächern sind nur die konzentrierten Abbilder einer trostlosen Welt, nicht anders als die elenden, von Selbstvorwürfen, Angst und mißgeleiteten Einsichten erschöpften Figuren zum Leben erweckte Metaphern des Menschlichen sind.

«Bestimmt muß es eine Macht geben», sinniert einer seiner Akteure, «die stets dafür sorgt, daß die Dinge sich unter den demütigendsten Umständen abspielen.» Die Frage ist, ob diese Macht etwas anderes als das dauerverdrossene, depressive Temperament des Autors ist, und jedenfalls lief der Widerspruch, den seine Bücher erregt haben, immer wieder auf den Vorwurf hinaus, daß sie ohne alles Verklärungsinteresse sind und jenes Grau in ihnen vorherrscht, das aber gerade nicht, wie das berühmte Dichterwort es will, die Farbe der Theorie, sondern die aller Realität ist. «Manche Kritiker», hat er bemerkt, «haben von einer seltsam gewalttätigen, ‹schäbigen› Landschaft des Geistes gesprochen (Warum nur ist das Wort ‹schäbig› durch mich so populär geworden?), die sie ‹Greene-land› nennen; ich hingegen habe mich manchmal gefragt, ob sie denn mit Scheuklappen durch die Welt laufen ... Sie glauben nicht, daß die Welt, die sie nicht bemerkt haben, wirklich ist.» Der unbeirrbare, von Niedrigkeiten und Schwächen verschonte, gleichsam eindimensionale Mensch taucht in diesen Romanen nicht auf, er widerspricht der Wirklichkeitserfahrung des Autors ebenso wie seiner Vorstellung dessen, was literaturfähig ist. Überdies aber ist der offensichtliche Feigling, der Auffassung Greenes zufolge, nicht nur realistischer, er verdient auch «mehr Sympathie als der offenkundige Held».

Daher ist es nicht nur pessimistische Kälte, eine Art Besessenheit durch alle Arten menschlicher Verlorenheit oder gar ein literarisches Kalkül, was dem Greeneschen Typus die charakteristisch unansehnlichen Züge verschafft hat. Vielmehr erlaubt ein Menschenbild wie dieses dem Dichter erst, jenes überwältigende Mitgefühl zu entfalten, das alle seine Romane zu heimlichen Apologien der Verachteten und moralisch Preisgegebenen macht. Bezeichnend dafür ist seine Äußerung über die Bedeutung der im Jahre 1938 unternommenen Reise nach Mexiko, die Erfahrung der erbarmungslosen Verfolgung katholischer Priester und Gläubigen: «Meine Religion war bis dahin eine rein intellektuelle Angelegenheit gewesen, aber nun wurde ich gefühlsmäßig beteiligt und, ganz gewiß, das ändert das Schreiben, das ändert das ganze Leben eines Menschen.» Und knapper, schärfer noch: «Wenn man einmal ein totes Kind in einem Straßengraben, sei es in Mexiko, Vietnam oder Haiti liegen sah, schreibt man nicht mehr ‹schöne› Literatur.»

An Henry James, den Graham Greene wie keinen anderen Romancier der Weltliteratur schätzt, hat er die Fähigkeit zum unsentimentalen Mitleid gerühmt, und was man den victimophilen Zug im Werk des Autors nennen könnte, rührt nicht zuletzt aus seiner Überzeugung her, daß das Glück im Leben der Menschen, analog zu dem Wort Hegels über die Völker, nur leere Seiten ergibt. Der Versager, der Mensch, der an den Konventionen, Ideologien oder Dogmen zerbricht, der Gläubige, der die Verdammnis auf sich nimmt, ist der Held seiner Romane im doppelten Sinn des Begriffs: Mittelpunktfigur und zugleich nicht ohne einen Anflug von Glorie. Erst die Schwäche, der Ruin, die zutage tretende Nichtswürdigkeit sind es, die ihn menschlich machen.

Dieses Paradox hat seine eigentliche Zuspitzung durch Graham Greenes Katholizismus erfahren. Zwar ist die Gereiztheit, mit der er das Etikett eines «katholischen Schriftstellers» wiederholt zurückgewiesen hat, nicht unverständlich, zuviel Erbauungsanspruch und Jenseitsgewißheit haften der Formel an; doch ist sein Einwand, er sei ein Schriftsteller, der «zufällig auch katholisch» ist, wohl an die Voraussetzung zu knüpfen, daß «Zufall» heißt, was niemandem ohne Grund zufällt. Der Schriftsteller Victor S. Pritchett, ein Freund und Altersgenosse Greenes, hat vom bürgerlich-englischen Protestantismus gesagt, er habe das furchtbare Problem von Gut und Böse zur bloßen Alternative von Recht oder Unrecht vereinfacht und damit vorgegeben, daß das eine vom anderen unschwer zu unterscheiden sei. Der Übertritt zum katholischen Glauben hat das Problem für Graham Greene in seiner verwirrenden Unlösbarkeit wiederhergestellt: daß Gottes Kraft sich vor allem in den Schwachen und Verachteten zeige; daß Nächstenliebe Schrecken und Unglück heraufbeschwören könne; daß das verworfene Sündertum Gott näher sei als jener Agnostizismus, der sich hinter dem offiziellen Kirchenchristentum verbirgt.

Das berühmte Beispiel für das, was man Greenes tragische Theologie nennen kann, ist jener Roman, in dessen Mittelpunkt ein mexikanischer Priester steht, der, auf der Flucht vor seinen Verfolgern, dem Whisky verfällt, ein uneheliches Kind besitzt, verhöhnt, verraten und schließlich, schlotternd vor Angst, von zwei Polizisten vor ein Peloton geschleppt wird – und der doch, trotz und gerade wegen aller würdelosen, erbärmlichen Züge «die Kraft und die Herrlichkeit» Gottes bezeugt. «Die Größe des Problems», heißt es einmal von dem ruhelos Flüchtenden, «erschütterte ihn: er bedeckte die Augen mit den Händen; nirgends in dem weiten, flachen, sumpfigen Land war ein einziger Mensch, den er fragen konnte.»

Die Größe des Problems, die Unmöglichkeit, es zu lösen, ist Greenes Lebensthema. Schon der frühe Roman «Brighton Rock» handelte, wie er versichert hat, von der «erschreckenden Seltsamkeit der Gnade Gottes», und sein einstweilen letztes Buch, «Dr. Fischer aus Genf», das sich als reißerisch konstruierte Satire ausgibt, kann nicht ohne gute Gründe auch als Parabel über die unbegreifliche Grausamkeit Gottes und die korrupte Demut seiner Gläubigen verstanden werden. Was immer die Schauplätze, wer immer die Akteure sein mögen: Am Ende geht es, unter wechselnden Konstellationen, um nichts anderes als die Motive der Menschen, an Gott, dem deus absconditus et incomprehensibilis der Theologen, zu verzweifeln.

In diesem Generalthema spiegelt sich nicht nur die persönliche Passion des Dichters wider, sondern auch die Überzeugung, daß der Mensch an Schwerkraft verliere, seine Konflikte den tödlichen Ernst einbüßten, sobald der metaphysische Hintergrund abhanden kommt. Das ist auch der Grund dafür, daß kaum ein Roman Graham Greenes in einem liberalen Milieu, unter den vom Zweifel Unerreichbaren, den aufgeklärten Elegants des Zeitgeistes spielt, in einer Welt ohne «menschlichen Faktor» – während in nahezu jedem trostlosen Vorstadtbüro mit seinem vulgären, verblendeten und gewalttätigen Personal, jedem Dschungeldorf, Gott wenigstens in der Agonie präsent ist und hinter der elendesten Shantytown, wie entfernt auch immer, eine Art Kalvarienberg umrißhaft sichtbar werden kann.

Die häufig verkappte Religiosität, die allen Figuren Graham Greenes, auch den Zynikern, den aufgebrachten oder resignierten Hassern eigen ist, hat ihnen eine oft bestürzend spürbare Intensität verschafft und viele von ihnen unvergeßlich gemacht: neben dem Whiskypriester auch dessen Gegenspieler, den Polizeileutnant, der allen Aberglauben ausrotten und eine Welt schaffen will, die sich «allmählich abkühlt»; dann Pinkie aus «Brighton Rock», Major Scobie, Alden Pyle, den «stillen Amerikaner», oder Maurice Castle.

Selbst den Nebenpersonen, an denen er nicht selten seinen misanthropischen oder sozialkritischen Hang zur Vertölpelung ausläßt, gibt er nicht selten durch eine überraschende Wendung zum Hochherzigen die Möglichkeit, aus der karikierenden Übertreibung unversehens ins Menschliche zu treten: so im Falle des Präsidentschaftskandidaten Smith aus der «Stunde der Komödianten» oder des Dichters Jorge Julio Saavedra, in dem er geradezu die Gegenfigur seiner eigenen Vorstellung vom Schriftsteller entworfen hat, einen Mann, der mit dem Wort ringt, eine Neigung zu grandios verunglückenden Metaphern besitzt und zu sagen pflegt: «Die anderen haben Talent, ich habe einen Dämon» – der aber schließlich doch, durch einen Akt verzweifelter Generosität, menschliche Dimension und Sympathie gewinnt. Greenes ungewöhnliche Gabe der Schattierung, sein Vermögen, Handlungselemente und Charaktere zu innerem Ausgleich zu bringen, war bald so berühmt, daß der Filmproduzent Sam Zimbalist ihn eines Tages fragte, ob er für eine Neuverfilmung von «Ben Hur» nicht eine effektvolle Schlußepisode schreiben könne. «You know», sagte er, «wir suchen ein Gegenstück zur Kreuzigung.»

Das Bewußtsein, daß erst Zwischentöne und ein System sich

gegenseitig stützender Widersprüche einem Roman so viel Wirklichkeitsnähe verschaffen, daß der Leser Menschen begegnet und nicht Kunstmonstren, hat auch Graham Greenes Distanz zur sogenannten engagierten Literatur begründet: «Ich sage nicht, daß ich sie verachte; aber sie ist mir fremd.» Wiederholt hat er bemerkt, daß er «keine Botschaft» habe, weder mit politischem noch mit religiösem Vorsatz schreibe und als Schriftsteller nicht einmal die Ungerechtigkeit bekämpfe: «Ich erzeuge vielmehr nur ein Gefühl ungerechter Verhältnisse. Denn meine Absicht ist es nicht, die Verhältnisse zu ändern, sondern sie darzustellen.»

Die Tatsache, daß er gleichwohl in den Ruf eines leidenschaftlich engagierten Schriftstellers geraten ist, hat eher mit seinen außerliterarischen Parteinahmen zu tun, die er jedoch von seinem erzählenden Werk strikt abgrenzt. Entsprechend dem Satz von den moralischen Wirkungen der Literatur hat er verschiedentlich bekannt, daß ein Roman zwar politische Folgen haben könne, diese aber um so geringer oder fragwürdiger seien, je stärker die pamphletistische Absicht durchschlägt: «Wer Partei ergreift, hört eigentlich auf, Schriftsteller zu sein, er äußert sich als Mensch. Das kann geboten sein, hat aber mit Literatur nichts zu tun.» Denn diese gehorcht eigenen Regeln, einem Kanon professioneller Standards, den keine Empörung, kein Gefühl für Menschlichkeit verwirren darf. Der Schriftsteller ist eine Art «Doppelagent», dessen Sache diejenige aller seiner Figuren ist. «Die Identifikation macht schlechte Literatur», sagt er, «der Abstand zu den Figuren ist die Voraussetzung guter Literatur.»

Dahinter steht ein handwerkliches Ethos, das Nüchternheit, kalkulierenden Stilwillen und psychologische Gerechtigkeit keineswegs als politisch-moralische Untreue empfindet, sondern als das Wesen der Literatur selber: «the most accomplished of English novelists», wie die «Times» rühmte, der inzwischen nicht mehr als zweihundert Wörter täglich schreibt und so häufig überarbeitet, daß der Ertrag nicht selten auf wenige Zeilen zusammenschmilzt.

Mit jeder macht er sich auf die Suche nach einer knappen, genauen, unaufdringlichen Prosa, die das «verwirrende Licht der Wirklichkeit» durchläßt. Dazu gehört, daß er jeden Morgen, unabhängig von seiner Stimmung, kurz nach acht Uhr zu schreiben beginnt und nach zwei oder drei Seiten, gleichgültig wiederum, wie gut oder schlecht die Arbeit vorangeht, abbricht: Schreiben nicht als eine Sache der Inspiration,sondern als Pflicht und Pensum. «The hell of writing» hat er es auch genannt.

Dieser hohen technischen Moralität liegt die Überzeugung zugrunde, daß man es als Schriftsteller weit weniger mit den großen Kontroversen der Epoche als mit der Frage zu tun hat, wie viele Sätze zur Charakterisierung einer Figur nötig sind, wo die Verwendung von Adjektiven und adverbialen Bestimmungen zulässig ist oder wie eine Handlung beschleunigt oder verlangsamt werden kann. «Ich versuche stets, kalt zu schreiben, mich schreibend von meinen Gefühlen freizumachen. Als Mensch habe ich Skrupel und Sympathien, als Schriftsteller nicht. Man darf die Figuren, die man zum Leben bringen will, niemals lieben; hassen übrigens auch nicht.» Graham Greene hat in diesem Zusammenhang erzählt, wie er zur Zeit seiner ersten Schreibversuche in einem Krankenhaus den Todeskampf eines Kindes erlebte. Alle Patienten wandten sich ab, um das Weinen der herbeigerufenen Mutter nicht mitansehen zu müssen, einige setzten sogar Kopftücher auf, um nichts zu hören: «Nur ich nicht. Im Herzen jedes Schriftstellers gibt es ein Stück, das aus Eis ist. Ich sah und hörte zu. Dies war etwas, was ich eines Tages vielleicht brauchen konnte: wie die Frau redete, wie sie alle die Banalitäten hervorschluchzte, die sie aus irgendeiner Frauenzeitschrift haben mußte, ihr echter Schmerz, der sich nur in Gemeinplätzen äußern konnte.»

Außerhalb seiner erzählenden Arbeiten hat Graham Greene dagegen wiederholt seine Sympathie mit dem Kommunismus oder richtiger: mit verschiedenen linksrevolutionären Bewegungen der Dritten Welt geäußert. Er war mit Allende und dem panamesischen Staatspräsidenten Torrijos befreundet, hat gelegentlich für die Sandinisten geschmuggelt und schätzt Fidel Castro, wenn auch mit dem bezeichnenden Zusatz, man solle dazu auch die Kubaner im Exil befragen. Gesprächsweise hat er denn auch Zweifel geäußert, ob er je unter dem Regime Allendes oder Fidel Castros hätte leben können, ohne mit ihnen in Konflikt zu geraten: «Das sind romantische Idealisten, die von der Idee eines Neuen Menschen ausgehen, den es nicht gibt und nie geben wird. Und so sehr mich Romantiker anziehen, so gefährlich und zum Inhumanen neigend ist romantische Politik; ich ziehe Mr. Gladstone vor.»

Trotz solcher Vorbehalte ist gerade der humanitäre Romantizismus der eine Ansatzpunkt, auf den Graham Greenes Neigung zum kommunistischen Experiment zurückgeht, die verwegene Abenteuergeschichte, die in solchen revolutionären Aufbrüchen enthalten ist, ihr melodramatisches Pathos. Der andere ist die, wie vage auch, durchschimmernde spirituelle Tendenz des Kommunismus, das Element von Verheißung, Hoffnung und Glaube, das ihm gerade in den naiven, stammelnden Aneignungen durch das Analphabetentum jener unterentwickelten Länder eigen ist, in denen Graham Greene sich seine Vorstellung davon gebildet hat.

Eine eher willkürliche Vorstellung, die vom Glaubensbedürfnis weit stärker als von Glaubensinhalten bestimmt ist. Nichts anderes ist auch der Grund dafür, daß Katholizismus und Kommunismus für ihn wie übrigens für viele seiner Generation und Herkunft so problemlos zusammengehen konnten. Erzogen an den Vorzugsschulen einer Spätkultur, wie sie einzig England hervorgebracht hat, in den intellektuellen Amüsiervierteln von Oxbridge, die geprägt waren von einem Typus, der die klassische Sozialfigur des Dandys in müden, ironischen Wiederholungen zu Ende lebte und mit nonchalanten Gebärden jedem Wertsystem blasierte Geringschätzung bekundete, regte sich in vielen der Widerwille gegen die frivolen Unverbindlichkeiten einer Welt ohne Normen.

Die Anziehungskraft, die Katholizismus wie Kommunismus

mit der Vehemenz jeder starken und starren Glaubensidee auf sie ausübten, wird erst vor diesem Hintergrund ganz erklärbar. In der Strenge dogmatischer Prinzipien, dem Glück einer geschlossenen Heilslehre mitsamt den Schaudern von Ketzertum und Häresie, fanden sie Bedürfnisse nach Geborgenheit, Disziplin und existentiellem Ernst befriedigt, für die sie die leeren, hochmütigen Attitüden der Welt, aus der sie kamen, nur allzu bereitwillig hergaben. Graham Greene hat einmal von seiner «Versuchung durch die Extreme» gesprochen, es war die alte Abenteuerlust ins Geistige übertragen, und bezeichnenderweise gilt ähnliches für die Biographie einiger seiner engeren Freunde, die Namen von Evelyn Waugh und Kim Philby markieren die beiden Positionen, deren Verführungsmacht auch er immer empfunden hatte. Der eine gewann, Graham Greene zufolge, aus dem katholischen Glauben das wenige an Hoffnung und Mitgefühl, das ihm erreichbar war, der andere fand im Kommunismus, wie die Spione Guy Burgess, Donald Maclean und viele andere, das Stück schmalen Grundes, das ihm zu leben ermöglichte, ehe sie alle ins Moskauer Exil gerieten und mit dem Sturz in die Wirklichkeit von der metaphysischen Verlorenheit, der er sich entkommen glaubte, wieder eingeholt wurden. Ihn selber, hat er bemerkt, habe der frühe Übertritt zum Katholizismus vor einem ähnlichen Schicksal womöglich bewahrt. Was sie in ihrem Glaubenshunger und Glaubensunglück verband, hat er in der Figur des Dr. Magiot aus der «Stunde der Komödianten» darzustellen versucht. Von ihm heißt es, er sei glücklich, weil er glauben kann: «Katholiken und Kommunisten haben große Verbrechen begangen, aber wenigstens haben sie nicht teilnahmslos abseits gestanden wie alteingesessene Mächte. Ich hätte lieber Blut an den Händen als Wasser wie Pilatus.»

Gewiß wird man solche Zitatstücke nicht als Bekenntnis des Autors selber ansehen können. Aber etwas von der Schwerpunktlosigkeit der frühen Jahre, der Bereitschaft zur Standortvertauschung, aus der sich als tragendes Element nur der entschlossene

Wille zu glauben erhebt, ist bis in die spätere Zeit immer spürbar geblieben. Der Versuch, die eigenen Unverläßlichkeiten mit Rolle und kritischer Funktion des Schriftstellers zu rechtfertigen, der, wie Graham Greene einmal bekannt hat, unter Kommunisten auf die Vorzüge des Kapitalismus, unter Kapitalisten dagegen auf die des Kommunismus hinweisen müsse, kann sie nicht gänzlich verbergen. Mit entwaffnendem Freimut hat er ein andermal bemerkt, er glaube nicht, daß es in seiner «politischen Vorstellungswelt irgendeinen Zusammenhang gibt».

Skepsis und die Gelassenheit des Alters haben die einstigen, wenn auch schon immer brüchigen Gewißheiten weiter abgebaut. Unumwunden räumt er inzwischen ein, daß ein Kommunismus mit menschlichem Gesicht ohne Aussicht und allenfalls eine Hoffnung wider alle Hoffnung sei.

Gleichzeitig damit hat auch sein Katholizismus an Ungeduld und aggressiver Inbrunst eingebüßt, die schrecklichen Paradoxe bedrängen ihn nicht mehr wie einst, mitunter hat man den Eindruck vom Ende der Affäre mit Gott. Doch hat, was damit gemeint ist, nicht nur für den «agnostischen Katholiken» Graham Greene Bedeutung. Nicht weniger stark trifft diese vielleicht letzte Flucht, die Flucht in eine Art resignierter Ergebung, den Schriftsteller Graham Greene, für den das Glaubensproblem zeitlebens zentrale Bedeutung besessen hat und dem es im Zerrinnen die grandiosen Motive von Sünde, Schuld, Zweifel und Gnade nimmt, die, einer Zuversicht zufolge, die er immer gesucht und nie gefunden hat, allem menschlichen Handeln erst kardinale Bedeutung geben.

Damit mag zusammenhängen, daß in den Romanen der jüngeren Zeit eine Wendung zur epischen Komödie sichtbar wird. Schon in der «Stunde der Komödianten» hatte sich, wenn auch mit jenem abtrünnigen Unterton, der für die glaubenssüchtigen Figuren des Dichters kennzeichnend ist, der Ich-Erzähler erinnert: «Als Knabe hatte ich Vertrauen zu dem christlichen Gott.

Das Leben in seinem Schatten war eine ernsthafte Sache; ich sah ihn in jeder Tragödie inkarniert. Er war Teil der lacrimae rerum, gleich einer riesenhaften Gestalt, die in einem schottischen Nebel undeutlich aufragt. Jetzt, da ich mich dem Ende des Lebens nähere, half mir manchmal bloß mein Humor, an ihn zu glauben. Das Leben war eine Komödie, nicht jene Tragödie, für die ich vorbereitet worden war, und mir schien, als würden wir alle ... von einem gebieterischen Possenreißer bis an die äußerste Grenze der Farce getrieben.» Und als wolle er mit der Einsicht der von ihm geschaffenen Figur Ernst machen, hat Graham Greene in dem unlängst erschienenen zweiten Band seiner Erinnerungen bemerkt, er befinde sich am Ende der Reise, die er unternommen habe, ohne den Weg zu kennen, «in der tragikomischen Gegend von La Mancha, wo ich bleiben werde». Der Titel des soeben abgeschlossenen, neuen Romans heißt «Monsieur Quichotte».

Aber sicher kann man dieser Wendung nicht sein, und ausgemacht ist nicht einmal, ob der Vorgang diesen Namen verdient. Er entspricht auch nur der alten Erkenntnis, daß Tragödie und Komödie dem gleichen, verhängnisbeherrschten Lebensgefühl entstammen, das sich entweder in der Verzweiflung oder im Hohn über eine Welt äußert, in der es kein Glück, sondern nur verschiedene Formen des Unglücks gibt: «Ich bin immer hin- und hergerissen zwischen dem Glauben, daß das Leben glücklicher sein sollte als es ist, und der Überzeugung, daß es, wenn es glücklicher scheint, in Wahrheit schlimmer ist.»

Eine Erinnerung bringt den gleichen Gedanken schärfer und anschaulicher hervor. Er habe, erzählte Graham Greene einmal, vor Jahren zwei weiße Mäuse geschenkt bekommen, von denen die eine der anderen unablässig zusetzte, sie verfolgte und schließlich fraß. Bald darauf starb sie an Vereinsamung. «Das ist so gut zum Lachen wie zum Weinen», bemerkte er dazu, «und nicht so weit von dem, was Glück und Unglück der Menschen ausmacht.»

Lyrikinterpretationen

Genieträume und Wirklichkeit

JOHANN WOLFGANG GOETHE

Hoffnung

Schaff, das Tagwerk meiner Hände,
Hohes Glück, daß ichs vollende!
Laß, o laß mich nicht ermatten!
Nein, es sind nicht leere Träume:
Jetzt nur Stangen, diese Bäume
Geben einst noch Frucht und Schatten.

Dieses Gedicht verlangt keine umständliche philologische Deutung. Höchst einfach in der Form, enthält es dem Inhalt nach kaum mehr als eine Lebensweisheit, die nur durch die in der dritten Zeile eingefügte Bitte um Kraft einen subjektiven Ton gewinnt. Sein Beziehungsreiz wird erst begreifbar, wenn man die Umstände kennt, unter denen es entstand.

Goethe schrieb das Gedicht gegen Ende des ersten Weimarer Jahres. Er war damals siebenundzwanzig und hatte die zurückliegenden Monate, zusammen mit dem acht Jahre jüngeren Herzog, vor allem damit verbracht, «vom Himmel Lerchen regnen» zu lassen: mit Festen, Maskeraden, Ausritten oder Peitschenknallen auf öffentlichen Plätzen, und überall «die Miesels». Einmal waren sie in weißen Bettlaken durch Nacht und Wind geritten, um die Leute zu erschrecken, oder hatten dem buckligen Fräulein von Göchhausen die Zimmertür zugemauert, so daß sie verzweifelt davorstand und an ihren Sinnen irre wurde. Wenn Wieland und andere Goethes Ankunft in Weimar mit dem Aufgang eines Sterns verglichen und der Doktor Hufeland von der «wunderbaren Revolution» gesprochen hatte, die das philiströse Nest «plötzlich genialisiert» habe, mehrten sich jetzt die ärgerlichen Stimmen. J. H. Voß schrieb, der Herzog und sein Günstling führten sich wie «unerzogene Jungen» auf.

Das war das Bild nach außen. Immerhin hatte Goethe schon nach wenigen Wochen, mitten im verrücktesten Treiben, in einem Brief an den Herzog unversehens den Ton gewechselt und zu den Pflichten gemahnt. Doch war das nur ein Zwischenruf. Und selbst, als Carl August ihn in den Geheimen Rat, das vierköpfige oberste Regierungsgremium, berief, sah Goethe darin zunächst wenig mehr als eine Möglichkeit, die eigenen Launen mit gleichsam institutioneller Deckung weiterzuverfolgen. Aber zugleich, und um ihn fester an Weimar zu binden, hatte der Herzog ihm vor der Stadt, unweit vom Schloß, ein kleines Haus mit einem Garten zum Park hin überschrieben, und vermutlich war es dieses Geschenk, was Goethe aus den Losgelassenheiten der ersten Zeit wieder ins Wirkliche zurückbrachte. Jedenfalls widmete er sich über Wochen der Herrichtung des Anwesens, beschnitt oder okulierte und ließ sich aus Frankfurt Schößlinge kommen. «Meine Bäume versorgen! – und werde sehr von den Mücken gestochen. Mit beschmierten Baumwachsfingern fahr ich fort», schrieb er; und: Im Garten «immer die schönsten Tage». Unterdessen lösten die Regierungsgeschäfte das Allotria ab. Aber mitunter überfielen ihn auch Zweifel an seiner Weltrolle, er hatte in einem Papiersack eine Menge Unfertiges mitgebracht, Faust, Egmont, Gedichte, Entwürfe, und im Innersten war ihm bewußt, daß Weimar auch eine Flucht war, er sei schon imstande, ließ er Merck wissen, «das durchaus Scheisige dieser zeitlichen Herrlichkeit zu erkennen».

Das Gedicht drückt etwas von dieser Unsicherheit aus. Auch von der Selbstüberredung, die es kostete, sich gegen alle Genieträume auf die Seite des Alltäglichen zu schlagen. Aber die Wirklichkeit hatte auch ihr Recht, und er brach nicht nach der Art eines Dichters in sie ein. Das überließ er Lenz, der ihm nach Weimar gefolgt und eben dabei war, Pläne für ein Amazonenkorps aus so tollkühnen wie eleganten Edelhuren zu schmieden. Er selber las statt dessen Reicharts fünfteiligen «Garten-Schatz» sowie die Kursächsische Accise-Ordnung. Aber er fragte sich, ob er auf dem richtigen Wege sei, und noch geraume Zeit klangen viele seiner Äußerungen, als müsse er sich Mut zur Realität und ihren prosaischen Beglückungen machen: «Der Druck der Geschäfte ist sehr schön der Seele; wenn sie entladen ist, spielt sie freier und genießt des Lebens. Elender ist nichts als der behagliche Mensch ohne Arbeit.» Aber dann auch wieder, in einem Billet an Frau v. Stein: «Das Glück des Lebens liegt dunkel auf mir.» Deshalb hat er das Gedicht «Hoffnung» genannt.

Flüchtige Größe

FRIEDRICH VON SCHILLER

Nänie

Auch das Schöne muß sterben! Das Menschen
 und Götter bezwinget.
Nicht die eherne Brust rührt es des stygischen Zeus.
Einmal nur erweichte die Liebe den Schattenbeherrscher,
Und an der Schwelle noch, streng, rief er zurück
 sein Geschenk.
Nicht stillt Aphrodite dem schönen Knaben die Wunde,
Die in den zierlichen Leib grausam der Eber geritzt.
Nicht errettet den göttlichen Held die unsterbliche Mutter,
Wann er, am skäischen Tor fallend, sein Schicksal erfüllt.

Aber sie steigt aus dem Meer mit allen Töchtern des Nereus,
Und die Klage hebt an um den verherrlichten Sohn.
Siehe! Da weinen die Götter, es weinen die Göttinnen alle,
Daß das Schöne vergeht, daß das Vollkommene stirbt.
Auch ein Klaglied zu sein im Mund der Geliebten,
ist herrlich.
Denn das Gemeine geht klanglos zum Orkus hinab.

Wenn es richtig ist, daß von den Dichtern, auch von den bedeutendsten, nicht mehr als sechs, acht Gedichte überdauern, so gilt das gewiß für Friedrich Schiller. Er war das Gelächter der Romantiker wie das Idol emphatischer Studienräte, und der Hohn der einen wie die Begeisterung der anderen liefern bis heute die Stichworte gegen sein lyrisches Werk. In der jüngeren Generation ist es so gut wie vergessen.

Aber dieses Gedicht ist ein Meisterwerk. Auch die strengste Auswahl von Gedichten deutscher Sprache müßte es enthalten. Es ist ein klassisches Gedicht in jedem denkbaren Sinne: in der formalen Gebundenheit der Sprache, die dem Vers, zumindest zu Beginn, fast Gewalt antut, in der Feierlichkeit des Gedankens sowie schließlich, auf ganz buchstäbliche Weise, durch die Beschwörung der antiken Welt, die Schillers großes melancholisches Lebensthema war.

Zweifellos erschweren dergleichen Elemente, emotional wie intellektuell, den Zugang. Dem vehementen Subjektivismus einer Zeit, die in immer neuen Ansätzen auf die Erkundung des eigenen Ich aus ist, müssen solche Gedichte wie die Zeugnisse einer ferngerückten Epoche erscheinen; darüber hinaus ist auch der Bildungshintergrund für das Verständnis verloren.

Nänien hießen im antiken Rom die Leichengesänge, die neben der Trauer über den Verstorbenen zugleich dessen Gedächtnis und Nachruhm festhielten. Diesen doppelten Sinn des Wortes macht das Gedicht sich zu eigen und erweitert ihn zum großen Gedanken.

Es beginnt mit einem Satz lapidar formulierten Schmerzes: daß selbst das Schöne, wieviel Macht es auch immer besitzen mag, dem Tod unterworfen ist. Orpheus holte Eurydike doch nicht aus der Unterwelt zurück, Aphrodite mußte Adonis verbluten sehen, und Thetis rettete vor Troja nicht den Achill. Gemeint sind mit alledem nicht nur die mythologischen Figuren, sondern die antike Welt im ganzen. Die Erkenntnis ihrer historischen Unwiederbringlichkeit hat der klassischen Dichtung, insbesondere derjenigen Schillers, die unverwechselbar «sentimentalische» Stimmung von Abschied und Verzicht eingetragen.

Doch dann der Wendepunkt des Gedichts, der mit dem fast sieghaft hervorbrechenden «Aber ...» einsetzt. Plötzlich wird auch die Sprache frei, die kategorisch versetzten Wortkonstruktionen des voraufgegangenen Teils machen einem kaum unterdrückten Ton pathetischen Triumphs Platz.

Es ist Schillers innerster und apotheotischer Gedanke, der in diesen Zeilen zum Ausdruck kommt: daß die Kunst überdauere oder, genauer, daß nur durch die Kunst Dauer gegeben werde. Eurydike, Adonis, Achill, die antike Welt überhaupt, ist aus sich selbst nur ein Schemen; ihre Schönheit ist vergänglich, ihre Größe flüchtig. Aber zur Form geworden, im «Klagelied», wird das Dahingegangene zum Leben erweckt. Wenn das Lebendige dem Tod unterworfen ist, so unterwirft sich die Kunst den Tod. «Das Körperliche verschwindet, Kleid und Schleier bleiben», heißt die Regieanweisung Goethes bei der Umarmung Helenas durch Faust. Es ist der gleiche Gedanke. Was bleibt, ist die Form.

Das Gedicht ist nicht nur die poetische Formulierung der klassischen Kunstidee; in der Verbindung von Gedanken und hochgetriebenem Affekt drückt es zugleich den für das gesamte Werk Schillers charakteristischen Zug aus. Kaum ein Dichter war scharfsinniger, «gelehrter» als er, doch keiner wußte seine Intellektualität mit so viel Leidenschaft aufzuladen. Das hat seinem Werk das eigentümlich Hochfliegende, suggestiv Erhitzte verschafft, ohne ihm etwas von der spekulativen Schärfe zu nehmen.

Gleichwohl ist der Gedanke des Gedichts auf mehrfache Weise überholt. Vom Kunstbegriff Schillers führt kaum ein Weg in die Gegenwart, die an die Stelle formaler Kategorien weithin deren Vereinigung setzt und gerade die Vergänglichkeit des Kunstwerks postuliert. Auch die apodiktisch verkündete Gewißheit der Schlußzeile, daß das Gemeine aus dem Gedächtnis der Welt falle, ist, wie wir lange wissen, nicht haltbar.

Statt dessen ist Schiller selber in die Erinnerungslosigkeit abgesunken. Auch der Prozeß der Wiederaneignung der klassischen Epoche, der zumindest in der bildenden Kunst, nach Jahren turbulenter Formverleugnung, vereinzelt in Gang gekommen ist, hat ihn, aufs Ganze gesehen, nicht miterfaßt. Zum Teil ist dieser Widerstand gewiß der idealischen Begrenztheit des klassischen Weltbildes zuzurechnen, zum Teil aber auch der autistischen Enge unseres eigenen.

Musikstück für Worte

JOHANN WOLFGANG VON GOETHE

Nachtgesang

O gib, vom weichen Pfühle,
Träumend, ein halb Gehör!
Bei einem Saitenspiele
Schlafe! Was willst du mehr?

Bei meinem Saitenspiele
Segnet der Sterne Heer
Die ewigen Gefühle;
Schlafe! Was willst du mehr?

Die ewigen Gefühle
Heben mich, hoch und hehr,
Aus irdischem Gewühle;
Schlafe! Was willst du mehr?

Vom irdischen Gewühle
Trennst du mich nur zu sehr,
Bannst mich in diese Kühle;
Schlafe! Was willst du mehr?

Bannst mich in diese Kühle,
Gibst nur im Traum Gehör.
Ach, auf dem weichen Pfühle
Schlafe! Was willst du mehr?

Es gibt Gedichte, vor denen der uralte Streit zwischen Inhalt und Form verstummt, weil beides bis zur Ununterscheidbarkeit ineinander verschmolzen ist. Sie vermitteln eine Ahnung idealen Gelingens; wie nur selten glaubt man sich dem Rätsel poetischer Vollendung so dicht auf der Spur.

Es scheint, als habe Goethe in dem 1804 geschriebenen und trotz des volkstümlichen Tons nur wenig bekannten «Nachtgesang» ein vielfach verschachteltes formales Experiment unternommen: die fünf Strophen werden mit nur zwei Reimfiguren (ör-ehr und ühle-iele) bestritten, die dem Gedicht einen absichtsvoll eintönigen, zu Müdigkeit und Schlaf überredenden Begleitton verschaffen. Dieser Eindruck wird verstärkt durch den in jeder Strophe wiederkehrenden Endreim und sodann noch einmal gesteigert durch die Verknüpfung, die aus jeder dritten Zeile einer Strophe die Anfangszeile der nächstfolgenden macht. Die dritte Zeile der Schlußstrophe schließlich greift die Eröffnungszeile wieder auf, so daß der Bogen, Wiederkehr und Dauer suggerierend, sich schließt.

Goethe hat kaum ein kunstvolleres Gedicht verfertigt. Denn innerhalb dieser überaus strengen Form entfaltet er eine liedhaft weiche Grundstimmung, aus der anstrengungslos die Bilder von Melancholie, Stille und träumerischer Entrückung kommen. Das Gedicht erinnert auf seine Weise daran, daß alle Kunst zuletzt darin besteht, die Kunst vergessen zu machen.

Es ist ein Musikstück für Worte. Darauf deuten nicht nur die rondoartige Konstruktion sowie der schwer entschlüsselbare, einem italienischen Volkslied entstammende Kehrreim: «Schlafe! Was willst du mehr?»; auch die Verse selber bilden eher eine Melodie als einen genauen Sinn und halten denn auch verschiedentlich, auf ihre Bedeutung hin untersucht, der kritischen Wißbegier nicht stand – sowenig wie das Gedicht im ganzen, das bezeichnenderweise einen gelehrten Streit darüber entfacht hat, ob man sich unter der singenden Person einen Mann oder nicht eher doch die Lieblingssklavin eines orientalischen Fürsten vorzustellen habe.

Doch führt dergleichen exegetischer Ehrgeiz in die Irre. Die Empfindung, die das Gedicht ausdrückt, entzieht den Worten ihren rational faßbaren Kern und verwandelt sie gleichsam in Noten oder doch Stimmungschiffren. Es verlangt denn auch nicht, in Musik gesetzt zu werden. Aber Schubert hat es vertont, oder genauer das, was schon Musik ist, in einen anderen musikalischen Aggregatzustand gebracht.

Sicherlich ist heute, da jedes Kunstgebilde sich auf seine gesellschaftliche Perspektive hin verantworten muß, ein solches Gedicht ohne Chance. Der Abstand zur Gedanken- und Parolenlyrik unserer Tage, zu dem ganzen grandiosen Meinungstheater, das in die Dichtung eingebrochen ist, läßt sich schwerlich größer denken. Man kann an solchem Randbeispiel ermessen, wieviel modischer Wahnwitz in der verbreiteten Tendenz steckt, die Formen klassischer Literatur «aufzubrechen», um ihr einen neuen, gegenwärtigen Sinn zu entreißen. Unter dem Aufbrechen zerbricht nur das Kunstwerk selber.

In solchen Neigungen wird ebenso wie in der geringen Beachtung, auf die ein Gedicht wie dieses immer rechnen muß, der deutsche Soupçon gegen die Form erkennbar. Sie wird selten nur als Ziel verstanden und weit häufiger als Verlust so vieler, grenzenloser Möglichkeiten. Der Maler Degas, so wird berichtet, der sich mitunter in der Poesie versuchte, beklagte einmal gegenüber Stéphane Mallarmé sein Unvermögen, «Ideen» für seine Gedichte zu finden. «Wozu Ideen?», erwiderte der Dichter; «man braucht doch nur Worte.» Gewiß; und die Fähigkeit, den Worten jene Form zu geben, vor der alles Fragen endet und der Gedanke zur Ruhe kommt.

Mehr erhitzt als erleuchtet?

HEINRICH HEINE

Die Grenadiere

Nach Frankreich zogen zwei Grenadier,
Die waren in Rußland gefangen.
Und als sie kamen ins deutsche Quartier,
Sie ließen die Köpfe hangen.

Da hörten sie beide die traurige Mär:
Daß Frankreich verloren gegangen,
Besiegt und zerschlagen das große Heer –
Und der Kaiser, der Kaiser gefangen.

Da weinten zusammen die Grenadier
Wohl ob der kläglichen Kunde.
Der eine sprach: Wie weh wird mir,
Wie brennt meine alte Wunde!

Der andre sprach: Das Lied ist aus,
Auch ich möcht mit dir sterben,
Doch hab ich Weib und Kind zu Haus,
Die ohne mich verderben.

Was schert mich Weib, was schert mich Kind,
Ich trage weit beßres Verlangen;
Laß sie betteln gehn, wenn sie hungrig sind –
Mein Kaiser, mein Kaiser gefangen!

Gewähr mir, Bruder, eine Bitt:
Wenn ich jetzt sterben werde,
So nimm meine Leiche nach Frankreich mit,
Begrab mich in Frankreichs Erde.

Das Ehrenkreuz am roten Band
Sollst du aufs Herz mir legen;
Die Flinte gib mir in die Hand,
Und gürt mir um den Degen.

So will ich liegen und horchen still,
Wie eine Schildwach, im Grabe,
Bis einst ich höre Kanonengebrüll
Und wiehernder Rosse Getrabe.

Dann reitet mein Kaiser wohl über mein Grab,
Viel Schwerter klirren und blitzen;
Dann steig ich bewaffnet hervor aus dem Grab –
Den Kaiser, den Kaiser zu schützen.

Allen Mut zur Vereinfachung zusammennehmend, kann man in der deutschen Lyrik zwei genealogische Linien ausmachen: die eine eher liedhaft, mit Gedichten voll von Gemütstönen, die sich emphatisch über den Formenkatalog hinwegsetzen; die andere streng, in nahezu jeder Zeile ein hohes poetisches Kalkül verratend und häufig gedanklich verschlüsselt. Der Gegensatz ist vielfältig definierbar, die Namen Goethe, Heine oder Trakl stehen für die eine Linie; Hölderlin, Platen oder Stefan George für die andere.

Die Neigung für Gedichtetes entwickelt sich leichter und früher an den Zeugnissen der ersten Kategorie. Dann aber verwirft man, um von der eigenen Erfahrung zu reden, die alten Götter, da die eine Vorliebe die andere verbietet, ehe beide sich schließlich nebeneinander behaupten, Heines «Grenadiere» beispielsweise neben «Brot und Wein».

Und wenn von solchen frühen Erinnerungen die Rede ist, kann jenes Grammophon nicht fehlen mit Schalltrichter, Handkurbel sowie bizarr gebogenem und im Betrieb unruhig wippendem Tonabnehmer. Denn viele Gedichte der klassischen und romantischen Zeit sind am einprägsamsten über die Musik erreichbar, nicht durchweg die bedeutendsten, aber zahlreiche bedeutende eben doch. Wie unsäglich die Schluchzer auch klingen mochten, mit denen ein längst vergessener Bariton das «Mein Kaiser, mein Kaiser gefangen» aus Robert Schumanns Vertonung vortrug: etwas von der grandiosen Heineschen Unmittelbarkeit teilte sich darin unvergeßlich mit.

Heine hat in der Dialogpartie, die den dramatisch pointierten Höhepunkt des Gedichts bildet, zwei schroff unterschiedene Charaktere gegenübergestellt. Der eine hausväterisch besorgt, vom Lärm und abenteuernden Zugriff der großen Geschichte nur gestört, nicht ohne Unruhe an die Familie und die Rückkehr in den bürgerlichen Pflichtenkreis denkend; mit deutlicher Mißbilligung wird ihm nur eine Strophe zugeteilt, während dem anderen mehr als fünf gewährt werden: er steht weit über dergleichen privater Beschränktheit, weiß sich im Dienst einer Sache, die jeden Einsatz rechtfertigt und noch dem Toten eine Pflicht zuweist.

Dieser allein ist gemeint, das Gedicht eine Huldigung vor der Macht des großen, über den einzelnen hinausweisenden Gedankens und nicht, wie man mitunter fälschlich gedeutet hat, vor dem Kaiser der Franzosen. Heine war kein Monarchist, auch kein Anwalt des Napoleonkults, wiewohl er Bonapartes Verdienste um die Ausbreitung der Ideen von 1789, nicht zuletzt auch um die Emanzipation der Juden, hoch achtete.

Der Kaiser ist nur eine Metapher: eine konkrete Erscheinung jener Idee, nach der die Menschen unentwegt auf der Suche sind, die sie unter wechselnden Vorzeichen finden und zur Not sich auch konstruieren. Denn irgendein überpersönlicher Gedanke erst, eine Zukunftsvorstellung, das Gefühl der Teilhabe an einer objektiven Bewegung der Geschichte gibt dem Leben einen Sinn; dem Leben vieler jedenfalls, die in ihm selber keinen zu finden wissen. Die «Grenadiere» sind auch ein Gedicht vom Ungenügen, sogar von der Verächtlichkeit privater Existenz, privaten Glücks.

Heine hat sich später verschiedentlich vom «Buch der Lieder», dem das Gedicht entstammt, distanziert. Die der Zahl nach weit überwiegenden Liebesgedichte hat er als «in Honig getauchte Schmerzen» abgetan und im übrigen versichert, damals habe die Wahrheit ihn mehr erhitzt als erleuchtet. Zu denken ist, daß der zweite Vorbehalt vor allem auf Gedichte wie dieses zielt. Die bessere Einsicht, so meinte der Dichter, die er später gewonnen habe, laute weit einfacher, die Menschen sollten nur das tun, was tunlich ist – in der Kunst wie im Leben.

Die hundertste Ghasele

AUGUST VON PLATEN

Es liegt an eines Menschen Schmerz

Es liegt an eines Menschen Schmerz,
an eines Menschen Wunde nichts,
Es kehrt an das, was Kranke quält, sich ewig der Gesunde nichts,
Und wäre nicht das Leben kurz,
das stets der Mensch vom Menschen erbt,
So gäb's Beklagenswertheres auf diesem
weiten Runde nichts.
Einförmig stellt Natur sich her,
doch tausendförmig ist ihr Tod,
Es fragt die Welt nach meinem Ziel,
nach deiner letzten Stunde nichts.
Und wer sich willig nicht ergiebt dem ehrnen Loose,
das ihm dräut,
Der zürnt in's Grab sich rettungslos und
fühlt in dessen Schlunde nichts.
Dieß wissen Alle, doch vergißt es Jeder gerne jeden Tag,
So komme denn, in diesem Sinn,
hinfort aus meinem Munde nichts!
Vergeßt, daß euch die Welt betrügt,
und daß ihr Wunsch nur Wünsche zeugt,
Laßt eurer Liebe nichts entgehn,
entschlüpfen eurer Kunde nichts!
Es hoffe Jeder, daß die Zeit ihm gebe, was sie Keinem gab,
Denn Jeder sucht ein All zu seyn und Jeder ist
im Grunde nichts.

Allen seinen hektischen Träumen von Größe und Nachruhm zum Trotz ist Platen immer nur der Dichter einer Minderheit geblieben. Um populär zu sein, fehlte ihm der schlichte, liedhafte Gefühlston, über den Goethe oder, bei allen Unterschieden, Eichendorff, Heine und Mörike geboten. Er war strenger, spröder, artistischer und hat weder im Zitatenschatz noch im Liedgut für Männerchöre je heimisch werden können. Inzwischen ist die Erinnerung an ihn auf das «Grab im Busento» und allenfalls die berühmten zwei Zeilen über Schönheit und Tod aus dem «Tristan»-Gedicht zusammengeschmolzen. Mit vielen anderen liegt er im Massengrab zeitgenössischen Traditionsverlusts.

Er war einer der gelehrtesten Dichter deutscher Sprache. Um die Lyrik der großen Weltkulturen im Originaltext lesen zu können, erlernte er elf Sprachen. Zugleich hoffte er, auf diese Weise die verborgenen Gesetze der Poesie, ihre metrischen, euphonischen Regeln entschlüsseln und so das absolute Kunstwerk verfertigen zu können, das seine inbrünstig verfolgte, fixe Idee war.

Sie stand ihm aber eher im Wege. Nicht selten erstickte er die Kunst durch sein hochgestochenes, starres Kunstwissen. Dazu rechnete auch die Vorstellung, daß die vollkommene Form nur durch die Austreibung des Persönlichen, die äußerste Selbstverleugnung des Künstlers zu erreichen sei. Aber sooft er all die geistreich ausgedachten Theorien, das häufig ins Skurrile reichende Regelwerk hintanstellte und Schmerz, Erschütterung, Gefühlsüberwältigung allen Formenpietismus durchbrachen, gelangen ihm Gedichte von hohem und suggestivem Kunstglanz.

Zu seinen frühen Veröffentlichungen gehört ein Band Ghaselen. Der Ausdruck bezeichnet eine orientalische Gedichtform, deren Eigenart darin besteht, daß sie den Reim oder das Endwort des ersten Verspaares beliebig oft wiederholt und mit einer wechselnden Folge ungereimter Zeilen verbindet. Gerade die Widerstände, die die deutsche Sprache dieser Form entgegensetzt, haben den von allen Zwängen und Schwierigkeiten obsessiv angezogenen Dichter immer aufs neue darauf zurückgebracht.

Zu den eindrucksvollsten Stücken zählt diese, die hundertste Ghasele seines Werkes. Die ins eigentümlich Monotone fallende Magie dieser Form eignet sich offenbar nicht für jeden Inhalt. Aber für diese, wie mit einem Auftakt groß und fast dröhnend einsetzende, doch dann ins Gleichförmige, Tonlose zurücksinkende Eröffnung über die äußerste Nichtigkeit allen Lebens, aller Hoffnungen, Begierden und Schmerzen, ist sie so etwas wie die ideale poetische Figur. Acht der vierzehn Zeilen enden auf das Wort «nichts». Nur einmal, in der neunten Zeile, erweckt der Dichter mit dem neu anhebenden «Dieß wissen Alle» den Eindruck, als solle die Spur radikaler Weltverneinung verlassen und das Gedicht in eine belehrende Sentenz über den Selbstbetrug der Menschen hinübergeleitet werden. Doch schon der anschließende Vers macht die Irreführung offenbar, nicht anders als die folgenden, in direkter Wendung an den Leser vorgetragenen Zusprüche, die erst mit der abschließenden Halbzeile, nicht ohne Hohn, widerrufen werden.

Das Gedicht ist eines der frühen Zeugnisse des Nihilismus, die Rede eines Gottverlassenen vom Weltgebäude herab, daß nichts sei außer Einsamkeit, Sinnleere, Ausweglosigkeit. Seine Entstehung fällt in die Zeit, als Platen sich seiner homosexuellen Neigung und der Außenseiterstellung, in die sie ihn drängte, erstmals ganz bewußt wurde. Man wird sich schwertun, eine Andeutung des Aufbegehrens in diesen Zeilen zu entdecken, einen Ton der Verzweiflung, in der sich immer noch ein Willensrest von Gegenwehr anzeigte. Dies kommt vom äußersten Rande und ist, in seiner konstatierenden Nüchternheit, auch über alle Resignation weit hinaus.

Und doch widerruft das Gedicht, was es bezeugt, durch sich selbst. Ausdrücklich nimmt Platen die Kunst in den Katalog des Nichtigen auf. Aber schon die nächste Zeile, die bloße Tatsache, daß er sie niederschreibt, gibt der Sinnlosigkeit den Sinn zurück. In der aus dem Jahre 1853 stammenden Ausgabe seiner Werke, die ich benutzte, findet sich am Rande ein Vermerk von alter Hand. In säuberlicher Kalligraphie steht da: «Musterhafte Vollendung in der Form. Erschreckt ganz durch den darin ausgesprochenen Pessimismus ... und tröstet.» Dahinter hat der frühere Besitzer ein schwaches Fragezeichen gesetzt, aber das hätte der Dichter ihm nicht durchgehen lassen. Denn es bezweifelt die einzige Gewißheit, die ihm in aller Depression, allem unheilbaren Kranksein an der Welt geblieben war, das Shakespearesche «Noch ist das Schlimmste nicht, solang wir sagen können: Dies ist das Schlimmste».

Wozu das Theater?

Zwischenruf über einen parasitären Anachronismus

(1971)

Über das gegenwärtige Theater kann man nur noch im Ennui sprechen: von ungezählten enttäuschten Erwartungen, von vergeudeten Abenden und einer Welt, die offensichtlich ihre Bedeutung verloren hat. Die schrumpfenden Publikumszahlen belegen das ebenso wie die große Theaterklage, die jedes Jahr anhebt, wenn die Kritiker Bilanz machen und wiederum eine «öde Saison» registrieren: «Mehr Pleiten als erlaubt» oder «Melancholie im Theater». Ein Rattenkönig der Mißerfolge, der Ärgernisse und der blanken Langeweile – trotz steigender, mit zusehends ungenierterem Anspruch verlangter Subventionen.

Kein Zweifel, das Theater steckt tief in der Krise. Es hat keine Autoren, kein Publikum, kein Geld, keinen Nachwuchs. Die unentwegten Intendanten- und Dramaturgenkrisen mit all der lächerlichen Wichtigtuerei in ihrem Gefolge sind noch der vernehmlichste Existenzbeweis, dessen es fähig ist. Und doch fragt niemand, ob das Theater selbst nicht längst anachronistisch ist und ein veraltetes, bizarres Monument aus einer überholten Epoche. Immerhin könnte es an bestimmte künstlerische oder gesellschaftliche Voraussetzungen gebunden sein, die nicht mehr bestehen.

Seine materiellen Voraussetzungen hat es ohnehin lange eingebüßt. Anders als im bürgerlichen Zeitalter, dessen elementare Theaterleidenschaft die Bühnen zu florierenden Unternehmungen machte, sind sie heute nur noch durch ein immenses Zuschußsystem aufrechtzuerhalten. Im Schnitt bringen sie rund ein Viertel ihres Etats aus eigener Kraft ein, kommt ein Opernbetrieb hinzu, ist es weit weniger; das Badische Staatstheater benötigte 1970/71 für ein Budget von 14,7 nicht weniger als 12,3 Millionen Mark Subventionen. Nahezu 500 Millionen steuert die öffentliche Hand jährlich dem theatralischen Betrieb in der Bundesrepublik bei – gewiß nicht zuviel, wenn er den Geist der Epoche, ihre Probleme, Bedürfnisse und Hoffnungen artikulierte.

Statt dessen aber sind die Theater die in aller Welt beneideten Denkmäler einer Scheinkultur und im ganzen sicherlich nicht der Ort, an dem die Gesellschaft gleichsam mit sich selbst bekannt würde; sie sind viel eher und zunächst eine Stätte ziviler Repräsentation und unverzichtbar für die kommunale Komplettierung wie Rathaus, Kirche und Universität. Eine Stadt kommt in Deutschland schwerlich auf ihren Begriff, solange sie kein Theater besitzt, und ein gut Teil der erwähnten 500 Millionen dient dazu, ehrgeizigen Bürgermeistern oder Stadträten eine eindrucksvolle Kulturkulisse für die eigenen Auftritte zu verschaffen.

Noch auffälliger wird die Entfremdung im gestörten Verhältnis des Theaters zu seinem Publikum. Von den ohnehin nur rund neun Prozent der Bevölkerung, die als Theaterbesucher gelten, ging in den zurückliegenden fünf Jahren jeder zehnte verloren; anhänglich blieb vor allem das ältere bürgerliche Publikum, teils aus unverwüstlicher Neigung, teils aus Statusgründen, und Friedrich Luft meinte zu Recht, im Theater fühle man sich meist wie auf einem Veteranentreffen. Stirnrunzelnd, mit apathischer Geduld, verfolgt es die Spielpläne und das fremdartige Geschehen auf der Bühne. Sein Applaus ist eine Regung bürgerlicher Höflichkeit und hebt die stille Resistenz nicht auf, die es übt. Eine Umfrage in Frankfurt ergab, daß nur ein Prozent des Publikums die Werke einheimischer Zeitgenossen, wie Grass, Handke oder Hochhuth, sehen will.

Die Misere seiner verlorenen sozialen Funktion hat das Theater auf doppelte Weise zu verheimlichen versucht. Es gibt sich eminent jung und gegenwartsbewußt, auch wenn seine Jugendlichkeit etwas vom forcierten, neurotischen Schwung alternder Mätressen hat, die unsere Pietät eher als unsere Sinne in Anspruch nehmen.

Das hat fatale Folgen: Vornehmlich geht es auf unseren Bühnen laut zu, unentwegt treten Massen an die Rampe, richten zornige Gebärden gegen einen imaginären Gegner oder traben schnaubend im Kreis, ehe sie, höhnisch auflachend, innehalten: Hoho, der Klassenfeind! Natürlich ist man auch respektlos und treibt seine Clownerien mit den Klassikern, Shakespeare findet unterm Weihnachtsbaum mit Songs von Marlene Dietrich statt, der «Titus Andronicus» wird, unter Assistenz eines margarinespuckenden Joseph Beuys, mit Goethes «Iphigenie» verschnitten, und aus dem Kapitalistenhimmel Harpagons prasseln Talerstücke und Leichen: so billig sind Jugend und Gegenwartsbewußtsein zu haben.

Daneben wird die abhanden gekommene Funktion des Theaters aber auch durch zunehmende Moralisierung der Bühne vertuscht. Das Vergnügen ist verpönt, die Moral führt kalten Krieg gegen das Publikum. Wer könnte heute noch eine Vorstellung verlassen, ohne allerlei einfältige Kalenderweisheiten als Wegzehrung zu erhalten: «Krieg ist schlimm!», «Geld regiert die Welt!», «Der kleine Mann zahlt immer!» oder knapp, in der Sentenz eines Stücks von Wolfgang Bauer: «Die Wölt ist nämlich unhamlich schiach!»

Es sind Erkenntnisse, die den gegenwärtigen Theatermachern mit überwältigender Wucht aufgegangen sein müssen; denn sie pfropfen solche Simplismen in unermüdlichem Repetitionszwang jedwedem Stückeschreiber jeder Zeit auf: «Wallenstein» wird auf diese Weise zur dröhnenden Antikriegsfanfare, «Tasso» zur Polemik gegen Goethes feudale Anpassungsneigungen, Molière zum Kritiker des Kapitalismus: Man hat den Klassikern nicht umsonst den Marx, den Marcuse und den Mitscherlich voraus.

Wer einen Begriff von der intellektuellen Armut und anmaßenden Blödigkeit gewinnen will, die sich da dem theatralischen Material nähern, prüfe beispielsweise den Schlüssel, den die Bearbeiter der Textaufführung des Wagnerschen «Ringes» im Programmheft der Münchner Kammerspiele veröffentlicht haben; oder versuche die Parallele zu begreifen, die Wilfried Minks und Peter Palitzsch in Tankred Dorsts «Toller» zwischen dem Einmarsch der Regierungstruppen ins Räte-München und dem Einmarsch der Sowjetunion in die ČSSR konstruiert haben.

Genaugenommen dekuvriert das Theater mit diesen Praktiken nicht nur die Krise, die es verbergen will; es offenbart damit auch seine Publikumsverachtung. Zwar ist es längst die Regel geworden, dem Widerstreben der Öffentlichkeit beleidigt zu begegnen und dem Verdummungsbemühen von Fernsehen und «Bild-Zeitung» in die Schuhe zu schieben, was eigenes Unvermögen ist. Tatsächlich aber scheint es, als erfasse das Publikum genauer, daß die plakative, auf eine einzige agitatorische Dimension reduzierte Praxis ein Theater für unmündige Menschen ist, in dem das Parkett als dummer August dient, dem willkürliche Interpretationen autoritär verordnet werden.

Wolfgang Wiens meinte gelegentlich, es komme nicht darauf an, besseres Theater zu machen, sondern «richtiges». Doch was immer das europäische Theater gewesen ist: es hat nie dazu gedient, Klein-Leute-Weisheit in Parolenform zu propagieren. Es hatte mit dem Recht antagonistischer Positionen zu tun, mit unausweichlichen Konflikten, und seine Kritik entstammte einem gebrochenen Weltverständnis. Wer schlechthin alles vom Klassenegoismus determiniert sieht, den Pessimismus verwirft und Tragik als faschistoide Kategorie begreift, für den endet die Möglichkeit dessen, was Theater bisher war. Denn es hatte niemals «richtige» Überzeugungen zu bieten, keine schlichte Moral und zog keine Fahnen auf – es sei denn als Studienratsdrama oder Passionsspiel.

Es ist denn auch nicht auszuschließen, daß die Erscheinungen, von denen die Rede ist, den Beginn einer neuen Epoche des Theaters andeuten; doch müßte es dann auch neue, eigene Formen entwickeln, die über die subalterne Verunstaltung der traditionellen Bühnenliteratur hinausreichen. In der Tat hat sich Peter Weiss dem Modell von Oberammergau mehr und mehr angenähert, und man kann vor der Konsequenz, mit der er nicht zuletzt das eigene Talent desavouiert, menschlich nur Respekt äußern.

Andere Versuche, den unterbrochenen Zusammenhang zwischen Theater und Gesellschaft wiederherzustellen, zielen auf die Eroberung neuer Publikumsschichten. Doch weil das Theater in der bestehenden Form seinem Wesen nach eine bürgerliche Institution ist, sind alle Anstalten gescheitert, die Jugend oder die Arbeiterschaft dafür zu gewinnen; die einen verwies der antibürgerliche Generationsaffekt auf theaterfremde Wege, die anderen blieben stets indolent gegenüber der bürgerlichen Kultur. Die Volksbühnenidee war ebenso ein Fehlschlag wie die Ruhrfestspiele oder Weskers «Centre 42», das mit Unterstützung der englischen Gewerkschaften Arbeiterfestspiele in allen größeren Industriestädten organisierte und in gewaltigem Katzenjammer endete. Die Arbeiter, die einst schon «Die lustige Witwe» den «Webern» vorgezogen hatten, verzichten noch immer nicht auf den «Zigeunerbaron» zugunsten eines Popanzes aus Lusitanien oder sonstwoher. In Hildesheim plante der Intendant vor einiger Zeit Sondervorstellungen für Arbeiter und Angestellte. Aus 23, teilweise großen Betrieben meldeten sich 163 Interessenten, von 28 Betriebsratsvorsitzenden machten sechs von dem Angebot Gebrauch.

Vor diesem Hintergrund gewinnt die Problematik der Subventionen einen neuen, schärferen Akzent. Denn es geht nicht um die Pfennigfuchserfrage, ob der Aufwand den Verhältnissen entspricht, auch nicht um die Subventionsgerechtigkeit, die beispielsweise den Schriftsteller fragen läßt, ob man seine Texte erst hersagen, singen oder inszenieren müsse, um in den Genuß regelmäßiger, nicht unerheblicher Bezüge zu gelangen. Vielmehr zielt die Überlegung darauf, ob die Gesellschaft eine Institution stützen soll, die ihr weitgehend entfremdet ist und diese Fremdheit in eine besondere aufklärerische Sendung umstilisiert. Auch ist die Vermutung ja nicht unbegründet, daß die Subventionen der Entfremdung Vorschub leisten und gerade das hervorrufen, was Peter Brook das «tödliche Theater» genannt hat. In seiner vorhandenen Form spiegelt es jedenfalls weder die Gesellschaft noch ihr Problembewußtsein auf angemessene Weise wider und spielt, außer einer parasitären, keine Rolle mehr.

Es ist das Relikt einer vergangenen Epoche. Aber mit dem Ende der bürgerlichen Ära, das die fortschrittlichen Theaterleute so lärmend proklamieren, ist auch das des bürgerlichen Theaters gekommen. Man muß Abschied nehmen.

Das ist, für sicherlich nicht wenige, so schmerzlich wie andere Abschiede auch: der von der Beletage, von den Klassenschranken, der ehelichen Treue oder vom Dienstpersonal. Doch führt kein Weg daran vorbei. Die Bühnen hatten einst fast den gesamten Unterhaltungsstoff für die Welt in der Hand. Inzwischen sind ihnen längst, von Film, Fernsehen und ungezählten anderen Einrichtungen eines weitverzweigten kulturellen Service-Systems, zahlreiche Konkurrenten entstanden, die ihre einstigen Funktionen weitgehend übernommen haben. Die Krise des Theaters ist der Ausdruck dieses Sachverhalts.

Immerhin besteht ein begründetes Bedürfnis, die unvergeßliche Leistung des historischen Theaters zu bewahren. Wer diesem Bedürfnis gerecht werden will, muß vom musealen Charakter der Institution und ihres Materials ausgehen. Unter den Möglichkeiten, die sich für ein neues, zeitgerechteres Theatersystem anbieten, ließe sich wohl am überzeugendsten für eine Art Nationaltheater plädieren, das, hochsubventioniert, im Stil eines Museums die Theaterliteratur unverfälscht zur Anschauung brächte und dem Besucher einige Gewähr dafür böte, unter dem Titel «Faust» nicht eine Polemik gegen den § 218 des Strafgesetzbuches oder als Kleistsche «Penthesilea» kein Oratorium über Women's Lib vorgesetzt zu bekommen.

Der leidigen Standortfrage, der ein Land ohne Hauptstadt sich gegenübersieht, ließe sich durch drei oder vier über das Bundesgebiet verteilte Häuser begegnen, und so irritierend der Gedanke zunächst erscheinen mag, es lohnte, über seine Vorzüge nachzudenken. Auch ist er keineswegs ohne Vorbild: Im Berliner Ensemble am Schiffbauerdamm, das das Erbe Bertolt Brechts verwaltet, ist dieser museale Typus des Theaters erstmals verwirklicht worden.

Daneben sollte sich in aller Breite und Vielfalt, die es aufzubringen vermag, ein wirklich modernes Theater entwickeln. Es sollte, wie ungewohnt ihm das vorkommen mag, das Interesse des Publikums zu gewinnen versuchen, nicht bloß die öffentlichen Etats. In Recklinghausen wurde vor Jahren verlangt, das Theater solle eher eine Werkstatt als ein Museum sein. Die situationsgerechte Lösung verlangt das Museum wie die Werkstatt. Ohnehin werden die theatralischen Bemühungen Peter Handkes und anderer jüngerer Dramatiker vorwiegend auf Experimentierbühnen aufgeführt, und auch hier ist wiederum die Konsequenz von Peter Weiss zu rühmen, der die Aufführung seines «Viet-Nam-Diskurses» in den Schauspielhäusern als Notbehelf betrachtete und das Stück eher auf öffentlichen Plätzen oder in Fabrikhallen gespielt sehen wollte; er, wohlgemerkt, nicht das Publikum.

Was ginge tatsächlich verloren, wenn das Theater in seiner bestehenden Form endete? Gewiß nicht die Kultur, als deren Sachwalter es sich aufführt; und gewiß auch litte das öffentliche Bewußtsein keinen Schaden, weil das Theater nichts dazu beiträgt. Max Frisch jedenfalls fand die Vorstellung vom plötzlichen Ende des Theaters «belebend».

Vieles würde auch überdauern: nicht weniges darunter, was sich durch Leistung auswiese und seine Legitimation nicht aus der puren Publikumsverhöhnung herleitete. Was tatsächlich endete, wäre die Unerträglichkeit oder, wie die modische Vokabel lautet, Obszönität eines Systems, das es erlaubt, daß in piekfeinen Stadttheatern ein piekfeines Publikum sich von piek-progressiven Theaterleuten subventioniert en canaille behandeln oder zum Narren halten läßt.

Zweifellos müßte die Abschaffung des subventionierten Theaters mit Abwehrreaktionen rechnen. Vereint erschienen die Nutznießer des Systems zum Protest: Honoratioren, Praeceptoren der Nation, Gesellschaftsumkrempler, sie alle Hand in Hand. Doch hätte der Plan auch mit dem Widerstand zu rechnen, der aus der tiefverwurzelten deutschen Neigung zum Theater stammt.

Denn als eine vorwiegend kultische Kunstübung, die das Publikum wie zum Gottesdienst versammelt und die selten gewordenen Wonnen der Massenüberwältigung verschafft, hat es in diesem Lande, selbst in seinen desolatesten Erscheinungen, immer noch freigebigere Mäzene gefunden als beispielsweise der ans individuelle Bewußtsein appellierende Roman; und der Dichter, vornehmlich der Dramatiker, galt hier immer mehr als der Schriftsteller, Wildenbruch mehr als Fontane, Brecht mehr als Thomas Mann. Die Unangefochtenheit des Theaters beruht nicht zuletzt darauf, daß es seiner Natur nach gerade nichts mit dem Fortschritt im Bewußtsein zu tun hat, daß es Erhebung viel eher als Aufklärung, magische viel eher als rationale Erfahrungen bietet und seelische Ausnahmezustände ermöglicht: Es ist der Idee nach die Trennung von Kunst und Realität, Kunst und gesellschaftlicher Wirklichkeit, der Triumph des Scheins über den Alltag.

Niemand hat diesen Charakter des Theaters so erfaßt, gesteigert und ausgebeutet wie Richard Wagner. Theater ist durch ihn in Deutschland immer «Bühnenweihfestspiel», und selbst wo es sich heute plebejisch aufführt, holt es seine heimliche Wirkung gleichsam aus dem Schauder des Sakrilegs. Insofern partizipieren noch immer alle an der Idee des alten Theaters; für die einen ein Objekt verklärender Erinnerung, ist es den anderen nützlich als Gegenstand der Zerstörung; aber irgendwann wird die Erinnerung erlöschen und nichts Zerstörbares mehr sein. Denkbar, daß dann selbst das museale Theater keine Aussicht mehr besitzt. Theater muß nicht sein.

Über Rainer Werner Fassbinders Stück «Der Müll, die Stadt und der Tod»

Reicher Jude von links
(19. März 1976)

Der Begriff «Linksfaschismus» ist bislang meist im polemischen und jedenfalls ungenauen Sinn verwendet worden. Es liegt ein Fall vor, wo er die Sache, die damit gemeint ist, aufs exakteste deckt.

Rainer Werner Fassbinder, ein vielfach preisgekrönter Film- und Theaterregisseur, auch als fortschrittlich geltend, hat in Anlehnung an ein Buch von Gerhard Zwerenz ein Stück geschrieben, das in diesen Tagen vom Suhrkamp-Verlag publiziert worden ist. Es heißt «Der Müll, die Stadt und der Tod» und handelt, wie der Titel andeutet, von der Zerstörung der Städte durch eine rücksichtslose Bauspekulation.

Doch ist das nur der Hintergrund des Stücks. Im Mittelpunkt steht, namenlos und damit zum Typus verallgemeinert, die Figur des «reichen Juden», der sich vorgenommen hat, «Rache (zu) üben an kleinen Leuten». Er übt diese Rache, indem er alte Häuser aufkauft, abreißt, neue Häuser baut und teuer verkauft. Im Verlauf der Handlung gerät er an eine arme, schwindsüchtige Hure, die er zunächst reich macht, schließlich aber ermordet. Und der korrupte Polizeipräsident vertuscht den Mord seines langjährigen Komplizen nicht nur, sondern bringt darüber hinaus auch noch jene Figur aus der Umgebung des «reichen Juden» um, die sich schließlich zur Anzeige entschließt.

Die Szenerie dieser Moritat bildet zweifellos Frankfurt. Und zweifellos gibt es in dieser Stadt ein organisiertes Ganoventum jüdischer Herkunft, nicht anders als ein jugoslawisches, türkisches und vor allem, natürlich, ein deutsches. Und gewiß ist inzwischen denkbar, ein Stück mit einer jüdischen Negativfigur zu schreiben. Wie es indessen hier geschieht, bleibt es nicht nur ohne jeden literarischen Wert, sondern ist, wie die beliebig vermehrbaren Zitate zeigen, die wir hier abdrucken, nur noch billige, von ordinären Klischees inspirierte Hetze. Der «reiche Jude» wird als Blutsauger, Spekulant, Betrüger, Mörder und zudem als geil und rachsüchtig dargestellt.

Natürlich verzichtet das Stück nicht auf ein paar «progressive» Versatzstücke. Pornographische Elemente zählen derzeit dazu, desgleichen der Haß auf die Stadt; und auch der neue Antisemitismus nennt sich fortschrittlich. Aber dergleichen bedeutet und ändert nichts.

Die kurze Szenenfolge ist von Fassbinder für das Frankfurter TAT geschrieben und dort auch schon geprobt worden; nur Fassbinders plötzlicher Rücktritt von der Leitung des Theaters hat die Aufführung verhindert. In welcher Gestalt der Faschismus von links sich bei uns bislang auch immer offenbart hat, er war von antisemitischen Regungen weitgehend frei. Erst die Politik der Sowjetunion gegen den Staat Israel, die ungerührt antisemitische Affekte mobilisierte, hat auf der linken Szene der Bundesrepublik das Bewußtsein verbreitet, der Antisemitismus sei ein Element der Weltrevolution und habe mit dem Judenhaß des Dritten Reiches nichts zu schaffen. Das macht dem linken Antisemitismus das gute Gewissen.

Im übrigen aber scheint der Antisemitismus des Stücks von Fassbinder weniger eine Sache des Ressentiments als eine der Taktik und des radikalen Schicks. Zu den Motiven mag zählen, daß die Linke seit geraumer Zeit kein suggestives Feindbild mehr besitzt; und sie bedarf der Figur des anschaubaren Feindes, um die erwiesenermaßen geringe Anziehungskraft der eigenen Ideologie zu kompensieren. Erstmals ist es nun wieder «der reiche Jude».

Eine Rolle spielen mag schließlich aber auch der Wille der jüngeren Generation, sich vor aller Welt als unbefangen zu erweisen, keine Tabus anzuerkennen, dem Schrecklichen kaltschnäuzig zu begegnen. Im Hause des Henkers sprechen die Söhne gern schnoddrig vom Strick.

Man kann davon ausgehen, daß zahlreiche Schriftsteller und Intellektuelle dieses Landes, die ihr geschärftes Gewissen so häufig demonstriert haben, sich auch in dieser Sache zu Wort melden werden. Größeres Interesse verdient die Frage, wie die Verantwortlichen des Suhrkamp-Verlages sich äußern werden. Gewiß werden sie nicht vorbringen, sie hätten von dem kurzen Stück, angesichts der Fülle der von ihnen veröffentlichten Publikationen und der Vielzahl der Projekte, nichts gewußt. Es wäre eine allzu deutsche Antwort.

Linke Schwierigkeiten mit «links»
(10. April 1976)

Das Stimmengewirr, das die Kontroverse über Rainer Werner Fassbinders Stück «Der Müll, die Stadt und der Tod» ausgelöst hat, ist beträchtlich. Manche Redaktion, die ihre Themenverlegenheit gern mit dem Prinzip des konstruierten «Falles» überspielt, füllt Seiten damit. Sieht man von den Aspekten ab, die im strengen Sinne nicht zu diesem Thema gehören, sondern lediglich im Streit hochgespült wurden, so erhielt die Auseinandersetzung ihre teilweise Heftigkeit durch die Behauptung, Fassbinder gehöre zur Linken, er habe sich, ohne freilich Antisemit aus Ressentiment zu sein, antisemitisch geäußert und es sei, rechne man verwandte Erscheinungen hinzu, ein Antisemitismus von links durchaus zu gewärtigen.

Die ungewohnte Verkoppelung von Begriffen, die als konträr empfunden werden, irritierte manchen. Vorweg meldete sich ein junger, begabter Theaterkritiker zu Wort und bestritt kurz entschlossen, daß Fassbinder zur Linken zähle; alles nur Klischees und Gerüchte, meinte er, vages und pflaumenweiches Gerede. Die eher übermütige Art, in der er das Vorrecht seines Alters, alles viel besser zu wissen, wahrnahm, mochte ihn persönlich dem Leser womöglich sympathisch machen. In der Sache dagegen setzte er sich nicht nur gegen die offenbaren Fakten ins Unrecht; vielmehr bewies er auch einen bemerkenswerten Mangel an Verständnis der Kategorien.

Für «fortschrittlich» oder «links» halte Fassbinder niemand, verkündete er platterdings, aber das deutete, falls es zuträfe, nur die Unschärfe der umlaufenden Begriffe an. Ich überblicke gewiß nicht das ganze, ungestüm ausgeworfene Werk des Film- und Theatermanns; aber daß eine erhebliche Anzahl seiner Produktionen von «linken» Themen und Fragestellungen beherrscht ist, läßt sich nur mit Mühe diskutieren, weil es allzu offenkundig ist. Fast immer geht es um Probleme der Entfremdung, der sozialen Entwürdigung und Deformation, der Reduzierung des Menschen auf Angst, Unglück und Verbrechen vor dem Hintergrund der kapitalistischen Verhältnisse: so in «Katzelmacher», in «Warum läuft Herr R. Amok?», «Angst essen Seele auf» oder «Ich will doch nur, daß ihr mich liebt». In «Bremer Freiheit» deutet Fassbinder die historische Geschichte einer Giftmörderin kurzerhand im Sinne des Emanzipationsprozesses um, und wie wenig gesellschaftliche Hoffnung man in einem Stück wie «Der Müll, die Stadt und der Tod» auch entdecken mag: daß darin, angefangen von den Prostituierten über den Polizeipräsidenten bis hin zum «reichen Juden», die Typengalerie der kapitalistischen Welt in all ihrer Verdorbenheit kritisch vorgeführt werden soll, ist schwerlich bestreitbar, wiewohl jener Theatermann versichert, der Autor wolle nur den allgemeinen Zustand der Welt oder auch den «lieben, bösen Gott» anklagen. So weit gehen manche, selber mit Maßen links, denn doch schon in der Ideologieverleugnung, wenn ihnen ein erprobter Mitstreiter plötzlich nicht mehr paßt.

Zweifellos gibt es eine extrem selbstbezogene, ästhetisierende und jedenfalls gesellschaftlich höchst desinteressierte Seite im Werk Fassbinders. Aber einem Aufsatz über den französischen Filmregisseur Claude Chabrol, einer wütenden, auch vom Selbsthaß eingegebenen Absage an den Ästhetizismus als einer Form des Zynismus, hat er als Motto programmatisch einen Satz von Gerhard Zwerenz vorangestellt: «Es gibt nichts Schöneres als die Parteinahme für die Unterdrückten, die wahre Ästhetik ist die Verteidigung der Schwachen und Benachteiligten.»

Möglicherweise sind das nichts als Worte, wie sie der Pathetiker Fassbinder billig abzugeben pflegt; aber auch das hätte dann doch einige Bedeutung und erlaubte die klötzerne Bestimmtheit nicht, mit der unser Kritiker seine Urteile spricht. Und übersehen darf man wohl auch nicht ganz das linke Milieu, aus dem ein Mann wie Fassbinder stammt und dessen ideologischer Stallgeruch ihm unverlierbar anhaftet: angefangen von seinem Start in der Münchener Theaterkommune mitsamt der Kommune fürs Private im nahen Feldkirchen über die Freundschaften und besonderen Feindschaften, durch die einer sich doch auch definiert, bis hin zum «Mitbestimmungs-Theater» in Frankfurt.

Falls dies alles indessen noch immer nicht die Position Fassbinders hinreichend veranschaulicht, hilft vielleicht doch die im Stil eines Pronunciamento abgefaßte Erklärung weiter, die das TAT «Zum Spielplan» veröffentlichte: «Der Spielplan 1975/76 des Theaters am Turm handelt von deutschem Wesen: von kapitalistischem Wesen, von groß- und kleinbürgerlichem Wesen, von faschistoid-faschistisch-autoritärem Wesen. Diese Thematik soll historisch-kritisch aufgearbeitet werden ...» Nachdem unter reichlicher Verwendung von Begriffen wie «Monopolkapital», «Klassenprobleme», «Unterdrückungsmechanismen» oder «Repression» der Spielplan Stück für Stück vorgestellt worden war, hieß es gegen Ende nicht ohne apotheotischen Unterton: «Mit ‹Trommeln in der Nacht› (von Bertolt Brecht) wird angedeutet, wie die politischen Verhältnisse in Deutschland sich hätten entwickeln können, wenn die Chance einer Emanzipation in Richtung Sozialismus nicht verpaßt worden wäre ...» Niemand, so hatte der erwähnte Kritiker geschrieben, halte Fassbinder für «fortschrittlich» oder «links». Gewiß, gewiß! Alles nur pflaumenweiches Gerede ...

Tatsächlich lohnten diese Hinweise nicht, wem es lediglich darum ginge, eine etwas minorenne Gedankenübereiltheit bloßzustellen. Doch hat die Kontroverse einen grundsätzlichen Aspekt. Er ist eine kurze Erörterung wert.

Denn die Verwirrung um einen Begriff wie «links», dem keine gleichgeartete Konfusion für das Wort «rechts» entspricht, hat ihre beschreibbaren Gründe. Noch immer ist, um einige Kriterien aufzuführen, «links» die prinzipiell kritische Haltung gegenüber der Welt und, daraus resultierend, die Neigung zur Veränderung der Gesellschaft nach einem rationalen, vorgefaßten Entwurf; mithin die Priorität des Gedachten über das Gewachsene, des Geistes – wie man früher gesagt hätte – über das Leben. «Links» ist die Gleichheitsidee mit ihrem Anspruch, Unterschiede des Herkommens, auch der Begabung oder der Leistung, nach Kräften einzuebnen und die Schwachen zu privilegieren. Und «links», von daher kommend, der Affekt gegen die bürgerliche Gesellschaft («Schön ist für mich die antibürgerliche Haltung», äußerte Fassbinder gelegentlich) mit ihren streng hierarchischen, auf Dauer und sozialen Abstand gegründeten Strukturen. Desgleichen ist jener moralische Rigorismus «links», der alle Erscheinungen in Politik wie Gesellschaft allgemeinen Sittlichkeitspostulaten unterwirft.

Entscheidend aber war immer die Gewißheit, daß eine vernünftige und gerechte Gesellschaftsordnung nur nach vorgegebenem Modell herstellbar sei: das Pathos dieses Gedankens hat über ein Vierteljahrtausend, vom Beginn der Aufklärung an, den Veränderungswillen in Theorie und Praxis getragen und, unentmutigt von zahllosen Rückschlägen, die Linke immer wieder nach neuen Ansätzen suchen lassen. Die bewahrenden, konservativen Mächte hatten gegen die Überzeugung, daß die ideale Ordnung nicht in rückwärtigen, verlorenen Paradiesen liege, sondern noch bevorstehe, nichts aufzubieten außer einigen äußerlichen Triumphen, die zuletzt nur ihrer Selbstzerstörung dienten. Die Triebkraft eines beflügelnden, optimistischen Grundgefühls verlieh der Linken eine allesüberrennende Gewalt.

Ebendieses Gefühl ist, wenn nicht alles täuscht, erschöpft. Es hat sich in den immensen Enttäuschungen verbraucht, die linke Herrschaftssysteme, wo immer sie zum Zuge kamen, der Erwartung bereitet haben. Man muß dabei nicht nur an die abstoßende Kulisse der Stacheldrähte und Wachtürme denken, mit deren Hilfe sie, zumindest im Osten, ihre Macht bislang einzig zu sichern wußten, an die Lager, die Massenprozesse und Kollektivverbrechen der Stalinzeit, wieviel das alles der Idee auch von der einst suggestiven Kraft entzog; als nicht minder auszehrend erwiesen sich die weit weniger dramatischen Erfahrungen, die vor allem für Westeuropa charakteristisch waren.

Die Ära Brandt ist ein treffendes Beispiel dafür. Ihre Anfänge brachten noch einmal etwas von einer optimistischen Grundwelle zum Vorschein, der die Linke so viel von ihrer inspirierten Kraft zu verdanken hatte. Aber schon nach kurzen hektischen Ansätzen, die einen blinden Rundumreformeifer, kaum aber eine innenpolitische Konzeption erkennbar machten, kam das Erlahmen der Energien, das Versacken im Halben, ehe er, der Kanzler selber, lustlos und entnervt, den Bettel hinwarf – repräsentativ in all seiner Machtverlegenheit noch im Abgang. Die Linke, das sagte dieses Scheitern zumindest auch, hat das konkrete Bild der neuen Gesellschaft verloren, sie glaubt ihren Träumen nicht mehr.

Das ist, andeutungsweise, der Hintergrund für die Schwierigkeiten in der Positionsbestimmung dessen, was «links» ist: zu erheblichen Teilen ist die Linke pessimistisch geworden. Der «fatalistische» oder «statische» Charakter, den unser Theaterkritiker im Werk Fassbinders entdeckt und voreilig als Divergenzpunkt gegenüber der linken Position ausgegeben hat, dementiert diese gerade nicht; er macht vielmehr den unverwechselbar gegenwärtigen Charakter der Linken in all ihrer Ratlosigkeit deutlich.

Für diese Ratlosigkeit ist die Irritation vor dem Phänomen der Stadt, das Zwerenz wie Fassbinder zu ihrem Thema gemacht haben, ein anschaulicher Beleg. Noch in den zwanziger und dreißiger Jahren entwarfen «linke» Architekten, in bewußter Frontstellung gegen die als unmenschlich verpönte, bürgerliche Stadt, klassenlose Siedlungsformen, wie sie dann beispielsweise in Breslau, Stuttgart, Berlin und anderswo gebaut wurden. Die später, nach dem Zweiten Weltkrieg, entstandenen Satellitenstädte wie die Frankfurter Nordweststadt oder das Märkische Viertel haben nichts von dem humanen Enthusiasmus jener frühen Vorläufer bewahrt und sind nur noch Monumente eines gewaltigen Mißmuts in Beton.

Die Motive jener breiten Bürgerbewegung, die die Reste alter Stadtgebiete zu konservieren trachtet, sind nur allzu begreiflich; doch daß die Initiative zur Bewahrung des Vergangenen so häufig von jenen Linken kommt, deren Väter noch in die Zukunft planten und bauten, bezeichnet die neue Lage. Man hat in zurückliegenden Jahren, das von den aktuellen Umständen heraufbeschworene politische Dilemma zahlreicher überzeugter Sozialisten bedenkend, von einer «heimatlosen Linken» gesprochen. Doch erst eine Linke, die kein Bild der Zukunft mehr hat, ist wirklich heimatlos. Schwerlich wird man für das Bewußtsein der zerronnenen Utopie einen bewegenderen Ausdruck finden als in den Schlußsätzen der Stellungnahme, die Jean Améry für die jüngste Ausgabe der «Zeit» zur Kontroverse um Fassbinder verfaßt hat: Sehend abzutreten sei alles, was die ewigen Verlierer der alten, der echten Linken noch vermögen.

Am Ende der Erkenntnis steht freilich nicht immer die Resignation. Häufiger ist die große Haßgebärde gegen die Welt, das radikale Anathema. Wer je eine Vorstellung vom Suchtcharakter ideologischer Bedürfnisse gewonnen hat, wird die psychologische Mechanik begreifen, die da am Werke ist: den Zusammenhang von unvermittelt einstürzenden Gedankengebilden, Gefühlen der Ausweglosigkeit, von einsetzendem Realitätsverlust und daraus sich entwickelnden Wahnsystemen.

Es ist die Sorge doch gewiß nicht unbegründet, daß in solchen Wahnsystemen auch der « Judd», wie Fassbinder in seinem Stück gelegentlich sagen läßt, einen Platz erhält. Auch der von Hitler mobilisierte Antisemitismus gedieh erst auf dem Untergrund eines unvermittelt eingestürzten ideologischen Weltbildes. Dies ist denn auch der Grund, warum das Judengeschrei beispielsweise des Rechtsanwalts Roeder und seines Anhangs ungleich gefahrloser ist; es kommt vom Müllhaufen der Geschichte. Nur die Wahngebilde und Haßkomplexe, die eine gerade zerbrechende Ideologie freisetzt, besitzen verheerende Energie. Deshalb muß man heute im Grunde den «linken» Antisemitismus eher fürchten; der von rechts ist mehr oder minder eine Sache des Polizeireviers.

Ungeachtet dessen versichert Gerhard Zwerenz, ein linker Antisemitismus sei unmöglich. Die Vorgänge in Polen nach dem Jom-Kippur-Krieg, als einige tausend jüdische Intellektuelle aus dem Land getrieben wurden, die immer erneut aufflackernden Verfolgungen in der Sowjetunion, auch der Antisemitismus der linksradikalen Gruppen in der Bundesrepublik, der sich freilich im Anschluß an die sowjetrussische Sprachregelung als Antizionismus auszugeben pflegt: all das bleibt solchem realitätsentfremdeten Denken fern.

Unterdessen versichert Verleger Siegfried Unseld, er ziehe Fassbinders Arbeit in dieser Form zurück, weil sie bei denen, «die ein Stück deutscher Geschichte nicht aus eigener Erfahrung erlebt haben, Mißverständnisse auslösen» könne. Ist tatsächlich gemeint, die jüngere Generation müsse die historischen Erfahrungen der älteren noch einmal machen, um vor «Mißverständnissen» sicher zu sein? Und um welche Art Mißverständnis geht es angesichts der Massenvernichtung wohl?

Wieviel Geschichte, auch das wäre zu fragen, kann ein Volk wohl erfahren und dennoch unbelehrt bleiben?

Spiel mit der Angst
(29. Oktober 1985)

Die leidenschaftliche Kontroverse, die seit Wochen über die Aufführung des Fassbinder-Stücks «Der Müll, die Stadt und der Tod» entbrannt ist, hat offenbar gemacht, was ohnehin keinem Menschen von einiger Empfindungsfähigkeit zweifelhaft sein konnte: wie lang der Schatten ist, der noch immer auf das Verhältnis von Deutschen und Juden fällt. «Er hätte es wissen müssen», sagte kopfschüttelnd ein älterer Mann nach einer der Diskussionsveranstaltungen, die seit geraumer Zeit in Frankfurt stattfinden. Er meinte Günther Rühle, den neuen Schauspiel-Intendanten, der mit dem umstrittenen Stück seine Amtszeit eigentlich eröffnet.

Die spürbare Verwunderung, die in der Bemerkung zum Ausdruck kommt, ist so irrig wie naiv. Denn fraglos hat Günther Rühle gewußt, worauf er sich mit seinem Entschluß einließ. Vielleicht hat er das Ausmaß der Erregung unterschätzt. Aber das Ärgernis selbst war durchaus kalkuliert. Wer immer in den zurückliegenden Wochen mit ihm gesprochen, auch seine früheren Äußerungen zur Sache in Erinnerung hat, kann daran keinen Zweifel haben.

An dieser Stelle ist ein Hinweis notwendig. Über das Stück selber wurde inzwischen so gut wie alles gesagt, in dieser Zeitung war vielmals die Rede davon. Weit aufschlußreicher ist unterdessen die Frage nach den Motiven und Widersprüchen der Akteure. Das setzt uns, mehr als andere, in Verlegenheit. Denn der derzeitige Chef des Frankfurter Schauspiels war über zehn Jahre lang

Leiter des Feuilletons der Frankfurter Allgemeinen Zeitung. Wir waren Kollegen. Dergleichen macht das Urteil nicht sicherer, sondern erschwert es eher. Denn zwangsläufig gehen Erfahrungen darin ein, die auf langjähriger Kenntnis der Person beruhen und nicht unbedingt zur Sache gehören. Das kann aber kein Grund sein, die eigene Auffassung zurückzuhalten.

Naturgemäß gab es Meinungsverschiedenheiten. Keine Meinungsverschiedenheiten dagegen hat es je über den literarischen und moralischen Rang des Fassbinder-Stücks gegeben. Durchweg hat Rühle es in scharfem Ton abgetan. Im Juli 1984, als der Manager der Alten Oper, Ulrich Schwab, schon einmal einen Streit darüber entfesselte, schrieb er darüber in dieser Zeitung: «Es ist ein grobes Gebilde, wir setzen seinen Kunstwert nicht hoch an, aber es macht Rumor.» Auch habe es den «guten Geschmack und die Ängste der Jüdischen Gemeinde» gegen sich. Zugleich warnte er vor den interessierten Leuten, die aus taktischen Motiven das Stück benutzten, um «sich zur Erscheinung zu bringen».

Nun hat unstreitig jedermann das Recht, seine Auffassung zu ändern. Aber irritierend wirkt doch, wenn solche Änderungen just zu dem Zeitpunkt eintreten, in dem sich das eigene Interesse verlagert und die taktischen Motive, die man anderen entgegenhielt, zu den eigenen werden. Ein jäher Wechsel wie dieser erweckt den schwer widerlegbaren Eindruck, er habe weniger mit neuen Einsichten zu tun als mit altgedienten Opportunismen. Diesem Verdacht zumindest hat Rühle sich ausgesetzt.

Er hat für diesen Verdacht auch Belege beigeschafft. Gewiß verdient er Verständnis für die prekäre Situation, in der er das Frankfurter Theater übernommen hat, ideologische Arroganz vereint mit dilettantischer Experimentiersucht haben hier, wie anderswo auch, seit Jahren die Zuschauer vertrieben. Aber konnte dieses Stück ein Vehikel sein, das verlorene Interesse zurückzugewinnen? Der neue Intendant schien es zunächst zu glauben. Von Diskussion zu Diskussion eilend, in aller Hektik glücklich erschöpft wirkend, versicherte er auftrumpfend: «Während an anderen Bühnen Ruhe, Stille und Ratlosigkeit herrschen, spüren wir Aufmerksamkeit, Beunruhigung und das Verlangen nach Gesprächen.»

Vielleicht muß man ein Theatromane sein, wie Rühle es ist, um die Dinge so elementar mißzuverstehen. Denn alle Aufgebrachtheit der vergangenen Monate hatte nichts mit dem Theater im engeren Sinne zu tun. Das Theater war nur der Ort der geplanten Handlung und im übrigen so tot wie vordem. Was sich statt dessen ereignet hatte, war die Wiederbelebung traumatischer Erinnerungen: das Erschrecken der Juden wie der anderen über die unnachgiebige Weise, in der ein sehr persönlich wirkender Ehrgeiz mit den Empfindungen einer verängstigten, noch einmal davongekommenen Minderheit umsprang. Und auch von einem Verlangen nach Gesprächen konnte keine Rede sein. Gespräche fanden gar nicht statt. Dem Bedürfnis der einen, ihrer Empörung Ausdruck zu verschaffen oder doch ihrem Erschrecken, stand auf der anderen Seite die Schaustellung von Prinzip und Person gegenüber.

Das alles wirkte um so besorgniserregender, als man dem neuen Frankfurter Intendanten sicherlich keine niedrigen Absichten unterstellen kann. Er ist, im Gegenteil, besten Willens, wenn auch ein Mann voller Widersprüche. Und er kann sich die Dinge zurechtdenken. Längst hält er Fassbinders wilde Moritat für ein Kunstwerk von hohem Rang, sein «poetischstes, visionärstes Stück», wie er unlängst schwärmte, und die Figur des reichen Juden, die soviel Anstoß erregt, für eine edle, barmherzige Erfindung. Und im Kunterbunt solchen Begreifens mag irgendwo sogar die Vorstellung herumgeistern, mit der Darbietung dieses Stückes etwas zur Auflösung des noch immer komplex belasteten Verhältnisses zwischen Deutschen und Juden beizutragen.

Deshalb ist auch glaubhaft, daß ihm der Vorwurf zu schaffen macht, er fördere mit seinem Vorhaben antisemitische Stimmungen. Aber in seinem Wesen steckt auch etwas von einem enthemmten Studienrat. Und am Ende behält dann doch die Neigung die Oberhand, der alten Lehrermaxime zu folgen, daß man dem zu Erziehenden das Äußerste zumuten müsse. Wer nur einige der vor allem betroffenen Frankfurter Juden gesprochen, den Ausdruck von Panik und Schrecken in ihren Gesichtern gelesen hat, kann versucht sein, wie sie von Gefühlsroheit und Zynismus zu sprechen. Aber so ist es nicht. Rühle ist weder roh noch in diesem Punkte zynisch. Er offenbart sich in dieser Affäre nur als der Typus des in Deutschland verbreiteten moral-rigoristischen Trampels, der ausschließlich für wahr hält, was verletzend ist und keinerlei Gefühl schont Es ist nur zu begreiflich, daß zahlreiche Frankfurter Juden sich wie verhöhnt vorkamen, wenn er von einem Versuch zur Aussöhnung sprach und in windungsreichen Satzgebilden den «reichen Juden» als «einzige Figur mit positiven Eigenschaften» vorstellte. «Woher nehmen Sie eigentlich den Mut», hielt ihm eine Jüdin entgegen, «mir als Auschwitz-Überlebender vorzuschreiben, wie ich dieses Stück verstehen soll?»

Natürlich will er nicht nur Aufmerksamkeit erregen und Pädagogik treiben. Er will sich auch als liberal ausweisen oder doch als das, was man so nennt. Unabhängig, vorurteilsfrei und mutig. Dazu bot das skandalumwitterte Stück eine willkommene Möglichkeit. Die Kränkung der jüdischen Minderheit schien dafür ein vergleichsweise geringer Preis, zumal der Name Fassbinders dem Vorhaben eine halbwegs sichere Deckung bot. Damit einher konnte er sich als Tabubrecher vorstellen und dem Frankfurter Oberbürgermeister, der ihn berufen hatte, gleich zu Beginn eine Lektion über die Freiheit der Kunst erteilen. Es lief in der Tat, wie der Stuttgarter Oberbürgermeister Rommel unlängst geäußert hat, auf eine Art Mutprobe hinaus, wenn auch, wie Mutproben unter demokratischen Verhältnissen durchweg, mit geringem Einsatz und hoher Gewinnaussicht. Zumindest schien es anfangs so, als Rühle offenbar noch auf die Lethargie einer Öffentlichkeit setzte, der das Unglück ihrer Minderheiten meist nicht mehr als ein Achselzucken wert gewesen war. Daß die Sache dann weniger beiläufig abging, ist vielleicht das einzig ermutigende Indiz in dieser eher trostlosen Geschichte.

Mitunter konnte man denn auch den Eindruck haben, dem neuen Frankfurter Intendanten sei zuletzt nicht mehr ganz so wohl zumute wie zu Beginn. Aber die großen Worte von ehedem! Und die vielen Widersprüche, in die er sich verfangen hatte. Er bleibt bei seiner Behauptung, es handle sich keineswegs um ein antisemitisches Stück – und ist zugleich bemüht, die befürchteten antisemitischen Reaktionen durch eine Vielzahl begleitender Veranstaltungen, durch Eingriffe der Regie und anderes mehr abzufangen. Anfangs, bevor er die literarischen Vorzüge des Werks entdeckte, ging sein unentwegt vorgetragenes Argument dahin, er habe die Stadt vom Vorwurf der Zensur zu befreien. «Das muß vom Tisch!» verkündete er entschlossen, als glaube er im Ernst daran, daß eine ressentimentgeladene Behauptung durch ein Faktum aus der Welt geschafft werden könne. Es war ein politisches Vorbringen. Wer ihm aber entgegenhielt, er habe auch die Folgen, weit über die Grenzen der Bundesrepublik hinaus, zu bedenken, bekam zu hören, politisch motivierte Einwände könne ein Theatermann sich nicht zu eigen machen. Und so immer fort. Widersprüche über Widersprüche.

Mit dem letztgenannten Argument hat Rühle sogar recht, und der vielgehörte Hinweis auf den Schaden, den die Aufführung vor allem im Ausland anrichten werde, kann allenfalls von nachgeordneter Bedeutung sein. Weit wichtiger jedenfalls als die politischen Wirkungen irgendwo in der Welt sind die menschlichen hier bei uns. Zuletzt geht es sogar weniger um die Juden als um das Verhalten derer, unter denen sie mit alten und mit neu geweckten Ängsten leben.

Einer von ihnen, den manche für das Vorbild von Fassbinders «reichem Juden» halten, hat unterdessen mehrfach erklärt, das Stück müsse jetzt aufgeführt werden. Denn sonst werde es bald heißen, die Juden hätten in Frankfurt sogar die Macht, ein Theaterstück zu verhindern. Das Argument ist sicherlich zutreffend. Aber es fällt nicht ins Gewicht, und niemand sollte sich darauf berufen. Denn es ist ein Argument der Angst.

So scheint, wenige Tage vor der Aufführung, alles festgefahren und kein Herauskommen mehr. Denn auch die Betreiber des Vorhabens können, allen gelegentlich aufsteigenden Zweifeln zum Trotz, nicht mehr zurück. Nach Art unsicherer Leute, die sich überhoben haben, fürchten sie den Gesichtsverlust. Rühle selber beruhigt sich bei dem, was er vermutlich einen Gedanken nennt und was in Wirklichkeit wohl eher eine Verstiegenheit ist: daß das Theater, wie er versichert, die Würde des Menschen überhaupt nicht verletzen könne, da es immer auf ein Humanum bezogen sei. Und er rechnet es sich als moralisches Verdienst an, ein Stück aufzuführen, das zwar «Bilder voller Gewalt, Brutalität und Obszönitäten» enthält, sich aber doch, wie kein anderes, dem stelle, was er ein «unangenehmes Problem» nennt. Was immer Rühle unternommen haben mag, Fassbinders antisemitische Tendenzen abzuschwächen, es bleiben die Möglichkeiten von Mißverständnissen, auch gewollten. Diese Wirkungen haben weder er noch die übrigen Mitbeteiligten in der Hand, und auch nicht, was andere damit anfangen, nachdem es mit der Frankfurter Uraufführung, einer Verfügung Fassbinders zufolge, einmal freigegeben ist. Nicht ohne Respekt erinnert man sich der Schauspieler, die sich im Jahre 1939 weigerten, an dem Film «Jud Süß» mitzuwirken, auch dies ein Werk mit Bildern voller Gewalt, Brutalität und Obszönitäten. Einige hatten damals mit ihrer Weigerung Erfolg, andere nicht. Aber sie versuchten es immerhin. Das war in Zeiten, die wir zu Recht finster und inhuman nennen.

II. Bildende Kunst und Musik

Alessandro Farneses Caprarola

Kastell und humanistisches Märchenschloß

Alles ist merkwürdig an Caprarola; aber am merkwürdigsten wohl, wie unbekannt es in aller Zeit geblieben ist. Das reizlose, in der grünen Campagna-Traurigkeit gelegene Bergnest, das Alessandro Farnese in den Rang eines der großen Kunstorte erhob, gewann kaum jemals mehr als den literarischen Ruhm, den einige wenige enthusiastische Besucher verbreitet haben. Noch heute gilt, was der preußische Gesandte am Vatikan, Kurd von Schlözer, um die Mitte des vergangenen Jahrhunderts notierte: «Nur selten kommen Reisende in diese verlassene Gegend.»

Aus Briefen und Tagebüchern ist bekannt, daß die meisten Italienreisenden an dem Ort vorüberfuhren. Selbst Jacob Burckhardt, der Caprarola als das «bei weitem wichtigste Bauwerk» Vignolas ansah, hat es, wie er gestand, nur «aus weiter Ferne» gesehen. Einige wenige, die die berühmte Reisenotiz Montaignes über den mit so viel Strenge wie Zauber, Geometrie und Märchenwesen errichteten «schönsten Palazzo Italiens» gelesen hatten oder mit der Kunst des Cinquecento vertraut waren, machten, wenn sie sich der Stadt Rom bis auf etwa eine Tagesreise genähert hatten, bei einer inzwischen vergessenen Poststation an der Via Cassia halt und stiegen eine der nahen Anhöhen hinauf, um nach Caprarola hinüberzusehen: den gewaltigen, scharfkantigen und seltsam fremd über dem Ort errichteten Block, hinter dem sich, die Anhöhe weiter hinauf, eine Gartenanlage erstreckte, deren gemessene, von Marmorfiguren Pietro Berninis gesäumte Ordnung erst allmählich in die grüne Wildnis von Kastanienwäldern und Nußbaumgehölzen überging.

Vielleicht war die Absicht Alessandro Farneses zu exzentrisch gewesen, um das abgeschiedene Dorf Caprarola aus seinem Jahrhundertschlaf zu holen. Seinen eigenen Worten zufolge wollte er den Palazzo als Ort der Zurückgezogenheit und der philosophischen Beschaulichkeit errichten. Aber das waren nur Worte, mit denen er dem Geist der Epoche huldigte. In Wirklichkeit war der Bau das Monument eines Renaissancefürsten, dessen Ehrgeiz bis dicht an den päpstlichen Stuhl, doch niemals zur Herrschaft über die Kirche geführt hatte, und der sich nun daranmachte, sein Selbstverewigungsverlangen zu stillen, indem er mit enormem Aufwand und demonstrativer Verschwendungslust Architekten, Maler und Bildhauer zur Arbeit an einem Gesamtkunstwerk heranzog, das die Welt erstaunen machen sollte, «di cui il mondo doveva stupire».

Dieses Staunen wird, wie es dem Geist der Spätrenaissance entsprach, gerade durch den Verzicht auf alle triumphalen Wirkungen, durch den Kunstgriff des Versteckens und Verschleierns, noch gesteigert. Wer von Falerii Novi auf den Ort zufährt, wird entdecken, daß der Bau gerade nicht, wie es die auftrumpfende Absicht erfordert hätte, auf dem Kamm des Höhenzuges über Caprarola errichtet wurde, von wo der Blick gleichzeitig über die bewaldeten Ufer des Lago di Vico zur Rechten und den Soracte zur Linken geht. Statt dessen ist er vor der Höhe in die fallende Linie eines niedrigen Hügelrückens plaziert. Das hat nicht nur den lauten Effekt verringert, sondern auch die Bedeutung der Anlage als Festungswerk erheblich gemindert; und gleichzeitig ist die Abgeschiedenheit, die der Palazzo gewährleisten wollte, durch das bis unmittelbar an das Gebäude herangeführte, das schwere Mauerwerk geradezu bedrängende Gewirr ärmlicher Häuser beeinträchtigt. Im einen wie im andern offenbart sich eine manieristische Geste, wonach es nicht so sehr auf den Zweck ankam und das Nützliche nie mehr als ein Vorwand war, weil erst die Laune den Gedanken ins Freie führte und die Paradoxie der Dinge sichtbar machte.

Der einen Verblüffung folgt die andere. Denn ursprünglich, noch bevor Kardinal Alessandro Farnese ans Werk ging, war Caprarola von dessen Großvater, Papst Paul III., als Fortifikation entworfen worden und nicht nur der pentagonale Grundriß mit den fünf Eckbastionen, sondern womöglich sogar das untere Stockwerk fertiggestellt. Caprarola sollte einer der befestigten Plätze sein, in den sich die unlängst aus kleinem Landadel nahe Viterbo emporgestiegenen und eigentlich erst durch die Papstwahl zu Reichtum und Macht gelangten Farnese zurückziehen und gegen die älteren Familien behaupten konnten, all die eifersüchtigen Colonna, Medici, Gonzaga oder Este, und gegebenenfalls mochte ein Kastell wie dieses auch geeignet sein, die unersättlich zusammengerafften Schätze wenn nicht vor deren Neid, so doch vor deren Gier zu schützen. Die Verbindung aus unergründlicher Besessenheit, Energie und einer zur Kunst erhobenen Verschlagenheit, die für viele Renaissance-Gewaltige charakteristisch ist, hat Paul III. zu einem der großen Päpste der Gegenreformation gemacht, dem neben Julius II. einzigen Inhaber des Stuhls Petri, den Michelangelo als ebenbürtig empfand; und dank der gleichen Eigenschaften konnte er gegen Ende seines Pontifikats als Begründer einer weitverzweigten und einflußreichen Dynastie gelten.

Einer der Enkel Pauls III. herrschte über das neu errichtete Herzogtum Parma-Piacenza, ein anderer über Castro, und zwei weitere Enkel gehörten dem Kardinalskollegium an, darunter Alessandro, der «Grande Cardinale», wie er nicht ohne befangenen Respekt genannt wurde, der dem Großvater in seiner Unruhe, seinem Machthunger und seiner Prunksucht am nächsten kam. Nachdem er mit seinem Verlangen nach einer großen Rolle vor der Welt bei seinen ewig mißtrauischen Rivalen gerade wegen seiner ungewöhnlichen Gaben Mal um Mal gescheitert war, wirkte er nur noch als Berater, Gönner, Diplomat und Fallensteller aus dem Hintergrund. Im übrigen zog er sich auf seinen philosophischen Ehrgeiz zurück und suchte seine nie gestillte Gier nach Glanz und großen Umständen zu befriedigen, indem er als Förderer und Prinzipal der Künste auftrat.

Fast so viel wie die Papstkrone sei es ihm wert gewesen, wird berichtet, wenn er von sich sagen hörte, er besitze die drei schönsten Dinge, die das große Rom zu bieten habe: den unter Mitwirkung Michelangelos erbauten Palazzo Farnese, die Tochter Clelia sowie die Kirche Il Gesù. Und dazu die Einkünfte aus dreißig Bistümern, Abteien, Kanonikaten oder Prioraten sowie die Nähe zu Künstlern wie Carracci, El Greco, Vasari und vor allem Tizian, der auf Verlangen des Kardinals das berühmte Gemälde der Danae unter dem Goldregen malte, das Alessandros Geliebte darstellte und die Wand des Schlafgemachs in Caprarola schmückte. Am Ende besaß er die wohl großartigste Kunstsammlung der Epoche, und wenn man gesagt hat, Europa habe von Italien die Kunst des epikureischen Lebens lernen können, dazu die Kunst der Gottesleugnung, die Kunst des Hurens, Vergiftens und der geistvollen Bestechung, so gewiß auch die Kunst des Mäzenatentums. Was Alessandro Farnese auf diese Weise zusammentrug, hat den Glanz und den Weltruhm des Hauses begründet, die bis in die Gegenwart dauern.

Wie kein anderer, erfolgreicher, rücksichtsloser und auch prahlerischer, war der mondäne Kardinal jenem Sammelfieber verfallen, das als eine neue Leidenschaft die Zeit erfaßt hatte. Seinen Reichtum, seinen Einfluß und gelegentlich auch sein hohes erpresserisches Geschick setzte er von Anfang an dafür ein, seine Besitzungen in jene ‹Wunderkammern› zu verwandeln, die, dem Wort eines Chronisten zufolge, «Bergen von Gold» glichen. Schon Paul III. hatte sich der gleichen Leidenschaft ergeben und einmal einen Beutezug durch Rom veranstaltet, der in einer einzigen Nacht siebenhundert Ochsenkarren mit einzigartigen Kunstschätzen teils von öffentlichen Plätzen wegräumte, teils zusammenraubte: eine andere Art «Sacco di Roma», unternommen nur wenige Jahre nach der historischen Plünderung der Stadt durch die Söldner Karls V. Um das Jahr 1550 gab es, nach einer zeitgenössischen Aufstellung, rund hundert bedeutende Privatsammlungen in Rom. Zwar kam keine derjenigen der Farnese gleich, aber alle, die sie begründeten und unablässig erweiterten, waren getrieben von der stets ähnlichen Verbindung aus Gier, selbstverherrlichendem Ehrgeiz und Schönheitskult. Hinzu kam aber immer auch das Verlangen, eine entschwindende, als «Goldenes Zeitalter» begriffene Epoche und ihre «mirabilia» zu bewahren, so daß wenigstens im Kunstwerk festgehalten blieb, was in der Wirklichkeit soeben dahinging. Alles Sammeln und die weitläufige Museumskultur, die aus diesen Anfängen hervorging, war denn auch nie ganz frei von diesem Sentiment und stets auch eine Elegie auf das Vergängliche.

Paul III. war zeitlebens von der Sorge vor dem Fluch umgetrieben, der auf allen rasch aufgestiegenen Herrscherhäusern lastet, den Fürsten ohne Herkunft, Namen und Anciennität. Schon sein Sohn Pierluigi hatte die düsteren Ahnungen bestätigt, die den Vater erfüllten, und sich durch sein tyrannisches Mißregiment, seine Launen und Wortbrüche überall Feinde gemacht, deren Gegnerschaft auch durch die umsichtige Heiratspolitik des Papstes bis hin nach Frankreich und Spanien nicht beschwichtigt werden konnte. Als Paul III. 1549 starb, war es nur dem Witz und diplomatischen Geschick Alessandros, des ältesten Sohnes von Pierluigi, zu danken, daß die Familie vor dem Verlust ihrer Macht, ihres Einflusses und ihrer legendären Besitztümer bewahrt blieb. Etwas vom Hasardeurswesen der meisten Farnese, ihrem ungestümen Glücksrittertum, enthüllt noch das Wahrzeichen der Familie, das zu jener Zeit entstand. Es zeigt das Schiff der Argonauten auf dem Weg durch die felsige Enge des Bosporus, Klippen und hochgehende Wellen auf allen Seiten, und dazu die Aufschrift: «Wir werden durchkommen!»

Doch war der für Caprarola entworfene Festungsbau nicht nur in der Sorge um das zu rasch und womöglich zu leicht Errungene begründet. In den Uffizien und anderen Sammlungen finden sich gerade aus der Zeit des Cinquecento unzählige Skizzen zu ländlichen Villen, die durch vorspringende Bastionen geschützt waren und deren Vorgelände auf allen Seiten vom Flankenfeuer der Hausgarden erreicht werden konnte. Es waren Jahre des Übergangs von den Wirren undurchschaubarer Machthändel und blutiger Familienfehden in festere Herrschaftsverhältnisse. Infolgedessen nahm die Epoche von den burgähnlichen Anwesen, die meist auf Anhöhen lagen und mit Wehrtürmen bestückt waren, allmählich Abschied, zumal die martialische Lebensweise, die hinter ihren Mauern herrschte, dem wachsenden Wohlstand und den verwöhnteren Ansprüchen nicht mehr gerecht wurde. Die Bedürfnisse der Bequemlichkeit und des angenehmen Wohnens auf dem Lande erforderten aber noch immer gewisse Sicherheitsvorkehrungen gegen herumziehende Heerhaufen und Kriegerbanden.

In alledem folgt Caprarola den Stilvorstellungen einer Zeit im Umbruch. Selbst das Pentagon findet sich in den architektonischen Entwürfen Sangallos und seines Umkreises häufig. Aber niemals zuvor und auch später nicht ist dieser Baugedanke auf einen mehrgeschossigen Palazzo angewendet worden. Tatsächlich ist die Wirkung des Baues von außen eher massig und fast schwerfällig, es fehlt, trotz des reichen Fassadenschmucks, an auflockernden Kontrasten, und im ganzen treten dem Betrachter zu viele glatte, monoton gegliederte Flächen entgegen. Immer wieder stellt der Eindruck sich ein, als sei Vignola mit der Erbschaft des ursprünglich geplanten Festungsbaues am Ende doch nicht fertig geworden. Über dem in der frühen Bauphase vollendeten Teil des Gebäudes, vor allem dem Zugang zu den Keller- und Werkstatträumen mit den roh behauenen, zyklopischen Tuffpilastern, erhebt sich die wuchtige Eckkontur des Oberbaues.

Dessen kristalline Strenge und stereometrische Ordnung hat

zwar auch ihre Bewunderer gefunden. Aber die Einzigartigkeit Caprarolas zeigt sich erst im Innern, in der sich unvermittelt vor dem Eintretenden öffnenden Scala Regia mit den dreißig hohen, paarweise angeordneten Doppelsäulen, deren Anstieg so bequem verlief, daß die Bewohner, wie der zeitweise hinzugezogene Architekt Paciotti an den Kardinal Farnese schrieb, «mit dem Pferd bis ans Bett» gelangen konnten.

Noch überwältigender aber war die Wirkung, wenn man von der Treppe in den Innenhof, den Cortile circolare, mit der Öffnung gegen den freien Himmel eintrat. Als wahres Kunststück hat er den Ruhm des Palazzos begründet und auf keinen Besucher jene verzaubernde Wirkung verfehlt, die sich beim Durchgang von einem Bollwerk in ein humanistisches Märchenschloß einstellt. Das Spiel von Licht und Schatten, die unregelmäßig eingesetzten Fensteröffnungen, Fresken und Farben erzeugen seltsam verwunschene Wirkungen, und die kreisende Bewegung von Treppe und Säulenwerk zieht nicht nur den Blick, sondern gleichsam auch den Betrachter nach oben, wo die Spirale aber nicht endet, sondern weiterzulaufen scheint, ehe sie in irgendeiner Unendlichkeit vergeht. Caprarola war in alledem auch ein Triumph des Manierismus, seiner Vorliebe für Gegensätze und überraschende Umkehrungen, die Bewegungen ohne Anfang und Ende sowie für ein Glück, das der Vorstellung der Zeit zufolge stets im Unerreichbaren lag und jenseits aller Realität. Abgeschirmt gegen die Umwelt, ihre Nacktheit, Enge und ihre tausend Häßlichkeiten, gesichert durch Mauern und Gräben, konnten Bewohner und Gäste sich hier, unter den Arkadengängen des Hofes oder auf der Loggia des Piano nobile, zu jener gelehrten und literarischen Republik versammeln, die Alessandro Farnese im Sinn gehabt hatte.

Nicht weniger Beifall hat die Raumdisposition des Gebäudes vor allem bei den Kennern der Architektur gefunden: die phantasievolle, halb spielerische und doch nach festen, wiewohl kaum merkbaren Regeln gefundene Anordnung der Räume im Übergang von der vorgegebenen Form der fünfeckigen Außenmauern zur Kreisform im Innern. Mit unübertrefflicher Leichtigkeit, ohne alle Pedanterie, aber auch ohne jede artifizielle Willkür hat Vignola die Schwierigkeiten überwunden, die sich daraus zwangsläufig ergaben. Gewichtiger als manches enthusiastische Lob ist das nüchterne Urteil Ammanatis, der Caprarola kurz vor der Fertigstellung des Palazzos besuchte: «Seine Schönheit läßt erkennen», schrieb er, «daß der Architekt zu der allerbesten Lösung gelangt ist, die der ursprüngliche Festungsgrundriß mit dem Fünfeck erforderlich machte.»

Zu den bemerkenswertesten Eingebungen, die Vignola bei seiner Suche nach einer Lösung zwischen Kastell und Palazzo fand, zählt das Gebäude im Gebäude. Das Untergeschoß, das der Dienerschaft zugewiesen war und wo die Versorgungsräume lagen, war den Blicken der übrigen Bewohner entzogen. Es existierte und arbeitete als eine Welt für sich. Gleichzeitig aber blieben die Verhältnisse der Cavallieri und Staffieri, die nur über die Gänge des Innenhofes miteinander verkehrten, von allen Zudringlichkeiten des Personals unbehelligt: ein höfischer Mikrokosmos, der auch innerhalb des Gebäudes gegen die Gewöhnlichkeiten der Welt abgesichert war und, nur auf sich selbst bezogen, in leichter, heller Luft seinen verfeinerten Gedankenspielen nachging. Vielleicht war es diese Atmosphäre von Geist, Schönheit und Abgeschiedenheit, die Carlo Borromeo bei einem Besuch im Jahre 1580 veranlaßte, Caprarola mit dem Paradies zu vergleichen. Auf seine gleichwohl vorgebrachte Frage, ob man das Geld nicht besser an die Armen verteilt hätte, soll der Kardinal geantwortet haben, er habe es den Armen gegeben, aber nicht umsonst. Vielmehr habe er es vorgezogen, sie dieses Geld mit ihrer Arbeit, ihrer Tüchtigkeit und ihrem Schweiß verdienen zu lassen. Immerhin plagte ihn gegen Ende seines Lebens der Gedanke, er habe sich mit seinem nie gestillten Hunger nach Reichtum und nach Ämtern einer Todsünde schuldig gemacht, und folgte schließlich einem seelsorgerischen Ratgeber, der ihm nahegelegt hatte, die eine Hälfte seiner immensen Einkünfte für gute Werke zu verwenden und sich selber mit der anderen zu begnügen.

Seinen Ruhm erwarb das Bauwerk aber nicht nur als Zeugnis der großen Architektur der Spätrenaissance. Mario Praz hat den Palazzo die «formula suprema» des Cinquecento genannt. Die Bemerkung zielte nicht nur auf den ingeniösen Entwurf seines Erbauers; vielmehr wurden auch die riesigen Fresken, die vor allem Decken und Wände der Repräsentationsräume mit Luft, Farbe und festlicher Bewegung erfüllten, nach einem Programm ausgeführt, das auf seine Weise den Geist des Zeitalters oder dessen Essenz enthält und widerspiegelt.

Die Maler erhielten genaue Anweisungen für ihre Arbeit. Von dem gelehrten Dichter und Humanisten Annibale Caro, der zum Umkreis des Grande Cardinale zählte, haben sich Briefe erhalten, in denen er im Auftrag des Bauherrn den Künstlern mit ungeheurem Aufwand an hochtrabenden Worten und wissenschaftlicher Spitzfindigkeit bis ins einzelne vorschreibt, welche Gegenstände sie an Decken, Längs- und Seitenwänden, in Nischen oder über Türen anzubringen hätten: Gegenstände der Mythologie und der alten oder auch jüngsten Geschichte, die mittelbar oder ohne alle Umwege die Taten und den Ruhm des Hauses Farnese verkündeten.

So ist im berühmten Herkules-Saal des Baues der Stock des Halbgottes mit einer Lilie der Farnese geschmückt, anderswo symbolisieren vier Putten die vier Weltflüsse und zugleich die vier Evangelien, die überall sprudelnden Brunnen sind Allegorien der Wasser des Lebens, der Schild steht für das Wort Gottes, der Speer für die guten Taten als Voraussetzung zum Heil und so fort: fast kein Element, kaum eine Arabeske, ist nur, was sie ist, sondern alles deutet auf größere Zusammenhänge, sei es des farnesischen Ruhms, des Glaubens oder der christlichen Weltordnung.

Der gleichen Lust an Symbol und Metapher dient der Zugang

zum Palazzo, die zentrale, steil ansteigende Straße, die Vignola mitten durch den mittelalterlichen Ort gebrochen hat. Sie stößt nicht direkt auf das Gebäude, sondern wird kurz nach der Öffnung auf einen kleinen Platz durch einen Vorbau abgefangen, von dem zwei Rampen zu dem höher gelegenen, eigentlichen Platz führen. Ihre Anlage war nicht allein in der Vorliebe der Zeit für axiale Verhältnisse begründet. Vielmehr bildete sie zugleich ein räumliches Gleichnis für den Weg zum Heil, mit dem Kardinal als dem Vermittler dieses Heils oben auf der Höhe, wo der Palazzo nach dem engen, dunklen Anstieg wie ein Neues Jerusalem im hellen Licht lag.

Zu den vielen Merkwürdigkeiten Caprarolas gehört nicht zuletzt, daß bei einem so früh, schon vor der endgültigen Fertigstellung viel gerühmten Bau der Streit über die Urheberschaft bis heute anhält. Zwar verdankt er seine endgültige Gestalt im wesentlichen Vignola. Aber keine eindeutige Gewißheit herrscht darüber, wie weit der Anteil von Baumeistern wie Sangallo, Peruzzi, Paciotti und anderen reicht. Nicht einmal die vorherrschende Auffassung, wonach ursprünglich eine Festung geplant und, als Vignola die Arbeit aufnahm, in den Grundmauern oder unteren Stockwerken schon errichtet war, ist unbestritten geblieben. Es ist nur eine ironische Pointe in der lange anhaltenden Auseinandersetzung, wenn neuerdings sogar verneint wird, daß es, bei Licht besehen, um den Baumeister Caprarolas überhaupt einen Streit geben könne, der ernsthaftere Motive habe als den Geltungsdrang ehrgeiziger, aber unbeachteter Kunsthistoriker. Die Materialien, so war von einem Kenner des Baues und seiner Geschichte unlängst zu lesen, gäben über alle Einzelheiten hinreichend Auskunft, und im ganzen sei Caprarola vermutlich das inzwischen am ausgiebigsten dokumentierte Bauwerk der Spätrenaissance.

Man hat gesagt, das auf einem Felsen errichtete Fünfeck des Palazzo gleiche einer gewaltigen Sonnenuhr, die das Maß einer sinnvoll geordneten Welt anzeige und daß sie einen Tag ohne

Ende habe. Doch als Treffpunkt einer geistvollen Villegiatura, als Gelehrtenrepublik für Philosophen, Liebhaber der Kunst und Freunde der Literatur hat Caprarola nur kurze Zeit gedient, weniger als ein halbes Jahrhundert lang. 1589 starb Alessandro Farnese, und schon dreißig Jahre später war das Gebäude unbewohnt, die Zimmerfluchten lagen verwaist, bald darauf wurden auch die kostbaren Möbel fortgeschafft und die abertausend Kunstschätze des Hauses in alle Winde zerstreut. Der größte Teil der Sammlung fiel an die Bourbonen, nachdem Antonio Farnese 1731 ohne männlichen Erben gestorben war. Zumindest an Caprarola vollzog sich doch noch das Schicksal, das Paul III. für alle rasch emporgekommenen, vermeintlichen Söhne des Glücks gefürchtet hatte.

Manchmal jedoch erwachte der Ort dank der großmannssüchtigen oder verrückten Laune eines seiner Besitzer zu hektischem Leben, zuletzt zu Beginn dieses Jahrhunderts, als die Amerikanerin Florence Baldwin den Palazzo mietete und als exzentrische Bühne herrichten ließ, auf der sie zusammen mit ihren drei Töchtern Furore machte: mit verschwenderischen Festen, ausschweifenden Gelagen für die Reichen aus aller Welt, mit Bällen, Eheschließungen und Feuerwerken. Einige Jahre nach ihrem Tod im Jahre 1918 unternahm Giuseppe Brambilla einen neuen Anlauf, dem Bauwerk die schöne Irrealität von einst wiederzugeben. Aber Brambilla starb schon ein Jahr nachdem er mit den Wiederherstellungsarbeiten begonnen hatte, und Caprarola fiel in die alte Leere und Unbehaustheit zurück. Nach dem Zweiten Weltkrieg wurde das hinter dem Kastell in den weitläufigen Gartenanlagen errichtete Casino zum Sommersitz des italienischen Staatspräsidenten bestimmt. Aber keiner der Amtsinhaber hat es je bezogen, weil Technik, Komfort und sanitäre Vorrichtungen noch immer aus dem 17. Jahrhundert stammen.

Für den Glanz des Hauses Farnese und die Jahrhunderte, die er währen sollte, erbaut, hat Caprarola nur eine kurze, melancholische Geschichte gehabt. Wie alle gegen die Wirklichkeit geträumten Träume hatte es keine Chance der Dauer. Jetzt endet es, wie das groß Gedachte und Hingestellte immer, als Museum. Aber es liegt, wenn auch nur wenige Kilometer, abseits vom Weg der Touristenströme. Kaum je finden ein paar meist zufällig Vorüberkommende sich ein. Ein geisterhaftes Riesenmonument über einem geduckten, grauen Ort, inmitten der Campagna-Einsamkeit. Zwei Kustoden hocken stumm und mißgelaunt wie heruntergekommene Tempeldiener in der Eingangshalle. Vier Besucher seien heute dagewesen, sagt der eine und stößt bekräftigend vier Finger in die Höhe. Keine einzige Reisegruppe. Wenn es erst einmal soweit sei, daß auch die Reisegruppen nicht mehr kommen, setzt er hinzu, sei eine Geschichte wirklich zu Ende.

Wunschbild eines neuen Arkadien

Ruhm und Nachruhm Palladios

... Palladio, nach so viel Zeit
noch immer als Polarstern verehrt
Goethe

Palladios Ruhm ist die Geschichte seines Nachruhms. Zeitlebens war er nicht viel mehr als ein hochgeachteter Provinzarchitekt, und die Bauten, die er errichtete, liegen im Umkreis weniger Dutzend Kilometer. Er entwickelte keine bestürzend neue Architektur, sondern entdeckte, auf der Suche nach den dauernd gültigen, vom Zeitgeist unabhängigen Regeln der Baukunst, die der Antike neu. Seine Phantasie bewegte sich auf engem Raum; jedenfalls unterwarf er sie der einmal gefundenen Bauidee, die er in wenigen Abwandlungen auf immer andere Weise formulierte. Als er 1580 starb, war sein Name, für die Dauer einer Generation, nur einer unter vielen, wenn auch bedeutenden Baumeistern der Epoche. Dennoch hat er den Weltstil der Architektur für annähernd drei Jahrhunderte geschaffen, und niemand hat so zahlreiche enthusiastische Adepten und Nachahmer gefunden wie er: von Chiswick bis Moskau und Kalkutta, von Kopenhagen und Berlin bis Kapstadt und nach Virginia. Sein Einfluß auf die englische und amerikanische Architektur, so hat man errechnet, ist größer als der aller anderen Architekten des 16. bis 19. Jahrhunderts zusammengenommen.

Die unvergleichliche Wirkung Palladios hat vor allem drei in seinem Baustil selbst liegende Ursachen: Alle seine Entwürfe waren Verbindungen aus einem bewundernden, durch exakte Nachmessungen antiker Gebäude abgesicherten historischen Bewußtsein;

ferner einem untrüglichen, dem mathematischen und musikalischen Wissen der Zeit entnommenen Proportionsgefühl sowie einem praktischen, den Bauzweck respektierenden Verstand. Doch in alledem bewegte er sich, ohne Regeln oder Auflagen je spürbar werden zu lassen, mühelos und mit groß disponierender Freiheit.

Die eigentümliche Fähigkeit, sich in der Beschränkung zu steigern und Zwänge in Triumphe zu verwandeln, macht schon Palladios erstes Bauwerk sichtbar, das gleichzeitig eines seiner berühmtesten ist, obwohl es in keinem Sinne ganz als das seine gelten kann: die Basilika von Vicenza. Die dem Stadthaus vorgebauten Loggien waren kurz nach ihrer Errichtung eingestürzt, und die Stadtoberen hatten, nach mehrjährigen Beratungen mit einigen berühmten Baumeistern der Zeit, am Ende dem von angesehenen Mitbürgern protegierten Palladio den Auftrag erteilt, den erhalten gebliebenen Kern des Gebäudes neu zu verkleiden. Palladio war zu diesem Zeitpunkt bereits vierzig Jahre alt. Doch wer sein Leben überblickt, wird nicht einmal den späten Austritt aus der Anonymität als den erstaunlichsten Umstand ansehen; noch merkwürdiger mutet an, daß er, fast schon am Ende einer Epoche, deren große, überwältigende Entdeckung die Persönlichkeit war und die mit einer Fülle scharf umrissener, ins Unverwechselbare gesteigerter Physiognomien zugleich die biographische Neugier entwickelt hatte und an Lebensbeschreibungen, den Schilderungen dessen, was der einzelne in seiner Kraft, seinem Stolz, seinem Genie zu erreichen fähig sei, ein leidenschaftliches Interesse nahm, dennoch als Mensch ein nahezu Unbekannter blieb. Zwar existiert, von einem Altersgenossen Palladios verfaßt, eine Biographie des Architekten, doch treten die individuellen Züge darin gänzlich hinter der Beschreibung des Werks und den Vorstellungen, die ihm zugrunde lagen, zurück. Über Palladios Jugend, seine Lehrmeister, Freunde, Arbeitgeber, ist so gut wie nichts bekannt. Man weiß, daß er 1508 in Padua geboren wurde, Andrea della Gondola hieß und als Sohn eines Steinmetzen das Handwerk seines Vaters erlernte. Noch im Jahre 1542 wird er auf einer Urkunde als «lapicida» bezeichnet.

Goethe, der «den» Palladio, wie er zu sagen pflegte, zusammen mit Raffael wie keinen anderen Künstler der neueren Zeit bewunderte, hat in einem Gespräch geäußert, «um Epoche zu machen» sei es notwendig, «daß man eine große Erbschaft tue». Palladios Erbschaft kam von Giangiorgio Trissino, einem einflußreichen Humanisten, der, wie es dem universalen Ehrgeiz der Epoche entsprach, zugleich Diplomat, Dichter, Philosoph, Sprachwissenschaftler sowie Übersetzer war und sich, gegen Ende der dreißiger Jahre des Jahrhunderts, zur Förderung der Künstler und der Wissenschaften, in der Nähe von Vicenza eine Akademie errichtete. Während der Bauarbeiten entdeckte er unter den Handwerkern den jungen Steinmetzen, erkannte sein Talent und veranlaßte ihn, seinen Beruf zu wechseln: «Als Trissino bemerkte», heißt es in der erwähnten Biographie von Giuseppe Gualdo, «daß Palladio begabt war und große Neigungen zur Mathematik hatte, beschloß er, um seinen Geist zu bilden, ihn in den Vitruv einzuführen, und nahm ihn dreimal zu längeren Reisen nach Rom mit.» Nach Abschluß der Studien erhob er seinen Schüler gleichsam in den humanistisch gebildeten Stand, indem er ihm, in Anspielung auf Pallas Athene, die Halbschwester des Apoll, den Namen Palladio verlieh; den gleichen Namen hatte er in seinem bekanntesten Werk, dem nach klassischen Regeln abgefaßten Heldenepos «Italia liberata», einem kunstverständigen, unheilverhütenden Engel gegeben.

Der Verkleidungsbau für die Basilika von Vicenza zeigt Palladio noch vergleichsweise abhängig. Unverkennbar nehmen die neuen Loggien Motive auf, die schon bei anderen Architekten der Zeit anzutreffen sind: Sansovinos Neue Bibliothek von Venedig ist darin ebenso gegenwärtig wie Serlios Idee der von schmalen Seitenöffnungen flankierten Bogenfenster. Aber seine eigentümliche Fähigkeit, in der Entlehnung über alle bloße Nachahmung weit hinauszugelangen, sich von Vorbildern oder Regeln nicht erdrücken, sondern geradezu zum eigenen Ausdruck verhelfen zu lassen, wird schon an dieser frühen Arbeit sichtbar, die, ohne jede Betonung der Mitte, nur ein gleichbleibendes Achsenmotiv wiederholt und dennoch jede Eintönigkeit durch die Vielfalt der Abstufungen und Zuordnungen vermeidet. Mit großem Selbstbewußtsein hat Palladio später erklärt, daß die Basilika «zu den schönsten und edelsten Bauwerken seit der Antike gerechnet werden» dürfe, und die Geschichte hat ihn darin bestätigt: Canaletto beispielsweise, aber auch andere Maler, erhoben das Gebäude in den Rang eines musealen Monuments, indem sie es, zusammen mit anderen Palladio-Bauten, auf Phantasieveduten, sogenannten «Capriccios», zur idealen Stadtlandschaft vereinigten. Palladios einzigartige Gabe, fremde Einflüsse mit eigenen Ideen zu verschmelzen, hat Goethe in berühmten Sätzen beschrieben: «Wie er das untereinander gearbeitet hat, wie er durch die Gegenwart seiner Werke imponiert und vergessen macht, daß er nur überredet! Es ist wirklich etwas Göttliches in seinen Anlagen, völlig wie die Force des großen Dichters, der aus Wahrheit und Lüge ein Drittes bildet, dessen erborgtes Dasein uns bezaubert.»

Aber den Ruhm Palladios haben nicht die feierlichen Großbauten, nicht die Stadtpaläste in Vicenza oder die Kirchen Il Redentore und San Giorgio Maggiore in Venedig begründet; seine Weltwirkung geht fast ausschließlich auf die Villen zurück, die er im Veneto, dem Venedig vorgelagerten Festland, errichtet hat, und von denen noch neunzehn erhalten sind. Sie sind das Ergebnis einer in der Kunstgeschichte seltenen Koinzidenz: des Zusammentreffens eines neuen Baubedürfnisses mit dessen idealem Interpreten.

Zu Beginn des 16. Jahrhunderts, als die Machtstellung Venedigs zu schwinden begann und die «cose del mare», die Herrschaft und der Handel über die Meere, zusehends zurückgingen, suchten die großen Familien der Stadt, deren politischer und kaufmännischer

Instinkt ihnen so lange zu fabulösen Reichtümern verholfen hatte, den Niedergang aufzufangen. Einfallsreich und anpassungsfähig, wie sie trotz aller arroganten Härte immer gewesen waren, begannen sie mit dem Aufbau von Manufakturen für Luxusgüter innerhalb der «Biberstadt» selbst, sowie vor allem mit der Entwicklung einer modernen, auf ausgedehnten Landgütern betriebenen Agrikultur innerhalb der Terraferma, dem Gebiet zwischen Verena, Padua und Treviso.

Für die Bedürfnisse der kultivierten, welterfahrenen Händler, die nun aufs Land übersiedelten, bot die Architektur der Zeit keine angemessenen Vorlagen. Die Landhäuser im Veneto waren meist ohne die Mitwirkung von Architekten aufgeführte Bauten, anspruchslos, zweckmäßig und doch von den niemals fehlgehenden, aus unvordenklicher Zeit stammenden Traditionen einer ihrer selbst nicht bewußten Kultur geprägt. Die toskanischen oder römischen «Villen» wiederum waren überwiegend herrschaftliche oder philosophische Zufluchtsorte, an abgelegener Stelle in die Landschaft gesetzt, um dem Lärm und Getriebe der Stadt zu entkommen, und daher oft von Kunstgärten sowie hohen Mauern umgeben, die nicht nur die Welt, sondern selbst die Natur noch auszusperren schienen.

Der Villentypus, der von der neuen Schicht venezianischer Grundbesitzer verlangt wurde, sollte dagegen Dauerwohnsitz sein, sich in die Landschaft, auf bebaute Felder, Obstplantagen oder Stallungen öffnen und gleichzeitig das urbane, von klassischer Bildung geprägte Lebensgefühl der Besitzer kenntlich machen, kurz, ökonomischer Nutzbau, Lebensmittelpunkt und Repräsentationssitz zugleich sein.

Der Architekt, der dafür eine Art Formel oder klassischen Kanon schuf, war Palladio. Sein pragmatischer Sinn verband sich auf das natürlichste mit den an der Antike geschulten Vorstellungen, und nie überwog das eine auf Kosten des anderen. Im Gegensatz zur herkömmlichen Anhäufungsarchitektur, die in mehr oder minder pittoresker Willkür die Gebäudekomplexe eines Landguts zueinanderstellte, verband er Herrensitz, Gesindehäuser, Wirtschaftsräume und Stallungen zu einem architektonischen Gesamtkonzept, und dieses innere Gleichgewicht von Schönheit und Bestimmung hat die mathematisch errechneten Proportionen erst zum Leben erweckt. Nie stößt man auf bloße Gesten oder leere Großartigkeiten, alles bleibt der «utilità» unterworfen, überschaubaren menschlichen Zwecken, und nichts anderes ist zuletzt auch der Grund dafür, daß der spätere Palladianismus nicht zum Baustil des Absolutismus werden konnte, dessen prahlerische, machtprunkende Maße oft jeden anderen Baugedanken erdrückten.

Die gleiche Balance kennzeichnet auch die sogenannte hierarchische Struktur der Villen Palladios, das heißt die Zuordnung abhängiger Bauteile zu einem durch Säulen, Dreiecksgiebel, Bekrönungen oder herrschaftliche Treppenanlagen festlich gesteigerten Haupttrakt. Ebenso sind die reichlich verwendeten hellenistischen Zitate niemals bloße Versatzstücke, wie es denn überhaupt nie um Kopie und pedantische Nachahmung geht; vielmehr handelt es sich durchweg um die aus der Bauidee entwickelte, aber gänzlich freie Übersetzung antiker Prinzipien, so daß Palladios Villen von den Zeitgenossen als durchaus «modern» empfunden, nicht selten sogar ihrer «skandalösen Freiheiten» wegen kritisiert wurden und bis auf die Gegenwart einem Lebensgefühl so authentisch Ausdruck geben, daß man alle Entlehnungen vergißt und jeder Gedanke an Eklektizistenwerk verstummt.

Die Rückgriffe Palladios auf die Antike sind denn auch nicht nur aus dem Bewußtsein wiedererweckter historischer Kontinuität zu verstehen; er selber sah sich viel eher auf der Suche nach der Urformel, dem verlorengegangenen, von den Stilablagerungen der Geschichte überdeckten oder einfach in Vergessenheit geratenen Elementargedanken allen Bauens. Seiner Verehrung für den römischen Baumeister Vitruv, «maestro e guida», wie er ihn zu nennen pflegte, dem Verfasser des ersten Handbuchs der Architektur, lag die Überzeugung zugrunde, daß niemand so wie er dem Geheimnis des idealen Bauwerks nahe gewesen sei. In seinen eigenen «Quattro libri dell'architettura», die teils Rechenschaft über sein Lebenswerk, teils theoretisches Lehrbuch sind, hat er in einem Kapitel «Über die Mißbräuche in der Architektur» bemerkt, daß aller Stilwandel, alle neuen Bauvorstellungen zwar durch das menschliche Bedürfnis nach Abwechslung gerechtfertigt seien, daß sie aber niemals gegen die allezeit gültigen Regeln der Kunst oder die Gebote der Vernunft verstoßen dürften.

Dennoch war Palladio ohne allen dogmatischen Starrsinn. Er glaubte vielmehr, der Rang eines Architekten offenbare sich geradezu in seinem Vermögen, die Regel zu beachten und gleichzeitig vergessen zu lassen. Die Villen, die er im Veneto errichtet hat, wirken wie Demonstrationen dieser Überzeugung. Denn obwohl sie den Eindruck großen Einfallsreichtums hervorrufen, sind sie sämtlich aus einem einzigen geometrischen Grundschema entwickelt: einem Saal in der Mittelachse und einer wechselnden Anzahl streng symmetrisch angeordneter kleinerer Räume zu beiden Seiten. Dieser Unterwerfung unter eine Idee, dem Verzicht auf alle zudringliche Architekten-Originalität, verdanken die Bauten Palladios ihre vollendete, niemals spannungslose, wenn auch nur unbewußt spürbare Harmonie.

Die Verbindung von antikem Ernst und venezianischem Zauber hat diesen Villen aber auch den ungemein sprechenden Charakter gegeben, und nicht zu Unrecht hat man Palladio den «poeta architetto» genannt. Die eigentümliche Eloquenz seiner Bauten wird nicht zuletzt hervorgerufen oder doch verstärkt durch jenes bewußt eingesetzte Zusammenspiel von Licht und Schatten, das manche sogar von einem «Kolorismus» Palladios sprechen läßt, und jedenfalls hat er mit jeder seiner Villen unwiderstehliche Vereinigungen von rationaler Strenge und sensuellen Wirkungen erzielt, dies alles noch gesteigert durch die virtuos nachlässige Placierung der Gebäude in eine Landschaft, die in der Verbindung von Gewachsenem und Gebautem erst ihren idealen Ausdruck zu erlangen scheint. Obwohl in nahezu jeder Beschreibung seiner Villen der Begriff «serenità» auftaucht, was soviel heißt wie Klarheit, Grazie, Heiterkeit oder Würde, liegt über ihnen doch eine romantische Stimmung, das kurz aufleuchtende Wunschbild jenes neuen Arkadien, von dem auch gilt, daß keiner es je gesehen hat und doch jeder kennt. In den Mignon-Liedern hat Goethe nicht nur die Sehnsucht nach diesem idealen Land beschworen, sondern in dem Haus, dessen Dach auf Säulen ruht, auch, wie man nachgewiesen hat, das Bild des idealen Bauwerks: der Villa Rotonda.

Eigentümlicherweise stellt dieses Gebäude, das gleichzeitig Palladios berühmtester Entwurf ist, auch die entschiedenste Ausnahme vom Typus des repräsentativen Gutshauses dar. Schon die Lage auf einem Hügel außerhalb von Vicenza macht die Rotonda weit eher zu einer Retraite philosophischer Beschaulichkeit, einem Belvedere, dessen Hauptzweck der nach allen Seiten hin offene Blick in die Landschaft ist, «in das große Theater der bezaubernden Hügel ringsumher», wie Palladio schrieb. In der Tat hatte er bei diesem Entwurf keinen Erwägungen der Zweckmäßigkeit und ökonomischen Nutzung zu folgen und ein Stück idealer Architektur schaffen können. Die suggestive Symmetrie der Villa, ihre Verbindung aus intellektuellem Kalkül und freilich grandios hochgetriebenem menschlichem Maß hat derart überwältigend auf die Zeit der beginnenden Aufklärung gewirkt, daß der Entwurf bald so häufig nachgebaut, abgewandelt oder doch als Inspirationsansatz benutzt wurde wie außer dem Pantheon in Rom kein anderes Gebäude der Architekturgeschichte.

Es war der englische Architekt Inigo Jones, der wenige Jahrzehnte nach Palladios Tod zum Begründer und Wegbereiter des Palladianismus wurde. Nach ausgedehnten Studienreisen durch Italien brach er brüsk mit dem lange ermüdeten gotisierenden Manierismus der elisabethanischen Epoche und entwickelte, unterstützt von einem Kreis schwärmerischer Förderer, eine neue, an

Palladio orientierte Architektur, «to introduce the temple beauties in a private building». Nicht nur die großen Stadtpaläste wie Banqueting und Somerset House in London oder die ländlichen Adelssitze wie Stourhead griffen Palladios Vermächtnis auf; vielmehr setzte sich der Palladianismus bis in den bürgerlichen Baustil fort. In Bath errichtete John Wood erstmals jene Reihenhäuser mit Säulenvorbau, die Palladios Säulenspaliere vortäuschten und später, vor allem in London, das Bild ganzer Stadtviertel geprägt haben. Auch die noch heute überall in England anzutreffenden, weit ausschwingenden Crescents bewahren die Erinnerung an ein Motiv, wie Palladio es in den zum Halbrund vorgezogenen Seitenflügeln beispielsweise der Villa Badoer verwendet hat. Die bald hinzutretende, das neue Bauideal aufklärerisch absichernde Vorstellung ging dahin, daß auch die Architektur dem Menschheitsgesetz zur moralischen und ästhetischen Vervollkommnung unterworfen sei und diese Bauten die Idee der «moral beauty» vollendet sichtbar machten. Die von Inigo Jones edierte Übersetzung von Palladios «Vier Büchern über die Architektur» gewann binnen kurzem den Rang eines Lehr- und Regelbuches, und seit der Mitte des 17. Jahrhunderts führte die «Grand Tour», die rituelle Bildungsreise wohlhabender Engländer durch Europa, regelmäßig über Vicenza.

Zahlreiche Theorien haben die überwältigende Resonanz Palladios in England sowie bald auch in Nordeuropa zu begründen versucht und wechselweise im Protestantismus, im Rationalismus oder in den spezifischen Herrschaftsstrukturen die Ursachen dafür ausfindig gemacht. Aber bedeutsamer war offenbar, daß Palladios Auftraggeber die gleichen Vorstellungen und Bedürfnisse hatten wie die englische Gentry jener Zeit: ökonomisch dem Land verbunden, besaß sie gleichzeitig städtische Geschmackskultur sowie eine hochentwickelte klassische Bildung – dies alles noch gestützt durch den naheliegenden und folglich auch nicht selten angestellten Vergleich zwischen der Weltrolle des eigenen Landes und der des meerbeherrschenden Venedigs. Hinzu kam, daß diese nach strengen mathematischen Regeln konzipierte, zugleich jedoch unerhört wandlungsfähige Architektur sich wie keine andere zu literarischer Vermittlung eignete: Bramantes, Michelangelos oder Berninis Bauten ließen sich allenfalls wie Einzeldenkmäler beschreiben; die «Quattro libri» Palladios dagegen machten, mitsamt den beigefügten Holzschnitten, Gesetze und Wesen einer allgemein zugänglichen Architektur anschaulich, die überdies der Peripherie Europas eine Möglichkeit eröffnete, den vom humanistischen Zeitgeist beschworenen Anschluß an die Antike zu gewinnen.

Aus solchen Hinweisen lassen sich, zum Teil jedenfalls, weit eher als aus vagen Protestantismus- oder Herrschaftstheorien Einsichten dafür holen, daß der Palladianismus sich von England aus über ganz Nordeuropa, bis hin nach Petersburg, und bald auch, im Zeichen des sogenannten «Greek revival», über große Teile des amerikanischen Kontinents ausbreitete, wo er zum verbindlichen Vorbild des sogenannten Kolonialstils wurde. In den romanischen Ländern dagegen fand er weit geringeren Widerhall: Frankreich beispielsweise verfügte nicht nur über eine ungebrochene eigene antike Tradition; vielmehr war seine Aristokratie auch höfisch, nach Paris oder Versailles orientiert und zog sich nur zu Muße oder Vergnügen aufs Land zurück. Überall dort aber, wo es einen mit klassischer Bildung vertrauten Landadel im engeren Sinne gab oder die englische Aristokratie Vorbildcharakter besaß, hat der Palladianismus seine mehr oder minder kräftigen Spuren hinterlassen, auch wenn der Name seines Begründers darüber nahezu vergessen wurde. Man sprach vielmehr kurzerhand von «maisons anglaises».

Auch in Deutschland finden sich zahlreiche Zeugnisse dieses Einflusses, obwohl Aneignung und Auseinandersetzung hier sehr viel stockender und überwiegend auf dem Umweg über England verliefen. Erst mehr als hundert Jahre nach dem Tod Palladios erschienen in Nürnberg unter dem Titel «Die Baumeisterin Pallas oder der in Teutschland erstandene Palladius» die ersten beiden der «Vier Bücher», eine vollständige Ausgabe des Werkes fehlt bis heute. Die meisten Baumeister des 18. und frühen 19. Jahrhunderts holten ihre Anregungen denn auch weniger aus Vicenza oder dem Veneto, sondern eher aus Rom, Sizilien und Paris, und niemals jedenfalls gab es diese überschwengliche, in die Breite wirkende Nachfolge wie in England, Holland oder den skandinavischen Ländern. Die beiden wohl berühmtesten Baumeister der Epoche, Karl Friedrich Schinkel und Leo von Klenze, ließen sich nicht auf eine Stilvorstellung festlegen, sondern rezipierten, ganz nach Gutdünken und Bauauftrag, beispielsweise die Antike, die Gotik, die Renaissance oder die französische Revolutionsarchitektur.

Immerhin verweist eine Vielzahl von Einzelbauten auf Palladio. Zum Beispiel übernehmen der Pflügersche Gasthof in Potsdam ebenso wie das Rathaus der Stadt, das nach einem nie verwirklichten, nur aus den «Vier Büchern» bekannten Entwurf Palladios gebaut wurde, Vorstellungen des Vicentiner Baumeisters; Schinkels Schauspielhaus orientierte sich an der Rotonda, seine Neue Wache an der Villa Pisani in Bagnolo. In der Nähe von Dessau baute Friedrich Wilhelm von Erdmannsdorff, nach einer Reise ins Veneto, mit dem Schloß Wörlitz das Beispiel eines vollendet übersetzten Palladianismus, in München zeugen Leo von Klenzes Glyptothek oder Karl von Fischers Nationaltheater sowie vor allem das Prinz-Carl-Palais vom Einfluß Palladios. Ein ausgreifender, das Stadtbild prägender bürgerlicher Palladianismus existierte dagegen, trotz dieser und vieler weiterer Einzelbeispiele, nur in Berlin sowie vor allem in Hamburg und Altona, wo der dänische Architekt Christian Frederik Hansen um 1800 zahlreiche Villen für das wohlhabende Patriziat der Stadt im Stil Palladios errichtete.

In England entfremdete sich der Palladianismus im ausgehenden 18. Jahrhundert zusehends von allen strengeren Vorstellungen. Die «Villa» weitete sich zum schloßartigen Gebäude, und dieses wiederum fiel zum architektonischen Ausstattungsstück im «Englischen Garten» zurück, der weder Nutzgelände noch Kunstgarten war, sondern die kunstvoll unternommene Nachbildung idealer Natur. An die Stelle des praktischen, auf Leben und Tätigkeit bezogenen Gedankens, von dem diese Architektur ihren Ausgang genommen hatte, rückte nun Pittoreskes: die Bildidee einer Landschaftsvedute, die den nicht endenden arkadischen Traum immer aufs neue zu inszenieren versuchte.

Ein Erinnerungsrest davon blieb über alle Umdeutungen und Ausweitungen hinweg bewahrt, die der Palladianismus im 19. Jahrhundert erfuhr, auch wenn es bald nicht viel mehr als die leeren Formeln waren, die, unterschiedslos und häufig ins Riesenhafte getrieben, auf Banken, Bibliotheken, Firmensitze oder behördliche Bauten, in einem Fall sogar auf ein Wasserwerk angewandt wurden. Zu weit hatte sich das Lebensgefühl der robusten, monumentalisch von sich selbst ereiferten Epoche von der lakonischen Strenge Palladios entfernt, als daß mehr denn theatralische Kulisseneffekte zustande kommen konnten.

Zum Proportionsbewußtsein Palladios gehörte, daß seine Entwürfe durchweg vom Menschen ausgingen und sich damit einem vorgegebenen Maß unterwarfen. Indessen hat Goethe fragend angemerkt, ob diese feierliche Architektur der Säulen und Giebel sich nicht zu hoch über den Alltag erhebe: Palladio habe «das große Bild was er in der Seele hatte auch dahin gebracht wo es nicht ganz paßte». Gewiß zwangen diese Villen, in all ihrer geometrischen Kühle und Gravität, ihren Bewohnern eine gewisse zeremonielle Würde auf und konfrontierten sie unausgesetzt einem höheren Daseinsbegriff: in der Tat darauf gerichtet, den Menschen «von sich selbst eine große Idee (zu) geben». Aber Palladio selber hat es verschiedentlich seine Absicht genannt, Schönheit mit «Behaglichkeit» zu verbinden. Selten nur wird der unüberbrückbare

Abstand zweier Menschenbilder deutlicher als im Vergleich zwischen dieser Architektur und dem zeitgenössischen Bungalowstil mit seinen Kaminecken, Hausbars und all den anderen, aus jedem objektiven Begriff des Menschen von sich selbst herausfallenden Mittelstandsgemütlichkeiten.

Jenes andere Menschenbild hat Goethe offenbar auch im Sinn gehabt, als er aus Venedig schrieb, kein anderer als Palladio habe ihm, weit über das ästhetische Augenblicksglück hinaus, den Weg «zu aller Kunst und Leben geöffnet». Das liegt lange zurück. Die Architektur der Gegenwart besitzt, wie die Zeit selber, überhaupt kein Menschenbild mehr, ihr Dilemma rührt weitgehend daher. Sie neigt dazu, ihren Mangel an Phantasie mit der längst zum Dogma erstarrten funktionalistischen Theorie, mit technologischen oder materiellen Zwängen zu rechtfertigen. Doch daß das Zweckmäßige den großen Gedanken nicht ausschließt und der hohe Anspruch nicht am hohen Aufwand hängt, alles Gebaute mit dem Sinn für das Wesen einer Lebensform, für Stil und geschichtliche Kontinuität zu tun hat, ist eine Lehre, die Palladio wie kaum ein anderer Architekt vermitteln kann. Der Blick auf unsere Städte, auf die öffentlichen wie privaten Bauten, offenbart, daß, nach über dreihundert Jahren, mehr als Palladios Nachruhm zu Ende ist.

Architekt einer Übergangsepoche

Karl Friedrich Schinkel

(Er besitzt) eine Beziehung auf ein höheres untergegangenes Dasein, ... zu dessen voller Erkenntnis er – vor der Freude und Reproduktionslust des Spiegelfragments dieser verlorenen Herrlichkeit in der Kunst – nicht gelangen kann.

Clemens von Brentano über Schinkel

Karl Friedrich Schinkel war der erste Künstler von europäischem Rang, den das mit Abschluß der friderizianischen Epoche entstandene Preußen hervorgebracht hat. Das spröde Staatsgebilde, durch einen beispiellosen Willensakt in den Kreis der Großmächte gelangt, hatte in der eigenen Machtentfaltung nur begünstigt, was der Steigerung seiner Kräfte diente. Es war reich an Härte und Zähigkeit, aber arm an Inspiration, Phantasie, schönem Stil; seine Kunst war das Überleben gewesen. Einige Architekten, fast durchweg von auswärts herangezogen, hatten Hauptstadt und Residenz mit vereinzeltem, unverkennbar hergeholt wirkendem Glanz versehen, auch dies eine Willensleistung. Erst an der Wende vom 18. zum 19. Jahrhundert, als der Dauerkrampf nicht endender Selbstbehauptung nachließ, wurden andere, lange zurückgehaltene Kräfte frei. Berlin erlebte seine Genie-Epoche, und Schinkel war eine ihrer herausragenden Erscheinungen.

Indessen war es nicht einfach so, daß die Schule der Entbehrung, die Preußen durchlaufen hatte, ohne alle Übergangsspannung von einem mächtigen kulturellen Impuls abgelöst worden wäre; daß nach so vielen Jahren, in denen immer nur Stärke im Unglück zu beweisen gewesen war, nun plötzlich eine Zeit grandioser Höhenflüge begann. Vielmehr stießen mehrere Zeittendenzen aufeinander. Die schwärmerische, vom hochgehenden Gefühl beflügelte Aufbruchsstimmung der einsetzenden Romantik brach sich nicht nur an der Klassik, sondern auch am Ethos der Kargheit, der Selbstentäußerung, das die zurückliegenden Jahre erzeugt hatten. Was man preußische Romantik nennt, ist im Grunde ein Konfliktphänomen: die Umsetzung von Epochenwidersprüchen in Kunst.

Wie nur noch Heinrich von Kleist, wenn auch verschlossener, unexaltierter, hat Karl Friedrich Schinkel diese Widersprüche in seiner Person evident und zugleich fruchtbar gemacht. Sein Leben ist eine einzige, weder vom Erfolg noch vom wachsenden Ruhm gemilderte Anstrengung, den Bruch auszuhalten und am Ende vielleicht zu versöhnen: zwischen Selbstbescheidung und romantischem Überschwang, Norm und exzentrischer Subjektivität, formaler Strenge und der Neigung zum Phantastischen, Märchenhaften. Schon seine frühe Entscheidung, Beamter zu werden und sich in der korrekten Wahrnehmung täglicher Pflichten, in Behördenkram und Dienstquerelen zu verbrauchen, deutet auf einen Zug seines Wesens; daneben blieb er der «enthusiastische Weltverschönerer», als den Bettina von Arnim ihn bezeichnet hat. Was ihm vorschwebte, war, das Ideenmaterial der Vergangenheit in einer Zeit des sich ankündigenden Stilzerfalls noch einmal zu einer umfassenden Kunstidee zu binden, die nicht nur den Ansprüchen staatlicher und gesellschaftlicher Repräsentation, sondern auch denen des bürgerlichen Wohnens sowie schließlich den Bedürfnissen des heraufkommenden Industriezeitalters genügte.

Dabei half ihm seine einzigartige Vielseitigkeit. Er war nicht nur Architekt, Maler, Bühnendekorateur und Bildhauer, sondern entwarf Möbel, Gesimse und Porzellane sowie Vorlagen für Tapezierer, Tuchweber und Stubenmaler; «Schinkelrahmen» und «Schinkelkronen» wurden zu Gattungsbegriffen. Seine Kenntnis des Handwerks, der Materialbedingungen und Bautechniken verband er mit einer ingeniösen Experimentierlust. Im Reichtum seiner Begabung ist er nur den Renaissancekünstlern vergleichbar, auch wenn die Vergangenheit ihn am Ende, anders als jene, weniger inspiriert als belastet hat.

Trotz aller universellen, ins Große weisenden Züge war er ein Mann ohne Prätention. Seine hohe gesellschaftliche Stellung, die auf ausgedehnten Reisen gewonnene Weltläufigkeit, sein freundschaftlicher Umgang mit Goethe, Wilhelm v. Humboldt und E.T.A. Hoffmann, mit Rauch, Carl Friedrich Zelter und vielen anderen, sowie die Huldigungen, die ihm in Paris und London zuteil wurden: das alles hat sein gleichmäßig einfaches, bis zur Selbstverleugnung unauffälliges Wesen nicht berührt. Von jenem pathetischen Künstlertypus, den die Romantik – sei es in der Figur des genialischen Außenseiters, sei es, ins Pompöse stilisiert, in der des Künstlerfürsten – hervorgebracht hat, besaß er nichts: immer im knappen blauen Überrock und in sorgfältig weißer Wäsche, war er dessen bürgerliches Gegenstück, «ein Mann von merkwürdigster Bescheidenheit», wie es einmal heißt. Sein hochgespanntes Pflichtbewußtsein griff auf alles über, was er unternahm. Er war liebenswürdig im öffentlichen Auftreten, pedantisch in seinen Dienstgeschäften und hausväterisch im biedermeierlichen Lebenszuschnitt, wo vom Familienfrühstück unter Lindenbäumen, von Himbeersirup, Kuchen und Riechfläschchen die Rede ist.

Auch in der privaten Korrespondenz entzieht sich die Person ins Konventionelle, fast Bläßliche, am deutlichsten tritt noch ein Ton immer besorgten Ernstes hervor, so wenn er seine Frau zur Sparsamkeit anhält oder den Gruß an die Kinder mit einer pädagogischen Mahnung für den Sohn verbindet: «Karen hoffe ich als einen gelehrten und tüchtigen Menschen wiederzufinden; sag ihm, daß ich fest darauf rechne.» Nicht weniger umrißlos bleibt die Figur in den umfangreichen Reisetagebüchern, die, bei aller Anschaulichkeit, eher den Charakter gewissenhafter Rechenschaftsberichte haben. Bei einem Aufenthalt in Bern vermerkt er geniert, daß ihm ein Bad «mit einem Frauenzimmer» angeboten worden sei, und ist empört, als das «in allerlei Schweizertracht ausgeputzte Gesindel» während des Bades «den ›Jungfernkranz‹ aus dem ›Freischütz‹ (zu) singen und sonst sich sehr laut (zu) machen» beginnt. Es nimmt denn auch nicht wunder, daß manche Zeitgenossen sich an dieser Verbindung aus philiströser Untadeligkeit, arglosem Ernst und Gemütsvernunft stießen. Achim v. Arnim sprach ironisch von «Engelslarven wie Schinkel», die «mit Genien die Leerheit der Lebensarchitektur» zu verbergen suchten, während Brentano ihn, mit einer Art gerührter Herablassung, «ein edles Herz, eine eigentlich einsame Seele» nannte.

«Mit einem solchen Charakter», hat einer der engeren Freunde Schinkels nicht ohne einen Unterton der Verwunderung bemerkt, «war seltnerweise ein Kunstgenie von ... tiefer und allgemeiner Anlage verbunden.» Und in der Tat mag man sich fragen, wie soviel kleinbürgerliche Gravität mit der hochgradigen künstlerischen Reizbarkeit einhergehen konnte, von der dieses Lebenswerk zeugt. Wenn die banale Sentenz, daß Genie soviel wie Fleiß sei, je eines Belegs bedürfte, so lieferte ihn diese Biographie. Zeitlebens arbeitete Schinkel, wie immer wieder bezeugt wird, bis an die Grenze seiner Kräfte, buchstäblich bis zur Erschöpfung. Man kann diesen Hang zur Selbstverausgabung, von Anlage und Charakter abgesehen, auf den familiären Hintergrund zurückführen, die Herkunft aus einem strengen Neuruppiner Pfarrhaus, das generationenlang nicht nur Prediger, sondern, in den weiblichen Vorfahren, gleich auch noch zahlreiche Predigersfrauen gestellt hatte, und Schinkel selber hielt denn auch, ganz in der pietistisch gefärbten Tradition seines Herkommens, «Phlegma» für nichts anderes als einen «sündhaften Zustand».

Aber mehr noch, vor allem Schinkels eigenes Eingeständnis, spricht dafür, daß seine Arbeitsunrast zum Vermächtnis Friedrich Gillys zählte. Der geniale Baumeister, den der Jüngere «wie ein höheres Wesen» bestaunte und dessen öffentlich ausgestellter Entwurf für ein Denkmal Friedrichs des Großen den erst Sechzehnjährigen zu dem spontanen, gegen alle vormundschaftlichen Widerstände eigensinnig durchgesetzten Entschluß gebracht hatte, das Gymnasium zu verlassen und Architekt zu werden, hat dessen Charakter und Vorstellungswelt so entscheidend geprägt wie kein anderer Lehrer, und Gottfried Schadow hat Schinkel denn auch platterdings eine «Naturwiederholung» Gillys genannt. Von ihm, der aufs nachhaltigste von den geometrischen Abstraktionen der französischen Revolutionsarchitektur beeinflußt war, erwarb Schinkel nicht nur ein Gefühl für architektonisches Pathos und monumentale Würde; er mäßigte auch, indem er den Jüngeren sogleich an praktische Aufgaben heranführte, dessen Neigung zum Phantastischen, romantisch Exaltierten; vor allem aber, so schrieb Schinkel in einer autobiographischen Skizze von 1825, habe Gilly ihn «eine gewisse rastlose Thätigkeit» gelehrt, die ihm dann zur «Natur geworden» sei.

Der Anstoß kam aber nicht nur von dem bewunderten Lehrer selbst, sondern auch von den Umständen. Kurz bevor Gilly im Spätsommer 1800, nur achtundzwanzig Jahre alt, starb, übertrug er seinem fast zehn Jahre jüngeren Schüler die Ausführung der von ihm begonnenen, freilich meist kleineren Arbeiten. Schwerer als der Schock über den persönlichen Verlust wog für Schinkel aber offenbar die Befürchtung, nach nur zwei Jahren abrupt beendeter Ausbildung den hohen, auf ihn gerichteten Erwartungen nicht gerecht werden zu können. Gillys testamentarische Verfügung hat ihn, in all seinem Ernst, eher belastet als das Gefühl der eigenen Unzulänglichkeiten beschwichtigt, und hier ist wohl auch der hauptsächliche Antrieb für seine fast pathologische «Arbeitswut» zu suchen. Während er auf dem Pfingstberg bei Potsdam einen Pavillon errichtete und für märkische Herrensitze Wirtschaftsgebäude und Nebenhäuser baute, entwarf er gleichzeitig Mausoleen, Palais, Rundbogenhallen: immer besorgt, sich jeder künstlerischen oder technischen Forderung gewachsen zu zeigen. Aus der gleichen Zeit stammen die ersten Gemälde, eine

Vielzahl kunstgewerblicher Entwürfe sowie Bühnendekorationen, die, nach zeitgenössischem Urteil, «alles in diesem Fache Dagewesene» übertrafen, und es ist denn auch nicht allein seine Vielseitigkeit, die immer aufs neue erstaunen macht, sondern ebensosehr die plötzliche, fast entwicklungslos sich offenbarende Meisterschaft aller dieser Arbeiten. Zuletzt geht auch der unverkennbar autodidaktische Zug seines Wesens auf die Erfahrung jener Jahre zurück, seine einzelgängerische Distanz zu allen Schulen und Richtungen; denn dem strengeren Begriff nach bedeutet das Autodidaktische keineswegs eine naive, von dilettantenhaften Spuren nie ganz befreite Kunstfertigkeit, sondern nichts anderes als den aus hohem Selbstgefühl herrührenden Willen, frei von aller akademischen Beengtheit, zusammen mit dem eigenen Weg auch ein eigenes Ziel zu bestimmen.

Der Vielseitigkeit Schinkels in den Mitteln entsprach die Mannigfaltigkeit seiner Ausdrucksweisen, und mit Ausnahme von Barock und Rokoko, deren spielerische, scheinbar regellose Sinnlichkeit ihm nie anders als verderbt erschien, hat er nach und nach, mit verblüffender Mühelosigkeit, das gesamte Formenrepertoire der Vergangenheit rezipiert. Das war seine Stärke und Schwäche zugleich: wie es seiner weichen, empfänglichen Natur entsprach, überstieg seine rezeptive Fähigkeit die Kraft, das Kunstwissen den Kunstwillen, und hätten nicht Gillys Selbstbewußtsein und dessen eroberndes Temperament ihn geprägt, wäre er denkbarerweise über das gelehrte Exerzitium gewesener Stile kaum hinausgekommen. Noch weitere zehn Jahre oder länger, mehr als die erste Hälfte seines Lebens, hat er aber immerhin benötigt, die widersprüchlichen Einflüsse zu beherrschen und zu einem unverwechselbar eigenen Stil fortzubilden.

Die frühe Befreiung von Friedrich Gilly und dessen körperlichem, kompaktem Klassizismus kann man deshalb als das Vermächtnis Gillys selbst ansehen. Jedenfalls überwogen anfangs, nicht zuletzt unter dem Eindruck des romantischen Nationalismus, dessen engerem Kreis Schinkel angehörte, mittelalterlich-gotische Stilvorstellungen. Auf seiner ersten, über anderthalb Jahre dauernden Italienreise, zu der er im Frühjahr 1803 aufbrach, ließ er denn auch, obwohl von Venedig über Padua kommend, das Vicenza Palladios am Wege liegen und bezeichnete die antiken Tempel und Bauwerke im Süden des Landes, vor allem in Sizilien, als eine «für uns kalte und bedeutungslose Architektur», an der ihn bezeichnenderweise nur deren malerische Einbettung in die Natur beeindruckte: «Nichts Neues», schrieb er geringschätzig. Seine Bewunderung dagegen gehörte den Domen von Mailand, Florenz, Orvieto oder Monreale, diesen «höheren Mustern» der Gotik, den Palästen Venedigs und Genuas, sowie überhaupt den Bauwerken, deren Stil er, nach dem Begriff der Epoche, «sarazenisch» nannte: einer Verbindung aus orientalischen, romanischen, normannischen und gotischen Elementen, als deren Begründer man arabische Architekten ansah. Einzig die Lage vieler dieser Bauwerke, inmitten irgendeines düsteren Borgo oder auf verwinkelten Plätzen mit all ihrem weltlichen, frivolen Treiben, irritierte sein Romantikergemüt. Den Mailänder Dom versetzte er auf einer Zeichnung in eine Ideallandschaft, hoch auf eine bewaldete Felsklippe über einer Stadt am Meer.

Auch die Gemälde, die Hunderte von Aquarellen und Zeichnungen, die er auf den Stationen seiner Reise angefertigt hat, weisen sowohl in der Wahl der Motive: der häufig aus dem Dunkel einer Schlucht, eines Waldstücks, eines Gewölbes kommenden oder in deren Dunkel sich verlierenden Perspektive, als auch in der weichen, tonigen Ausführung auf die romantische Grundstimmung hin, die ihn früh erfaßt und dann zeitlebens beherrscht hat: noch seine späten Architekturzeichnungen hat er nicht selten mit einigem schmückenden Grünbestand versehen und damit aus ihrer städtischen Umgebung in zumindest angedeutete Traumbezirke versetzt. Daneben aber gibt es, schon aus den frühen Jahren, schattenlose Landschafts- oder Stadtpanoramen, deren dünne, hart ausgezogene Linien «wie Metallsaiten» gespannt sind.

Im Jahre 1810 wurde Schinkel zum Oberbau-Assessor, einer Art Hofarchitekt oder Gutachter für alle geplanten staatlichen Hochbauten, ernannt, doch gab es, infolge der napoleonischen Kriegswirren, zunächst «wenig Gelegenheit fürs praktische Baugeschäft». In den zurückliegenden Jahren hatte er sich vor allem als Landschaftsmaler einen Namen gemacht, aber auch mit sogenannten Dioramen Aufsehen erregt, die er im Auftrag eines einfallsreichen Theatermalers anfertigte und öffentlich ausstellte: riesenhaften Rundprospekten im Format von annähernd fünf mal zehn Metern, auf denen Stadtansichten, historische Ereignisse oder beispielsweise die Sieben Weltwunder zu sehen waren. Jetzt nutzte er sein dekoratives Talent für die Ausschmückung Berlins zur Rückkehr der siegreichen Truppen; er organisierte Hofbälle, richtete für die Mitglieder der Königlichen Familie Wohnungen ein, er entwarf Triumphsäulen, Siegesbrunnen, Denkmäler und, auf Anregung des Königs, den Orden des Eisernen Kreuzes. Solange Bauaufträge ausblieben oder allenfalls Dorfkirchen, Schulen oder Kasernen instand zu setzen waren, beschäftigte er sich überdies als Bühnenbildner und schuf im Laufe der Jahre die Dekorationen für annähernd fünfzig Aufführungen: mal im neoägyptischen, mal im mexikanischen, im römischen, altdeutschen oder romantischen Stil. Scherzhaft nannte man ihn den «Gesamtausstatter Preußens».

Seine Architekturentwürfe aus jener Zeit entstammen noch ganz der romantisch-gotisierenden Vorstellungswelt, doch deutet einzelnes schon, über das rasche Rezeptionsvermögen hinaus, auf seine umformende Energie: ein Rippenwerk etwa, das, über schlanken Säulen sich öffnend, ein streng stilisiertes Blätterornament trägt und das Gewölbe, hoch im verschwimmenden Halbdunkel, zur romantischen Idee des Waldes schließt: solche und andere Beispiele deuten darauf, daß er nicht einfach als Vorläufer der Neogotik zu begreifen ist, sondern aus dem Geist der Gotik selber, ihrem spirituellen Gedanken, eine Architektur der Romantik zu entwickeln versuchte.

Schinkels anhaltende Vorliebe für gotische Stilvorbilder ist zweifellos vor allem im Persönlichen begründet, seinem ernsten, tiefen Protestantismus, dem Anflug von Pietät und Neuruppiner Pfarrhausfrömmigkeit, die über der Erscheinung liegt. Aber auch Einflüsse von Zeit und Umgebung spielten hinein. Wie man weiß, ist die Idee der Wiederbelebung des Mittelalters in Preußen weitaus intensiver aufgegriffen worden als anderswo und hat dem von Berlin ausgehenden romantischen Impuls die besondere Farbe metaphysischer Bedürftigkeit gegeben. Zu den Ursachen zählt sicherlich, daß der eigentlich geschichtslose, nicht viel länger als hundert Jahre existierende blanke Vernunftstaat darin nachzuholen suchte, was ihm an mittelalterlicher Tradition und damit kultureller Anciennität fehlte.

Die in Schinkels frühen Jahren so auffällige Fixierung und Anverwandlung gotischer Elemente hat aber nicht zuletzt auch damit zu tun, daß es sich bei jenen Arbeiten durchweg um Entwürfe für Sakralbauten handelte: ein Mausoleum für die verstorbene Königin Luise, den Neubau der abgebrannten Petrikirche sowie eine Kathedrale als Denkmal für die Befreiungskriege. Schinkel selber jedenfalls hat in der Begründung für den Mausoleumsentwurf bemerkt, es sei seine «Hauptidee» gewesen, «die freundliche und heitere Ansicht des Todes zu geben, welche das Christentum oder die wahre Religion den ihr Ergebenen gewährt ..., eine Ansicht, die ganz im Gegensatz steht zu der harten Schicksalsreligion des Heidentums. Die Architektur des Heidentums ist daher in dieser Hinsicht ganz bedeutungslos für uns: wir müssen uns das für diesen Zweck Bedeutsame selbst erschaffen ... (Dazu) gibt uns das Mittelalter einen Fingerzeig.» Und in der Denkschrift für den Entwurf der Petrikirche taucht zum erstenmal, zunächst nur als theoretische Einsicht formuliert, jene Stilvorstellung auf, der er in den folgenden Jahren, hartnäckig und «unter Schmerzen», nachsetzte: der Wunschtraum einer Vermählung der beiden großen Architekturkonzepte der Vergangenheit, von Mittelalter und Antike, der spirituellen mit der körperlichen Bauidee «zu einer Synthese der Kunst».

Tiefer, als es Schinkel selbst bewußt gewesen sein mag, blieb er noch in der sich ankündigenden Öffnung zur klassischen Architektur seiner romantischen Ausgangsposition verhaftet. Denn die Empfänglichkeit für das Historische, die Bereitschaft, auch die gegensätzlichsten Überlieferungen, jede für sich und aus eigenem Anspruch als «unmittelbar zu Gott» gelten zu lassen, war selbst romantischen Ursprungs. Schinkel mag zu jener Zeit eine erste Ahnung davon überfallen haben, daß das erwachende Geschichtsbewußtsein zwar Kenntnis und Geist bereichern, die Kunst jedoch elementar bedrohen müsse. Die gotischen Dome und Denkmäler jedenfalls, die er noch auf Jahre hin, immer wieder von seinen romantischen Anfängen eingeholt, nicht nur auf zahlreichen Gemälden emphatisch ins Gegenlicht stellte, sondern auch als Architekt entwarf, die Pfeilerkonstruktionen und Spitzbögen, Dachreiter, Fensterrosen und Fialen, die er wie aus einem Märchen-Mittelalter übereinandertürmte, haben die eklektizistische Laune und Gefahr, in der er sich befand, überdeutlich gemacht. In der Wohnung, die er bald nach seinem Eintritt in den Staatsdienst in der Dorotheenstadt bezogen hatte, «sehr grau elegant ..., mit lauter sanften Farben», wie Arnim an Brentano schrieb, aber auch später, in der Bauakademie, hängte er mit Vorliebe Gegenstücke auf, die beispielsweise den Einzug eines Fürsten mit kostümiertem Gefolge in eine mittelalterliche Stadt sowie, gegenüber, eine griechische Volksversammlung auf einer Akropolis zeigten: Beschwörungen seiner Utopie, die, wie er wohl wußte, nicht im bloßen Nebeneinander, sondern nur in einem Akt gegenseitiger Durchdringung und Steigerung überlieferter Baugedanken verwirklicht werden konnte. Dies aber, schrieb er noch wenige Jahre vor seinem Tod in einem Brief an den Fürsten Pückler-Muskau, «liegt bis jetzt als ein weites, mit Nacht bedecktes und verhülltes Feld vor uns da».

Wiederholt hat man es als die Tragödie Schinkels bezeichnet, daß die große Mehrzahl seiner Bauentwürfe nicht ausgeführt wurde, und einer seiner engen Freunde hat bemerkt: «Schinkel macht Zeichnungen zu Monumenten, welche das Ministerium hernach in den Winkeln herumwirft, – ich bewundere sein Leben und seine Unverdrossenheit.» Sparsamkeit, Unschlüssigkeit und behördliche Indifferenz, vor allem aber der schlichte, von strengen Formvorstellungen geprägte Sinn Friedrich Wilhelms III., haben Schinkels Überschwang immer wieder eingedämmt und, neben vielen großartigen Projekten wie dem Entwurf für die Königliche Bibliothek, auch verhindert, daß er gotisierende Ungetüme, nicht ohne Willkür, in eine nach anderen, besonneneren Grundsätzen gewachsene Umgebung stellte. Charakteristisch für diesen Zusammenhang ist die Geschichte des Denkmals auf dem Kreuzberg, das die bescheidene, gußeiserne Verwirklichung der riesigen nationalen Ruhmeskathedrale war, die Schinkel nach den Befreiungskriegen auf königliche Ordre hin entwarf und am Leipziger Platz errichten wollte. «Muß ihm Zaum anlegen», soll der König in seiner mürrisch verknappten Sprechweise über Schinkel geäußert haben, und Bettina von Arnim brachte die in Berlin verbreitete Kritik an dem, was man das «phantastische Wesen» des Architekten nannte, auf die Formel, «daß er keinen Kuhstall bauen könne, wo er seine Ideale nicht anbringen könne».

Doch der erste Entwurf Schinkels, der schließlich zur Ausführung gelangte, ist nicht nur ein Beispiel großer Architektur, sondern auch Schinkels bekanntestes, sogar redensartlich mit seinem Namen verbundenes Bauwerk: die «Schinkelwache» Unter den Linden. Die Aufgabe, auf beengtem Raum, am Kastanienwäldchen zwischen Zeughaus und Universität, ein vergleichsweise kleines Gebäude zu errichten, das sich gleichwohl neben den beiden Großbauten aus dem 18. Jahrhundert behaupten könne, löste er durch den erinnernden Rückgriff auf Friedrich Gilly, dessen Prinzip des wuchtig geschlossenen Baukörpers er jedoch durch einen Säulenportikus und harmonisch eingefügte Schmuckelemente auflockerte und ins Anmutige modifizierte.

Noch während der Arbeiten an der Neuen Wache brannte das erst fünfzehn Jahre zuvor von Langhans errichtete Schauspielhaus am Gendarmenmarkt, der «Koffer», wie die Berliner das ungefüge Gebäude nannten, ab, und Schinkel erhielt den Auftrag, Pläne für einen Neubau anzufertigen. Trotz zahlreicher Auflagen von seiten des Königs, der die Verwendung der stehengebliebenen Umfassungsmauern und der sechs Portikussäulen, aber auch die Einrichtung eines zusätzlichen Konzertsaales sowie eines Festlokals verlangte und Schinkel mit alledem an der Verwirklichung seines Idealkonzepts hinderte, machte der fertige Bau alle Zwänge vergessen. Nur die Enge der Räume blieb problematisch, und der geistreiche Kronprinz, selbst ein begabter Architekt, urteilte: «Ein vorzüglicher Bau. Und ist auch ein Theäterchen drin.» Ungeachtet der zeitgenössischen Kritik jedoch, die, in akademischer Prinzipienstrenge, das Bauwerk verschachtelt und die Fassaden unruhig zergliedert fand, zählt es zu den Hauptwerken Schinkels und der Epoche. Obwohl niedriger als das alte Theater und überragt von den flankierenden Gontardschen Türmen, beherrschte es den vorgelagerten Platz, dank eines einfachen Kunstgriffs, ohne alle Zudringlichkeit: der verdoppelte Giebel, bei späteren Theaterbauten vielfach nachgeahmt, gab dem Gebäude nicht nur gesteigerte Würde, sondern dem Gendarmenmarkt im ganzen auch eine axiale Richtung und damit Gliederung, Struktur.

Mehr noch als alle königlichen oder bürokratischen Einsprüche jedoch hat Schinkel, wenn nicht alles täuscht, der zunehmend empfundene Druck historischer Hinterlassenschaft zu schaffen gemacht, das verwirrende Konglomerat der einst so mühelos erlernten ästhetischen Stil- und Formvorbilder aus mehr als zweieinhalbtausend Jahren. «Nichts wahrhaft Großes und Schönes aus früheren Kunstepochen soll und kann untergehen», schrieb er und fuhr, sichtlich auf eigene Erfahrungen verweisend, fort: «Aber es häuft sich, so lange die Welt steht, diese Masse mehr und mehr an; der Einfluß dieser Erbschaft auf die Ausübung gegenwärtiger Kunst wird unsicherer und läßt Mißgriffe zu.»

Schon die ersten Skizzen zur Neuen Wache bewegten sich flüchtig-ratlos, wie in einem Irrgarten, durch den Bildungsstoff der Vergangenheit. Und wenn auch die Wandlungsfähigkeit, das kunstvolle Spiel mit wechselnden Formen zum Wesen des Romantischen zählt, hat man hier doch den Eindruck, es sei mehr Unsicherheit als souveräne Laune, mehr Zwiespalt als artifizieller Witz am Werk. Für den Bau der Friedrich Werderschen Kirche, einige Jahre später, entwarf Schinkel sechs verschiedene Pläne in vier Stilvarianten: dorisch, korinthisch und römisch sowie gotisch in drei Alternativen.

Um so auffälliger wirkt, daß Schinkel für sein wohl bedeutendstes Werk, das Alte Museum, das ihn über alle Grenzen berühmt machte, die Bauidee offenbar im ersten Anlauf formulierte. Die Sicherheit seines Zugriffs mag nicht zuletzt darauf zurückzuführen sein, daß ihn das neuartige, den Anbruch des bürgerlichen Zeitalters signalisierende Bauverlangen zugleich befreit und inspiriert hat: die von Wilhelm von Humboldt beim König durchgesetzte Absicht nämlich, den verstreuten, durch einige unlängst erworbene Sammlungen überdies beträchtlich erweiterten königlichen Kunstbesitz in einem Gebäude zu vereinigen und der Öffentlichkeit zugänglich zu machen. Gegen alle hofrätlichen Widerstände, die an dem breiten ionischen Säulenband über der Freitreppe sowie an der dem römischen Pantheon nachempfundenen Rotunde im Zentrum des Baus Anstoß nahmen, aber auch gegen die Ungunst des von ihm selber ausgewählten Standorts, dessen schlammige Beschaffenheit eine durchgängige Pfahlgründung erforderlich machte, hat Schinkel unnachgiebig an seinem Entwurf festgehalten und damit nicht nur den Lustgarten zur damals offenen Seite hin geschlossen, sondern zugleich, mit dem das Konzept abrundenden Bau der Schloßbrücke, einen der schönsten Plätze Europas geschaffen. Selbst der später, gegen Ende des Jahrhunderts anstelle der alten Domkirche errichtete, wilhelminisch auftrumpfende große Dom hat die Ausrichtung des Platzes auf den Schinkelbau hin nicht zu stören vermocht. Richard Wagner nannte das Gebäude, hinreißungsfähig, wie er war, einen «großen Gedanken»; Schinkel selber sprach, nüchterner, von seiner «besten Arbeit».

Mit alledem ist Schinkel dennoch nicht zum «Baumeister Berlins» geworden, als der er gern bezeichnet wird. Zwar hat er jeden seiner Entwürfe, über die Grenzen seines Auftrags hinausgreifend, mit weiträumigen städtebaulichen Lösungen zu verbinden versucht. Doch die Entscheidungsschwäche des Königs, seine alles erstickende Grämlichkeit, die Scheu vor großen Ideen noch eher als vor großen Ausgaben, hat fast alle diese Absichten zunichte gemacht und das Lebenswerk Schinkels, noch vor den späteren Zerstörungen, in einem eigentümlich fragmentarischen Zustand hinterlassen. Immerhin hat der große Suggestionsradius seiner bedeutendsten Bauwerke, der Eindruck von Strenge, Weite und feierlicher Kühle, den sie verbreiteten, das Bild Berlins weit charakteristischer geprägt als die Bauten irgendeines seiner Vorgänger, von Schlüter über Knobelsdorff bis zu Langhans und Gentz, und aus Berlin, wie Fontane beglückt schrieb, «eine Stadt der Schönheit» gemacht.

Während all dieser Jahre ging seine Tätigkeit jedoch weit über solche baumeisterlichen Aufgaben hinaus. Von seinem engen, ärmlich eingerichteten Büro in der Zimmer-, Ecke Charlottenstraße aus, hatte er, inzwischen zu einem von fünf Mitgliedern der neu organisierten Ober-Baudeputation ernannt, alle Entwürfe für öffentliche Zweck- und Repräsentationsbauten in Preußen zu begutachten: für Schlösser und Militärgebäude, Kirchen-, Pfarr- und Schulhäuser sowie für städtische und Gemeindebauten; ferner

Aufsicht zu führen in allen Hofbauangelegenheiten und, nach der Geschäftsverteilung der Behörde, Stellungnahmen in Vermessungsangelegenheiten, im Landbau und im Wasserwesen abzugeben. Zwischen ausgedehnten Dienstreisen, einer umfangreichen bürokratischen Korrespondenz, zwischen Eingaben, Aktenvermerken und Kostenprüfungen beharrte er aber, mit unbeirrbarer Insistenz, auf seinen kunstgewerblichen Arbeiten. Er gilt als Urheber des Zinkgusses, verwendete erstmals Eisen für Gartenmöbel und Treppengeländer, entwickelte eine neuartige Ofenkeramik und experimentierte mit der gerade erfundenen Lithographie sowie mit historischen, in Vergessenheit geratenen Techniken.

Achim von Arnim hat bemerkt, daß es nicht zuletzt das «Geschick zu Kleinigkeiten» war, das Schinkel von größeren Aufgaben abgehalten habe. Doch was immer an dieser Bemerkung zutreffen mag: sie verkannte, daß sein Interesse an den scheinbaren Nebensachen nicht zuletzt in der Idee seines Berufs begründet war. Der Architekt, so äußerte er, «ist seinem Begriffe nach der Veredler aller menschlichen Verhältnisse, er muß in seinem Wirkungskreise die gesamte schöne Kunst umfassen». Hinzu kam aber sein Pflichtbewußtsein, die Hingabe an das übernommene Amt, die ihn häufig sogar veranlaßt hat, den Bereich seiner Aufgaben aus eigenen Stücken zu erweitern. Der Sache nach oblag ihm auch die Erhaltung der Denkmäler und historischen Bauten. Doch diese eher nomenklatorisch gemeinte Zuständigkeit füllte er aus, indem er begann, «aus dem ganzen Lande vom Rhein bis Memel ... Nachrichten über alle Gegenstände der Kunst, Archit(ektur) etc. in Berlin in einem Zentralpunkt zu sammeln, und bereisen zu lassen», wie Rauch im August 1815 an Christian Tieck schrieb. In einem ausführlichen Schreiben entwarf Schinkel ein noch heute brauchbar wirkendes Konzept zur Denkmalspflege, kritisierte die Eigenmacht von untergeordneten Behörden, von Geistlichkeit, Magistraten und Gutsherren oder auch deren Unvermögen, «die Vertheidigung (des Ehrwürdigen) gegen die

Stürmenden zu übernehmen, welche durch einen eingebildeten augenblicklichen Vortheil auf den Untergang manches herrlichen Werks hinarbeiteten», und verband seine Forderung nach systematischer Erfassung aller Kunstwerke mit der Warnung: «Wenn jetzt nicht ganz allgemeine und durchgreifende Maßregeln angewendet werden, diesen Gang der Dinge zu hemmen, so werden wir in kurzer Zeit unheimlich, nackt und kahl, wie eine neue Colonie in einem früher nicht bewohnten Lande dastehen.»

Die merkwürdige Doppelbegabung Schinkels, die Verbindung von vielseitig künstlerischen mit bürokratischen Fähigkeiten, sein Ehrgeiz, im einen wie im anderen zu exzellieren, sich dem Anspruch der Kunst wie dem zähen Behördengang zu fügen, hat ihn frühzeitig zermürbt. Schon im Alter von noch nicht vierzig Jahren litt er unter Erschöpfungszuständen und war ein gealterter Mann. Ein Entlastungsgesuch im Sommer 1818 blieb ohne Erfolg. Drei Jahre später wiederholte er seine Bitte dringlicher und schlug vor, seine Zuständigkeit durch eine Änderung der Geschäftsverteilung auf die künstlerischen Aufgaben zu beschränken: «Meiner Ansicht nach halte ich es für pflichtwidrig, mehr scheinen zu wollen als ich bin. Die Sphäre des Artistischen, welche allein mir zusagt, hat in meiner Ansicht eine so unendliche Ausdehnung, daß ein Menschenleben viel zu kurz für sie ist. Mit Bekümmernis fühle ich, daß ich unter anderen Verhältnissen noch mehr darinnen hätte leisten können, daß ich aber innerlich zerrissen werde ...»

Die niemals wieder so unverhohlen geäußerte Unruhe hatte sicherlich mit seinem uneingelösten Lebensvorsatz zu tun, der Suche nach dem «neuen Stil». Aller Ruhm, den seine Bauwerke, das zunehmend befreiter gehandhabte Spiel mit dem Formenkanon der Antike ihm eingetragen hatte, beschwichtigte sie nicht. Noch weniger befriedigten ihn die verschiedentlich angestellten und verworfenen Versuche, klassische und gotische Stilelemente zu verbinden, wie etwa in dem zurückliegenden Entwurf für das Denkmal auf dem Kreuzberg, wo das später ausgeführte gotische

Turmstück auf einen tempelartig verblendeten Unterbau gestellt war. «Jedes Kunstwerk», schrieb er, «muß ein ganz neues Element bei sich haben, auch wenn es im Character eines bekannten schönen Styls gearbeitet ist; ohne dies neue Element kann es weder für den Schöpfer noch für den Beschauer ein wahres Interesse erzeugen.»

Ein erster, aus alten Befangenheiten führender Schritt gelang ihm mit der Mitte der dreißiger Jahre fertiggestellten Bauakademie. Dazwischen lagen eine neuerliche Studienreise nach Italien, die, wie er aus Rom schrieb, vieles klärte, sowie vor allem die mit seinem «Urfreund» Peter Beuth, dem Begründer des Gewerbewesens in Preußen, 1826 unternommene Reise nach England, deren tiefe, umstürzende Erfahrung die industrielle Revolution und ihre Auswirkungen war. Erschrocken resümierte er die stürmische, alle Planungen vehement überrollende Entwicklung von Städten wie Birmingham, Dudley oder Manchester, «ungeheure Baumassen von nur Werkmeistern ohne Architektur und fürs nackteste Bedürfnis allein und aus rothem Backstein aufgeführt», dazu die «tausende von rauchenden Obelisken der Dampfmaschinen ringsum», die gewaltigen Kulissen der Industriewerke («mehrere Gebäudeanlagen in der Größe des Königl. Schlosses zu Berlin», vermerkte er staunend) sowie das rauchverdunkelte, fremdartige Gewirr der Schlote und Brennöfen, deren «wunderbar ägyptisch-indische Form» ihn zugleich faszinierte: ein ebenso überwältigendes wie vulgäres Panorama. «Ein größerer Contrast ist nicht denkbar», notierte er und zeigte sich entsetzt von «dem Schmutz, der Enge der hölenartigen Wohnungen in schwarzem rohen Bau». Noch der ungewohnt zaghafte Strich seiner Reiseskizzen macht seine Ratlosigkeit, die Widersprüchlichkeit seiner Empfindungen sichtbar. Gleichzeitig zeugen die Blätter von der Bemühung, eine Andeutung von Ordnung in diese befremdende, jede hergebrachte Idee der Stadt über den Haufen werfende Erscheinung architekturlos wuchernder Steingebirge zu bringen, die ihm vorwegzunehmen schien, was auch dem eigenen Land bevorstand. «Man ist sehr im Zweifel», schrieb er resümierend, «was aus diesem furchtbaren Zustand der Dinge werden soll.»

In der Bauakademie am Werderschen Markt hat Schinkel eine Antwort auf die verwirrenden Eindrücke seiner Englandreise zu geben versucht und jenseits aller engeren Anlehnung an die Stilformen der Vergangenheit eine Lösung gefunden, die zugleich seiner Maxime genügte, die großen Überlieferungen der Geschichte «auf die Bedingungen unserer neuen Weltperiode (zu) erweitern». Der würfelförmige Bau verband die Prinzipien klassischer, auf die Antike zurückgehender Architektur mit mittelalterlichen Pfeilerstrukturen zu etwas gänzlich Neuartigem, das die großen Erinnerungen gleichwohl wie im Nachhall bewahrte. Jedes hervortretende Element war durch ein anderes gemildert und zum Ausgleich gebracht, das Körperliche durch das Konstruktive, die Strenge des roten Backsteins durch Bänder aus glasierten Ziegeln gebrochen, die ihrerseits wiederum den hochstrebenden Vertikalen Balance boten. Trotz der zahlreichen Verzierungen, vor allem der Terrakottareliefs an Türen und Fenstern sowie der durchsichtigen, fast filigranen Bekrönung, war es ein Gebäude von ergreifender Strenge und hat reiner als alle anderen Bauten Schinkels dessen theoretische Grundforderungen anschaulich gemacht: «Das Betonen der Konstruktion durch die Gliederung, offenes Zur-Schau-Stellen des Materiales, kein Bauteil ohne Zweckbestimmung; alles knapp, klar und echt.»

Schinkel hat die Bauakademie nicht nur auf die benachbarte Friedrich Werdersche Kirche und die gegenüberliegende Neue Münze von Heinrich Gentz bezogen, sondern seinen Entwurf wiederum in ein umfassendes städtebauliches Erneuerungskonzept eingefügt, das dem planlos zusammengewachsenen, brüchigen Quartier auf dem Werder, mit seinen Buden und düsteren Winkeln, großstädtische Ordnung geben sollte. Aber auch diese Vorschläge verfingen sich in königlicher Bedenkenträgerei. Die Bauakademie, 1836 fertiggestellt, blieb Schinkels letztes bedeutendes Werk. Die verbleibenden Jahre waren ausgefüllt mit gutachtlichen und beratenden Tätigkeiten, mit Dienstreisen, Behördenarbeit, Ehrungen: «Jagd und Hetze», bemerkte er. In allen Enttäuschungen der zurückliegenden Zeit, angesichts so vieler Widerstände und vereitelter Hoffnungen, hatte er seine Erwartungen immer wieder auf den Kronprinzen gesetzt, mit dem ihn vieles verband. Im Juni 1840 übernahm Friedrich Wilhelm IV. die Regierung. Doch drei Monate später erkrankte Schinkel an einem schweren Gehirnleiden. Er starb, ohne je wieder das volle Bewußtsein erlangt zu haben, ein Jahr darauf.

So elend die näheren Umstände dieses Endes auch waren: sie scheinen nicht ohne Beziehung zu Leben und Charakter Schinkels. Nicht ganz zufällig hat sich manchem Betrachter das Bild einer zersprungenen, in der Überspannung gerissenen Saite aufgedrängt, ganz als sei Schinkel an den Gegensätzen zerbrochen, die ihn beherrschten. Tatsächlich hat er die genialen und die biederen Züge seines Wesens, romantische Emphase und Wirklichkeitssinn, nervöse Empfindsamkeit und die Dienstgesinnung des loyalen Beamten nie zu einer tauglichen Lebensformel verbinden können; und was wie Unangefochtenheit schien, die Redlichkeit im blauen Überrock, war nichts anderes als Haltung, der Wille zur Unterwerfung unter die bürgerlichen Dehors. Etwas von diesen Hintergründen hat Schinkels Jugendfreund und erster Biograph Gustav Friedrich Waagen angedeutet. «Nie habe ich eine so entschiedene, ja fast grausame Herrschaft des Geistes über den Körper beobachtet, als es bei ihm der Fall war.»

Hinzu kamen die Mißhelligkeiten von außen, vor allem der stille, zähe Dauerkonflikt mit dem königlichen Auftraggeber, dessen entmutigender Indolenz, an der so viele große Absichten gescheitert waren. Wie unverbraucht Schinkels romantische Inbrunst, sein hinter allem beherrschten Auftreten verborgenes «phantastisches Wesen» selbst am Ende seines Lebens noch war, offenbaren seine letzten Arbeiten. Zunehmend auf administrative Aufgaben eingeschränkt, von den Lästigkeiten des Behördenalltags aufgezehrt, gab er sich in den Nächten ausschweifenden Architekturträumereien hin: dem Phantasieentwurf für die Residenz eines Fürsten, einer Palastanlage für den zum König von Griechenland erhobenen Otto von Bayern auf der Akropolis von Athen sowie den Plänen für einen Sommersitz der Zarin in Orianda auf der Krim: gewaltige Projekte, die noch einmal die Stilformen der Geschichte durchspielten, griechische, römische, gotische sowie, im Entwurf für Orianda, orientalische Elemente miteinander verbanden, farbige Säulen, vergoldete Dächer und bunten Marmor einsetzten, malerische Durchblicke auf hängende Gärten oder stille Innenhöfe öffneten, einen mittelalterlichen Dom über eine antike Terrassenanlage oder eine Nachbildung des Erechtheions an den bewaldeten Felsabsturz zum Meer placierten. Es war der Rückgriff auf ein Repertoire großer, wenn auch eigenwillig verformter historischer Zitate, auf den Romantizismus seiner Jugend auch, den er indes, bei aller Souveränität, nicht ohne Zeichen von Altersmüdigkeit noch einmal deklamierte. Weitab jedenfalls lag der kategorische Stilwille der Bauakademie, und wenn er zur Zeit ihrer Entstehung geäußert hatte, ein Bauwerk dürfe, um historisch zu sein, nichts abgeschlossen Historisches einfach wiederholen, sondern müsse etwas Neues schaffen, «welches im Stande ist, eine wirkliche Fortsetzung der Geschichte zuzulassen» – hier endete die Geschichte. Bezeichnenderweise haben denn auch diese späten Entwürfe, von denen keiner ausgeführt wurde, in den folgenden Jahrzehnten als problematische Vorbilder für den Historizismus in der Architektur gedient. Erst einige der großen Architekten des 20. Jahrhunderts, am bewußtesten Ludwig Mies van der Rohe, haben wieder an Schinkels eigentliches Vermächtnis: seinen strengen, den Baukörper kühl harmonisierenden Formenkatalog, seine Phrasenlosigkeit, sein rhythmisches Gefühl angeknüpft.

Die Bauten und Entwürfe aus den letzten Lebensjahren bezeugen noch einmal Schinkels gebrochenes Verhältnis zu seiner Epoche. Mitunter scheint es, als habe er befürchtet, dem Geist der anbrechenden Zeit mit der Bauakademie zu weitreichende Zugeständnisse gemacht zu haben und versucht, sie in den Entwürfen für Orianda und Athen zurückzunehmen. Jedenfalls lassen sich diese Riesenprojekte auch als eine umfassende enzyklopädische Beschwörung aller großen Vergangenheiten verstehen, eine letzte Anstrengung, den schon spürbaren Zerfall eines jahrhundertelang intakten Stilbewußtseins aufzuhalten. Der pedantische Eifer, mit dem er Möbel, Tapetenmuster, Vasen, Rahmen, Leuchter entwarf und die Innenausstattung seiner Bauten bis hin zur Farbgebung der Räume überwachte, war denn auch nicht nur eine ehrgeizige Demonstration seiner Vielseitigkeit, sondern zugleich in der Absicht begründet, diesem Prozeß durch einen möglichst breit gefaßten ästhetischen Kanon entgegenzutreten. Dem gleichen Zweck sollte das zusammen mit Peter Beuth begonnene, aber nicht vollendete Lehrbuch «Vorbilder für Fabrikanten und Handwerker» dienen, das Stilvorstellungen und Qualitätsregeln für industriell gefertigtes Kunsthandwerk definierte. Denn «die Progressen», schrieb Schinkel 1836 in einem Brief, «sind wahrhaft schrecklich».

So viel angestrengter Stilwille verrät indes immer auch eigene Unsicherheiten. Manche Entwürfe Schinkels lassen schon die ästhetischen Irritationen des späteren 19. Jahrhunderts ahnen, und nur die Kraft seiner Persönlichkeit, sein hochentwickelter Kunstverstand sowie sein Anverwandlungsgenie haben ihn vor dem Abgleiten in lauter erborgte Gesten bewahrt. Doch immer bleibt es Ideenkunst, die ihre Eingebungen weniger der Kraft als einem kultivierten Bewußtsein verdankt, mehr Bildung besitzt als vitalen Ausdruckswillen. Schüler im engeren Sinne hat er daher nicht gehabt; und bei seinen Nachfolgern, bei Stüler, Strack oder Persius, geht der inspirierte Zusammenhang mit der Überlieferung schon verloren und verflacht die Architektur, allen vereinzelten

Gegenbeispielen zum Trotz, in vielfach leerer und lauter Rhetorik.

Der Einfluß, den Schinkel auf die Architektur des 19. Jahrhunderts ausgeübt hat, spiegelt seine Gebrochenheit aber noch auf andere Weise wider. Denn er steht nicht nur am Anfang einer vom eigenen Aufwand erdrückten historischen Repetitions-Architektur; vielmehr geht auf ihn auch, in freilich losem Zusammenhang, die Tradition bestimmter technischer Zweckbauten zurück, jener in Ziegelstein aufgeführten Fabriken, Markthallen, Lagerhäuser, Bahnhöfe und Schulen, die auf ihre Weise das Stilprinzip der Bauakademie aufgriffen und, wie man zu Recht bemerkt hat, die wohl eindrucksvollste Architekturprovinz des 19. Jahrhunderts darstellen. Ähnlich weisen viele seiner kunstgewerblichen Entwürfe eine Schlichtheit auf, die nicht selten das verdeckte Wesen des Schönen selbst zum Vorschein zu bringen scheint und den von ihm geschaffenen strengen Stil so unverwechselbar von den blitzenden Aufwendigkeiten der den Zeitgeschmack beherrschenden französischen Kunsthandwerker und Ebenisten unterscheidet. Gleichzeitig kann er aber auch als Vorläufer des später so populären «altdeutschen» Stils in der Möbelfabrikation und Raumausstattung gelten.

Er war eine Erscheinung des Übergangs. Der Anflug des Schwankens, der über ihr liegt, hatte mit seiner Offenheit nach allen Seiten zu tun. Sein Gespür für die Bedürfnisse des neuen Zeitalters und die Möglichkeiten industrieller Produktion war jederzeit gesteuert durch die Achtung vor dem Überlieferten. Eine Architektur, die aus aller Tradition absichtsvoll herausträte, bewußt mit der Vergangenheit bräche, war für ihn nichts anderes als «Barbarei». Das galt nicht nur für das Bauwerk selber, sondern, wie er beispielhaft gezeigt hat, auch für dessen Einfügung in den architektonischen Bestand der Umgebung.

Vom ohnehin fragmentarischen Lebenswerk Schinkels, der Innenstadt Berlins, ist nur ein Torso geblieben. Schon die Eingriffe des späten 19. Jahrhunderts, vor allem aber die Zerstörungen durch Krieg und Nachkrieg, haben nicht mehr als einige Bruchstücke zurückgelassen. Die Bauakademie wurde Anfang der sechziger Jahre gesprengt. Wo einst das Packhofgebäude stand oder das in alle Planungen Schinkels einbezogene Schloß, erheben sich heute moderne Rasterarchitekturen. Das Alte Museum, die Friedrich Werdersche Kirche wirken, aus ihrem städtebaulichen Zusammenhang herausgelöst, wie verlassene, aus einer fremden Zeit zurückgebliebene Denkmäler. Von den dreiundachtzig Bauten, die er errichtet hat, ist das meiste verloren. In seinen Entwürfen, den Plänen und Visionen, ist Schinkel wirklicher als in dem, was die Wirklichkeit von ihm übrigließ.

Die Gegenwart des Vergangenen

Cäsar Pinnau

Cäsar Pinnau gilt, so weit sein Name reicht, als ein Architekt aus dem Geist der Tradition; und in der Tat deuten nicht nur seine stilistischen Vorlieben, sondern auch Berufsethos, Unabhängigkeit und Lebensart, die dem Werk ebenso wie der Person eigen sind, auf einen Charakter, dessen Schwerpunkt im Vergangenen liegt. Gleichwohl hat er die Tradition nie gegen die eigene Zeit ausgespielt, sondern mit ihrer Hilfe die Aufgaben der Gegenwart bewältigt. Die Definition dessen, was ein Architekt ist, muß, was immer sie enthalten mag, jene seltene und fast paradoxe Verbindung von Unbeirrbarkeit in den Grundregeln und Anpassungsbereitschaft im Einzelfall, von Norm und Beweglichkeit, man kann auch sagen: von Vergangenheit und Gegenwart mitumfassen.

Will man den Standort eines Architekten bestimmen, so tut man, angesichts der Konfusion der Verhältnisse und Begriffe, gut daran, sich der Ausgangspunkte zu vergewissern. Die Architektur war, wie die Kunst überhaupt, bis dicht an die Gegenwart nichts anderes als ein gehobenes Dienstleistungsgewerbe. Der Komponist erhielt Themen- und Programmauflagen, der Maler Sujet- und Maßvorschriften, und ebenso verhielt es sich mit den Dichtern, den Bildhauern, den Ebenisten, vor allem aber und in eng vorgegebenem Rahmen mit dem Architekten. Denn das von ihm Geschaffene griff weitaus nachhaltiger als jedes andere Werk in das persönliche Dasein des Auftraggebers ein, es war so etwas wie der materialisierte Ausdruck seiner Person: er hatte sich darin einzurichten und darin zu leben, es offenbarte seine Stil- und Geschmacksvorstellungen, seinen Wohlstand, sein Verlangen nach gesellschaftlicher Repräsentation, kurz ihn selber.

Mit der Romantik begann der Charakter dieser Beziehung problematische Züge zu entwickeln und allmählich umzuschlagen. Zwar hatten die Architekten ursprünglich, von den wenigen überragenden, den Stilwillen einer Epoche formulierenden und prägenden Baumeistern abgesehen, keineswegs zu den Künstlern, sondern eher zu den Technikern gezählt: im Baukanon bewanderte, mit dem Regelwerk von Proportion, Statik, Zweck und Schönheit vertraute Praktiker, die, einem Wort Martin Heideggers zufolge, «aus dem Wohnen heraus» bauten. Doch um an der neuen Freiheit zu partizipieren, die den Künstlern mit der Entdeckung der eigenen Subjektivität gewährt war, schlugen die Architekten sich bald im ganzen, gleichsam als Stand, ihnen zu, und machten sich deren Pathos und Kunstanspruch zu eigen. Zugleich damit entwanden sie dem Bauherrn, auf dem höheren, von Schöpfertum und Genielaune getragenen Privileg des Künstlers beharrend, mehr und mehr das Recht auf eigenen Ausdruck im Bauwerk: daß es *sein* Stilbewußtsein, *seine* Lebensform und *sein* Kulturbegriff waren, die im Gebauten zum Vorschein kamen und nicht zuletzt sein Geld, mit dem es errichtet wurde. Zwar blieben die Begriffe noch erhalten; aber der traditionelle Dienstleistungscharakter des Verhältnisses ist seit jener Zeit ruiniert. Statt des «Bauherrn» und seines weisungsgebundenen Auftragnehmers stehen sich unterdessen, in gänzlich verdrehter Zuordnung, der Architekt als «Künstler» und der in folgsamer Ehrfurcht gegängelte, eine ihm fremde, unbegriffene Kunstarchitektur alimentierende Baukonsument gegenüber.

Gewiß wäre es irrig, diesen Wandel nur zu beklagen. Die gewonnene Freiheit hat der im Historismus erstarrten, vielfach die immergleichen Gesten formelhaft wiederholenden Baumanier der Epoche vor dem Ersten Weltkrieg Tore ins Neue aufgestoßen und damit nicht nur die Besinnung auf einige verdeckte, fast vergessene Konstruktionsprinzipien ermöglicht, sondern auch Inspiration und Phantasie auf eine kaum für möglich gehaltene Weise in der Architektur freigesetzt. Doch wie jede Freiheit brachte auch diese ebenso Gewinn wie Verlust, und nicht immer weiß man am Anfang, was schwerer wiegt. Die Ablösung der Architektur von der Praxis, ihre Lust am Experiment, die um sich greifende Vorstellung, daß dem künstlerischen Selbstverwirklichungsanspruch der Architekten Vorrang gebühre vor allen ästhetischen, sozialen und schließlich sogar funktionalen Erwägungen, macht, wie ein Blick auf unsere Städte lehrt, die Einbußen unübersehbar: von wenigen, als Sehenswürdigkeit bestaunten Einzelbauten abgesehen, dienten sie über Jahre hin als Versuchsfelder, auf denen Künstler-Architekten mit Hilfe traditionsvergessener Stadtverwaltungen ihre schreckerregenden Riesenspielzeuge errichten konnten. Im ganzen hat die Architektur die auf allen Ebenen zu beobachtende Entwicklung der Kunst zur exzentrischen Laune, zur Entfremdung vom Publikum nahezu widerstandslos mitvollzogen, obwohl sie aufgrund ihrer Bindung an praktische und gesellschaftliche Zwecke nie so frei war oder hätte sein dürfen, wie sie zu sein beanspruchte.

Auch war die Freiheit, wie sich bald erwies, nicht ohne trügerischen Zug. Zwar wurde der alte Kanon zerbrochen, aber durch das weitaus strengere Diktat der Mode ersetzt: der «Internationale Stil» mit seinen Kuben und gerasterten Containern, der in drei Jahrzehnten das Gesicht der Welt auf eine nie für möglich gehaltene Weise verwandelt und ihm jede Eigenart, jeden unverwechselbaren Charakter genommen hat, ist der Ausdruck dieses Sachverhalts. Mit nie versagender, zusehends unduldsamer auftretender Überredungskraft haben seine Wortführer ein dichtes theoretisches System entwickelt, das von einer «offenen», «unverlogenen», «rationalen» Architektur sprach, von «entsinnlichten» Baukörpern, von ihrer «Syntax», von «Megastrukturen», «architektonischen Metaphern» oder «transparenten Metasymbolen» in Glas, Kunststoff und Beton, so daß wir inzwischen unmißverständlich darüber unterrichtet sind, warum die Hochhäuser in der Lüneburger Heide oder inmitten eines alten Stadtkerns an der Bergstraße, die unser ästhetisches Gefühl so herausfordernd kränken, gleichwohl die richtige, vor Gegenwart wie Zukunft einzig vertretbare Lösung sind; und daß nicht die grauen oder grell verputzten Wohntürme in den Satellitenstädten für die um sich greifenden Empfindungen von Isolierung, Unbehaustheit und seelischer Bedrückung verantwortlich sind, sondern das unzureichende theoretische Bewußtsein der Bewohner. In Wirklichkeit ist aber die Theoriebesessenheit der zeitgenössischen Architektur, der unentwegte Begründungszwang, unter dem sie steht, selber der Ausdruck eines unzureichenden Bewußtseins dessen, was Architektur eigentlich ist.

Denn jedes sich meldende Theoriedefizit zeigt nur die Störung an, auf deren Beseitigung sie angeblich hinauswill. Die Architekten, hat der Bauhistoriker Vittorio Magnago Lampugnani mit besonderem Blick auf die deutsche Szenerie bemerkt, wüßten heute «überhaupt nicht mehr, wie Architektur zu machen» sei. Die herrschende Unsicherheit verbirgt und verrät sich zugleich auch in dem eifernden Ton, mit dem die Theoretiker des modernen Bauens auftreten und immer aufgetreten sind. Das Bauhaus, das am Beginn dieser Entwicklung steht, war noch eingebunden in die utopische Grundströmung der zwanziger Jahre, seine Protagonisten zeichneten und entwarfen nicht so sehr für existierende Wesen, als für die Phantasmagorie vom «Neuen Menschen». Aber sie vermachten, tief befangen in den Visionen von sozialer Befreiung und den Gewißheiten des rechten Weges dahin, den Nachfahren, über die Generationen hinweg, den Gestus rechthaberischer Ungeduld und stellten jeden Widerspruch gegen die eigenen Ideen unter einen umfassenden moralischen und politischen Verdacht.

Seither erst gibt es so etwas wie ideologisch markierte Bauformen. Im Verdikt über die gewesene Geschichte, die nie aus ihren ewig repetierten Herrschafts- und Unterdrückungsverhältnissen herausgefunden habe, wurden auch die Bauten der Vergangenheit ganz überwiegend als bloße Spiegelung von Macht- und Unterwerfungsstrukturen, als Zeugnisse von Anmaßung und Ausbeutung auf der einen sowie Ohnmacht und Leiden auf der anderen Seite gedeutet. Eine durchsichtige Fassade beispielsweise galt von nun an ebenso als «demokratisch» wie ein «ehrliches» Material oder ein unregelmäßiger Grundriß, während Symmetrie, Achse oder Gesims als Ausdruck autoritärer Gesinnung entlarvt und bloßgestellt wurden.

Begreiflicherweise erhielten solche, allenfalls von einem naiven sozialutopischen Überschwang legitimierten Vorstellungen starken Auftrieb durch die Erfahrungen der nationalsozialistischen Zeit. Hitlers klassizistische Vorliebe stigmatisierte Säulen, Pfeilerreihe und Gebälk noch einmal und schien die theoretisch gewonnenen Einsichten von der Unmenschlichkeit historischer Baustile geradezu in praktische Gewißheit zu verwandeln. Desgleichen sah sich der zu jener Zeit vielverwendete Travertin in ideologischen Verruf gebracht. Unberücksichtigt blieb dabei, daß der italienische Faschismus beispielsweise unverhohlene Sympathien für die progressive Architektur bekundet und ihren Vertretern verschiedentlich repräsentative Aufträge erteilt hat. Die immer wieder anzutreffende Behauptung, in der Formstrenge eines Gesimses komme unübersehbar der faschistische Rigorismus zum Vorschein oder der Zahnschnitt sei nichts anderes als ein ins Gebaute übersetzter Gleichschritt, während die regellose, «offene» Struktur eines Gebäudes die Offenheit und Freiheit demokratischer Verhältnisse anschaulich mache, erlaubt die einfache Umkehrung: dann demonstrierte der Zahnschnitt den egalitären Charakter demokratischer Bedingungen, die Idee der Gleichheit aller Menschen, während die asymmetrische, offene Architektur den unberechenbaren Willkürcharakter totalitärer Systeme zur Anschauung brächte. Immerhin haben dergleichen Einfältigkeiten, gestützt von der dahinterstehenden pseudodemokratischen Bigotterie, sich über lange Zeit als Argument aufspielen und dazu beitragen können, einen großen Teil des grandiosen Formenvorrats von nahezu dreitausend Jahren Baugeschichte zu exorzieren.

Was immer die Motive dafür waren: der ängstliche Selbstbehauptungswille gegenüber der konkurrierenden Übermacht der Vergangenheit, dumpfe Bilderstürmerei oder das Interesse an Aufträgen und Privilegien – die Folgen sind an der, weit über alle Kriegsschäden hinausgehenden Zerstörung unserer gesichtslos gewordenen Städte abzulesen. Der Affekt wandte sich in drei Richtungen und jeder seiner Angriffe traf die überlieferte Vorstellung vom Bauen an elementarer Stelle: in der Verpönung ästhetischer Kriterien, ferner in der, trotz allen funktionalistischen Geredes, vielfach bezeugten Verachtung der Zwecke sowie schließlich in der Geringschätzung menschlicher und sozialer Aspekte. Vielleicht ist es unzulässig, der modernen Architektur, deren Wortführer die Bauwerke der Vergangenheit ziemlich unterschiedslos als einschüchternd, gewalttätig oder inhuman charakterisieren, den Vorwurf kurzerhand zurückzugeben. Immerhin böten die Maßstablosigkeit und oft monströse Kälte ihrer Bauten einige Anknüpfungspunkte dafür. Aber der einzelne, der sich auf das Gelände der Bielefelder oder der neuen Heidelberger Universität, ins Märkische Viertel oder nach Hamburgs Osdorfer Born verliert, wird zwischen so vielen Mammutkolossen die Erfahrung der eigenen Belanglosigkeit, das Gefühl der Verachtung durch Architektur, weit weniger vermeiden können als vor den Bauten Vignolas, Schinkels oder Gärtners, in denen sich die Unterdrückungsstrukturen der Vergangenheit angeblich so unverhüllt manifestieren. Das stets aufs neue Verblüffende besteht gerade darin, daß jene modernen Architekten nicht nur den ästhetischen, sondern auch den sozialen und humanen Gesichtspunkt so schroff beiseite geschoben haben, mit dem die Akte brutalen Bauens von ihnen selber immer wieder beschönigt wurden.

Die Klage geht inzwischen dahin, daß ein ganzer Berufsstand versagt und mindestens, gedeckt durch das vielfach verführerisch wirkende Vokabular einer «wahrhaftigen», «demokratischen» oder «moralischen» Architektur, Unwiderrufliches angerichtet habe. Sicherlich sind all die Verschwörungstheorien, die Vorwürfe des Zynismus und der frivolen Eigensucht überzogen, die verschiedentlich von der Gegenseite laut werden; aber Irrtum, Leichtsinn und Großspurigkeit können Unheil genug anrichten. Julius Posener, der Doyen der deutschen Architektur-Historiker, hat bei Gelegenheit bemerkt: «Sah man früher ein Bauschild, so erweckte das freudige Erwartung; sieht man heute eins, so erweckt es Furcht.»

Diesen Hintergrund, wie flüchtig er auch skizziert sein mag, muß man vor Augen haben, wenn man dem Werk Cäsar Pinnaus gerecht werden will. Erst der Blick auf die hektische, von ideologisch gefärbtem Streit widerhallende Szenerie kann begreiflich machen, wieviel unbeirrbares Selbstverständnis, welches erarbeitete Bewußtsein von Möglichkeiten und Grenzen des eigenen Tuns darin auf ganz und gar unzeitgemäße Weise präsent sind. Sowenig er je an den Theoriedebatten der Gegenwart teilgenommen hat, so beharrlich ist er allen Tendenzen entgegengetreten, das Dienstverhältnis von Bauherrn und Architekt umzukehren. «Sie müssen einige Grundvorstellungen teilen und sich menschlich verstehen», hat er bei Gelegenheit erklärt, «das ist alles.» Die eigene Rolle hat er nie anders als die eines fachmännisch beschlagenen, die Wünsche und Bauzwecke sinnvoll ordnenden und kunstverständig gliedernden Erfüllungsgehilfen gesehen, Rang und Würde des Berufs kamen von da her. Die Inspiration war dadurch keineswegs ausgeschaltet, sondern nur auf festen Grund gestellt. Der Olympic Tower an der Fifth Avenue beispielsweise, den viele für einen der schönsten Wolkenkratzer aus neuerer Zeit halten, ist aus solchem Geist entstanden.

Es wäre denn auch irrig anzunehmen, Cäsar Pinnaus Architektur bestehe überwiegend aus gebauten Forderungskatalogen ständig wechselnder Bauherren; vielmehr besitzt sie, bei aller Vielfalt der Aufgaben und Zwecke, durchweg unverwechselbaren Charakter. Er hat klassizistische Privatvillen und sogenannte Rasterbauten entworfen, an Produktionsabläufen orientierte Industrieanlagen und ausgedehnte Wohnquartiere, Tanker und Yachten, – doch selbst dort, wo die ökonomische Kalkulation, ein bestimmter Fertigungsprozeß oder die vorhandenen Mittel der ursprünglichen Bauidee Zwang antaten oder sie sogar verhinderten, durchweg etwas von jenen Formvorstellungen verwirklicht, denen er immer angehangen hat.

Ihre Herkunft aus der klassizistischen Tradition ist unverkennbar. Im Hamburger Büro Cäsar Pinnaus, dem mit kenntnisreicher Sorgfalt restaurierten einstigen Wohnsitz des dänischen Architekten Christian Friedrich Hansen (1756–1845), ist an der Wand über dem Schreibtisch die Schinkelbüste von Friedrich Tieck angebracht, und auf der gegenüberliegenden Seite, als eine Art Gegenstück, eine Büste Winckelmanns: es ist die Welt, aus der Cäsar Pinnau kommt und der, über das Künstlerische weit hinaus, seine Sympathie gehört. Gemälde von Jacob Philipp Hackert sowie Johann Faber ergänzen und unterstreichen diese geistige Herkunftsanzeige. Im korrespondierenden Dialog mit dieser Tradition hat Pinnau immer gearbeitet, ohne freilich die Gegenwart, ihre veränderten Bedürfnisse, Techniken oder Materialien zu übersehen. Die herrschende Malaise über die Architektur rührt zum großen Teil daher, daß ihre Urheber von dem Trugschluß ausgingen, das fortschrittliche Bewußtsein erweise sich im Bruch mit der Vergangenheit. Pinnaus Bauten dagegen erzählen durchweg, wie zurückhaltend auch immer, ein Stück Geschichte unserer Zivilisation und jenes Herkommens, an das der Betrachter so gut wie der Bewohner anknüpfen kann: Erinnerungen an die Antike, an Palladio oder Schinkel, an das Raumgefühl der Vergangenheit und ihre ornamentalen Erfindungen.

Der Eindruck rührt daher, daß Pinnau von dieser Überlieferung einige Maximen übernommen hat, die über die Zeiten hinweg gültig sind: daß die Architektur die Verbindung von Geometrie, Zweck und Schönheit ist und jedes dieser Elemente die jeweils anderen voraussetzt und steigert; daß die Lösung aller ästhetischen Bauprobleme bestimmt wird vom Verhältnis zwischen Horizontalen und Vertikalen, von Fenstermaßen, Giebelhöhen und Gesimsanordnungen, von den durch Türen, Bogen oder Profilen bewirkten organischen Übergängen von innen nach außen; und daß ein Gebäude eine natürliche oder gebaute Umgebung hat, der es sich anpassen muß.

Es ist kein Zweifel, daß die emotionale Armut unserer Städte, der nach so vielen Jahren prätentiöser Kälte wieder registrierte Verlust an Überschaubarkeit und Intimität, mit der Preisgabe solcher Grundregeln zu tun hat. Denn sie sind nicht nur architektonisches L'art pour l'art, sondern genügen tieferen Bedürfnissen. In ihrer dogmatischen Fixierung auf das sichtbar gemachte Konstruktionsprinzip, die Idee der Nüchternheit, das Pathos des Sichtbetons hat die moderne Architektur solche uralten Einsichten verdrängt und, von der neuen Wirklichkeit und der eigenen illusionslosen Öffnung zur Realität wie berauscht, eine Welt- und Praxisferne offenbart, die schon lange nicht mehr weiß, wovon die Menschen leben.

Nicht nur das skeptische Temperament, sondern auch die Umstände der eigenen Biographie haben Cäsar Pinnau vor solchen Abwegen immer bewahrt. Als Abkomme aus alter Handwerkerfamilie und Sohn eines angesehenen, in öffentlichen Ämtern vielfach bewährten Tischlermeisters aus der «Herrlichkeit», einer Straße der Hamburger Altstadt, ist er gleichsam, wie es überliefertem Brauch entsprach, in der Werkstatt aufgewachsen.

Auf dem Passmannschen Institut, der ältesten Hamburger Privatschule, fiel er nicht nur durch besondere Begabung, sondern auch durch die Breite seiner Interessen auf, und frühes Selbstbewußtsein hat ihn schon nach der anschließenden vierjährigen Lehrzeit dahin gebracht, sich ehrgeizigere, die Familientradition zurücklassende Ziele zu stecken. Als Tischlergeselle zunächst bei einer Einrichtungsfirma tätig, ging er bald darauf nach Berlin und lernte bei einer Möbelfabrik die Möglichkeiten moderner Industriefertigung kennen. Tagsüber im Akkord tätig, um sich die Mittel für sein Studium zu beschaffen, besuchte er an den Abenden die Kurse der Kunstgewerbeschule und wechselte im Jahre 1927 als Werkstudent nach München. In der Klasse des Architekten Richard Berndl, bei Emil Preetorius, dem Bildhauer Joseph Wackerle und anderen hat er nicht nur seine Kenntnisse nach möglichst vielen Seiten, von der Innenarchitektur bis zur Proportionslehre, vom Kunsthandwerk bis zum Ornamentzeichnen auszudehnen versucht, sondern auch jenes Bewußtsein für die Gegenwärtigkeit der Tradition entwickelt, das in München, ungebrochener als anderswo, lebendig war. Die vom Bauhaus ausgehende, leidenschaftliche Diskussion hat diesen Traditionszusammenhang zwar in Frage gestellt, zeitweilig auch irritiert, am Ende jedoch eher bestätigt und gefestigt. In die gleiche Zeit fallen die ersten Studienreisen nach Italien, an die klassischen Wallfahrtsorte zahlreicher europäischer Architektengenerationen: in das Vicenza Palladios, nach Bologna und Florenz, Rom und Neapel oder nach dem Sizilien der antiken Tempel und Theater, normannischen Kirchen und hohenstaufischen Kastelle. Alle bestimmenden Eindrücke liegen in jenen Jahren, hat Pinnau bemerkt. Die Lehrer erwarteten als das Selbstverständliche, daß die Studenten von diesen Reisen mit Hunderten von Zeichnungen zurückkehrten: nicht um sie zur gedankenlosen Nachahmung historischer Vorbilder anzuhalten, sondern aus der pädagogischen Erfahrung, daß nur das aufmerksame und präzise Nachzeichnen das Auge schult sowie den Sinn für Form und Proportion unverlierbar prägt.

Diese Schule der Vielseitigkeit, aber auch der Selbstentdeckung, wurde abgerundet durch die Jahre bei Fritz August Breuhaus, der den erst vierundzwanzigjährigen Architekten im Jahre 1930, trotz wirtschaftlicher Krise und zurückgehender Aufträge, als Mitarbeiter in sein Düsseldorfer Büro engagierte. Breuhaus hatte nicht nur Wohnsiedlungen und Landhäuser gebaut, sondern auch Verwaltungsgebäude und Schiffe eingerichtet und war darüber hinaus ein gesuchter Designer, der Möbelstoffe und Porzellane, Gläser, Tapeten und Gebrauchsgegenstände aller Art entwarf: sein Büro war, wie Pinnau es rückblickend nennt, eine «Hohe Schule der anspruchsvollen Form». Im Jahre 1932 wechselte er, angesichts der zusehends sich verschlechternden Auftragslage, nach Berlin und gründete dort, zusammen mit seinem jungen Mitarbeiter, unter dem Namen «Contempora» eine private Kunstakademie. Wie Pinnau in den zurückliegenden Jahren das Studium durch praktische Tätigkeit zu ergänzen versucht hatte, so begann er jetzt, die tägliche Praxis lehrend zu unterbauen: während er Möbel und Bestecke, Keramiken und Lampen entwarf, unterrichtete er zugleich in den Fächern Allgemeine Grundlagen, Geometrie, Perspektive, Innenarchitektur und Kunstgeschichte.

Einige Jahre später forderte Albert Speer, der schon damals eine Vorliebe für junge, ebenso talentierte wie ehrgeizige Mitarbeiter zeigte, Pinnau auf, das ehemalige Reichspräsidenten-Palais als Gästehaus für den bevorstehenden Besuch Mussolinis zu renovieren; und Speer war es auch, der ihm riet, sich selbständig zu machen und ihm anschließend nicht nur die Inneneinrichtung der Neuen Japanischen Botschaft sowie von Räumen in der Neuen Reichskanzlei übertrug, sondern auch die Entwürfe für Regierungsgebäude, Hotels und Theater an der geplanten Großen Straße.

Es war gewiß weniger die «romantische Protesthaltung gegen die Zivilisation», die Speer selber, in der Erinnerung, für seine Entwürfe in Anspruch genommen hat, nicht die «Verweigerung der Moderne», was Pinnaus Entschluß zur Mitarbeit bestimmte; auch hatte er, anders als Speer, nicht die Absicht, «der legitime Erbe des preußischen Klassizismus» zu sein; weit mehr war seine Teilnahme in jener schon damals ausgebildeten Auffassung begründet, daß der Architekt ein Auftragnehmer sei, der die formulierten Bauabsichten im Rahmen überlieferter Grundregeln nach bestem Können auszuführen habe. Was ihn mit Speer verband, war der Ehrgeiz, groß zu bauen, die Lust am Planen und Projektieren mit nahezu unbeschränkten Mitteln, und man weiß nichts von künstlerischem Ausdruckswillen, wenn man dies bereits für kritikwürdig hält und nicht erst das, angesichts so grenzenloser Möglichkeiten freilich besonders gefährdete Ergebnis. Philip Johnson, der große alte Mann der amerikanischen Architektur und bedeutendste Schüler Mies van der Rohes, hat bei Gelegenheit erklärt, daß der Ehrgeiz zum gewaltigen Bauwerk zur elementaren Psychologie seines Berufsstandes rechne; er selber hätte ohne zu zögern für Hitler, Stalin und selbst für den Teufel gebaut, entscheidend sei, was am Ende zustande komme.

Die Architektur des Dritten Reiches, insonderheit die Planung für die Nord-Süd-Achse, stößt heute weithin auf schroffste Ablehnung, und in der Tat trägt der voraussetzungslos megalomane, häufig ins Monströse ausschlagende Charakter dieser Entwürfe alle Spuren eines enthemmten Planungsrausches. Pinnau selber hält jedoch im nachhinein weniger die kolossalischen Maße für verfehlt; abwegig sei vielmehr gewesen, daß die Große Straße buchstäblich mitten durch das Zentrum des alten Berlin gebrochen werden sollte und keine Rücksicht auf eine in Jahrhunderten gewachsene Umgebung nahm. Auch seien die Entwürfe überhastet, die Fassaden im ganzen zu grob, die Details unausgereift gewesen und hätten daher unvermeidlicherweise, dem Stil der Zeit und dem Charakter des Regimes entsprechend, wie «aus dem Boden gestampft» wirken müssen. Gleichwohl sei der Versuch, noch einmal an die Überlieferung anzuknüpfen, eine Stilidee bewußt, und vielleicht sogar allzu bewußt, gegen die um sich greifende Lossage von der Form zu verteidigen, legitim gewesen.

Tatsächlich ging die Idee auch weniger auf Hitler selber oder Speer, sondern weit eher auf Paul Ludwig Troost und dessen sogenannten «Staatsstil» zurück, der seinerseits an das Formenrepertoire des Klassizismus angeknüpft, es aber zum Statuarischen, Schweren, Kantigen verändert und monumentalisiert hatte. Nicht anders als in dem schon bald nach der Jahrhundertwende wiederbelebten Neoklassizismus überhaupt, wurde darin das Bemühen erkennbar, aus dem überladenen, an seiner eklektizistischen Beliebigkeit erstickenden Historismus der späten Gründerzeit herauszukommen und zu einfacheren und strengeren Bauideen zurückzufinden. Im Grunde entstammten die verschiedenen modernen Bestrebungen, wie sie von Peter Behrens über Hans Poelzig und Bruno Taut bis hin zum Bauhaus in zahlreichen Varianten sichtbar wurden, durchweg diesem gleichen Bedürfnis, und alle wilden Kontroversen jener Jahre, deren Nachhall bis in unsere Tage reicht, schrumpfen am Ende auf den Unterschied zusammen, daß die einen aus der Hinwendung zur Vergangenheit, die anderen aus der Abkehr und sogar dem radikalen Bruch mit der Überlieferung die Impulse für das bezogen, was sie als Neubeginn für unumgänglich hielten.

Reduziert man den Gegensatz auf diesen Kern, so schien die Frage, welcher Weg der richtige oder doch der besser begründete sei, seit langem entschieden. Die herrschende Ratlosigkeit jedoch, die wachsende Einsicht, daß die Architektur nach so vielen Anläufen, Traditionsabsagen und utopischen Aufbrüchen in der Monotonie des seriellen Produkts erstarrt und, einer Formulierung des Schweizer Architekten Rolf Keller zufolge, zu einer Form der Umweltzerstörung geworden ist, hat den Zweifel wieder geweckt. Er wird noch verstärkt durch die zwar keineswegs neue, doch zusehends wachsende Einsicht, daß jene gläsernen und betonierten Türme, die wie austauschbare Kopien ihrer selbst überall tausendfach emporschossen, nicht einmal mehr das ökonomische Argument für sich haben, nachdem psychologische, soziale, medizinische und sogar kriminalpolitische Überlegungen schon lange dagegen sprachen.

Vielleicht birgt diese Lage aber neue Möglichkeiten. Sie liegen sicherlich nicht in kühnen Stilerfindungen, in originellen oder noch radikaler auftrumpfenden Ansätzen, interessanten postmodernen Etiketts; sondern wohl am ehesten noch in einer vom Bauherrn wie vom Bauzweck diktierten Pluralität der Stile, die jedoch sämtlich aus der Besinnung auf jene wenigen und eher einfachen Einsichten kommen, ohne die eine Architektur nicht denkbar ist, mit der Menschen leben können.

In jedem Fall wird die Architektur alle starr theoretischen Postulate aufgeben müssen. Zwar hat die moderne Richtung die Devise «Form folgt Funktion» entwickelt, aber allzu häufig sich darüber hinweggesetzt, und ihr fatalster Irrtum war womöglich, daß sie nicht dem jeweiligen Bauzweck, sondern ihren abstrakten Konzepten immer wieder den Vorrang einräumte: Architektur war Architektur, sie hatte den einmal gefundenen theoretischen Prämissen zu folgen. Mies van der Rohe entwarf ein Museum aus den gleichen Elementen wie zuvor eine Fabrik, und wer könnte noch ein Verwaltungsgebäude von einem jener Hochhäuser unterscheiden, denen man einst die optimistisch vorausweisende, heute jedoch nur noch furchteinflößende Bezeichnung «Wohnmaschine» gab? Alles Gebaute verlangt immer den Balanceakt zwischen einer Vielzahl vorgegebener Faktoren, die vom Bauzweck bis zu den Bauvorschriften reichen. Architektur ist, wie ein alter Satz lautet, «ein Kind der Notwendigkeit und des Vergnügens». Aus diesem Grunde auch eignet sie sich für nichts weniger als für dogmatische Positionen. Le Corbusiers Behauptung, die Kurve sei der «Eselsweg», ist ebenso töricht wie Camillo Sittes Verdikt über die

Gerade oder der kuriose Koller, den Adolf Loos gegen das Ornament entwickelte.

Die Möglichkeiten, Gewesenes zu beleben, ans einmal Abgerissene wieder anzuknüpfen, sind erfahrungsgemäß gering. Denn mit der Tradition zerbrechen nicht nur Kenntnisse, Techniken, Erlernbares, sondern Lebensformen, die nicht zurückholbar sind. Das Leiden an der Architektur zeigt an, wie stark dieser Verlust empfunden wird. Es liegt für einen Architekten wie Cäsar Pinnau keine Genugtuung darin, daß er die ruinösen Umwege nicht mitgegangen ist, mit denen die Einsichten in die Gegenwärtigkeit des Vergangenen erkauft wurden. Tradition, so hat man gesagt, ist Fortschritt genug.

Denkmal der Baugeschichte und verlorene Mitte Berlins

Plädoyer für den Wiederaufbau des Schlüterschen Stadtschlosses

Zu den Gründen, die das SED-Regime in den Ruin getrieben haben, zählt, daß es der Gefangene seiner Vorurteile blieb, und unter diesen Vorurteilen nahm lange Zeit der Haß auf die Vergangenheit einen vorderen Rang ein. Weit über die Ulbricht-Ära hinaus war es bemüht, eine eigene Legitimität zu begründen, und zu spät ging der Führung auf, daß sie besser daran getan hätte, die Geschichte, wie das totalitäre Vorgängerregime auch, für sich zu usurpieren, statt deren Zeugnisse zu zerstören.

Überlegungen dieser Art beherrschten viele Gespräche im Herbst 1950, als erstmals bekannt wurde, daß die Sprengung des Schlosses bevorstand. Damals zogen viele, nicht selten in Gruppen, in die Innenstadt, um einen letzten Blick auf den noch als Ruine grandiosen Bau zu werfen. Ich erinnere mich einer älteren Frau, die nach der ersten Sprengung am sogenannten Apothekenflügel einen vor dem Absperrzaun postierten Volkspolizisten anschrie: «Es ist doch genug hier kaputt! Und warum gerade das Schloß?»

Gleichzeitig meldeten sich Fachleute aus aller Welt, West wie Ost, mit Eingaben, Protesten und Memoranden. Sie machten geltend, daß der Bau der städtebauliche Mittelpunkt Berlins sei, daß selbst die Ruine noch den Vergleich mit Michelangelos Petersdom aushalte und daß die Wiederherstellung keine unerschwinglichen Kosten verursache. 32 Millionen Mark hatte das von der SED bestellte Gutachten eines Ingenieurbüros errechnet. Wenn auch das

Gebäude ausgebrannt war, hatten das mächtige Mauerwerk sowie viele der Reliefs und Skulpturen, die es schmückten, dem Feuer standgehalten, darunter nicht zuletzt der Kleine Schloßhof, die architekturgeschichtlich wichtigste Hinterlassenschaft Andreas Schlüters. Der Kunsthistoriker Richard Hamann von der Humboldt-Universität erinnerte an den Louvre, an den Kreml sowie an die Zarenschlösser in und bei Leningrad, die alle Revolutionen überdauert hätten oder wiederhergestellt worden seien, sowie an den gerade ergangenen Beschluß des polnischen Parlaments, das von den Deutschen bis auf die Grundmauern zerstörte Warschauer Königsschloß neu zu errichten. Man werde den Verlust «nie verschmerzen».

Es war alles vergeblich. Das Schloß mußte fallen als Bauwerk der «Junkerherrschaft», als Symbol der Knechtung und Ausbeutung oder wie immer die Formeln des sozialistischen Ressentiments noch lauteten. Auch eine Intervention bei Wladimir Semjonow bewirkte nichts. Unzugänglich für den Gedanken, daß ein bedeutendes Kunstwerk nicht nur für eine Zeit und deren Herrschaftsverhältnisse steht, sondern weit darüber hinausweist, betrieb man den Abbruch nur etwas vorsichtiger. Der unlängst verstorbene Kunsthistoriker Gerhard Strauß blieb der einzige Mann seines Fachs, der die Sprengung guthieß und zur Metapher für den Untergang der feudalistischen und imperialistischen Mächte erhob.

Daneben gab es noch ein zweites Motiv der Zerstörung. Das Regime benötigte einen großen Demonstrationsplatz, wie Ulbricht vor dem 3. Parteitag der SED erklärte, «auf dem der Kampfwille und der Aufbauwille unseres Volkes Ausdruck finden können». 320000 Menschen, hatte er ausrechnen lassen, würden auf der freigeräumten Fläche Platz finden, und durch einige bauliche Eingriffe in der Umgebung könnten 750000 Menschen vor der geplanten Tribüne in Siebzigerreihen vorbeimarschieren. Alle Gegenvorschläge von Vertretern der Wissenschaft, vom Institut für Bauwesen an der Ostakademie oder vom Kulturbund blieben ergebnislos: In vier Abschnitten zwischen dem 6. September und dem 30. Dezember 1950 wurde das Schloß mit dreizehn Tonnen Dynamit gesprengt.

Nichts war unzutreffender als der Vorwurf, es sei jahrhundertelang eine «Zwingburg» der Unterdrückung gewesen. Trotz aller imposanten Maße war das Berliner Schloß kein Einschüchterungsbau und besaß auch nicht, wie vergleichbare Residenzen, ein Glacis mit weiträumigen Parks und Panoramen ringsum. Sowohl an der sogenannten Schloßfreiheit wie vor dem Eosander-Portal, das heute als Eingangsrisalit in die Fassade des ehemaligen Staatsratsgebäudes eingefügt ist, drängten sich bis ins späte 19. Jahrhundert einfache Bürgerhäuser und setzten sich über die Lange Brücke hinweg fort: eine Strickwarenfabrik, eine lithographische Anstalt, ein Kleinbetrieb für «Fantasie-Artikel», wie auf alten Fotos noch zu lesen ist. Auch an der Spreefront, wo der barocke Prachtbau in die zusammengestückte Kulisse des älteren Schlosses überging, lag davor das schlichte, zweistöckige Hofoffiziantenhaus mit Ziegeldach, Vorgärten und weinbewachsenem Mauerwerk. In aller Feierlichkeit hatte das Schloß stets eine Art Intimität oder jedenfalls Menschenmaß bewahrt, was freilich auch auf Schlüter zurückging, der die riesigen Formate durch kunstvolle Unregelmäßigkeiten rhythmisiert und als Bildhauer, der er zugleich war, das Monumentale ins Plastisch-Bewegte aufgelöst hatte, so daß es unmerklich zu atmen schien. Die Architekten, die den Bau weiterführten, angefangen von Eosander von Göthe bis hin zu Stüler, der zusammen mit Friedrich Wilhelm IV. die noch von Schinkel geplante Kuppel entwarf, haben es geradezu zu einem Denkmal der Baugeschichte gemacht: kein aus einem einzigen Konzept entwickelter Herrscherpalast, sondern eine geniale historische Collage, die gegen allen Wandel der Bauvorstellungen die Kontinuität des Staatskunstwerks beschwor, deren Ausdruck sie war.

Mit alledem hatte das Schloß nie, wie andere Bauwerke seiner

Art, gegen seine Umgebung gestanden, vielmehr immer als das repräsentative Bauwerk der Stadt und des Staates gegolten. Generationenlang war der Innere Hof ein öffentlicher Durchgang, und denkwürdig ist jene Szene vom 19. März 1848 geworden, als der Leichenzug zum Gendarmenmarkt ihn passierte, während der König auf der Galerie stand und auf den Zuruf der Menge den Hut vor den toten Aufständischen zog. Der Garde-du-Corps-Saal wiederum hatte Menzel auf Einladung des Kaisers eine Zeitlang als Atelier gedient, und bis hin zum Lustgarten, wo traditionsgemäß der eigentliche Berliner Weihnachtsmarkt stattfand, blieben das Schloß und seine Nachbarschaft stets in das öffentliche Leben einbezogen.

Womöglich war es denn auch diese Bürgernähe, die dem eifersüchtigen Neuherrschertum der soeben entstandenen DDR ein Dorn im Auge war, mehr vermutlich als der Haß auf den abgegangenen, überdies durch Kontrollratsbeschluß drei Jahre zuvor aus der Geschichte gelöschten Staat und dessen herrschende Klasse. Hans Scharoun, der erste Stadtrat für Bauwesen im Nachkriegsberlin, hatte seit 1946 im erhalten gebliebenen Weißen Saal eine Reihe von Ausstellungen veranstaltet, die aufs neue die unverlorene Anziehungskraft des Schlosses bezeugten.

In seinen leidenschaftlichen Bemühungen zur Rettung des Bauwerks hatte Scharoun weniger historische Gründe angeführt, sondern vor allem darauf verwiesen, daß Berlin mit dem Schloß den städtebaulichen Zentralpunkt einbüße. Zahlreiche Achsen liefen darauf zu, ohne ihm jedoch eine dominierende Rolle zu gewähren; vielmehr bildete es, seit der Errichtung von Schinkels Altem Museum, zusammen mit dem Lustgarten und dem Zeughaus einen der schönsten Plätze Europas. Der durchdachte Charakter der Anlage drängte sich dem Betrachter niemals auf und erzeugte gerade dadurch jenen Eindruck unangestrengter Harmonie, wie er nur die vollkommenen Kunstwerke auszeichnet. Lediglich die Weite des Lustgartens wurde mitunter, vom strengeren Balanceempfinden, als Abweichung von der idealen Proportion angesehen. Schinkel rechtfertigte die Größe der Figuren auf der von ihm errichteten Schloßbrücke mit der Begründung, man müsse den Raum sichtbar begrenzen, «weil sonst der Eindruck wüst und leer» werde.

Wüst und leer ist er heute. Um das gewaltige Aufmarschgelände zu erhalten, haben die Planer den 1976 fertiggestellten Palast der Republik nicht nur in den Maßen reduziert, sondern auch seine Achse um 90 Grad gedreht, so daß er parallel zur Spree liegt, während sich der Lustgarten mit der frei gewordenen Fläche, wo ehemals der Große Schloßhof lag, zur trostlosen Öde eines unterdessen auch funktionslos gewordenen betonierten Areals vereint: kein Platz mehr, sondern ein gähnendes Loch. Was alle Fachleute seinerzeit vorhergesagt hatten, ist tatsächlich eingetreten und mit den Sprengungen nicht nur das Schloß, sondern das Ganze einer Anlage zerstört worden, deren verbliebene Teile seither willkürlich und als Punktbauten herumstehen. Solange dies anhält, bleibt Berlin eine Stadt mit einem riesigen Parkplatz als Mitte.

Die Stadtplanung für das innere Berlin sollte die Überlegung nicht ausschließen, das Schloß wieder aufzubauen. Jedenfalls sollte nichts geschehen, was diese Möglichkeit für immer versperrt. Das Stadtbild verlangt an dieser Stelle einen Raumkörper, der die beziehungslosen Bauteile um den Lustgarten wieder verklammert sowie den Linden einen Fluchtpunkt gibt. Die Frage ist, wie ein Bauwerk auszusehen hätte, das diese Aufgabe mit der Würde und Zurückhaltung wie das ehemalige Schloß erfüllt. Der gespenstische Vorschlag, den Palast der Republik zu sanieren und dort ein Einkaufszentrum einzurichten, ist nicht einmal Ausdruck des Zeitgeistes, wie man gesagt hat, sondern schon dessen Karikatur. Ernst zu nehmen sind die sowohl in Berlin selber als auch weit darüber hinaus inzwischen laut gewordenen Stimmen, die für einen Wiederaufbau des Schlosses plädieren.

Natürlich melden sich dagegen die Einwände, die derartige

Rekonstruktionen aus Gründen der Authentizität verwerfen. Doch hat dieser Purismus unterdessen an Gewicht verloren, er war immer ein Mißverständnis. Denn die Architektur ist nicht nur die Kunst der Täuschung schlechthin, sondern unter den Künsten auch diejenige, in der die entschlossene Aneignung des Vergangenen Meisterwerke hervorbringt. Wer Wiederhergerichtetes als nichtauthentisch verwirft, müßte überdies fast den gesamten historischen Baubestand ablehnen, weil er ganz überwiegend der Triumph des Falsifikats ist. Zerstört wurde im Laufe der Jahrhunderte fast alles einmal, die bestaunten Baudenkmäler der Vergangenheit sind zu großen Teilen restauriert, ergänzt, wieder aufgebaut, und niemand ließ sich von den erst in unserer Zeit vorherrschend gewordenen Argumenten der «ehrlichen» Architektur beirren, die im Namen einer historischen Moral zu sprechen vorgaben, sich in Wirklichkeit jedoch nur mit der «Furie des Verschwindens» gemein machten. Wer empfände vor der Treppenanlage der Würzburger Residenz noch den Mangel an Authentizität? Wer dergleichen in Warschau, Danzig, Pawlowsk oder Dresden? Statt dessen beklagt alle Welt die Zerstörung des Braunschweiger Schlosses und beneidet das glückliche München, das die ebenfalls bis auf einiges Mauerwerk zerstörte Meile zwischen Siegestor und Nationaltheater wiederherstellte.

Gravierender ist die Frage der Kosten. Der asbestverseuchte Palast der Republik muß ohnehin abgerissen und ein neues Bauwerk an seiner Stelle errichtet werden, so daß es im Grunde um die Differenz der Kosten zwischen einem modernen, von niemandem ohne begründete Ängste erwarteten Zweckbau und der Wiederherstellung des Schlosses geht. Nahe liegt die Überlegung, dafür den Betrag einzusetzen, der für das Historische Museum vorgesehen war, dessen Errichtung angesichts dringlicherer Aufwendungen sicherlich zurückgestellt werden muß. Für die verbleibende Summe, die im Verhältnis zum Aufbauwerk im ganzen nur den Bruchteil eines Prozents ausmacht, ließe sich an eine Teilung denken, wobei die eine Hälfte durch die öffentliche Hand, die andere durch eine private Stiftung aufgebracht werden sollte.

Ungleich leichter fällt es, die Aufgaben zu beschreiben, die das wiederhergestellte Bauwerk übernehmen könnte. Schon in den zwanziger Jahren waren ein Museum sowie zahlreiche Institutionen des kulturellen Lebens darin untergebracht. Denkbar wäre, einen der Flügel für jene Räume vorzusehen, die bei der Neuordnung des Berliner Museumswesens benötigt werden, und im übrigen einige der zufällig und verstreut gelegenen kulturellen Organisationen an diesem Ort zu vereinigen, wie die Stiftung Preußischer Kulturbesitz, die Max-Planck-Gesellschaft, die DFG, den DAAD und anderes mehr. Daneben könnte das Schloß zu einer Lehrbaustelle für das vom Aussterben bedrohte Handwerk in der ehemaligen DDR werden. Solche Pläne, die sich an das bayerische Vorbild anlehnen, an Baudenkmälern den Restauratorennachwuchs zu schulen, werden im Berliner Senat bereits offen diskutiert.

Nach dem Urteil der Fachleute lassen sich die mit dem Wiederaufbau des Schlosses verbundenen technischen Probleme bewältigen. Denn das Berliner Schloß ist eines der am besten dokumentierten Werke der Architekturgeschichte. Schon während des Krieges waren sowohl der Bau als auch das Figurenwerk, die Plastiken und Stukkaturen, die seinen Ruhm ausmachten, fotografisch festgehalten worden. Und aufgestört durch die Proteste von allen Seiten, hat dann das SED-Regime vom Erhaltenen 410 Maßskizzen sowie 3000 Fotos anfertigen lassen. Darüber hinaus wurde ein Teil der Stuckarbeiten ausgebaut oder durch Abgüsse bewahrt und vom Schlüterhof angeblich so viel geborgen, daß dessen, wie es damals hieß, «vollständige Rekonstruktion» möglich sei. Einiges wurde in Depots gelagert, manches im Seddinsee versenkt, anderes liegt wohl auf der Museumsinsel oder unter einem Hügel auf dem Gelände des Tierparks in Lichtenberg.

Stärker als jedes andere Argument sprechen für die Wiedererrichtung jene Gründe, die 1950 zum Abbruch des Schlosses führten. Gewollt war ein Roter Platz, ein Gelände für die massenweise dargebotenen Unterwerfungsgesten der Proskynese, die einer fremden, so östlichen wie vergangenen Vorstellungswelt entstammten. In der weltpolitischen Auseinandersetzung, die hinter uns liegt, ging es nicht zuletzt darum, das Vordringen dieser Herrschaftsidee zu verhindern. Wenn der Abbruch des Schlosses das Symbol ihres Sieges sein sollte, wäre die Wiedererrichtung das Symbol ihres Scheiterns.

Als Friedrich Wilhelm III. die Erneuerung der Balustradenfiguren auf dem First des Schlosses zu teuer und überflüssig fand, schrieb Schinkel in einem Gutachten, das Schloß sei eines der Monumente der Kunst, die «immer wichtiger werden, je weniger die Zeit imstande sein wird, sich auf so große und vollkommene neue Werke einzulassen». Selbst in den «ungünstigsten Zeiten sind die hierauf zu verwendenden Mittel nie als eine überflüssige Verschwendung anzusehen, weil der zwar indirekte Nutzen, der daraus erwächst, zu allgemein und groß ist ...»

Knapper drückte der Kurfürst Friedrich III., der spätere König Friedrich I., aus, was es mit solchen Bauwerken und ihrer Bedeutung auf sich hat: Er habe das Schloß nicht aus Lust, sondern aus Necessität errichtet.

Das nie endende Menetekel der Geschichte

Betrachtung über Bernhard Heisig

Mitunter scheint es, als seien Bedeutung und Folgen der historischen Wende von 1989/90 auch fünf Jahre nach den Ereignissen noch nicht annähernd erfaßt. Zwar hat, was damals geschah, die selbstgefällige, von Trägheit und provinziellem Hochmut geprägte Atmosphäre der Bundesrepublik einen Augenblick lang aufgestört. Doch zu den Begleitumständen jener Wochen und Monate gehörte auch, daß die Öffentlichkeit im Westen, kaum daß der Euphorienzauber der Vereinigung abgeklungen war, in den vertrauten Zustand zurückdrängte. Dem Veränderungsdruck jedenfalls, den der Zusammenbruch der Nachkriegsordnung ihr aufnötigte, ist sie mit zunehmender Gleichgültigkeit und bald auch abwehrend begegnet. Weniges hat das Phlegma des juste milieu, das die eigentliche, hinter aller Rhetorik vom dauernden Wandel durchscheinende Stimmung des Landes war, sichtbarer gemacht.

Der Vorwurf der Schwerfälligkeit und des einfallslosen Beharrens im Hergebrachten richtet sich bis heute vornehmlich gegen die Politik. Aber dem genaueren Blick konnte nie entgehen, daß deren Bewegungsmühe nur der Ausdruck dessen war, was alle wollten, die kulturellen Wortführer des Landes eingeschlossen. Auf literarischem Feld haben Günter Grass und Patrick Süskind, auf publizistischem beispielsweise Erich Böhme («Ich will nicht wiedervereinigt werden!») diesem Immobilismus mit unterschiedlichen Begründungen Ausdruck gegeben.

Wer heute zurückblickt, kommt um das Eingeständnis nicht herum, daß, im ganzen jedenfalls, der politische Apparat beweglicher und offener reagiert hat als die übrigen Gruppen der Gesellschaft, die mit einer vielfach fast verzweifelten Gereiztheit auf der Wahrung dessen bestanden, worin man sichs seit langem gut sein ließ. Es zählt dies nach wie vor zu den auffallenden, wohlweislich verschwiegenen oder nur vom Rande her vorgebrachten Einwürfen über den Prozeß, in den das Land geraten ist.

Man kann es die womöglich verblüffendste Erfahrung der zurückliegenden Jahre nennen, daß gerade die Kunstszene eine beispiellose Zähigkeit entfaltet hat, den Status quo ihrer geistigen, künstlerischen und materiellen Besitzstände zu verteidigen. Denn sie hatte sich in aller vergangenen Zeit mit besonderer Vorliebe als die große Unruhe aufgespielt und selbstergriffen die eigenen Vorstöße ins Unbekannte nicht nur gefeiert, sondern der Gesellschaft modellhaft empfohlen. Die veränderte Lage brachte in ihren Reihen einen Quietismus zum Vorschein, der sich zwar noch immer in den Floskeln des Provokanten gefiel, aber längst jede Beunruhigung scheute. Nicht selten drängte sich sogar der Eindruck auf, sie hätte viele Jahre lang nur Nebelkerzen abgebrannt, hinter deren Blitzen und Rauchvorhängen sich verbergen ließ, daß sie nur die Gesten von ehedem repetierte, mit denen sich aber die Meinungen, der Markt und der Betrieb im ganzen beherrschen ließen. Insofern war die Kunst der siebziger und achtziger Jahre tatsächlich der authentische Ausdruck der Gesellschaft, der sie entstammte. Denn es war geradezu das Kennzeichen der bundesrepublikanischen Idylle, daß sie die eigenen Erstarrungen durch ein Vokabular des permanenten Aufbruchs verdeckte.

Dennoch erstaunte die Unbekümmertheit, mit der die Kunstszene angesichts der veränderten Lage den Offenbarungseid leistete. Statt sich der Herausforderung, die mit der Vereinigung gekommen war, zu stellen, wurde nun der schon verschiedentlich aufgeflammte Streit zwischen West- und Ostkunst in größerem

Rahmen und mit rasch sich radikalisierenden Generalverdammungen eröffnet. Durchweg alle in der ehemaligen DDR entstandenen Werke seien nichts anderes als mehr oder weniger ideologisch verformte Ausgeburten einer unerheblichen, mit dem Untergang des Regimes auf die Abfallhalden der Geschichte beförderten Staatskunst, hieß es, und selbst die seltsame, sich unverhohlen zur Unkenntnis der europäischen Kunstgeschichte bekennende Behauptung fehlte nicht, daß kein bedeutendes Kunstwerk je unter unfreien Verhältnissen entstanden sei. Von der Erbitterung, mit der die Auseinandersetzung von seiten der Westkünstler geführt wurde, zeugte die Bemerkung von Georg Baselitz über die «Arschlöcher», die sich der gängelnden Kunstbürokratie der DDR widerstandslos unterworfen und in vierzig Jahren nicht ein einziges Werk hervorgebracht hätten, das irgendeine Beachtung lohnte.

Gewiß läßt sich das aus persönlichen Erfahrungen und Gefühlen der verlorenen Lebenszeit herstammende Ressentiment derer, die wie Georg Baselitz, Richter oder A. R. Penck ihre frühen Jahre in aussichtslosen Querelen mit den Kulturfunktionären der SED zugebracht hatten, ohne viel Mühe begreifen. Aber der Streit rührte weit tiefer reichende, zum Teil in Vergessenheit geratene Konflikte aus den Anfangsjahren der Moderne wieder auf. Die Auseinandersetzung über das, was Zeitgenossenschaft verlange, über Ikonographie, das Verhältnis zur Geschichte und über die gesellschaftliche Bedeutung der Kunst war und ist insoweit auch eine Art Gespensterkampf über katalaunischen Feldern. Es hat die Heftigkeit, mit der er von seiten gerade der Anwälte der sogenannten Westkunst ausgetragen wurde, noch erheblich verschärft, daß sie sich oder doch die Sache der Moderne nach so vielen, zuletzt immer unangefochtener errungenen Triumphen seit geraumer Zeit in der Defensive sahen.

Auf der anderen Seite sah sich auch die «Ostkunst» einem Einwand ausgesetzt, der nicht einfach zu leugnen oder mühelos abzuschütteln war. Die zweifellos größte Last, die sie zu tragen hatte, kam aus der Verbindung mit dem politischen System, in dem sie entstanden war. Dabei spielte nicht einmal dessen Unrechtscharakter die ausschlaggebende Rolle. Viel eher war es der enge, bei den billigen Farbdrucken der Jahrhundertwende steckengebliebene Kunstbegriff der Machthaber, der sich mit den jeweils für notwendig erachteten agitatorischen Zwecken zu einer starren Theorie dessen verband, was Kunst sei und zu bewirken habe. Schon 1948 hatte der Kulturkommissar der Sowjetisch Besetzten Zone, Alexander Dymschitz, die sogenannte Formalismus-Debatte mit einem Satz eröffnet, der nicht zufällig, wie die gerade abgetretenen NS-Kulturwächter auch, das vermeintliche Volksempfinden ins Treffen führte: «Im Grunde hat das Volk», erklärte Dymschitz, «gesunde Ansichten über die Kunst, die Kunst der Formalisten aber ist krank und unlebendig.» Und drei Jahre später versicherte Walter Ulbricht bei der Verkündung des ersten Fünfjahresplans, der, wie alle späteren Pläne auch, zugleich kulturelle Zielsetzungen verfolgte: «Wir wollen in unseren Kunstschulen keine abstrakten Bilder mehr sehen.»

Das war die unnachsichtige, mit Schikanen, Verfolgung und Vertreibung durchgesetzte Praxis der frühen Phase, und nicht ohne Grund ist an diese und ähnlich lautende Äußerungen im Verlauf des gegenwärtigen Streits wiederholt erinnert worden. Rund sechshundert Künstler haben in den vierzig Jahren des Bestehens der DDR das Land verlassen. Aber bei alledem droht mitunter in Vergessenheit zu geraten, daß der Anfang und die Mitte nicht das Ende waren und welche Freiräume sich eine Vielzahl von Künstlern im Lauf der Zeit erkämpft hat; vor allem aber, welches Maß an Selbstbehauptungswillen, doppelsinniger Phantasie und schließlich auch Vitalität sich einige von ihnen gerade im anhaltenden Kleinkrieg mit den Kunstfunktionären erobert haben.

Das Mißtrauen, das der Kunst von jenseits der Elbe entgegenschlägt, reicht aber tiefer. Was der Reglementierungswut engherziger Kunstaufseher am Ende widerstanden hatte, war gleichwohl mit einer Hypothek belastet, die auf allen in der DDR überhaupt entstandenen Arbeiten liegt, sofern deren Urheber Beachtung oder öffentliche Resonanz suchten und nicht, wie etwa Gerhard Altenbourg, in den stummen Haß des unversöhnlichen Eigenbrötlers auswichen. Da die Dogmatiker des Sozialistischen Realismus, trotz aller allmählichen Lockerungen, bis zuletzt den tiefen Bruch ignorierten, der die Kunst des Jahrhunderts gespalten hat, brachten sie zugleich in Mißkredit, was in wie abgeleiteter Form auch immer an den Vermächtnissen der Vergangenheit festhielt: an der Figur, an historischen Stoffen, dem «Bild» überhaupt. Während die Moderne alles Gewesene verabschiedet hatte und auf der leergeräumten Fläche ihre selbstvergessenen, weder von der Geschichte, der Welt ringsum oder irgendwelchen appellativen Wünschbarkeiten behelligten Spiele trieb, hielt die in der DDR entstehende Kunst an gewissen Vorgaben fest; sie stand niemals nur für sich selbst und eine autonome Experimentierlust.

Das hat ihr unvermeidlicherweise den Verdacht der politischen Gebrauchs- und Auftragskunst eingetragen. Der Einwand ist im Verlauf des Streits über die Ostkunst wieder und wieder aufgetaucht, und gerade die verallgemeinernden Verdikte stützen sich mit der Wucht eines pejorativen Imperativs darauf. Wie falsch er war, lehrt der Blick auf die Kunstpolitik des italienischen Faschismus ebenso wie der auf die frühe Sowjetunion. Denn im einen wie im anderen Falle haben die abstrakten Figurationen, die Zeichen und Symbole in ihrer Vieldeutigkeit, je nach dem Gutdünken der Machthaber, dazu hergehalten, die Erinnerung ans vorgeblich Ewigmenschliche, an das Gesetz der Geschichte oder den Aufbruch zu neuen Ufern wachzurufen und in alledem der Legitimierung des totalitären Herrschaftsanspruchs zu dienen.

Tatsächlich verliert sich, wer die Kunst an solchen vordergründigen Kriterien mißt, rasch im Ausweglosen. Die Gleichsetzung von Abstraktion und Freiheit, Abstraktion und Zeitgenossenschaft oder Abstraktion und künstlerischem Rang ist schlechterdings unbegründbar; jeder, der einmal an den Kojen moderner Kunstmessen vorbeigegangen ist, kennt die Empfindungen des Wüstenwanderers, und kein Gefühl von Gegenwärtigkeit oder Ausdrucksvielfalt spendet ihm Trost. Auf der anderen Seite führen auch die Anknüpfung an die Traditionen der Bildersprache oder der bekennerische Humanismus eines Werkes noch lange nicht zur Kunst. Die Untiefen lauern hier wie da. Was Kunst ausmacht, hat weder mit irgendeiner Autonomie noch, einem bekannten Wort zufolge, mit dem Gutgemeinten zu tun. Dem Urteil liegen andere Maßstäbe zugrunde.

Nicht einmal das fatale Dilemma des Künstlers unter der Diktatur findet in solchen durchweg moralisch aufgeladenen Bewertungen eine Antwort. Der Vorwurf des Opportunismus, der Nachgiebigkeit und sogar der unterwürfigen Liebedienerei wird stets das charakterliche Urteil prägen. Doch das künstlerische ist davon unabhängig. Nach einer Bemerkung von Oscar Wilde, dessen Zynismus nur der literarische Ausdruck einer verschämten Wahrheitsliebe war, sagt die Tatsache, daß ein Schriftsteller ein Giftmischer ist, nichts über seine Prosa. Ersichtlich ist die Geschichte aller Künste bevölkert mit Figuren, die das moralische Urteil Mal um Mal in Verlegenheit setzen. In der Musik kann man an Richard Wagner denken, in der Literatur an Bertolt Brecht und in der bildenden Kunst an Dalí oder auch an Jacques Louis David, der als eine Art Repräsentationskünstler drei aufeinanderfolgenden Regimen diente und bei jedem der blutigen Umbrüche, die dazwischen lagen, ohne Zögern die Herren oder die Freunde von gestern fallenließ und die heiligsten Schwüre vergaß. Doch dem Urteil über sein Werk hat dergleichen nichts anhaben können.

Kunst und Gesinnung oder, auf der persönlichen Ebene, das Verhältnis von Künstler und Charakter: Die Trennlinie zwischen der moralischen und der ästhetischen Bewertung, die es zu allen Zeiten gab, ist durch die Romantik noch schärfer ausgezogen worden. Denn seither stellten sich die Künstler bewußt außerhalb nicht nur der bürgerlichen, sondern jedweder Norm überhaupt und reklamierten für sich das Vorrecht, über allem für recht Gehaltenen zu stehen. Der Ausgangssatz, der die Akte der menschlichen Untreue und der Überläuferei rechtfertigte, lautete, daß das Werk seine eigene Moral habe und über allen Regeln stehe. Schon die ältere, bezeichnenderweise in der romantischen Epoche wiederauflebende Legende vom Teufelspakt hat dieser Sonderstellung des Künstlers die metamoralische Begründung verschafft. Erst wo die Verräterei nicht nur den Menschen, sondern das Werk selber in Mitleidenschaft zog, fiel die Rechtfertigung in sich zusammen. Es gibt eine Bemerkung Willi Sittes von 1971, die diesen Grenzpunkt überschreitet: «In meiner künstlerischen Auseinandersetzung», heißt es da, «ging es mir in erster Linie nicht darum, die Ehre der Kunst zu retten, indem sie Partei ergreift, sondern um die Parteinahme selbst.» Das ist tatsächlich das Bekenntnis zur Propaganda- und Plakatkunst, die Unterwerfung unter gedungene Zwecke, die nicht nur die persönliche Moral, sondern gleichzeitig die Moral des Werks ruinieren.

Die Äußerung zeigt auch, daß die Unterscheidung in jedem Einzelfall zu treffen ist. Die verallgemeinernde Neigung, die sich in den öffentlichen Auseinandersetzungen gerade über die Kunst breitmacht und nach dem Ende des ideologischen Zeitalters dessen Streitigkeiten jenseits ästhetischer Maßstäbe weiterführt, lenkt in die Irre. Womöglich ist das sogar die hinter allen groben Generalverurteilungen stehende Absicht. Denn wie fast immer verbirgt auch in diesem Fall das moralische Argument die unterschiedlichsten und jedenfalls kunstfernen Interessen.

Es hat in der Geschichte verschiedentlich den unerwarteten Aufstieg einer Provinzstadt zu einem Mittelpunkt künstlerischer Bemühungen von großer Ausstrahlungskraft gegeben, ohne daß die späteren Betrachter über die bloße Verlaufsschilderung hinaus zu sagen wüßten, welche Ursachen und Anstöße da zusammenkamen. In Leipzig hat sich während der fünfziger Jahre im Umkreis der damals eher unbedeutenden Hochschule für Grafik und Buchkunst eine Anzahl junger Künstler zusammengefunden, die zwar keine Gruppe bildeten und nicht einmal durch ein weitgesteckt formuliertes Programm verbunden waren. Vielmehr wirkten sie fast beziehungslos nebeneinander und entwickelten doch, jeder für sich, eine unverwechselbare Sichtweise und Bildsprache. Sie haben Leipzig zu einem Kunstzentrum und die eigenen Arbeiten, wie man gesagt hat, zumindest in Westdeutschland, zu einem «Synonym» für die Malerei der DDR gemacht: Heisig, Mattheuer, Tübke.

Ihre Anfänge standen ganz im Zeichen der vormundschaftlichen Reglementierungswut der Partei, all den zähe verfolgten Versuchen, eine Art emphatischer, vom Glauben an das sozialistische Aufbauwerk bewegter Volkskunst zu schaffen, die über Bitterfeld hinaus auf einfältigen Wegen in immer neue Sackgassen führte. Der Entwicklung eines eigenen Ausdrucks standen zu jener Zeit gerade für junge Künstler unendliche Beschwerlichkeiten entgegen, und es bleibt bis heute erstaunlich, wie sie sich, ungeachtet aller Widerstände, gegen die flächige und dimensionslose Programmatik der verordneten Kunst der DDR durchsetzten. Bernhard Heisig hat 1984, in einer Betrachtung über Max Beckmann, berichtet, mit welchen Behinderungen sie zu tun hatten und zu welchen Ausflüchten sie im Dauerstreit mit dem Regime griffen. Noch heute spricht er von den «schrecklichen, unbeschreiblichen Jahren des Studiums». Ein Kulturfunktionär, der sich über eine seiner frühen Arbeiten erregte, konnte erst beruhigt werden, als ihm entgegengehalten wurde, Heisigs Bild «sei doch nur für eine Bar bestimmt». Thekenkunst stand sozusagen außerhalb der kanonisierten Norm. «Na ja», war die Antwort, «für 'ne Bar, meinetwegen!»

Die Konfliktgründe des schwierigen, von Mißhelligkeiten und Rückschlägen begleiteten Weges hatten im ganzen weniger mit ideologischen Meinungsverschiedenheiten zu tun als mit verwehrter Eigenständigkeit. Im Gegenteil bejahten diese Künstler nicht nur die Idee des Sozialismus, sondern dem Grundsatz nach wohl auch die Spannung, in die sie angesichts der gesellschaftlichen Umstände unvermeidlicherweise gerieten. Wo kein Gegenüber existiere und keine Reibung, so hatten sie sich, im Unterschied zu den Künstlern im Westen, zu eigen gemacht, gewinne die Kunst zwar grenzenlose Freiheit, gerate aber zugleich auch in Gefahr, ziellos im Leeren zu taumeln. Bernhard Heisig hat bei Gelegenheit bekannt, daß die Stellung, die er und seinesgleichen in der sozialistischen Gesellschaft einnahmen, «gar nicht so weit weg (war) von der klassischen Vorstellung des Künstlerseins, wie sie die Renaissance noch hatte. Etwa die Tatsache, daß sich Michelangelo ganz selbstverständlich als Auftragnehmer des Papstes fühlte und den Papst als Verkörperung eines Willens akzeptierte, weil ja ein geschlossenes Weltbild existierte.»

Man kann gleichwohl den bemühten Ton nicht überhören, der in der Äußerung mitklingt, und auch den Hinweis nicht, daß ein geschlossenes Weltbild bestimmte Abhängigkeiten unumgänglich mache, in denen man sich zu behaupten habe. Das war, über alle formalen Rückbindungen hinaus, die andere Tradition, in die Heisig sich eingebunden wußte, und er war, wie die beiden anderen Künstler des Leipziger Dreigestirns, Wolfgang Mattheuer und Werner Tübke sichtlich auch, nicht blind für die Doppelrolle, in die er mit voranschreitender Zeit unweigerlich geriet. Denn jedes Stück erkämpfter Subjektivität führte zwangsläufig dazu, die starren Linien aufzubrechen, die das Regime vorzeichnete, sogar dessen stetiger Widerspruch zu werden und zugleich als vielfach privilegierter Repräsentant seines kulturellen und damit zugleich politischen Anspruchs zu figurieren.

Es war ein schmaler Grat zwischen Selbstbehauptung und äußerlicher oder jedenfalls werkunabhängiger Anpassung, auf dem sie sich bewegten, und Heisig hat das Dilemma gesprächsweise auf die Formel gebracht, er habe alle diese Jahre die Gefahr verspürt, entweder «Programmkunst» zu verfertigen oder «im rein Artistischen zu verrecken». Vieles sprach dafür, daß der Weg nicht ohne Abstürze zurückzulegen war. Die Biographien aller drei Künstler verzeichnen das. Von Tübke ist zu hören, daß er Erfahrungen mit Verhören und sogar Folterungen machte, Mattheuer zog sich in eine Art ignorierter Unnahbarkeit zurück und galt als «der große Gerechte», während Heisig, der 1961 zum Rektor der Hochschule ernannt worden war, drei Jahre später aus seinem Amt abberufen wurde. In einem spektakulären und alsbald scharf attackierten Auftritt hatte er die bornierte Verdammung der Moderne kritisiert und eine Kunst verlangt, «die den Betrachter geistig fordert, die ärgert, provoziert, angreift». Die Reformen, die er an der Hochschule eingeführt hatte, der Verzicht beispielsweise auf die Vermittlung einer vorgegebenen Stilauffassung zugunsten der Förderung des künstlerischen Talents, auch die Ausstellungen von Werken verpönter Künstler wie Picasso oder Klee sowie die Reisemöglichkeiten, die er für die Studenten verlangte, weil jeder sehen können müsse, was er für sein Weiterkommen brauche: All das hatte schon bald nach Beginn seines Rektorats verbreiteten Unwillen erzeugt und ihm in der einflußreichen Bezirkszeitung die Bezeichnung «verkommenes Subjekt» eingetragen. Jetzt wurde ihm die Versetzung in einen Betrieb angedroht und seine Amtsenthebung mit der «Nichterfüllung der erzieherischen Aufgaben» begründet.

Auf Dauer freilich ließ sich, wie die Kunstoberen erkennen mußten, die strenge Rechtgläubigkeit nicht halten. Bedrängt von der immer neuen Unruhe innerhalb der Kunstszene, gaben sie seit der zweiten Hälfte der sechziger Jahre und vor allem mit dem Amtsantritt Erich Honeckers 1971 ein Stück weit nach. Erstmals tauchten nun Begriffe wie «Vielfalt» oder «schöpferisches Suchen» im kunstpolitischen Vokabular auf, und allmählich schuf sich auch die Einsicht Raum, daß die Prinzipien des «Sozialistischen Realismus» nicht als konkrete Einzelanweisung, sondern lediglich als «perspektivische Norm» aufzufassen seien.

Die legendär gewordene Leipziger Bezirksausstellung von 1965, die später zum Gründungsmythos einer eigenen DDR-Malerei avancierte, hat gerade den in der Stadt ansässigen Malern zu einer Art Durchbruch verholfen. Jedenfalls zeigten ihre Arbeiten schon Motive, Techniken und Raumbildungen, die sie im weiteren Verlauf zu immer größerer Eigenart ausbildeten. Tübke war mit den «Lebenserinnerungen des Dr. iur. Schulze» vertreten, das einen NS-Richter darstellte, thronend inmitten der von Allmacht, Glück und Schrecken zeugenden Versatzstücke seines Lebens, und der Würdenträger selbst wie das Sammelsurium ringsum enthielten schon die ganzen, später virtuos weiterentwickelten Doppeldeutigkeiten der Tübkeschen Marionettenwelt, Mattheuer zeigte die «Kain»-Allegorie, während Heisig eine der zahlreichen, seit Mitte der fünfziger Jahre in immer neuen, annähernd fünfzehn Anläufen hergestellten Fassungen der «Pariser Kommune» ausstellte, die, im Übergang der Zeit, den Streit über den Sozialistischen Realismus noch einmal heftig aufrührte.

Die Verteidiger des Hergebrachten beklagten gerade am Bild Heisigs, das unter schrillen Lichtern ein Gewirr von Leibern im Sturz vor den Bajonetten der Miliz zeigte, den Mangel an historischer Lesbarkeit, an Parteilichkeit und verklärender Einsicht in den Gang der Geschichte. Denn die Machtverhältnisse hätten den Besiegten von einst den Triumph nur vorenthalten, die Unwiderstehlichkeit ihrer Sache aber keineswegs beeinträchtigt: Immerhin sei die Kommune «der erste proletarische Staat der Welt» gewesen, wie es in der «Leipziger Volkszeitung» hieß. Heisig dagegen beharrte, er habe die Tragik nicht «hinausschwindeln» wollen. Schon zwei Jahre zuvor hatte Walter Ulbricht vor einer früheren Fassung des Kommune-Motivs bemängelt, daß Heisigs Darstellung nichts vom sieghaften Ungestüm vorrückender Arbeiter spüren lasse, nichts von den «Himmelsstürmern», die das berühmte

Wort von Karl Marx gefeiert habe, und statt dessen auf die «unterliegenden letzten Kämpfer» verweise. Das aber verfälsche den Sinn der Geschichte ebenso wie den Auftrag der Kunst. Denn, meinte er, «das Wesen des Historienbildes besteht darin, die fortschrittlichen Menschen als Helden und Gestalter der Geschichte zu zeigen».

Die Äußerung, mit dem Gestus väterlicher Belehrung und Alleswisserei vorgetragen, machte zugleich sichtbar, daß der Auffassungsgegensatz weit über alle ideologischen Einwände hinaus und bis ins Zentrum der Frage ging, was Kunst sei und zu leisten habe. Vermißt wurden, als die Debatte jetzt erneut auflebte, die einfachen Ausdrucksformen, die bilderbogenhafte Zukunftsgewißheit sowie die stärkende Erzählweise sozialistischer Genremalerei. Statt der schlichten, immer gültigen Erfahrung von Kampf und Sieg wandte sich die Generation der neuen Maler schon mit ihren Bildthemen an den reflektierenden Betrachter, verlangte Geschichtskenntnis, Erinnerung sowie Urteilsvermögen und eröffnete seiner Entschlüsselungsneigung weite Felder, bis hin womöglich in irgendwelche Gegenwelten, wo jene Willkür der Gedanken herrschte, aus der, wie das Regime es sah, alles Übel kam.

Ähnlich verwirrend wirkten jetzt und zunehmend in den folgenden Jahren die verwendeten Stilmittel, die oft facettenreiche und auf den ersten Blick keineswegs eindeutige Bildersprache, alles voll von Anspielungen, Zitaten sowie Raum- und Zeitvermischungen. Tatsächlich mußte der schon in den Titeln zum Vorschein kommende Doppelsinn von Arbeiten wie «Kain», «Dr. iur. Schulze» oder (Untergang der) «Pariser Kommune» den Argwohn ewig ängstlicher, von Machtsicherungskomplexen behexter Funktionäre wachrufen. Doch gleichzeitig spricht viel dafür, daß keiner der genannten Künstler eine offene Herausforderung der Staatsmacht im Sinn gehabt hat.

Die Absicht ging viel eher dahin, das eigene Werk über alle öden Eindeutigkeiten hinaus auf ein Terrain zu führen, wo die

Dinge im Wortsinne fragwürdig wurden und der Zweifel die vermeintlichen Gewißheiten zumindest dialektisch durchsetzte. Bernhard Heisig, der die 1965 ausgestellte Fassung des Kommune-Bildes bald darauf im Zorn zerstörte, so daß sie nur in einem Foto überliefert ist, hat auf Befragen erklärt, er habe keine Ahnung gehabt, worauf er sich mit dem Sujet politisch einließ; vielmehr sei er auf das Thema bei der Suche nach einem Stoff gestoßen, der seinem Bedürfnis nach Dramatik und Konflikt gerecht wurde.

Auch, wie man wohl hinzufügen muß, seinem tiefen Pessimismus, der aus der eigenen Biographie herrührte und mit dem verordneten Vertrauen in das historische Gesetz vom Sieg der überlegenen Sache nicht zurechtkam. Was immer ihm in den Jahren von Krieg, Niederlage und Neubeginn widerfahren war, hatte ihn zu der Einsicht gebracht, daß dort, wo die großen Strategien der Kommandeure des Geschichtsverlaufs von den Menschen in der Wirklichkeit ausgefochten werden mußten, Gut und Böse nicht zu unterscheiden waren und nur noch tragödienhafte Verstrickungen übrigblieben, Grauen und Widersinn auf der einen wie auf der anderen Seite. Der wiederkehrende Vorwurf des «Amorphen» und «Destruktiven», dem sein Werk von seiten der offiziösen Kunstkritik ausgesetzt war, bezog sich nicht nur auf die formale, von häufig wilder Bewegung erfüllte Behandlung eines Themas, sondern auch und vor allem darauf, daß er die ideologisch vorgegebenen Dichotomien von Freund und Feind, Recht und Unrecht nicht mehr kenntlich machte. Es war eine Kunst, die ständig neue Fragen aufwarf, ohne den Automatismus der einzig richtigen Antwort zu betätigen und folglich nichts weniger bewirkte, als den festen Grund zu unterhöhlen, auf dem alles gründete.

Insoweit rührte der Streit dieser sechziger Jahre an Grundsätzliches und mußte fast zwangsläufig, mehr oder minder unabhängig vom Willen der Beteiligten, an einen kritischen Punkt geraten. Jedenfalls wurde Heisig 1968 aufgefordert, sich für die Dauer von zwei Jahren einer politischen Schulung zu unterziehen. Als

Antwort stellte er daraufhin seine Lehrtätigkeit an der Leipziger Hochschule überhaupt ein und schlug sich acht Jahre lang als freischaffender Künstler durch. Seine erklärte, beharrlich vertretene Absicht, «den Stoff durch die Form (zu) vertilgen», riß einen unüberbrückbaren Abgrund zu aller illustrativen Erbauungskunst auf.

Zugleich aber machte Heisig jenen harten Kern künstlerischer Autonomie sichtbar, den er keinem Weltbild zu opfern bereit war, wie sehr er mit dessen Prämissen auch übereinstimmen mochte. Hier verlief eine äußerste Grenze, und das Regime war, trotz aller Ungehaltenheit, einsichtig genug, sie schließlich durch eine Art Waffenstillstand anzuerkennen. Als mit Beginn der siebziger Jahre Heisigs Bilder im größeren Rahmen wieder ausgestellt werden durften, erging, wie es heißt, für sie wie für die metaphorisch übersetzten, allegorisch und sinnbildhaft verdichteten Arbeiten der Leipziger Neuerer überhaupt, bezeichnenderweise ein Erläuterungsverbot. Denn die Interpretation an sich war schon ein Akt der Abweichung, weil das Wesen aller wahrhaft sozialistischen Kunst darin bestand, sich ohne Deutungsmühe selbst zu erklären.

«Ein Volk ist ohne seine Geschichte kunstunfähig», lautet ein Schlüsselsatz Heisigs, und die apodiktische Form der Äußerung verrät, wieviel darin eingegangen ist: philosophische Einsicht, die Überzeugung von den vielfältigen Unentrinnbarkeiten des Daseins, die der Mensch nur in seinen infantilen oder blasphemischen Zuständen leugnen konnte, Wirklichkeitssinn, sogar so etwas wie Demut oder doch Erkenntnis der Begrenztheit der großen Projekte, dies alles vermittelt und zusammengehalten durch die Stationen der eigenen Biographie. Den Satz des Polybios, daß ein Mensch ohne Geschichte wie ein Wesen ohne Augen sei, würde Heisig sicherlich in mehr als einem Sinne als Maxime seines eigenen Welt- und Kunstverständnisses auffassen, und vielleicht bezeichnet die hochmütig proklamierte Geschichtslosigkeit der westlichen Moderne den äußersten Punkt der Entfernung zu ihr und ihren Hervorbringungen. «Welch ein Angebot», hat er über die Bedeutung des historischen Bewußtseins insbesondere für den Künstler bemerkt, «sich künstlerisch einzuordnen, und welch ein Trost!»

Aber nicht nur der Halt, den er suchte, auch Heisigs Skepsis und sogar sein Pessimismus gehen zuletzt auf die Geschichte zurück und die Gewichte, deren Last nicht abzuschütteln war. Über die erwähnten Gründe hinaus hat er in der Absage der Moderne an die Vergangenheit wohl immer auch ein Verdrängungsbedürfnis am Werk gesehen, das sich zusammen mit den künstlerischen Traditionen auch die moralischen Auflagen der Epoche vom Halse schaffen wollte. Der Gegeneinwand, daß Heisig lediglich den Antifa-Komplex der kommunistischen Machthaber in Bilder übersetzt habe, verfängt schon wegen der authentischen Besessenheit nicht, mit der er sich diesem Gegenstand zuwandte. Sie ist auch der eigentliche Grund dafür, daß die umfangreiche Werkfolge, die daraus entstand, sich aller instrumentellen Verwendbarkeit widersetzt.

Geboren 1925 in Breslau, hatte Heisig sich 1942 freiwillig gemeldet, in der SS-Panzerdivision «Hitler-Jugend» den Krieg mitgemacht und war in der Schlußphase zur Verteidigung seiner Heimatstadt kommandiert worden. Die Erlebnisse dieser Zeit, zumal das Grauen in der wochenlang belagerten Stadt, haben sich ihm so unvergeßlich eingeprägt, daß er fast fünfundzwanzig Jahre benötigte, ehe er sich an das Thema wagte. Zuvor hat er gelegentlich erklärt, er versuche zwar immer wieder, jene Erfahrungen in Bilder umzusetzen, werde aber damit nicht fertig: «Ich bin immer zu nah dran!» Erst in den späten sechziger Jahren gelang es ihm, die blockierende Scheu zu überwinden, und seither zählt der Themenkatalog von Krieg und Geschichtsschrecken, den er häufig bis in die weitere Vergangenheit ausgedehnt hat, zum ständig wiederkehrenden, nahezu leitmotivischen Bestand des Gesamtwerks.

Vereint bilden die Arbeiten ein einzigartiges Entsetzenspanorama, die wüste, moderne Form eines Totentanzes, der die Hölle schon ins Diesseits holt.

Zahlreiche Titel deuten auf den Gegenstand, der seither die Mitte seines Werkes bildet: «Festung Breslau» (erstmals 1969), «Heroenwechsel» (1973/74), «Die erste Bürgerpflicht» (1977), «Preußisches Museum» (1977/78), «Preußischer Soldatentanz» (1978/79), «Denkmal am Morgen» (1978/79) oder «Ardennenschlacht» (1978/81). Jedes dieser Sujets hat er, wie die weiteren Arbeiten zu diesem Thema auch, in vielen, mitunter ungezählten Varianten gemalt, nicht selten gibt es vier oder mehr Fassungen. Hinzu kommen die häufigen Übermalungen, so daß, wie er selber sagt, rund ein Drittel seines Werkes verlorenging. Eine Fülle von Anekdoten berichtet, wie er zur Verzweiflung der Galeristen seine Bilder vor dem Transport zu einer Ausstellung für eine letzte Überarbeitung zurückhielt, sie noch einmal ausbat oder sich bei Nacht unter einem Vorwand in die Galerieräume schlich, um eine unversehens ganz unumgänglich gewordene Korrektur vorzunehmen, so daß einmal ein Fotograf, der am Abend zuvor die ausgestellten Arbeiten aufgenommen hatte, seinen Filmen nicht mehr trauen wollte: Es gab kein Ende, er wisse selber nicht, wann und warum ein Bild fertig sei, hat Heisig bekannt, und «alle Ausstellungen kommen ein halbes Jahr zu früh».

Darüber hinaus taucht die Vergangenheit aber auch, meist als katastrophische Reminiszenz, in zahlreichen weiteren Bildern auf, deren Titel den historischen Zusammenhang nicht ausdrücklich kenntlich machen. Dazu zählen beispielsweise «Atelier» (1979), das teilweise auf nachgelassenen Leinwänden Max Beckmanns gemalte Polyptychon «Der Maler und sein Thema» (1977/79), die sieben erhaltenen Versionen des «Zauberlehrling» (1978/81), das Triptychon «Begegnung mit Bildern» (1986), ferner «Christus verweigert den Gehorsam» (1986) sowie, wiederum als Triptychon komponiert, die «Schlagerparade mit Rücksichten» (1993).

Die Okkupation durch die Vergangenheit ist in der Tat das stärkste Bewegungszentrum seines Schaffens, und als nur ein Beispiel unter vielen kann man eine Arbeit aus dem Jahre 1977 heranziehen. Sie trägt den charakteristischen, eine Bildbezeichnung Dalís abwandelnden Titel «Die Beharrlichkeit des Vergessens» und zeigt als Mittelpunktfigur die schon auf früheren Bildern verwendete Gestalt eines schreienden Kriegskrüppels, der seine Auszeichnung halb betrachtend und halb herzeigend in die Höhe hält. Um ihn herum entfaltet sich ein Pandämonium mit toten oder versinkenden Uniformierten, zwei Liebespaaren, einer Mordszene. Im unteren Vordergrund bläst ein Narr mit Schellenkappe das Helikon, und ein Mensch hinter einem unruhig durch das Bild verspannten Spruchband mit der Aufschrift «Wir sind doch alle Brüder und Schwestern!» schlägt die Hände vors Gesicht. Am Bildrand auf der einen Seite starren Gefangene durch Gitterstäbe, auf der anderen erscheint ein Turm aus Fernsehgeräten mit aufgerissenen Mündern, die auf das leere Geplärr der Medien verweisen, am eingedunkelten Himmel ist schemenhaft ein fliehender Engel zu erkennen, und die Uhr zeigt fünf nach zwölf.

Das Bild enthält keine rasch entzifferbare Botschaft, und wenn die ursprüngliche Absicht des Malers auf einen moralischen Appell gerichtet war, führte ihn die Arbeit vor der Staffelei offenbar weg von den simplen Schuldzuweisungen einerseits wie von jenen parolenhaften Ermutigungen andererseits, wie sie aller pädagogisierenden Kunst eigen sind. Zur Anklage fühle er sich nicht berechtigt, hat Heisig später dazu bemerkt, er habe sich vielmehr «über die Bewußtseinslage klarwerden (wollen), in der ich mich damals mit vielen meiner Generation befand». Aus diesem Grund auch taucht auf einigen dieser Bilder ein Selbstbildnis auf, Erfinder und Erleidender sind eins, ganz nach der Art mancher alter Werke, die der Künstler mit der Formel versehen hat: «Ich habs gesehn.»

Tatsächlich sind Arbeiten wie diese weniger Aufrufe als komplexe Zustandsbeschreibungen. Zugleich zeigen die einander bedrängenden Motive, die teppichhaft durchwirkten, bis zum Rande mit Anspielungen, Zeitsprüngen und Widersprüchen angefüllten Gestikulationen ein Kompositionsverfahren, das Heisig seit spätestens dieser Zeit zusehends souveräner handhabte. Mitunter glaubt der Betrachter geradezu wahrnehmen zu können, wie der malerische Furor die Ausgangskonzeption und damit alle «agitatorischen» Vorgefaßtheiten überspielt und der Bildgedanke im Entstehungsprozeß seine Formulierung findet: Als gewinne er, ausgehend von noch ungeklärten Vorstellungen, malend erst, was einer «denkenden» Malerei zukommt. Es ist vielleicht das besondere Ingenium Heisigs, daß er die sich unablässig anreichernden, ins Vieldeutige und nicht selten auch Verworrene entgleitenden Einfälle immer wieder ordnen und zum überzeugend verdichteten, einheitlichen Bild zusammenschließen kann.

In diesem Vorrang des Malerischen vor allem programmatisch Belehrenden liegt vermutlich auch der tiefere Grund für die Zweifel, die Heisigs Werk, wenn auch mit abnehmender Tendenz, selbst nach seiner Rückkehr an die Hochschule im Jahre 1976 begleiteten. Denn in soviel Bereitschaft, die illustrative Treue der Verve des Zugriffs zu opfern, sich als Maler über die dargestellte Sache zu erheben und die Geschichte als Vehikel dessen zu verwenden, was ihn persönlich bewegte, sahen die mißtrauischen Partei-Ästhetiker immer auch einen Zug von «subjektivistischem» Hochmut. Das ist der Vorwurf, der dem Beobachter noch im nachhinein aus vielen kritischen Urteilen entgegenschlägt.

Jene von der Romantik verkündete Botschaft von der außer- oder antigesellschaftlichen Berufung des Künstlers war nicht mehr zurückzunehmen. Ursprünglich zwar gegen die bürgerliche Welt gerichtet, kehrte sie sich jetzt auch gegen die sozialistische Gesellschaft mit all ihrem klassenübergreifenden Versöhnungspathos. Man kann es womöglich den überzeugendsten Beweis für das Künstlertum Heisigs und vieler anderer nennen, daß sie in diesen Konflikt gerieten, obwohl sie lange Zeit bemüht blieben, ihrer erwarteten gesellschaftlichen Rolle gerecht zu werden. Der Anspruch der Kunst und die von außen aufgegebenen Zwecke kamen nicht zusammen. Die Gegensätze waren zu groß und ihre Überbrückung bald keine Sache des guten Willens mehr.

Wie Tübke und Mattheuer auch hat Heisig am Primat des Künstlers auf dem Feld der Kunst festgehalten. Das machte sie zu Ausnahmefällen: Nach langen und zeitweise scharfen Kontroversen mit Auszeichnungen und Verbandsehren überhäuft, waren sie zu Repräsentanten in einem sozialistischen System aufgerückt, dessen Geschichtsvertrauen sie jedoch nicht teilten. Alle Zugeständnisse, die das weichende Regime ihnen nach und nach einräumte, änderten nichts an ihrer anthropologischen Skepsis und daß sie gleichsam die Fanfaren nicht blasen konnten, wie es gefordert war. Vielmehr mußten sie als Künstler immer wieder auf ihren Platz zurück, von dem aus sie das deprimierende Welttheater betrachteten, auf dessen Bühne entgegen der Ankündigung kein Heldenstück, sondern immer nur Tragödie gespielt wurde.

Bilder wie «Die Beharrlichkeit des Vergessens» haben diese Unvereinbarkeit geradezu aufdringlich sichtbar gemacht. In ihrer bis zum Bersten überladenen Einfallsfülle und Unübersichtlichkeit mußten sie darüber hinaus auch dem ideologischen Ordnungssinn pedantischer Kunstwächter zuwiderlaufen. Ein Kritiker sprach bezeichnenderweise davon, daß Heisig sich auf ein «Tummelfeld» begeben habe, wo das «Prinzip der sozialistischen Parteilichkeit in der Kunst» verneint werde. Hinzu kam, daß die teilweise rätselhaften Chiffren, die auf den Bildern auftauchten, die Querverweise oder Zitate, die im Falle der «Beharrlichkeit des Vergessens» auf eines der Kriegsbilder von Otto Dix deuteten, auch kenntlich machten, wieviel Wissen und entwickelten Kunstverstand das Verständnis von Kunst voraussetzt. Gesprächsweise meinte einer der Kader Ende der siebziger Jahre, Heisig und andere legten es mit ihren Bildern auf den hochmütigen Nachweis an, daß die Kunst, wie der Künstler auch, auf Etagen residierten, die dem Personal, selbst dem der Macht, immer unzugänglich blieben. Das Mißtrauen schwand bis zuletzt nicht. Noch in den späten achtziger Jahren waren die längst über die Grenzen der DDR hinaus berühmten Künstler in das Bespitzelungssystem der Staatssicherheit einbezogen. Und den nach wie vor unbeugsamen Gerhard Altenbourg, dessen wachsende Bekanntheit schließlich doch das Ausstellungsrecht erzwang, traktierte das Regime noch in den Tagen seines Untergangs mit entwürdigenden Nachstellungen.

Mit ihrem Argwohn hatten die Gegner dieser Kunst im Grundsatz recht. Heisig beispielsweise war und blieb ein Apokalyptiker, der die Verheißungen nicht teilte, die den Kern der sozialistischen Botschaft ausmachten, und statt dessen in aller geschichtlichen Bewegung nur das Geschiebe zu immer neuen Abgründen wahrnahm. Er habe «nicht sehr viel Hoffnung, was die Geschichte betrifft», hat er bemerkt, und die Idee des Fortschritts als «blanken Unsinn» bezeichnet. Sein Blick auf die Welt war weniger von Hegel und dessen Nachfahren bis hin zu Karl Marx bestimmt, sondern von deren mehr und mehr ins Bewußtsein rückenden Antipoden Jacob Burckhardt, der ebenfalls nicht an eine leitende Idee der Geschichte zu glauben vermochte und nirgendwo ein Vorankommen sah. Nüchterner als alle Welt ringsum entdeckte er überall nur Aufbäumen und Zurückfallen, ein blindes Umwälzen in ewiger Bewegung, gründend und zerstörend, eine Flucht chaotischer Bilder auf meist düsterem Grund: das schöne, schreckliche und ewig ziellose Schauspiel immer neu entfesselter Naturgewalten.

Trotz allen geschichtsphilosophischen Unglaubens bleibt Heisig jedoch ein Maler starker Gewißheiten, auch wenn schwer zu sagen ist, woher er sie nimmt. Nicht selten jedenfalls machen der rhetorische Überdruck und das grandiose Inszenierungsspektakel, das er auf den Bildern anrichtet, seine Skepsis nahezu unhörbar. Vielleicht ist, was ihn hält, die Überzeugung von der Wirkungsmacht der Kunst, die sich gerade im Dauerstreit während der DDR-Jahre entwickelt hat: daß ein gelungenes Bild eben doch das Bewußtsein der Betrachter forme und die Nachdenklichkeit, die kritische Besinnung sowie den Zweifel fördere. Ganz in diesem Sinne hat er die Bezeichnung «Historienbilder» für seine Arbeiten abgelehnt und im Gegensatz dazu einmal, 1978, von Bildern gesprochen, «die sich mit Hilfe der Historie zur Zeit äußern». Die Kunst, heißt es ein andermal, könne gewiß keine Kriege verhindern, doch der Künstler beispielsweise eine Hand so zeichnen, daß die Menschen in ihrer Destruktionslust zwar nicht innehielten, aber womöglich doch zu zögern begännen: «Die sollte man nicht zerstören!»

Dieser innere Widerspruch läßt sich wohl nur lösen, wenn man Heisig und seinem Werk gegenüber auf alle vereinfachenden Zuschreibungen verzichtet. Gewiß hätten sein malerisches Temperament, Beckmanns von ihm gern zitierte «Wut der Sinne», aber auch seine Ungeduld und seine Verzweiflung über den Lauf der Dinge ihn dazu verleiten können, die Rolle des großen Anklägers zu übernehmen und, wie es in den frühen Jahren bisweilen schien, seine künstlerische Überredungskraft politischen Zwecken dienstbar zu machen. Es wäre der leichtere Weg gewesen. Doch die Schärfe des Blicks, das Denken in Zusammenhängen, auch die Lust am Sich-Abmühen, haben ihn vor jenen Einäugigkeiten bewahrt, die alle Anprangerungs- und Verklärungskunst verlangt. Und nichts anderes hat ihm die stereoskopische Wahrnehmung eingetragen, die über der Vorderseite nie die Rückansicht vergaß und über dem Satz nicht den Gegen-Satz. Als er für das Bild «Der Brigadier» (1968/70/79), dessen erste Fassung er verworfen hatte, überschwengliches Lob erntete, hat er verwirrt geäußert: «So schlecht ist es auch wieder nicht!»

Will man Heisigs Position bestimmen, müßte man ihn in die Reihe der bedeutenden Moralisten stellen, sofern man den Begriff nicht, wie meist, unzutreffend verwendet. Denn anders, als das verbreitete Mißverständnis es will, sind darunter nicht die Moralverkündiger und zornigen Gewissensprediger zu verstehen, weil die Bezeichnung nicht auf die Moral zurückgeht, sondern auf die «mores», die Sitten, Verhaltensweisen, auch Blindheiten und Vorurteile der Menschen. Die französischen Moralisten des 17. und 18. Jahrhunderts, von denen der Begriff herkommt, haben durchweg Zustände beschrieben und gesellschaftliche Merkwürdigkeiten, auch Bloßstellungen vorgenommen, nicht dagegen Mahnungen erteilt. Sie lieferten Spiegel, nicht Zuchtruten, und verbreiteten Befunde, nicht Pamphlete. In der bildenden Kunst zählen Otto Dix, Käthe Kollwitz oder George Grosz zu den Anklägern, William Hogarth dagegen, Daumier, Toulouse-Lautrec oder auch Max Beckmann zu den Moralisten.

Der Hinweis beantwortet auch die verschiedentlich gestellte Frage, ob nicht die Schönheit und malerische Prächtigkeit der Bilder Heisigs deren «moralische» Botschaft schwächen und es dem Betrachter erlauben, in die Unverbindlichkeit der rein ästhetischen Wahrnehmung auszuweichen. Heisig selber hat dazu angemerkt, die Kunst «schöne» stets, sie könne gar nicht anders, als «Vollkommenes, Meisterliches anzustreben», und müsse folglich selbst den brüskesten Einfall durch die Ordnung der Dinge im Bild, «diesen versöhnenden künstlerischen Filter, der auch bei den grellsten Verzerrungen nie (fehle)», brechen oder doch glätten; wenn es ein gutes Bild sein wolle, müsse es immer so etwas «wie eine Blume» sein.

In der Tat definiert sich die Kunst stets auch durch den Abstand zur Wirklichkeit, der Kunstschrecken eines Gemäldes wie Picassos «Guernica» ist ein anderer als der Schrecken vor der Realität. Jeder Dokumentarfilm über den Krieg, hat Heisig dazu bemerkt, könne mühelos tiefere Erschütterungen auslösen als ein Werk der Kunst, und dieses Werk wird künstlerisch um so bedeutender sein, je weiter es sich vom konkret erfahrbaren Grauen entfernt. Mit dem Glück und den Hochstimmungen verhält es sich ebenso. Es gibt eine Episode aus der Präsidentenzeit Charles de Gaulles, die diesen Unterschied geistvoll hervorkehrt. Einen langwierigen Streit im französischen Kabinett über die Frage, ob Goyas «Nackte Maja» auf einer Briefmarke abgebildet werden solle oder nicht, beendete der Präsident nach langem, schweigendem Zuhören mit der Frage, ob es sich bei dem Bild um ein Werk der Kunst handle. Als jeder aus der Ministerrunde eilig zustimmte, meinte er trocken, dann verstehe er die ganze Erregung nicht. Die Sache sei höchst einfach. «Wenn das Bild ein Kunstwerk ist, ist es keine nackte Frau.»

Das alles könnte den Eindruck erwecken, als sei Heisig in seinem Werk nahezu ausschließlich auf die historischen Tragödien fixiert. In Wirklichkeit jedoch hat er daneben eine Vielzahl anderer Motive aufgegriffen, das ganze Arsenal hergebrachter und halbwegs verlorengegangener Bildthemen, Akte, Porträts, Interieurs, Landschaften und Blumen. Aber auch diese Arbeiten sind von einer Art stummem Aufruhr erfüllt, kein Pan in der Sommerhitze über dem Havelland, sondern die Ahnung vulkanischen Rumorens im Untergrund.

Er könne «keine stillen Bilder malen», hat Heisig selbst gesagt und die Äußerung eines Betrachters überliefert, wo er Blumen male, schlügen sogar die noch aufeinander ein. Auch bei solchen Gegenständen hat er versucht, vom reinen Abbild loszukommen und ins Freiere zu gelangen, wo, wie er wußte, nichts beruhigt war, nichts spannungslos und nur glückliche Dauer. Die Schrekken der Menschenwelt ließen sich auf jeder Wiese, der Riß, der durch die Schöpfung ging, hinter jedem Gartenzaun aufspüren, alles war ein Gleichnis für alles, die Pariser Kommune genauso wie die «Dorfstraße im Regen». Erst allmählich habe er begriffen, hat Heisig dazu versichert, daß auch Blumen als Bildstoff nicht nur schön, sondern voller Kampf und Aggression sein könnten, «mörderischer ... als eine dargestellte Mordszene». Vergleichsweise spät sei ihm diese Einsicht, hat er hinzugefügt, von den Blumenbildern des «alten Corinth» bestätigt worden.

Wie sein Blick auf Mensch und Gesellschaft ihn in die Reihe der Moralisten stellt, so setzt er künstlerisch auf seine Weise den Expressionismus fort, dessen Motorik, dessen Ballungen und Exaltationen bis hin zu den gelegentlichen Überanstrengungen, in denen der Betrachter den schwergehenden Atem des Malers zu hören vermeint. Als seine Lehrmeister haben er und die Kunsthistoriker, zumindest was den Beginn angeht, auf Menzel, auch auf Courbet und Leibl verwiesen, deren Einfluß auf manchen Bildern der späten fünfziger und sechziger Jahre durchscheint. Die stärkste Wirkung ging sichtlich von Max Beckmann aus, auch Dix, Meidner und andere gehören anregungsweise zu dieser Vorgängerschaft sowie schließlich der Kokoschka der Stadtlandschaften, von dem sich Heisig in seinen eigenen Stadtpanoramen freilich nie so freigemacht hat wie von anderen Vorbildern. Zu den Aneignungen gehörte vor allem die gedrängte Wucht der Figuren und Motive, die Instrumentierung der Bildinhalte sowie die seltsam verkanteten, mitunter dem Chaotischen entgegentreibenden Formen, die jedoch mit Hilfe strenger und sorgfältig kalkulierter Kompositionstechniken ins Gleichgewicht gebracht werden. Gerade die prekäre, stets wie vom Absturz bedrohte Balance, die zwischen den einzelnen Bildelementen herrscht, verschafft seinen Bildern die ungeheure Innenspannung.

Heisig hat sich seiner Vorbilder immer gern erinnert, insonderheit Max Beckmanns. Demgegenüber hat man bisweilen auf die Unterschiede hingewiesen, vor allem auf die harte, scharf konturierende Malweise Beckmanns sowie die gänzlich andere Art des Umgangs mit Farbe und Auftrag, und tatsächlich lassen sich solche und weitere, bis zum Gegensatz reichenden Verschiedenheiten nicht übersehen. Aber die Gemeinsamkeiten ebensowenig, und zum hundertsten Geburtstag Beckmanns hat Heisig sich in einer Rede zu ihm als seiner engsten Wahlverwandtschaft bekannt:

«Er hat uns damals Mut gemacht, bei der menschlichen Figur zu bleiben, das Drama zu suchen, zu studieren, wie die kalten Lichter im Fleisch gemalt werden. Sowas hat er bis in seine letzten Arbeiten nie vergessen. Handwerk.»

Das wiederholte, selbstbewußt vorgetragene Bekenntnis zu Tradition, Dankesschuld, Handwerk hat Heisig die Geringschätzung der Neuerer eingetragen und den Vorwurf, mit einem Provinzdialekt gegen die «Weltsprache» der abstrakten Moderne anzugehen. Aber schon seine Fortschrittsskepsis ließ ihn an einer Kunst zweifeln, die sich als radikal neue und zugleich höhere Stufe, die gleichsam verwirklichte Utopie der Malerei, verstand. Den Begriff der «Avantgarde», den ihre Anhänger und Anwälte für sich reklamieren, hat er folgerichtig «ein verbrauchtes Klischee» genannt, das nur für eine bestimmte Entwicklungsphase Geltung beanspruchen könne. Auch geisterte ihm in der Zurückweisung von Tradition und Vorbild zuviel verschrobene, deutsch überspannte Auffassung vom «Originalgenie» herum, die in der Zeit von «Sturm und Drang» entstand. Ihr Kerngedanke war, daß sich nur das Halbtalent, mit wieviel Aufbegehren auch immer, ans schon Vorhandene anschließe, während das Genie weder Vorläufer noch Lehrer oder Regeln anerkenne und alles aus dem brodelnden Innern schaffe.

Seither ist das Genie massenhaft geworden und die Kunst ihm ausgeliefert. «Es ist ein Fimmel der jüngeren Szene», hat Heisig dazu bemerkt, «daß man nur aus sich selbst heraus schöpfen könne, daß man ganz Ich zu sein hat, originell bis zur Bewußtlosigkeit.» Denn in irgendeiner Abhängigkeit stehe jeder, selbst das Andersseinwollen und sogar die Verneinung seien nur verdeckte Formen der Unterwerfung. Tatsächlich schafft sich allmählich die Einsicht Raum, daß die Freiheit dem nicht zufällt, der sich von allen Bindungen, sei es zur Vergangenheit oder Gegenwart, lossagt. Die zunehmende Ratlosigkeit der Moderne spiegelt auch die sich ausbreitende Einsicht, ein wie fragwürdiges Glück jene Freiheit ist, auf die sie sich so viel zugute hielt, und in wie viele Sackgassen sich diejenigen verlaufen, die sich aller Widerstände ledig glauben. Heisig hat in diesem Zusammenhang einmal Picassos Klage aus dem Jahr 1964 zitiert, wonach die Kunst ihren Kanon eingebüßt habe: «Sobald die Kunst die Verbindung zur Tradition verloren hatte und ... eine Periode begann, die jedem Maler gestattete zu tun, was er wollte, war es mit der Malerei vorbei.»

Doch war die Tradition nicht nur ein Halt, sondern wie stets auch eine Last. Vor allem setzte sie den Künstler nahezu erdrückenden Maßstäben aus, dem ständigen Vergleich mit der Vergangenheit. Von Richard Lindner stammt der von Heisig mitunter angeführte Satz, daß die Malerei in Europa mühsam geworden sei, da der Künstler kaum je das Gefühl loswerde, von Rembrandt über die Schulter beobachtet zu werden. Es war so etwas wie der Medusenblick im Rücken. Doch wer ihn aushielt, konnte eine Sicherheit gewinnen, die den auf sich gestellten Egozentrikern zwangsläufig versagt blieb. Dies ist einer der Gründe dafür, daß in den Werken Heisigs, bei allem Festhalten an den ehrwürdigen Regeln von Figur, Raum und Bild, die groß schaltende Freiheit überhaupt erst sichtbar wird.

Seine Zeitgenossenschaft hat Heisig, neben dem Trauma von Geschichte, Gewalt und Zerstörung, in einem zweiten, wiederum über Jahre hin behandelten Themenkomplex kenntlich gemacht. Schon zu Beginn der siebziger Jahre hatte er erstmals, an Breughel anknüpfend, das «Ikarus»-Motiv aufgegriffen und ebenso Breughels Turmbau von Babel als wiederkehrende Metapher auf seinen Bildern untergebracht. Das Gemälde «Sterbender Ikarus» (1978/79) verbindet die eine sogar mit der anderen und zeigt Ikarus im Sturz vor dem sonnenüberfluteten Turm. Beide dienten von nun an als Dauersymbol für den Fortschrittswahn, für Hybris und Verständigungsverlust der Menschen. Nur kurze Zeit später treten noch jene hochgetürmten Fernsehgeräte hinzu, die im kalten Licht der Mattscheibe aufgesperrte Münder zeigen, zum Schrei geöffnet und doch merkwürdig wortleer wirkend, als deuteten sie auf die Gespensterwelt, für die sie stehen. Selten ist die Normierung des Menschen, seine Klonung durch die Medien, in ein ähnlich schlagendes Bild übersetzt worden, und die eigentümliche Starre und puppenhafte Steifheit vieler Figuren verstärkt diese Wirkung noch. Wenn es denn ein Schrei sein sollte, den die leeren Mundhöhlen signalisieren, scheint es doch, als wüßten diejenigen, die da schrien, nicht, wogegen sie aufbegehrten und wonach sie riefen.

Das gleiche Motiv kehrt im «Filmfestival II» (1979) wieder, in «Der kleine Katastrophenfilm» (1977/78/85), der «Verspottung der Unvernünftigen» (1981/84) oder dem «Ende des Abendprogramms» (1982), das wiederum den Babelturm zitiert, aber auch eine Opernszene zeigt sowie ein umschlungenes Liebespaar, und daneben mit einem tauchenden U-Boot, einem Panzerfahrzeug und einem Skelett im Zweispitz zugleich ältere Bildstoffe in die Erinnerung zurückruft. Es ist überhaupt ein gewaltiger Fundus großer Metaphern, den diese Malerei beschwört oder wieder ins Bewußtsein holt: die brennende Stadt, Gewehrläufe, Huren, Stehgeiger, Verstümmelte, Narren, Filmstreifen, die Figur des Gekreuzigten, Stahlhelme und anderes mehr.

Wenn die isolierte, vom universellen Idiom unbeeinflußte Malerei der ehemaligen DDR tatsächlich, wie Günter Grass beobachtet hat, in hohem Maße «deutsch» geblieben ist, hat dies sicherlich nicht nur mit dem formalen Anschluß zu tun, den sie zur Überlieferung hielt. Vielmehr hat sie zugleich thematisch daran angeknüpft, und die kulturkritische Grundstimmung gehört auch hier wiederum zweifellos dazu. Es ist mehr als nur eine ironische Pointe und womöglich ein Beleg für die kaum überwindbare Macht eingewurzelter Stereotypen, daß Bernhard Heisig seinen tiefen Zivilisationspessimismus innerhalb eines Systems entfaltete, das einen ungebrochenen, nicht einmal dialektisch angefochtenen Fortschrittsoptimismus aus dem frühen 19. Jahrhundert bis in die Gegenwart hinübergerettet hat. Auf die Frage, mit welchen Erwartungen er die Zukunft betrachte, hat er erwidert, er habe nicht genug Mut, um Optimist zu sein. Unter diesem Aspekt gewinnt das Prinzip der montierten Motive, das sein Werk auch jenseits aller kulturkritischen Themen beherrscht, eine zusätzliche Bedeutung. Immer sind es Scherben und Erinnerungspartikel einer in Stücke gegangenen Welt.

Eduard Beaucamp hat die Arbeiten Bernhard Heisigs «eine dem Leben zugewandte Malerei» genannt, die den Erfahrungen, die auf sie einwirkten, nie ausgewichen ist. Aus diesem Grund mußten auch die revolutionären Ereignisse der Jahre 1989/90, die Demonstrationen auf den Straßen, der Sturz des Regimes sowie die Vereinigung des Landes Spuren in seinem Werk hinterlassen. Denn es war nicht zuletzt der Zusammenbruch einer Welt, die in allem Widerspruch auch den Rahmen abgegeben hatte, in dem er wurde, was er ist.

Schon vor der sogenannten Wende, als die ersten Erschütterungen das nahende Beben ankündigten, hatte Heisig eines seiner Komplexbilder begonnen, dem er den vorausgreifenden Titel «Das Ende der großen Belehrung» gab. Es resümierte die Indoktrination und bürokratische Gängelung der zurückliegenden Jahre in assoziativ verbundenen Bildelementen und stellte das wankende Regime als Gliederpuppe dar, die sich inmitten erhobener Zeigefinger, an Zwirnsfäden hängend, aufrecht zu halten versucht, während ihr schon Stück für Stück die Gelenke abfallen. Doch sah er sich im Verlauf der Arbeit von den Ereignissen eingeholt. Als noch während der Suche nach der endgültigen Formulierung dieses Bildgedankens die Vereinigung zustande kam, erweiterte er das Thema und gab ihm einen Doppelsinn, der auch die sich ankündigende neue Unterweisungspraxis von Westen her einschloß. Auf einer weiteren Arbeit, «Menschen am Fenster» (1993), erfaßt der Blick eine gedrängte, auf der tieferliegenden Straße vorüberziehende Massendemonstration.

Heisig hat gelegentlich geäußert, die Kunst kenne überhaupt nur wenige, allenfalls fünf große Themen: Liebe, Konflikt, Gott, Geschichte und Tod. Mit wechselndem Gewicht hat jedes einzelne davon sein Werk beherrscht, doch war es offenkundig die Geschichte, die bald schon Grund und Hauptstück seines Œuvres bildete. In einer Rede aus dem Jahre 1978 hat er diese Vorliebe erläutert und hinzugefügt, die Kunst verdanke ihr «große Stoffe und Themen und Sternstunden». Für ihn selber war sie darüber hinaus halb Lehrstück, halb Memento, und für jeden, der zu lesen verstand, eine nie verblassende Schrift an der Wand, das große Menetekel der Gegenwart. Es ist am Ende doch eine pathetische Botschaft, die sein Werk unter vielen Ungewißheiten, Pessimismen und turbulenten Zweifeln in immer neuen Abwandlungen vorträgt. Da die Geschichte stets in Bildern zur Erinnerung gerinnt, ging sein Bestreben dahin, neue und im Bewußtsein haftende Bilder dafür zu erfinden.

Die Moderne hat solche und andere Verbindlichkeiten der Kunst nie anerkannt. Zeit ihres Bestehens ging ihr Bemühen dahin, Ballast abzuwerfen und auf dem Weg nach vorn die Hindernisse einzuebnen, die sich ihr seit je entgegengestellt hatten, inhaltlich wie formal. Das mochte geraume Zeit wie der Gewinn einer unbegrenzten Freiheit erscheinen. Da jedoch auch die Inspiration Beschränkungen unterliegt, hat der Gang der Dinge bald zur paradoxen Erscheinung eines konfektionierten Individualismus geführt, der nur noch seine Beliebigkeit auskostet.

Wenn nicht alles täuscht, ist das Pathos der Selbstermächtigung, das hinter alledem steht und die Moderne hoch hinaustrug, in der Kunst wie überall sonst erschöpft. Vielleicht kommen die Schärfen in jenem Kulturkampf, den die Anwälte dieser Moderne gegen die unversehens angerückte «Ostkunst» entfacht haben, auch aus der Sorge vor der Durchsetzungskraft einer Kunst, die alles, was sie wurde, gegen ungezählte Widerstände erreichte. Darüber droht verlorenzugehen, was die Konfrontation an Gewinn erbringen könnte: eine erweiterte Bildsprache für die einen, einen Zuwachs an Vitalität, Bindung und einleuchtender Metaphorik für die anderen.

Einstweilen herrscht noch das Ressentiment vor. Mehr als Politik und Wirtschaft, die sich diesem Vorwurf seit der Vereinigung ausgesetzt sehen, übt sich die Kunstszene in einem begründungslosen Triumphalismus mit der Praxis des Aufrollens und der Überwältigung dessen, was aus anderen Bedingungen entstand. Die offene Austragung des Konflikts, in dem zwei Welten unversehens aufeinanderstoßen, ist lange an der Zeit. Anders als die Voreiligen glauben, ist die Sache auch keineswegs entschieden. Die Auseinandersetzung hat noch nicht einmal begonnen.

Luxemburger Impromptu

Glocken für Horst Janssen

Ich habe mich manchmal gefragt, warum Horst Janssen der Kunstkritik so viel Mühe macht. Das befremdende Bild, das er abgibt, die Widersprüche, Launen und immer neuen Wege, die er gegangen ist, können es nicht sein. Denn die Vielschichtigkeit seines Werkes, in dem eine Phase die voraufgehende im raschen Wechsel verschlingt, ist im Grunde nie gesehen worden. Statt dessen hat sich die fachliche Kritik von Anfang an und bis zur Verödung auf ein paar früh gestanzte Formeln festgelegt und Werk wie Person mit Klischees gleichsam zugedeckt. Da ist immer wieder von «Exzentrik» die Rede, von «chaotischen Figurationen» oder auch «figuraler Anarchie», von «blinden Eruptionen», «Berserkertum» und «kunstvollen Barbareien» – alles Wendungen, die ich hier und da über ihn und seine Arbeiten fand; man könnte Seiten damit füllen.

Dergleichen wiederholt sich nun seit Jahrzehnten, seit Janssens erstem ungestümem Einbrechen in die Kunstszene während der fünfziger Jahre, und niemand wird müde, es von den Vorgängern abzuschreiben. Dabei hätte jedem, der Augen hat, längst aufgehen müssen, daß ebenso und mehr noch das genaue Gegenteil zutraf, also Konzentrik, Ordnung, Disziplin oder Selbstzucht und die Eruptionen eben gerade nicht blind, sondern höchst sehend und gleichsam arrangiert waren. Aber die modische Kritikerideologie ist zu vernarrt in ihr Bild vom exzeßhaften Künstler, als daß sie ihre Vorurteile nur deshalb aufgäbe, weil dieser Künstler es sich herausnimmt, sie Lügen zu strafen.

Eine Formel will ich mir zu Beginn aber doch leisten, wiewohl nur als festen Abstoßpunkt vom Ufer, um ins Offene zu gelangen. Und ich halte mich dabei an Arthur Heuser, den keiner von Ihnen kennt, der auch kein Kunstkritiker war und folglich frei von den Versatzstücken, mit denen diese einfallsloserweise hantieren. Arthur Heuser war ein Hamburger Taxifahrer, der mich einmal, Mitte der achtziger Jahre, vom Hotel zum Flugplatz fuhr. Er hatte die Nacht zuvor mit Janssen verbracht, erzählte er mir, eine Odyssee kreuz und quer durch die Stadt, die schließlich vor irgendeiner verschlossenen Tür endete, mit Szenen, Anklagen und leidenschaftlichen Vorwürfen zu einer dunklen Hauswand hinauf, dann neuerlichem Umherirren, bis sie zuletzt zum Mühlenberger Weg zurückgefahren waren, wo aber kein Ende war, sondern es eigentlich erst begann. Janssen legte eine Platte auf und redete, und wenn die Platte abgespielt war, setzte er den Tonarm an den Anfang zurück. Er habe, sagte der Taxifahrer, das Mozart-Divertimento in jener Nacht an die dreißig Mal gehört. Aber es habe ihm nichts ausgemacht: «Wissen Sie», versicherte er, «das Leben darf nicht langweilig sein, wenn es die Mühe lohnen soll. Immer nur ruhige Tage, das tut's nicht. Manchmal muß es blitzen und donnern, meine ich. Und da hatte ich nun mal Glück. Immer, wenn's langweilig wurde, traf ich Janssen oder machte, daß ich ihn traf. Bei ihm hat es, solange ich ihn kenne, immer geblitzt und gedonnert.»

Das wäre also eine Formel. Sie gilt natürlich nicht nur für den Menschen Horst Janssen, sondern auch für alles, was er je gezeichnet, radiert und lithographiert hat. Der Berliner Kunsthändler Hans Pels-Leusden, dem wir beide freundschaftlich verbunden waren, hat dafür eine schöne Wendung gefunden: «Ein Werk der Kunst, wenn es den Betrachter ergreifen, beschäftigen, zum Denken oder Empfinden bringen soll, muß dröhnen. Das kann ganz leise geschehen, mit verhaltener oder zitternder Stimme, sogar als stummer Schrei. Aber hören muß man es. Alles andere nennt man Kunstgewerbe.»

Daß bei Janssen, auch in der scheinbar gesicherten Zuflucht der Stilleben, dieses Dröhnen unüberhörbar ist, hat mit den schroff gegensätzlichen und eigentlich unverträglichen Elementen zu tun, aus denen er gemacht ist. Irgendeine unergründliche Schöpferlaune hat da wirklich einmal Feuer und Wasser zusammengebracht. Immer bleibt die ungeheure Spannung spürbar, die ihn erfüllt, und selbst, was ganz beruhigt wirkt, manche Blumen oder Porträts junger Frauen, offenbaren doch, wieviel erst besänftigt werden mußte, damit so anstrengungslos Scheinendes zustande kommen konnte.

Manchmal deutet Janssen aber auch, ganz unverhüllt, darauf hin. Es gibt aus den späten sechziger Jahren eine Zeichnung mit dem Titel «Das Flämmchen von heut' morgen». Das ist nichts als eine dunkelblaue Weintraube auf hellem Untergrund, einige der äußeren Beeren schon leicht eingetrocknet und geschrumpft, wie auf anderen Darstellungen des gleichen Motivs aus jener Zeit auch. Aber im Unterschied zu den parallelen Arbeiten glimmt in dieser, mitten in der Traube, eine kleine, intensiv gelb und rot leuchtende Flamme.

Das ist, würden die Kunstkritiker sagen, ein surrealistisches Motiv. Aber das ist es nicht bei Janssen. Der Surrealismus ist ja eine Kunstrichtung, die, bald nach ihrem Aufkommen, mehr und mehr witzige Einfälle, Aperçus und manchmal auch bloße Kalauer zu Bildinhalten gemacht hat. Janssen dagegen hatte keinen Einfall gehabt, aus dem er ein Kunststück verfertigte. Ich bin sicher, daß er die Flamme an jenem Morgen ebendort, mitten in der Traube, gesehen hat.

Und diese Flamme ist, oft nur als Glimmer, Glutpunkt oder Kräuseln von den Rändern her, für den genaueren Beobachter auf jeder Arbeit Janssens zu entdecken. Durchweg, auch im Idyllischen, nimmt er zwanghaft wahr, was die Idylle zerstören wird. Es ist der Augenblick, die winzige Verzögerung vor der Verwüstung, die er immer wieder festhält. Die tausend Schrecksekunden, die in allem Glück lauern und uns wissen machen, daß es sogleich enden werde und, während der Gedanke ins Bewußtsein drängt, genaugenommen schon vorüber ist. Er hat mir bei Gelegenheit erzählt, seine Frau Verena habe die Vorstellung geliebt, mit ihm und dem Sohn Philipp im Zimmer um den Ofen zu sitzen. Ihre Phantasie habe keinen Raum für die Vorstellung gehabt, daß jenes Feuer, an dem ihr so warm und behaglich war, das gleiche Element sei, das dieses Zimmer, das Haus und ganze Städte niederbrennen konnte. Er selber habe in der kleinen wärmenden Flamme aber immer nur das große Feuer der Feuersbrünste gesehen.

Dieser beängstigte Durchblick aufs Katastrophenhafte, auf die Flammenschriften, von denen die unberührt scheinenden Wände über und über bedeckt sind, auf die Gefährdungen, die in allen friedlichen Zuständen hausen, auf das Chaos im scheinbar Geordneten und schließlich auf den Tod, der schon im Lebendigen und Gesunden gegenwärtig ist: Das gibt den Arbeiten Janssens das charakteristische Pathos.

Denn natürlich und in der Hauptsache ist er ein Pathetiker. In allem die Vergänglichkeit zu entdecken, die Beeren verdorrt, die Blumen welkend, die Baumstümpfe geborsten, das Fleisch modrig und was man sonst noch nennen will, dergleichen bezeugt eine höchst pathetische Auffassung vom Leben und von der Welt. Sie besagt zugleich, daß es nichts Beiläufiges gibt, nichts Unbedeutendes, weil alles das Abbild von allem ist: das Große im Kleinen erkennbar, der Kosmos im plattgefahrenen Bein eines Froschs. Das ist auch der tiefere Grund dafür, daß der Pathetiker keine Halbheiten dulden kann, weder auf dem Zeichenblatt noch im Leben. Immer gerät er augenblicklich an die äußerste Grenze, und wo es nicht wenigstens um Sein oder Nichtsein geht, hat er das Gefühl verlorener Mühe. Vielleicht ist es das, was Janssen so nachdrücklich von der Gegenwartskunst trennt, die alles zum Experiment erklärt, zum Spiel mit Metaphern, Farben oder Flächen, und sich damit ins Unverbindliche rettet. «Ich habe nie etwas auf die leichte Schulter nehmen können», hat er mir einmal gesagt. «Eine kleine Flüchtigkeit, irgendwo in einer Ecke auf dem Papier, die kein Mensch je entdecken würde – das wäre schon der Schritt weg vom Königsweg, gleich in die Hölle, die dicht daneben liegt.»

Das ist das Pathos, von dem ich spreche. Ich habe mir, bevor ich diese Überlegungen niederschrieb, einige Hefte jener Reihe angesehen, in der Janssen als Autor auftritt, als Redner, Pamphletist, Prediger, Aphoristiker, Erzähler, sogar als eine Art Troubadour, und immer als bedeutender Schriftsteller. Auch mit dem Geschriebenen verhält es sich nicht anders. Es ist stets, wenn auch manchmal hinter einer frivolen oder scheinbar nachlässigen Sprache verborgen, der große Orgelton, der jeder Zeile unterliegt und einen gewaltigen Widerhall macht. Einmal schreibt Janssen, er wolle jetzt mal vom Pegasus steigen und von der Hochtraberei runter auf die Straße kommen. Aber gleich im nächsten Satz ist von den «Expeditionen (des Zeichners) in die Himmel und die Unterwelten» die Rede und im übernächsten von den «Glückseligkeiten», den «schmerzhaften und den wollüstigen», wie es heißt. So spricht Janssen auf der Straße! Und als die Emdener Ausstellung bei Henri Nannen bevorstand, im Juli 1988, sagte er seine Mitwirkung ab; er sei zu müde, erschöpft bis auf den Tod, wie er schrieb, und führte das in einem handgeschriebenen Brief auf sechzehn Seiten aus, fügte gleich zweiunddreißig Zeichnungen und Collagen hinzu und versprach darüber hinaus noch zehn Radierplatten: Janssen, wenn er sterbensmüde ist. Nein, es geht nicht anders, die Saite ist immer zum Zerreißen gespannt, oder man kann sich das Spiel darauf auch schenken.

Ich erinnere mich an die Arbeit, vor der mir zum ersten Mal, Anfang der sechziger Jahre und einige Zeit, bevor wir uns kennenlernten, Janssens Rang zu Bewußtsein kam: die Radierung «Selbst dramatisch». Es ist eines der unverhohlen pathetischen Bildnisse Janssens, das Sebastiansmotiv auf ein Gesicht reduziert, mit Kratzern, Striemen und Wundmalen übersät und gleichsam vor dem

Betrachter ausgestellt: das ganze Leiden der Welt und des Menschseins auf zwanzig mal fünfunddreißig Zentimetern.

Nun wird womöglich mancher denken: also doch eine Formel, Jupiter Janssen, in Arthur Heusers Blitz und Donner gehüllt, ein Pathetiker. Aber das ist bei näherem Hinsehen nur die Voraussetzung und sozusagen der Grund, auf dem sich sein Werk entfaltet. Er hat es mit zahllosen Widersprüchen durchsetzt und verschleiert, so daß mitunter der Verdacht aufsteigt, er habe das nicht zuletzt so verwirrend angerichtet, damit es sich gerade nicht zusammenreime.

Denn schon der flüchtige Blick beispielsweise auf seine Selbstbildnisse lehrt, daß er auch ein großer Spieler ist, der sich in Rollen gefällt, Masken und Irreführungen liebt und die Kunst der Vermummung nicht weniger virtuos beherrscht als die mit Bleistift und Radiernadel. Man soll sich nicht täuschen lassen! Viele dieser Selbstbildnisse (und für die anderen Arbeiten gilt das selbstverständlich auch) sind wahre Meisterwerke. Aber die Wahrheit über Janssen offenbaren sie deshalb noch lange nicht. Im Gegenteil sind sie oft gerade um so meisterlicher, je mehr sie von ihm verbergen.

Dieses scheinbare Paradox hat mit einer alten Kunstregel zu tun, wonach das überwältigte Gefühl sich nicht selbst darstellen kann: Der von Panik Ergriffene ist außerstande, die Panik ins Kunstwerk zu übersetzen, der Melancholische die Melancholie, der Mitleidende das Mitleid. Nicht zuletzt das ist der Grund, warum es so viele schlechte Liebesgedichte gibt. Wer ein Madonnenbildnis malen wolle, schrieb Kleist, müsse nicht vorher das Abendmahl nehmen, die Sache sei mit einer «gemeinen Lust an dem Spiel» besser abgetan.

Wer einer Empfindung Form geben will, heißt das, braucht, neben vielem anderen, immer auch Abstand, er muß über die Krise schon hinaus sein. So halten auch Janssens Selbstporträts, die so beredt von Ängsten und Alpträumen sprechen, stets nur einen wie kurz auch immer zurückliegenden Zustand fest, sie sind schon der Ausdruck der Überwindung, der das, was ihn soeben noch außer sich brachte, sozusagen als Bild inszeniert. Wer dazu in der Lage sein will, muß schon wieder festen Grund unter den Füßen haben oder ihn doch gewinnen wollen, und tatsächlich hat sich Janssen ins Selbstbildnis immer wieder geradezu gerettet: Es zwang ihn aus seinen Phobien ins Helle und Kalte der Kunst. Die Menge der Selbstbildnisse zeigt deshalb nicht so sehr, wie immer wieder behauptet wird, seine Selbstverliebtheit an, sondern die Vielzahl überwundener Krisen.

Wo ihm der Sprung aufs feste Land nicht gelang, weil sich die Produktionsunruhe vor der wiedergewonnenen inneren Ruhe einstellte, hält er die Arbeiten für mißraten. Ich kam einmal zu ihm, als er, wie damals oft, ein Selbstporträt zerriß. Er begründete, warum es nichts tauge: Er sei aus der Malaise noch nicht heraus. Und da er das Pädagogisieren liebt und seine Erfahrungen gern in Lebensregeln ummünzt, fügte er hinzu: «Eine der Folgen nicht bewältigter Krisen ist, daß man immer gleich auf den Effekt losarbeitet.»

Janssen hat die Maxime, wonach alle Kunst Distanz benötigt und ihre ergreifendsten Werke sicherlich nicht von den Ergriffenen kommen, vor Jahren einmal, in seiner Rede zur Überreichung des Schiller-Preises, am Beispiel Goyas dargelegt. Goya habe, meinte er, die Bestialitäten, die das Thema der «Desastres de la guerra» sind, gar nicht gesehen, er kannte sie nur vom Hörensagen und machte sich ein Bild von den Opfern wie von den Henkern, beide waren Objekte einer zugleich leidenschaftlichen und kalten Phantasie. Denn, heißt es dann, «er hatte eben die schreckliche Lust des Auges an den imaginären Vorstellungen vom gepeinigten und vom peinigenden Menschen – die Lust des Auges, das sich aus vielen kleinen Bruchstücken konkreter Erfahrungen eine Hölle baut, die Lust eines Auges, das nicht weggucken kann und mal das erschreckend Schöne in der Maya, und mal das hoffnungslos Schreckliche so wie in den ‹Desastres› darstellt».

Das ist die gleiche Einsicht, die aus dem Satz Goethes spricht, daß Dichten immer auch Verrat sei. Goya war ein großer Verräter, Janssen ist einer. Die Kollwitz, beispielsweise, war es nicht. Das ist ein moralischer Unterschied, der die Kollwitz auf der besseren Seite sieht. Aber ein künstlerischer ist es auch. Und da verhält es sich umgekehrt. «Wer Kunst sagt», notierte Edgar Degas, «sagt Treulosigkeit, Doppelspiel, Tücke. Kunst ist Verstellung und Grausamkeit. Kunst ist Laster.» So ähnlich hätte es Janssen selber sagen können.

Kein Zweifel, als er von Goya sprach, sprach er von sich selbst. Denn dieses «lasterhafte» Hinsehenmüssen, dieser Blick bis jeweils an die Schmerzgrenze und darüber hinaus, ist das immer durchscheinende, die so unterschiedlichen Lebens- und Arbeitsphasen einende Kennzeichen. Und vielleicht ist es das, womit er so viel Teilnahme noch an den unscheinbarsten Gegenständen seines Zeichnens erzwingt. Es herrschen da eine Eindringlichkeit und eine Überredungskunst, denen ein aufmerksamer und empfindungsfähiger Betrachter nur schwer entkommt. Und obwohl sich, nach den frühen Jahren mit ihren freien Bildthemen, sein Werk motivisch lange Zeit verengte und immer weniger Sujets aufgriff: Landschaften, Blumen, Porträts und die Zufallssachen vom Arbeitstisch, lassen Spannung und Abwechslungsreichtum, auch wo dies in Ausstellungen ganze Wände füllt, keinen Augenblick lang nach. So weniges und so viel. Und mitunter meint man, er, dessen eigentliche Schwäche die Verführbarkeit durch das Unmögliche ist, habe sich dabei von der Absicht leiten lassen, im Kleinsten das Ganze darzustellen.

In jedem dieser Bilder ist er mit seiner ganzen Person unverkennbar präsent. Immer drängt er sich in die Szenerie, selbst da noch, wo er sich vorsätzlich heraushalten will. Keiner ist weniger zur Selbstverleugnung imstande als er. Von vielen anderen Beispielen weiß man, wie quälend dergleichen sein kann. Nichts von alledem bei ihm. Die ungeheure Egomanie, die bei Janssen ständig durchschlägt und selbst die scheinbar absichtsloseste Vignette auflädt, würde bei einem Künstler minderen Ranges unerträglich sein. Bei ihm steigert sie alles und dramatisiert es. Noch in einer eingetrockneten Birne, wie er sie oft gezeichnet hat, ist er selber unübersehbar gegenwärtig, obwohl seine Bemühung sich aufs bloße «Abzeichnen» richtet. An den zeichnerischen Etüden des «Novemberbuchs» kann man überprüfen, was damit gemeint ist. Eine Glaskugel, eine Streichholzschachtel, eine Pastillendose: Er will nur dies so getreu wie möglich aufs Papier bringen; aber immer wird zugleich eine Art Selbstporträt daraus.

Zu den Wörtern, die ich oft von Janssen gehört, auch hier und da in seinen Texten gelesen habe und die die vielen oberflächlichen Betrachter seines Werks am wenigsten bei ihm vermuten, gehört das Wort «Demut». Vor Blättern, Steinen, dem verfaulten Kopf eines Fischs, dem ganzen unerschöpflichen Kosmos der stummen, kaum wahrgenommenen Dinge. Aber es bezeichnet mehr eine Anstrengung als ein Ergebnis. Sie geht dahin, das aufdringliche Selbst auszulöschen oder sich wenigstens augenblicksweise in etwas anderem zu verlieren. Womöglich hat er deshalb Thema für Thema so häufig in Schüben von zwanzig und mehr Variationen durchgearbeitet, immer auf der Spur des Geheimnisses, das in jedem Gegenstand steckt, im Flügel einer Motte so sehr wie unter dem Panzer eines Schalentiers. So lange, bis die Sache oder er selbst erschöpft waren. Und vielleicht liegt hier das andere Motiv für die ständige Rückkehr zum Selbstporträt: als seien es Versuche zur Selbstvergewisserung von jemandem, der sich immer wieder in den Gegenständen bis fast zur Selbstaufgabe verlor.

Der extreme Subjektivismus ist zugleich Janssens Weise, mit dem Elend einer Spätzeit fertig zu werden, der lähmenden Kenntnis so vieler Stile. «Nie sitzen wir allein vor dem Objekt», hat er einmal geschrieben, «die ganze Gesellschaft längst verstorbener

Zeiten sitzt dir im Nacken.» In der ersten Hälfte der siebziger Jahre hat er sich gleichsam umgedreht und die Gesellschaft, die ihm da im Nacken aufhockte, ins Auge genommen. Aber er ist nicht zur Säule erstarrt, das heißt, zum Eklektizisten geworden. Vielmehr hat er sich auch da alles einverleibt, sich fast jede der zurückliegenden Schulen und Ausdrucksformen anverwandelt: Botticelli und Grünewald, Rembrandt, Guardi, Füssli und Caspar David Friedrich, Gavarni, Klinger und das Heer der anderen. Es gibt Skizzen von ihm in der Art Breughels, Backhuysens und Goethes sowie schließlich «Kopien ohne Vorlage», in denen er parodistisch mit einem erfundenen Original spielt, das erst noch in der Phantasie des Betrachters zu entstehen hätte. Gleichzeitig aber, in allen Aneignungen, bleibt auch jede dieser Zeichnungen immer und unverwechselbar Janssen. «Kopie» ist nur ein Wort dafür. In Wirklichkeit handelt es sich um Projektionen der eigenen Person in die eines anderen. «Wenn du sehr genau hinsiehst», hat er bemerkt, «wirst du so tief in deine Betrachtung versinken, daß du die Toten vergißt und ihre Bilder sich auflösen.»

Vor der Gefahr, zum Nachahmer und bloß historisierenden Wiederholungskünstler zu werden, haben ihn sein Selbstbewußtsein und das zuzeiten unbegrenzte Vertrauen in die eigene Kraft bewahrt. In der Tat ging er mit der Unbekümmertheit eines Räuberhauptmanns vor, der die Vergangenheit wie eine Schatzhöhle aufbrach und plünderte. Geschützt hat ihn aber auch, daß er, dem Zufall und den Wünschen seiner Freunde folgend, viele Künstler aus vielen Epochen kopierte – und so viele sind immer weniger als nur ein einziger. Aber wenn es Verwandtschaften gibt, Zusammenhänge mit der Tradition, dann wird man sie vor allem in der deutschen Romantik suchen und finden können.

Zu dieser Romantik zählt er nicht nur als Typus, nicht nur in seinem Außenseitertum, sondern auch im Künstlerischen. Die deutsche Spielart des Romantischen hat immer zwei Richtungen gekannt, die aus der gleichen Quelle kamen und doch getrennte

Wege gingen. In Janssens Werk sind beide auf merkwürdige Weise vereint. Die eine ist eine Fratzen- und Gespensterwelt, bevölkert von Dämonen und phantastisch verkrüppelten Wesen, «Klein Zaches» geistert darin herum, und E. T. A. Hoffmann zählt zu ihren Ahnherren; die andere dagegen ruft die sanften Bilder einer Idylle herauf, schwarz schweigende Wälder, Mondlicht, Nacht und Träume. Man kann das eine wie das andere in seinen Arbeiten finden, Spukgestalten, freigelassen aus wer weiß welchen Kellern des Bewußtseins; aber dann auch einen zertanzten Schuh, eine in den Nebel starrende Figur, einen Birkenwald von so überwältigendem Zauber wie nur noch in den Erinnerungsbildern alter Märchen.

Ins Romantische gehört Janssen aber auch in einem hintergründigeren Sinne. Ich weiß nicht mehr, wer das Wort von der «doppelten Optik» der Romantik erfunden hat. Gemeint ist damit die Mischung aus Einfachheit und höchstem Kunstraffinement, aus der Vorliebe für die anspruchslosen Themen und Gegenstände, die aber zugleich als Manövrierplatz für ein geistvolles Versteckspiel dienen, so daß die kritischen Köpfe ebenso zufriedengestellt werden wie diejenigen, denen alle Kunsttheorie und aller komplizierte Kunstwitz nichts bedeuten. In manchen Gedichten vor allem haben die Romantiker dieses hochgesteckte Ziel, die Verbindung von volksliedhafter Schlichtheit und ausgepichtem Artistentum erreicht. Wer sich Janssens Bücher ansieht, das der «Landschaften», der «Nature morte», der «Frauenbildnisse» oder «Eros, Tod, Maske», der findet, was damit gemeint ist, nicht an einigen wenigen, sondern an ungezählten Beispielen wieder.

Und eine Verwandtschaft zum Romantischen gibt es schließlich auf eine dritte Weise. Man hat von der Romantik gesagt, sie sei unablässig auf der Suche nach jenem Zauberwort gewesen, das alle Schrecknisse besänftigen, die Schmerzen lösen und die unerfüllbare Sehnsucht zumindest ahnungsweise, wie im Vorbeiflug, stillen werde. Natürlich hat auch Janssen das Zauberwort nicht gefunden, zumal es zu dessen Eigenart gehört, seinen Zauber zu verlieren, sobald es sich einstellt. Aber niemand unter den zeitgenössischen Künstlern hat ihm so ungeduldig nachgespürt wie er. Noch in dem dauernden Wechsel der Stile, Verfahren und Darstellungsarten ist etwas von jener Neurasthenie enthalten, die zum Wesen alles Romantischen gehört. Von den frühen Holzschnitten über die großen Zeichnungs- und Radierblöcke der fünfziger, sechziger und siebziger Jahre, die Landschaften, Mädchenkörper, Totentänze und vieles andere, dann zu der – um eher willkürlich eine Markierung zu setzen – Radierfolge des «Laokoon», die in der Darstellung von Bäumen und Gehölzen ein Dauermotiv der europäischen Kunst aufgreift und neu erfindet, zum grausigen «Paranoia»-Zyklus, zu «Phyllis», «Bobethanien» oder was sonst noch, bis schließlich hin zu Lichtenberg: welche unendliche Entfernung und wie viele Stationen!

Ungleich fast allen seinen Zeitgenossen, die sich, bedrängt von den Forderungen des Kunstbetriebs oder den Verlockungen des Marktes, einen Stil, ein bestimmtes Motiv zulegten und dann darin erstarrten, hat er begangene Wege immer wieder abgebrochen und, auf jeweils höherer Ebene, von vorn begonnen. Kaum war die genialische, im Doppelsinne rauschhafte «Gummistiefelphase» vorbei, die bis heute vielen so teuer ist, begann er mit Blumen und sanften Mädchenbildnissen, als wolle er sagen: «Ihr sollt euch in mir getäuscht haben!» Und so immer wieder, rund fünfzig Jahre lang. Erst unlängst hat er in einem Exerzitium für einen ausgedachten Schüler die Mahnung formuliert, Erfolge nicht zu wiederholen, sondern nur als Kühlung gegen «die Hitze des Ehrgeizes» anzusehen und dann einfach weiterzugehen.

Das einzelgängerische Verhältnis, das Janssen zum Zeitgeist und seinen Voreingenommenheiten unterhält, kommt womöglich am auffälligsten in der Beharrlichkeit zum Ausdruck, mit der er von früh an das Todesmotiv zu seiner Passion im einen wie im anderen Sinne gemacht hat. Denn wie in der gegenwärtigen Gesellschaft ist der Tod auch in der Gegenwartskunst kein beherrschendes Motiv mehr.

Janssen dagegen hat vier große Totentänze gezeichnet oder radiert und ist auf das Thema, das schon in den frühen Arbeiten regelmäßig wiederkehrt, mit einer nie nachlassenden Obsession zurückgekommen: Der Tod als Tanzmeister taucht darin ebenso auf wie der Tod als Galan und verführerischer Freund, als Einflüsterer und als Folterknecht. Immer wieder aber wird er auch als Narr und lächerliche Figur vorgeführt, die sich durch den Künstler verhöhnt sieht, und einmal hält er eine riesige Zeichenfeder über das verendet am Boden hingesunkene Gerippe: Da und in vielen gleichartigen Bilderfindungen tritt wieder der Pathetiker Janssen, der in und über seinen Leidensgrimassen triumphierende Künstler auf, der zwar weiß, daß er mit allen das von einem ungerechten Gott verhängte Schicksal teilt, sterben zu müssen, der zugleich aber in der Gewißheit lebt: das Werk nicht. An das Geschaffene rührt kein Tod.

Janssen ist auf seinen lebenslangen Kreuz- und Querwegen auch auf viel Literarisches gestoßen, auf Thomas Mann und die großen russischen Schriftsteller, auf Edgar Allan Poe, Ambrose Bierce und viele andere. Verblüffenderweise sogar auf Ernst Jünger. Ich habe mich oft gefragt, was diese Verbindung zustande gebracht haben mag, und Ernst Jünger hat mir bei Gelegenheit erzählt, wie bewegend und in einem höheren (oder sagte er «erhabenen»?) Sinne komisch ihr Zusammentreffen in Wilflingen gewesen sei: der disziplinierte, auch im Reden und Gebaren immer etwas offiziersmäßig steife Dichter dort und sein impulsiver, überschwenglicher Besucher hier.

Janssen, der, wie man weiß, ein untrügliches Erinnerungsvermögen für solche Erlebnisse besitzt, ist es seinen Freunden, wie ich meine, noch immer schuldig, diese Begegnung so bildhaft und lebendig, wie er es kann, aufzuschreiben. Ich habe nie herausgefunden, ob Jünger ihn im literarischen Sinne beeindruckt hat. Ich glaube, nicht. Was Janssen spontan als ebenbürtig empfand, waren vermutlich zunächst die vielen überraschenden, abseits aller herkömmlichen Gedankenbahnen liegenden Einfälle Jüngers, seine unvermuteten Assoziationen, mit denen er gleichsam um Ecken geht, die andere nicht einmal wahrnehmen, und mitunter auch, sozusagen, kurzerhand seitlich durch die Wand.

Das ist das eine. Und das andere ist Jüngers Liebe zum Detail, seine Versessenheit auf das Minimale: den Flügel einer Libelle, den oszillierenden Panzer eines Käfers, das Rippenwerk eines Blatts, die auch in seinem Werk niemals nur für sich selber stehen, sondern Chiffren sind für größere, verborgene Zusammenhänge, die zur Enträtselung ebenso einladen wie zur Selbstbescheidung. Zur «Demut» vor dem scheinbar Geringfügigen. In alledem hat Janssen seinen Lehrer Alfred Mahlau wiedergefunden, das Ethos aus der Schulklasse, das unvergessen blieb, kurzum sich selbst.

Was damit zugleich gesagt ist, wird oft als Einwand gegen Janssen vorgebracht. Er sei, heißt es, in der Tradition hängengeblieben. Richtig ist: Was Janssen immer ganz und gar gleichgültig gelassen hat, waren der Zeitgeist und seine Moden, die Tendenzen, die der eine Tag gebiert und der nächste gleich wieder verschluckt. Er hat den Bruch mit der Tradition in der Tat nicht mitgemacht, dem die zeitgenössische Kunst ein oder zwei Generationen lang das ihr eigene Pathos verdankte, das ihr unterdessen aber abhanden gekommen und einer fast inzestuös anmutenden Selbstbeschäftigung gewichen ist, so daß die Problematik dieser Absage mehr und mehr ins Bewußtsein gerät. Aber «hängengeblieben», wie es heißt, ist er deshalb nicht. Tradition ist nichts, was mit Stillstand zu tun hat, sondern mit bewahrter, auch und gerade im Weitergehen festgehaltener Erinnerung.

Und nun also: Janssen 65. Wer nur seine Arbeiten kennt, hat Mühe, es zu glauben. Mir beispielsweise kommen manche Blumen, Stilleben, Selbstbildnisse oder Landschaften aus den siebziger Jahren bei aller Innenspannung beruhigter vor, freier und, wenn das

Wort passend wäre, abgeklärter als die Exaltationen der jüngeren Phase. Die Kunstgeschichte hat ja ein berühmtes Beispiel solcher Greisenemphase im über neunzigjährigen Tizian, auch über die Ursachen solcher späten Selbstentgrenzung ließe sich nachdenken. Und über Janssen und den Eros – und Janssens Lust an der Groteske – und Janssen und Hokusai – und Janssen und Lichtenberg – und Janssen und die Bücher, in denen er über die Jahrtausendwende hinweg sein Werk oder doch den größeren Teil davon sammeln will – und Janssen als Autor sowie vieles noch.

Aber was ich vortrug, war ohnehin lediglich ein freundschaftliches Impromptu: ein paar Themen nur, kurz angeschlagen und ohne Durchführung. Manches auch ohne Überleitung und etwas abrupt zum nächsten Thema wechselnd. Das liegt am Gegenstand, der kein Ende hat. Und anderes zweifellos disharmonisch klingend und ohne Auflösung: Das liegt an der Person, die so widersprüchlich ist. Von der ich aber nicht zuletzt deshalb gern sprach. Jedermann erwartet am Ende selbst solcher einfallsweisen und von persönlichen Erlebnissen geprägten Bemerkungen eine Art Resümee, einen Schlußsatz, mit dem der Zuhörer nach Hause gehen kann. Ich habe mir überlegt, wie der lauten könnte, ohne am Ende doch noch auf Formelhaftes zu geraten.

Am besten hilft man sich mit einem Zitat. Es macht mir Vergnügen, noch einmal auf den Taxifahrer Arthur Heuser zu kommen, der mir während jener Fahrt zum Flughafen auch das noch sagte: «Wissen Sie, meine Frau is ja nich sehr gebildet, man nur ein einfaches Mädchen aus Ostpreußen. Ich habe ihr viel von meinen Erlebnissen mit Janssen erzählt, und sie wunderte sich immer mehr. ‹Du und dieser Janssen›, sagte sie, ‹wie geht denn das nur zusammen?› Aber dann besorgte sie sich eines Tages alle Bücher von ihm, die sie im Buchladen oder sonstwo finden konnte. Und als sie die Bücher durchgesehen und das meiste auch gelesen hatte, sagte sie nur: ‹Du, Arthur, der Janssen, das ist, würde ich sagen, ein Genie!›»

Ich weiß, wie ungern Janssen, wenn von ihm die Rede ist, das Wort hört. Aber von Frau Heuser, bin ich ziemlich sicher, läßt er sich's gefallen.

So wäre ich eigentlich am Ende. Doch als ich vor Jahr und Tag, anläßlich der erwähnten Ausstellung bei Henri Nannen, schon einmal eine Rede auf unseren Freund hielt, begannen am Schluß, buchstäblich mit dem letzten Wort, weiß der Himmel weshalb, alle Glocken der Stadt zu läuten. Und da frage ich mich jetzt natürlich: Wo bleiben die Glocken von Luxemburg?

Mozart – das diskrete Genie

Ein einmaliges, nie wiederholtes Kunstwerk nennt Wolfgang Hildesheimer, nicht ohne einen Unterton überwältigter Ratlosigkeit, am Ende seines Buches die Erscheinung Wolfgang Amadeus Mozarts; einmalig aber und ohne Parallele ist auch das Legendenwerk, mit dem Generationen dieses Leben zur Unkenntlichkeit entstellt und noch bis ins Jenseits sentimental verfolgt haben: Die Engel im Himmel würden, schrieb Karl Barth, wenn sie unter sich seien, Mozart spielen. Die rührseligen Versionen variieren die Motive von Wunderkind und früher Vollendung, andere feiern die apollinische Lichtgestalt, deren Werk ebenso reich an Harmonien wie arm an Affekten ist, und einzig eine gewisse, mehr oder minder anstößig empfundene Kindsköpfigkeit verwirrt das Bild dimensionsloser Heiterkeit. Unausrottbar und nur in der Artikulationshöhe voneinander abweichend, herrscht es auf nahezu allen Ebenen: in den verbreiteten Biographien wie in den Programmheften des Musikbetriebs, in den Fremdenverkehrsprospekten ebenso wie bei Bruno Walter oder Ernst Bloch. Hildesheimer will das «Kunstwerk Mozart» wiederherstellen.

Die neuere Entmythologisierungstendenz hat selten einen dankbareren Gegenstand vorgefunden. Doch von der egalisierenden Tendenz der Mehrzahl solcher ‹kritischen› Annäherungen, die im Grunde lediglich dem Besonderen seinen Anteil an der Schäbigkeit der menschlichen Natur vorrechnen möchten, ist dieses Buch frei. Gewiß hinterläßt es manche Schramme auf dem polierten Klischeebild, es verzeichnet Mozarts platten Humor, seinen Zug zur Albernheit, den unwiderstehlichen Hang zur Koprophilie, den offenbar auch die Mutter teilte; aber niemals geht darüber die Absicht verloren, die legitime Bewunderung für das Genie Mozarts auf festeren Grund zu stellen.

Erstaunlicherweise kommt hinter all den entstellenden Stilisierungen am Ende keine plausiblere oder auch nur schärfer konturierte Figur zum Vorschein, sondern eine überaus fremdartige Erscheinung von ungeheurer, nahezu erkältender Distanz. Der vermittelnde Effekt, den alle entmythologisierenden Darstellungen für gewöhnlich erzeugen, der Gewinn an Nähe und begreifbarer Menschlichkeit, den sie bewirken, stellt sich hier gerade nicht ein.

Das hat nur zum geringen Teil mit der unzureichenden Quellenlage zu tun. Immerhin umfaßt die Sammlung der Materialien zum Leben Mozarts sechs voluminöse Briefbände und einen Dokumentenband, doch Hildesheimer weiß zu belegen, daß sie weit mehr verschlüsseln als preisgeben. Zu seinen wichtigsten Funden zählt, daß Mozart selber der Urheber der Mozartlegende gewesen ist: Mit wortreichen Beteuerungen seines Fleißes, seiner Charakterstärke und Religiosität versuchte er noch in erwachsenem Alter, den strengen Vater zu beruhigen: «Ich bat [sic!] den Rosenkranz, den ich versprochen hatte», schrieb er aus Paris dem besorgten Vater, der den Leichtsinn seines Sohnes und die Sittenlosigkeit der französischen Hauptstadt in immer neue ängstigende Kombinationen brachte, «und ging nach haus.» Und dann, wie in einer immer dreisteren Durchführung des thematischen Einfalls: «Wie ich allzeit am liebsten zu hause bin und auch allzeit am liebsten zu hause seyn werde – oder bei einem guten wahren redlichen teütschen – der wenn er ledig ist für sich als ein guter Christ gut lebt, wenn er verheyrathet ist, seine Frau liebt und seine Kinder gut erzieht.» Das ist schon stark! Aber aus solchen, ans Komische grenzenden Tiraden, aus den Verstellungen, den Unaufrichtigkeiten, zu denen Mozart aus Bequemlichkeit oder Ungeduld Zuflucht nahm, haben seine Biographen jenen Puder geholt, den sie arglos oder gerührt dem Devotionalienbild auftrugen.

Seine wahren Gedanken, die persönlichsten Erfahrungen und Erschütterungen legen die erhaltenen Zeugnisse dagegen nur selten und auch nur bruchstückweise bloß: Mozart bleibt der «ewig Schweigende», meint der Verfasser und sieht mehr als einen Zufall darin, daß nicht einmal ein gesichertes Porträt des Komponisten existiert. Die Zurückweisung durch Aloysia Weber, den Tod der Mutter, die ungezählten Demütigungen und Niederlagen der Wiener Jahre hat er teils schweigend, teils hinter einer Maske konventioneller Betroffenheit hingenommen, und es ist das hauptsächliche Verdienst des Buches, die vielen unbelegten oder unterschobenen Deutungen, die sich im Lauf von nahezu zweihundert Jahren, von Autor zu Autor weitergegeben und verstärkt, allmählich über der Erscheinung abgelagert hatten, auf ihren Grund zu überprüfen.

Der Versuch, die These vom diskreten Genie möglichst durchgängig nachzuweisen, bleibt allerdings von Überzeichnungen nicht frei. Der berühmte Brief, mit dem Mozart von Paris aus dem Vater in Salzburg den Tod der Mutter anzeigte, mag in der Tat nicht jenes «herrlichste Denkmal» der Sohnesliebe sein, als das es den Biographen herkömmlicherweise gilt; und auch der Hinweis, daß er unmittelbar nach dem Tod des Vaters jenes Stück komponierte, das als «Musikalischer Spaß» oder «Dorfmusikanten-Sextett» in die Werkverzeichnisse einging, während er seinem etwa zur gleichen Zeit verendeten Hausvogel eine Elegie widmete, ist nicht ohne irritierenden Zug.

Aber zum Beweis gänzlicher menschlich-sozialer Beziehungslosigkeit, wie Hildesheimer meint, kann dergleichen sicherlich nicht dienen; die Bestürzung, die sich verbirgt, bleibt doch Bestürzung, und der Autor spricht denn auch an anderer Stelle geradezu von Mozarts Strategie der Selbstverschlüsselung. Desgleichen kann man die gewiß vielfach gebrochene, von aufklärerischem Ethos durchsetzte Religiosität des Komponisten nicht mit dem Satz abtun, die Kirche sie für ihn lediglich der Ort gewesen, «an dem eben eine Orgel stand». Wiederholt bringt Hildesheimer derart komplexe Verhältnisse auf knappe Formeln, die das Rätsel zu lösen vorgeben, das er doch wiederherstellen wollte.

Stärker als alle persönlichen Dokumente stützt freilich das Werk selber die These des Verfassers. Wenn die Briefe und erhaltenen Berichte immerhin noch einen verschlungenen Zugang zur Person Mozarts eröffnen, so sperrt die kompositorische Hinterlassenschaft sich jeder Annäherung. Die Verschränkungen von musikalischen und biographischen Entwicklungsstationen, die sich bei jedem anderen Komponisten nachweisen lassen, die motivischen Spiegelungen zwischen Leben und Werk, fehlen bei Mozart ganz: seltsam alterslos, verschlossen, wie unberührt von Glück oder Unglück, hat er das «superieure Talent», das er sich selber einräumte, der jeweiligen Aufgabe zugewandt und nicht den geringsten Rückstand persönlicher Emotion, aber auch keine Spur der Entstehungsmühsal darin eingehen lassen. Das hat seinem Werk den kühlen, mitunter gläsern wirkenden Charakter gegeben, eine Menschenferne, in der alle Wärme noch wie verfertigt wirkt. Mit dem Befremden, das so viele Liebhaber romantisch-expressiver Musik gegenüber Mozart erfüllt, hat Ernst Bloch von dem «toten, unleidlich arithmetischen Zug» seines Œuvres gesprochen; und nicht auszuschließen ist denn auch, daß in der abweisenden Geschlossenheit dieser Musik eine der Ursachen für die gemütsgerichteten Legenden über die Person zu suchen ist: als solle ein idyllisch verfremdetes Mozartbild kompensieren, was das Werk selber nicht hergibt.

In die gleiche Richtung, wenn auch vom entgegengesetzten Ansatzpunkt her, weist der Versuch, aus der Wahl bestimmter Tonarten, zumindest annäherungsweise, auf Mozarts jeweilige Stimmungslage zu schließen. Seine grenzenlose Fähigkeit im Umgang mit dem musikalischen Material macht, wie Hildesheimer in einem seiner Exkurse überzeugend nachweist, alle derartigen Bemühungen aussichtslos. Auch die ausdauernd betriebene Suche nach den Molltrübungen, in denen Trauer, Verzweiflung oder Erregung, kurzum ein Widerschein problematischer ‹menschlicher› Existenzlagen erkennbar würde, endet angesichts der durchweg aus der Komposition selbst entwickelten Dispositionskunst Mozarts im Ausweglosen, zumal er der Dur-Tonart ebenso beliebig einen düsteren Stimmungswert zu geben wie der Moll-Tonart zu entziehen vermochte.

Doch auch im Blick auf das Werk wird man alle übertreibenden Deutungsversuche vermeiden müssen. Nicht immer ist, was dem Betrachter eines Lebens rätselhaft erscheint, das Ergebnis konsequent betriebener Camouflage. Mozarts Unzugänglichkeit hat denn auch ihre Ursache nicht zuletzt in der Idee des klassischen Kunstwerks, hinter dem der Künstler als Person zurückzutreten hatte. Das egozentrische Geniewesen, dem das Kunstwerk als ein Mittel erschien, das eigene Innere emphatisch bloßzulegen und das Leiden an der Welt öffentlich zu machen, gehört einer späteren, von Mozart gerade noch in ihren Ansätzen wahrgenommenen Epoche an.

Bedauerlicherweise fehlen solche Hintergrundaspekte in dem Buch. Die gesellschaftliche Stellung Mozarts als Künstler in einer Umbruchphase rückt nur vage und andeutungsweise ins Bild. Der herrschenden Auffassung, wonach ein biographischer Gegenstand sich erst vor einem dichtgezeichneten Prospekt von Zeit und Umständen authentisch darstellen lasse, macht Hildesheimer kein Zugeständnis: durchweg hält er sich eng an seine Hauptfigur. Selbst den gesellschaftlichen und künstlerischen Mißerfolg der späten Jahre führt er stärker auf Mozarts persönliches Ungeschick, seine «clownhaft-dämonische Ausstrahlung» sowie seine Weltfremdheit zurück als auf die fremd gewordenen Umstände.

Nicht anders verfährt er mit der Umgebung Mozarts. Die

Schwester, die Mutter und das anfangs bunte Gewimmel der Sänger, Freunde, Hofleute, Librettisten, das sich dann rasch verliert, bis schließlich nur noch seine Frau Constanze, der Schüler Süßmayr und sein Gläubiger Puchberg um ihn sind: sie alle tauchen nur kurz und wie aus dem Ungefähren auf, um ihre wenigen Stichworte zu geben und wieder ins Dunkel zurückzutreten; nur der Vater, Leopold Mozart, bildet partiell eine Ausnahme. Man hat darin wohl auch einen Kunstgriff des Schriftstellers Hildesheimer zu sehen, der auf diese Weise seine These von der Fremdheit und unaufhebbaren Teilnahmslosigkeit Mozarts gegenüber allen menschlichen Beziehungen literarisch verstärkt: am Ende erscheint der Komponist als die eindrucksvollste Gegenfigur nicht nur zum romantischen, sondern auch zu jenem heute weithin geltenden sozialromantischen Künstlerbegriff, der die enge, wechselseitige Abhängigkeit von Künstler und Gesellschaft behauptet.

Schwerer wiegt, daß Hildesheimer auch die Stellung Mozarts in der Musikgeschichte nicht berührt. Über die frühen italienischen Erfahrungen, die Einflüsse Johann Christian Bachs, der Mannheimer Schule oder Joseph Haydns findet sich so wenig in dem Buch wie über Mozarts eigene Wirkungen. Seine Bedeutung für die Entwicklung des klassischen Konzerts, vor allem aber für die Oper, der er in der Verknüpfung von Seria- und Buffa-Elementen neue ungeahnte Möglichkeiten erschloß; sein unvergleichliches Genie, zahllose disparate Einflüsse aufzunehmen, sie durch minimale, aber kaum enträtselbare Veränderungen auf eine Stufe nie gehörter Vollendung zu heben und, ohne eigentlich die musikalische Konvention zu sprengen, in alledem doch unverwechselbar er selber zu bleiben: das alles wird eher beiläufig behandelt, wiewohl es als ein einzigartiger Akt selbstbehauptender Kraft das «Kunstwerk Mozarts» wesentlich ausmacht.

In einem Abschnitt, der wie eine nachgeholte Huldigung an den Zeitgeist wirkt, führt Hildesheimer den Mißerfolg des «Figaro» beim Wiener Publikum auf den gesellschaftlichen Affront zurück, den Beaumarchais' Vorlage für das adlige Publikum bedeutete; aber auch seine Konzerte fanden zu jener Zeit schon eine immer geringere Resonanz, in die letzte Subskriptionsliste trug sich kein einziger Besucher ein. Glaubwürdiger erscheint daher ein Aufführungsbericht, der die Ratlosigkeit der Zuhörer angesichts eines Werkes bezeugt, das dramatische und psychologische Elemente zu verwirrend neuartigen Wirkungen verband. Graf Zinzendorf war nur «gelangweilt»; aber «ungestümme Bengel im obersten Stockwerk» betäubten mit ihrem Lärm Sänger und Zuhörer.

Zu berücksichtigen bleibt aber, daß Hildesheimer keine Biographie im strengen Sinne geschrieben hat, sondern eine chronologisch locker geordnete Folge von Betrachtungen, Impromptus und polemischen Erörterungen zur vorhandenen Literatur. Zum Vorschein kommt dabei der gesicherte Kern dessen, was wir von Mozart wissen. Am ehesten ließe das Buch sich als ein umfangreicher, mit Intelligenz, Kennerschaft und Bewunderung verfaßter Essay bezeichnen, der, wie dieses Wort es meint, versuchsweise einige persönliche Thesen entwickelt. Doch indem der Autor die alten Antworten entlarvt, wirft er neue Fragen auf. Die Biographie, die wir diesem «vielleicht größten Genie der bekannten Menschheitsgeschichte» nach so vielen inbrünstigen, ins Infantile oder Vergötternde entgleitenden Darstellungen wohl schuldig sind, steht immer noch aus.

Über Richard Wagner

Eine biographische Skizze nach den Tagebüchern Cosimas

Es gibt Fälle, bei denen man alles mögliche zugeben mag, und es bleibt immer etwas Überwältigendes zurück.
Thomas Mann über Richard Wagner

Die eigentümliche Größe des 19. Jahrhunderts, das lange im Verruf einer vulgären, großmannssüchtigen Epoche gestanden hat, rückt erst der Gegenwart allmählich wieder ins Bewußtsein. Aus dem Abstand einiger Generationen erscheint es weitaus komplexer, farbenreicher, als das allgemeine Urteil ihm lange zubilligte; aber auch näher gerückt.

Es ist weniger die expansive Kraft des Jahrhunderts, die es im Rückblick auf neue Weise anziehend macht; auch nicht sein Selbstbewußtsein, das alles ins Großartige, Monumentale und oft genug auch ins Monströse ausweitete, ihm aber, im Gedanken wie in der Wirklichkeit, Abenteuer eintrug wie kaum einem anderen: die letzte Epoche naiver Eroberungen und unschuldiger Utopien. Viel eher sind es die Eintrübungen im Bilde dieses aufs Ganze gesehen so strahlenden Jahrhunderts, die es dem heutigen Betrachter annähern, seine in allem dröhnenden Optimismus unüberhörbar bleibenden Stimmen von Unruhe, Angst und Verfallsahnung. Es war groß und krank zugleich.

Niemand hat diesem doppelgesichtigen Charakter der Epoche so exemplarisch Ausdruck gegeben wie Richard Wagner. Und wie der Anziehung, die seine Zeit wieder ausübt, nie ein Element der Irritation fehlt, so ist auch der Blick auf seine Person durchsetzt von fatalen Empfindungen. Die ganze Zukunftsgläubigkeit der Epoche, aber auch ihre Untergangsstimmungen, ihr Reaktionärswesen und die Neigung zur revolutionär beflügelten Weltzertrümmerei, bürgerliches Ethos und bourgeoise Gewöhnlichkeit, altmeisterlicher Ernst und wilde Projektenmacherei, Ressentiments und große Freiheit des Urteils: es war alles in ihm. In seiner Widersprüchlichkeit erscheint er mitunter wie das Kunstprodukt einer anthropologischen Vexierlaune und doch, mit allen Unvereinbarkeiten, keineswegs disparat, sondern zusammengehalten durch eine elementare, die Bruchstellen schroff verbindende Persönlichkeit.

Es waren aber nicht nur die Widersprüche der Epoche, die dieses Adaptionsgenie aufgriff und verknüpfte; vielmehr waren diese noch versetzt von einer exzentrischen, ihrerseits höchst widerspruchsvollen Künstlerpathologie, die immer zugleich steigerte, brach oder provokant verschärfte, was sie sich aneignete, und nichts anderes als der aus alledem resultierende, schwer durchschaubare Beziehungswirrwarr ist es gewesen, der die Entschlüsselungsneigung der Biographen so lange in Verlegenheit gesetzt hat. Bezeichnenderweise gab es jahrzehntelang keine angemessene, das überreiche psychologische, künstlerische und zeitgeschichtliche Material in überzeugenden Deutungen ausbreitende Darstellung Richard Wagners. Martin Gregor-Dellins Biographie machte unlängst, gestützt auf neu zugängliche Materialien, einen eindrucksvollen Anfang, aber noch immer scheint es, als werde der problematische Rang des Komponisten in einigen Essays, vor allem denjenigen Thomas Manns, überzeugender greifbar.

In den leidenschaftlichen Auseinandersetzungen, die Richard Wagner noch immer entfacht, offenbart sich, wie nirgends sonst, die Gegenwärtigkeit des 19. Jahrhunderts. Denn sie gehen über den Streit um Werk und Person weit hinaus und haben mit prinzipiellen ideologischen Positionen zu tun, die bis heute wirksam sind. Was erst erheblich später als auseinanderstrebende Tendenz offen zutage trat, zeigt sich in ihm noch einmal vereint, wenn auch schon unversöhnt. Er markiert den Grundwiderspruch, auf den alle moralisch-politischen Antagonismen seither, in der einen oder anderen Weise, zurückzuführen sind: zwischen Aufklärung, Emanzipation sowie fortschrittsentschlossener Weltverwandlung einerseits und dem rückgewendeten Verlangen nach der vertrauten Gestalt des Daseins andererseits; zwischen einer von immer neuen Ernüchterungsschüben begleiteten Zukunft und einem mythologisch verzauberten Bild der Vergangenheit; zwischen modernem und romantischem Geist.

Es ist ein Widerspruch, der nahezu jede Seite der Tagebuchnotizen Cosima Wagners beherrscht. Ohne die revolutionäre Erfahrung von 1848, äußert Wagner einmal, würde er den «Ring» kaum konzipiert haben – aber gleichzeitig ergeht er sich in Schmähungen der Pariser Kommune, der Frauenemanzipation oder des Parlamentarismus: man müsse die Gesetze einfach dekretieren und anschließend durch die Armee aufrechterhalten, bemerkt er in gutgelaunter Verachtung der politischen Ansprüche des gemeinen Mannes und tadelt Bismarck dafür, daß er den «Parlamentseseln» gegenüber nicht den geringschätzigen Ton führt, «der sich gehöre». Die Bayreuther Festspiele, so hat er verschiedentlich versichert, seien als Veranstaltung für das Volk gedacht – doch die Gesichter der Menschen, denen er auf seinen Spaziergängen begegnete, beleidigten ihn so, daß er einmal umkehrte und verstimmt nach Hause ging. Immer wieder sprach er von seinen Hoffnungen auf Amerika als dem Inbild unbelasteter, starker Modernität und trug sich über Jahre hin mit Auswanderungsabsichten – bei gleichzeitigen Haßausbrüchen gegen die Zivilisation, das Maschinenwesen, die Großstadt oder das Geld als dem Anfang aller Dekadenz. Er sehnte sich nach Zukunft und war überwältigt vom Grauen vor ihr. Die großen Menschen seien nie auf der Seite des Fortschritts gewesen, meinte er, sondern «haben nach einem verlorenen Paradiese gegriffen, haben zurückgeblickt und sich gesehnt».

Widersprüche prägten schließlich auch sein Verhältnis zur eigenen Epoche. Alles beherrschend war das Gefühl einer ungeheuren Fremdheit, des gänzlichen Unverstandenseins auch von seiten der Freunde und seiner immerhin zahlreichen Anhänger. Als «das Facit seines Lebens», bemerkte er im August 1871, erfülle ihn die Empfindung, mit Cosima und dem Sohn Siegfried wie «auf dem Montblanc (zu stehen), in dieser Einöde und Einsamkeit». Eine Zeitlang glaubte er, in Gobineau und Nietzsche zwei wahre «contemporains» gefunden zu haben; aber der eine starb früh, der andere entfremdete sich ihm, und bald häuften die Klagen sich, «nicht einen Menschen zu haben».

Gleichzeitig aber empfand er sich doch als die große, Geist und Wesen der Zeit authentisch bezeugende Epochenfigur. Den Künstlerbegriff jener Romantik, der er entstammte, das Bild des an der Welt leidenden Außenseiters, versetzte er wie kaum ein anderer vor oder nach ihm mit einem Anspruch, der die Person zugleich ins Repräsentative steigerte: der Künstler als das Gewissen der Welt, als der heimliche Gegenkönig, der tiefer gelitten, reiner gedacht und weiter gesehen hat als alle. Wiederholt äußerte er die Absicht, eine neue Theologie zu entwickeln, die Auswanderungspläne sind verschiedentlich mit dem Gedanken verknüpft, «im religiösen Sinne ... neue Gemeinden und eine neue Menschheit zu gründen», und die «Bayreuther Blätter» dachte er sich als einen ersten Schritt, dem allgemeinen Verfallsprozeß durch die Verbreitung einer neuen Ethik entgegenzuwirken.

Wagner hat die Rolle des Widersachers gegen den Zeitgeist sehr bewußt und mit dem ganzen Anspruch eines moralischen Souveräns übernommen. Die Tagebücher enthalten eine Vielzahl von Träumen, und wenn es auch fragwürdig sein mag, aus dem Traumgeschehen ohne große Umstände uneingestandene Wunschbedürfnisse herauszulesen, bleibt doch aufschlußreich, wenn er im Erwachen berichtet, soeben habe ihm der Papst ergriffen die Hand geküßt. Gar nicht im Traum, sondern in bitterster Wachheit heißt es von Nietzsche, sein Abfall sei «nicht zu sühnen ...: die Sünde gegen den h(eiligen) Geist». Und nach einer Probe zur «Walküre» äußert er, er werde den Bühnenprospekt ändern, wenn er das Stück einst «im Himmel zur Rechten Gottes aufführe und, der Alte und ich, wir zusehen». Dergleichen mag mitunter nicht ohne Ironie geäußert sein, doch verdeutlicht es gleichwohl den eigentümlich erhabenen, halbreligiös gefaßten Begriff, den er von sich und seiner Kunst hatte, die hohe priesterliche Prätention darin, die seinen großen Weltspektakeln immer einen Hauch von Weihrauch und Tempelwesen hinzufügte.

Auf diese Anspruchshöhe hat sich der äußerlich kleine, korpulente Mann, der in sprudelndem Sächsisch redete und kaum irgendwelche Merkmale natürlicher Würde besaß, stilisiert. Wieviel Anstrengung und disziplinierende Gewalt gegen sich selbst ihn das kostete, geht aus der beiläufigen Bemerkung hervor, Liszt brauche nichts zu tun, nur einfach dazusein, um die Menschen zu beeindrucken, doch «unsereiner muß immer erhaben sein». Dabei kam ihm jenes histrionische Talent zustatten, von dem Nietzsche gesprochen hat: die Fähigkeit, alles ins Darstellerische zu steigern und auf den großen Ausdruck zu bringen. Sie prägte noch den Alltag und nahm ihm streckenweise alles, was der Begriff meint: den entspannten, anstrengungslosen Zug, den Verzicht auf das Pathos sozialer Rollen. Um Wagner war immer, selbst im privaten Bereich, Theaterluft, und wenn irgend etwas in diesen über fünfzehn Jahre mit fast unbegreiflicher Energie geführten Notizen Anspruch auf äußerste Glaubwürdigkeit verdient, dann der unverwechselbar gleichbleibende Bühnenton, die Aura feierlicher Gebärden und umflorter Worte, in der sich nicht nur Cosimas exaltiertes Temperament, sondern der Inszenierungsstil einer menschlichen Beziehung spiegelt: «In erhabener Müdigkeit begeben wir uns zur Ruhe», notiert sie am Abend und schreibt am Morgen: «Herrlich begrüßen wir diesen Tag.»

Gewiß kommt die hochtheatralische Appretur weit anschaulicher noch in den abendlichen Réunions, häufig mit ein oder zwei Freunden, zum Vorschein, wenn der Salon zur Szene wird und Wagner ganze Tristan-Partien singt, als Steinerner Gast auftritt oder den Hamlet-Monolog vorträgt, «er selbst erhaben schön, persönlich wie künstlerisch erschütternd», wie Cosima notiert. Aber bemerkenswerter bleibt doch, in welchem Maße der große deklamatorische Gestus den persönlichen Umgang prägt. Nicht ohne Überraschung entdeckt man an Richard Wagner, selbst in Phasen äußerster produktiver Gereiztheit, die Hingabe und inspirierte Aufmerksamkeit des geborenen Liebhabers, und seine Beteuerungen, ohne Cosima hätte er keine Note mehr komponiert, kein Wort mehr geschrieben, durchziehen leitmotivisch die beiden Bände: «Meistersinger», «Ring», «Parsifal», dazu Bayreuth und die Schriften – das alles hätten sie gemeinsam für die Unsterblichkeit getan, gesteht er überschwenglich.

Aber diese immer erneuten Huldigungen und Liebesschwüre sind, wie aufrichtig sie auch empfunden sein mögen, nie ohne einen zumindest flüchtigen Seitenblick auf den Effekt hin formuliert. Nicht selten holte er sie durch einen Klageruf, einen Fluch aus dem Nebenzimmer herbei. Einmal hörte sie ihn laut «Ach!» seufzen und erhielt, als sie hinzukam, auf Befragen die Antwort: «Ich dachte, wann würden – du und ich – wir in jener anderen Welt sein, wohin wir gehören; in dieser haben wir nichts zu suchen, sie war nur da, um uns beide hervorzubringen.» Und sie darauf: «Ach! Selig empfinde ich es, daß das Leben uns nichts geben kann! Und nichts anhaben.» Das ist nichts anderes als ein Operndialog, und dergleichen wird, mit dem Sechzigjährigen in der mitunter doch outriert wirkenden Rolle des jugendlichen Liebhabers, auf ungezählten Seiten exekutiert: so wenn er einen Streit darüber entfacht, wer von ihnen glücklicher sei, er sie in einem solenn mißglückenden Bilde den Haken nennt, an dem er über dem Abgrund hänge, oder das Schicksal preist, daß er nach ihr, wenn es zu Ende gehe, nichts mehr sehen werde. Noch am Abend vor seinem Tode sagte er, ein letztes Mal ihre Verbindung feiernd: «Alle fünftausend Jahre glückt es!» Bürgerliche Ehe als Bühnenweihfestspiel.

Es ist dann aber nicht ohne anrührende Wirkung, wenn Cosima ihm, als er ihren Mut zu dem gemeinsamen Lebensabenteuer feiert, schlicht entgegnet: sie habe keinen Mut gehabt, sondern ihn nur geliebt. Vermutlich war es in seinen Augen auch ihr einziger Mangel, daß sie seinem Bedürfnis, selbst den persönlichen Bereich dramatisch zu beleben, nicht weit genug entgegenkam. Die Streitigkeiten, die durchweg von ihm ausgingen, waren gewiß nicht nur Entladungen der strapazierten, ständig unter produktiver Hochspannung stehenden Nerven; vielmehr scheint es, als sei er der unendlichen Harmonie dieser Beziehung mitunter auch überdrüssig geworden und habe in der häuslichen Szene gerade gesucht, was das Wort ursprünglich meint: die Möglichkeit des großen Auftritts, der krisenhaften Zuspitzung, Entladung und schließlichen Versöhnung.

Cosima hat die ehelichen Zusammenstöße in leidenschaftlicher, von masochistischen Begleittönen nicht freier Unterwerfungshaltung hingenommen. «Es zittert und bebt mein ganzer Leib», notierte sie nach einer Auseinandersetzung, doch mit immer der gleichen Bewältigungstechnik, dem «schwärmerischen Umfassen des Schmerzes», schloß sie jeden Streit ab: «Was dürfte das arme Weib? In Liebe und Begeisterung leiden.» Es ist sicherlich unzutreffend, mit Peter Wapnewski vom «dialektischen Charakter solcher Dienstbarkeit» zu sprechen und in der radikalen Unterwerfung Cosimas ein strategisches Prinzip im Geschlechterkampf zu sehen, das aus lauter Demutsgebärden ein heimliches Herrschaftssystem errichtet. Denn diese Deutung verfehlt nicht nur den moralischen Antrieb ihrer Haltung, der die eigentümlich bewegende

Erfahrung für den Leser dieser Notizen ist, sondern auch ihre Gebrochenheit, ihr Leiden am Dasein, dem sie nur in Verzweiflung gewachsen war: «Leben fällt mir schwer!», bekennt sie.

Zeitlebens litt Cosima am Trauma des Verrats, der Untreue gegen Hans von Bülow, den sie um Wagners willen verlassen hatte. Zwar waren ihre Tagebuchaufzeichnungen ursprünglich als Materialsammlung für den zweiten Teil der Wagnerschen Autobiographie gedacht; aber der eigentliche, zusehends stärker hervortretende Beweggrund für die Niederschrift war doch das Bedürfnis nach Rechenschaft sowie nach Selbsterklärung und Abbitte gegenüber den eigenen Kindern: «Aus dem Schlaf wachte ich durch die Erscheinung von Hans im Traume jäh auf. Am Tage hatte ich seinen Brief wieder gelesen, weil ich das Schlimme, das ich – wenn auch willenlos – verschuldet, mir nie vertuschen will und mir im Gegenteil immer tiefer einpräge, um es zu büßen und sühnen wie ich kann.» Macht und Rigorismus der bürgerlichen Moral haben sich selten so triumphal bezeugt wie auf diesen Seiten, auch wenn zu sagen ist, daß erst Cosimas Leidenshunger, ihr Bedürfnis nach Unterwerfung und «Selbstzertrümmerung», den Triumph so überwältigend machte. In alledem sah sie sich nicht nur entschädigt, sondern zugleich erhoben durch das Bewußtsein, daß das Leid eine aristokratische Kategorie sei, Ergebung war ihre Form des Stolzes: «Ich wandle mit der nie abzulegenden Würde des Schmerzes, am Tag heiß und trocken wie im Fieber, nachts in Tränen.» O felix culpa!

Die Wurzel dieser Dauerpression ist aber tiefer zu suchen als im Bewußtsein des Verstoßes gegen die Normen bürgerlicher Moral. Cosima war beherrscht vom Gefühl des unauflösbaren Zusammenhangs zwischen Dasein und Schuld und hat sich, unablässig grübelnd, ins Unvermeidliche zu schicken versucht. Wie es dem gemeinsamen Stil der extrem hochgezogenen Gefühle und Gesten entsprach, bat sie Richard eines Nachts, sie zu segnen, und erwiderte ihm auf die nicht ohne einen Anflug von Ratlosigkeit vorgebrachte Frage, was sie denn von ihm erwarte, er solle einfach sagen: «Das Gute braucht nicht gut zu sein.» Es mag mit den unvermeidlichen perspektivischen Verzeichnungen selbst in einem solchen, bis zur letzten Selbstentäußerung getriebenen Dokument eines gemeinsamen Daseins zu tun haben, daß der Eindruck sich einstellt, Richard Wagner selber sei, so wie er sich gesprächsweise äußert, weit weniger als Cosima von jenem existentiellen Schuldgefühl betroffen gewesen, das gleichwohl in seinem Werk eine so einzigartige Rolle spielt. Jedenfalls scheint er, der große Erlösungsmystagoge, sie bisweilen um ihr Leiden, die zermürbenden Gewissenskonflikte und immer neuen Tränenstürze zu beneiden und verwies dann, wie in einem Akt der Selbstrechtfertigung, vor allem auf die Musik, die den Menschen abstumpfe und verderbe. Ein Musiker sei «ein wahres Vieh», versicherte er, auch er selber lebe «wie eine Art Tier»; und ergänzend heißt es an anderer Stelle: «Er klagte über die Nötigungen seiner künstlerischen Bestimmung, dadurch, daß er ihnen gehorche, seine moralischen Anlagen unausgebildet lassen zu müssen; nebenbei könne er nichts tun, oder alles fiele schlecht aus; ganz moralischer Mensch sein heiße aber sich ganz aufopfern.»

Das andere große, alles überragende Motiv der Tagebücher ist der Gedanke an Abgang, Aufhören, Erlöschen. Die Ungeduld zum Ende, das rauschhafte Selbstvernichtungsbedürfnis, das ebenfalls zu den dominierenden Themen des Wagnerschen Werkes gehört, taucht gleich zu Beginn auf und verdichtet sich, in rascher Steigerung, zur Vorstellung gemeinsamen Sterbens. Wieviel Erlösungsromantik und moribunde Vereinigungsmythologie, wieviel «Literatur» diesen Todesschwärmereien auch untermischt sein mag: die Glaubwürdigkeit des «Heimwehs nach dem Tode», von dem Cosima spricht, ist unbezweifelbar. Schon im Juni 1869 wirft Richard Wagner selber, wie eine der ersten Eintragungen festhält, die Idee des Doppeltodes auf, die Cosima sich augenblicklich, wie ein befreiendes Stichwort zu eigen macht. Bei einem gemeinsamen Spaziergang durch das abendliche Dresden, während die Freunde einer Aufführung der «Meistersinger» beiwohnen, fragt sie ihn unvermittelt, wann endlich der Tod für sie beide käme, und ist befriedigt, als Richard ihr von einem Traum erzählt, in welchem er den Zweifel, ob sie wohl seinem Plan folgen werde, sich gemeinsam in der Badewanne zu ertränken, mit dem Satz behoben habe: «Cosima macht alles mit.» Und ganz wie eine Figur aus der Personnage seines Werkes schreibt sie hin: Wenn Liebesverhältnisse «nicht zu Tod oder Vereinigung führten, hätten sie immer etwas Lächerliches»; und: «Die vollständige Vereinigung erst im Tod.»

Dahinter war nicht nur die Idee vom Tod als der einzigen, dem Gedanken erreichbaren Vorstellung der Ewigkeit wirksam, sondern gewiß auch das Bewußtsein von der Einmaligkeit ihrer Verbindung, die nur durch einen dramatischen Abgang angemessen besiegelt werden könnte. Vor der wahren Liebe gehe «die ganze sittliche Welt in Trümmer», bemerkt Wagner bei Gelegenheit, sie sei wie eine «plutonische Eruption»; und obwohl der «Tristan», die Geschichte vom «absoluten Zerfressensein eines Wesens durch die Liebe», wie er formuliert, die Eingebung einer anderen Zeit und einer anderen Leidenschaft gewesen war, ist die Verbindung mit Cosima, ungeachtet ihrer schließlichen Überleitung in bürgerlich-häusliche Verhältnisse, seinen eigenen Worten zufolge, seine wirkliche Tristanerfahrung geworden: «Da war keine Spur von Goethe-Stein'schem Verhältnis, da war alles blutig.» Wenn ihm die Vorstellung, daß auch blutig enden müsse, was so «blutig» begonnen war, offenbar nicht zuletzt von seinem Theatertemperament eingegeben war, so hat Cosima sie mit äußerstem, zu jeder Konsequenz bereitem Ernst aufgegriffen. Nur der Gedanke an das Werk des «Einzigartigen», «Unbeschreiblichen» ließ sie durchhalten, leidend, sich selbst kasteiend, entsagend; wenn das Leben schon nicht enden durfte, konnte es doch die Einübung auf das Ende sein: «Ich altre gern», notiert sie, «mit jedem grauen

Haar erlöscht ein eigenwilliger Gedanke.» Betrübt verzeichnet die Zweiunddreißigjährige Richards erotische Bedürfnisse, von mir, schreibt sie, «ist jede Leidenschaftlichkeit der Liebe gewichen ...; er sagt mir, wie ich mit Beklemmung immer dieses gewahre, daß gerade das ihm die große Sicherheit und Ruhe gebe, daß die Natur unsren Bund gesegnet»; und fortfahrend: «Von da an sei ihm ein neues Leben begonnen», während sie gerade die Sehnsucht nach dem Tod «mit beinahe unbesieglicher Macht» empfand und keinen Unterschied darin erkannte, ob er als äußerste, rauschhafte Steigerung einer Glückserfahrung oder als die letzte Zuflucht vor Weltekel und Lebensüberdruß erfahren wurde. Nicht wenige Eintragungen zu diesem Thema klingen in ihrer süchtigen Erregtheit wie ein zwar schon müdes, aber inständiges Echo auf den Kleistschen Sterbensjubel angesichts des Todes zu zweit: «Gestern und heute faßte ich mein ganzes Wesen in einem Gebet: mit Richard zugleich zu sterben!» Cosima überlebte ihn um siebenundvierzig Jahre.

Der tiefe Pessimismus, der sich in diesen Aufzeichnungen bekundet, entstammt jedoch nicht nur individuellen Schuldgefühlen und romantischer Sympathie mit dem Tode; vielmehr hatte er auch eine objektive Seite und war ebenso von Widerwillen und Verzweiflung angesichts der politischen und gesellschaftlichen Zustände eingegeben. Daß Richard Wagner, trotz aller grandios auftrumpfenden Betäubungseffekte seines Werks, in denen das 19. Jahrhundert, seine Vitalität, seine Zuversicht, sein lärmender Optimismus, nicht selten apotheotisch verklärt erscheinen, weit legitimer der kulturpessimistischen Tradition angehört, daß er einer der großen Epochenanschwärzer und Souffleure des Kulturdefätismus war, ist oft vermerkt worden. Aber das Ausmaß seines Zerfallenseins mit der eigenen Zeit, der ins Tagtägliche reichende Obsessionscharakter seiner Antipathie, wird erst in diesen Notizen ganz kenntlich.

Zweifellos war viel naiv-persönliches Vergeltungsbedürfnis dabei am Werk: die Welt sollte zu spüren bekommen, was es hieß, sein Werk so zögernd aufzunehmen. Aber dahinter wird doch alsbald die romantische Wirklichkeitsverachtung erkennbar, die den eigentlichen Antriebsgrund all dieser Ausbrüche über die «unglaubliche Décadence», die verrottende Welt der Geldherrschaft, der geistigen Sterilität und moralischen Gemeinheit bildet. Das deutsche Unverhältnis zur Politik: die Verachtung einerseits sowie andererseits die Neigung, sie als die Kunst des Unmöglichen auszugeben und die Wirklichkeit von hoher Warte für ihr utopisches Defizit zu züchtigen, wird an Richard Wagner in allen Spielformen greifbar. Schon als Kind habe er bei dem Versuch, auf selbstgearbeiteten Papprollen zwischen zwei Stühlen zu schweben, Realität und Idealität nicht zusammengebracht, erzählt er; und so gehe es ihm immer noch.

Die Wahrheit, die er höhnend gegen die Wirklichkeit ausspielt, heißt, daß alle Zivilisation zum Untergang dränge. Geld, Besitz sowie überhaupt die materialistische Veräußerlichung des Lebens machten den Ruin der Welt unausweichlich, und es ist aufschlußreich zu verfolgen, wie unbefangen er den mythologischen Kunstgedanken vom Fluch des Goldes mit der Realität der Gründerjahre verknüpft. Es wäre sicherlich unerlaubt, ihm den eigenen materiellen Ehrgeiz vorzuhalten und seinen Geschäftssinn, sein kalkulatorisches Genie im Kleinkrieg um Aufführungsrechte, Verlagsverträge und Honorare aus diesen Seiten herauszupräparieren, wiewohl es nicht ohne Reiz ist, den Verächter von Besitz und Geld dabei zu beobachten, wie er sich nach dem Einzug in Wahnfried «seines Reichtums (freut)», im Dogenpalast in «völliges Schwelgen im Reichen und Schönen» versinkt und während der Organisation der Festspiele, nun schon das Komische streifend, plötzlich ausruft, sie wollten alles allein tun, «kein Regisseur, kein nichts, bloß ein Cassier». Doch in Wirklichkeit reicht ja die Lust am Aufwendigen und Schönen, am ausartend Üppigen, tief in seine Musik hinein, die eben nicht nur die ästhetischen Kategorien der bürgerlichen Gesellschaft und damit deren Grenzmarken revolutionär überschritt, sondern auch deren charakteristischer Ausdruck war. Ihre Neigung zum Verschwenderischen, sinnlich Schweren, ihr Geschmack am Narkotischen, mondän Gebauschten, an luxuriösen Wirkungen hat sie, aller intellektuellen Gebrochenheit zum Trotz, zuletzt doch immer wieder in die Nähe jener «Großen Oper» gerückt, die Wagner selber als bourgeoises Spektakel und Ausdruck ebenjener Décadence empfand, an der er verzweifelt litt.

Es hat vermutlich mit seiner Neigung zu dramatischen Steigerungen zu tun, daß er nicht nur den Untergang als unvermeidlich ansah, sondern ihn zu ersehnen und in enthusiastischen Finalphantasien, «einen Weltuntergang in jeder Note», zu beschwören begann: «Ich dürste nach Vergehen, Verderben.» Als er Anfang 1871 einen Krönungsmarsch komponiert, stellen sich denn auch Schwierigkeiten ein: «So etwas kann ich nicht machen.»

Denn, so bemerkt er nicht ohne Stolz: «Ich bin der Plenipotentiarius des Untergangs.» In jungen Jahren hatte er noch an die Veränderbarkeit der Welt geglaubt. Zwar ist es richtig, daß er nicht zuletzt zum Revolutionär geworden war im Interesse seiner Kunst, für die er sich mancherlei Wirkungsmöglichkeiten aus dem Umsturz des Bestehenden erhoffte; auch spielten dunkle Protestbedürfnisse und die vom eigenen Temperament viel eher als von politischen Konzeptionen gesteuerte Künstlerneigung zum extremen Ausdruck bei seinem revolutionären Engagement eine Rolle. Aber dahinter war doch durchweg die, wenn auch vage Vorstellung wirksam, daß die verderbte Welt nur zu retten sei, wenn die Reinen, Unkorrumpierten sie in Flammen setzten und über Aschefeldern die wahre Kunst alles neu mache.

Es gehört zum repräsentativen Charakter Wagners, daß er bald schon den Weg des deutschen Bürgertums, ein Stück weit zumindest, mitgegangen ist und den Wandel vom revolutionären zum antipolitischen Affekt, den Rückzug aus der öffentlichen in die private Sphäre mit all dem desillusionierten Groll, der dafür kennzeichnend ist, vollzogen hat. Der Glaube an die reinigende Kraft der Zerstörung jedenfalls war bald dahin, aus dem Freund Bakunin war ein enttäuschter Misanthrop geworden, mit ihm selber verhielt es sich nicht anders. Sogar dem eigenen Werk billigte er inzwischen keine läuternde Wirkung mehr zu und vermochte kaum daran zu denken ohne das Gefühl des Unverstandenseins und der Reue: «Er wisse wohl, es sei alles vergebens gewesen.» Jahrelang verstrickte er sich in erbitterte Streitigkeiten, um die Aufführung einzelner Werke zu verhindern, und obwohl dabei finanzielle und künstlerische Erwägungen im Vordergrund standen, war doch auch die Überlegung im Spiel, daß die Welt zu verächtlich sei für sein Werk: «Alles», äußerte er, «ist den Schweinen hingeworfen.»

Das Bild prägt sich unverlierbar ein: die beiden, gravitätisch verhockt in ihrem fränkischen Winkel, die zunehmende Vereinsamung zu Weltflucht und Weltekel stilisierend, wie sie in unglaublicher, menschheitsabkanzelnder Rechthaberei, unentwegt einander bestätigend und bedauernd, ihre gereizten Urteilssprüche austeilen: über Kunst, Religion, Politik, Judentum, Frauenemanzipation, Sozialismus. Wer fragt, woher Wagner die Kraft für das Bayreuther Unternehmen holte, das ihm in der Tat wie das Kornfeld auf der hohlen Hand wuchs: für die Konzeption so gewaltiger Partituren mitsamt der täglichen Ausführungsmühsal, die entmutigenden Scherereien der Geldbeschaffung und der Organisation des Festspielhausbaus, die Überwindung tausendfacher Widerstände sowie schließlich die Bekehrung eines Publikums, dessen ästhetische Vorstellungen sein Werk leidenschaftlich verwarf, wird nicht zuletzt hier zu suchen haben: im Affekt gegen eine höhnende, vom Gelächter widerhallende Zeit, die nur durch ein beispielloses, die Kräfte eines einzelnen weit übersteigendes Riesenprojekt zu Scham und Bewunderung auf die Knie gezwungen werden konnte.

Erst vor diesem Hintergrund werden auch die immer neuen Zweifel Wagners an dem «eitlen» Unternehmen begreiflich. Zwar nennt er das Festspielhaus einmal seinen «größten praktischen Geniestreich» und äußert übermütig, es stehe da wie eine «Narrenlaune». Aber weitaus häufiger sind die Klagen darüber, daß Bayreuth ein «Unsinn» gewesen sei, sein «Leidensberg», und als er, gegen Ende der Arbeiten am Festspielhaus, zusammen mit Cosima zum ersten Mal das gerüstfreie Gebäude erblickt, stellt das Gefühl eines «Sonnenuntergangs» sich ein: «Keine Morgenröte!» Noch im Oktober 1876, nach den ersten Festspielen, denkt er wiederholt daran, alles aufzugeben und sich einfach davonzumachen.

Es gehört zu den Paradoxien dieses Lebens, daß er, der an seinem Lande gelitten hat, «was einer an Deutschland leiden kann», immer wieder zur Definition dessen, was eigentlich deutsch sei, in Anspruch genommen worden ist. In der Tat ist kaum bestreitbar, daß sein Werk sowohl im Literarischen, in der Wahl der Sujets wie der Figuren, als auch in der Art ihrer musikalischen Verarbeitung etwas unverkennbar «Deutsches» besitzt: Die Vorliebe für den germanisch-deutschen Sagenbezirk, für mittelalterliches Ritter- und Reckenwesen, für Märchen- und Wunderwelten sowie für «Deutsches Schwert» und «Deutsche Kunst», dies alles noch durchtränkt von einem Zug ins Metaphysisch-Spekulative, Feierlich-Unmäßige, ist generationenlang, innerhalb Deutschlands wie außerhalb, als «deutsch» bis an die Grenze des Parodistischen oder auch darüber hinaus empfunden worden. Die ungemeine Ausdeutungsfähigkeit seiner Werke hat überdies, in einer Zeit des nationalistischen Identitätswahns, gerade deren fatale Elemente hervorgetrieben und sie einer borniert völkischen Tradition mit ihrem Haß auf alles Fremde dienstbar gemacht. So lag es zur Ausbeutung durch den bereit, der in Richard Wagner sein größtes Vorbild sah; und doch muß man einräumen, daß von allen Kunstmißverständnissen des Nationalsozialismus dieses vermutlich das geringste war.

Immerhin ein Mißverständnis. Denn was immer im Werk Wagners der eng nationalistischen Deutung Vorschub leistete, betraf zuletzt doch eher die akzidentellen Einkleidungen: Szenerie, Kostüm und idiomatische Eigenart. Auch seine unverkennbar reaktionären oder doch vergangenheitszugewandten Elemente ließen sich für die aktuellen Machtstaatbestrebungen nur verfälschend mobilisieren. Dem genaueren Blick stellen diese Werke sich gerade als die Verneinung des Politischen zugunsten des Mythologischen, als Rückzug aus dem Historisch-Nationalen ins Menschheitliche dar, und daß in dieser Auffassung nicht nur die eine Interpretationsabsicht gegen eine andere steht, weiß man aus Wagners Arbeit am Ring-Stoff, den er bewußt und schrittweise so lange aller geschichtlichen Zusätze und Anverwandlungen entkleidete, bis der Ur-Mythos zutage trat.

Sowenig wie das Werk läßt sich auch die Person für den nationalstaatlichen Machtgedanken oder gar für ein völkisches Sonderbewußtsein in Anspruch nehmen. Selbst wenn man die historische Berechtigung des nationalen Gedankens zu jener Zeit in Rechnung stellt, bleibt doch auffällig, wie unbeteiligt Wagner sich gegenüber allen Bestrebungen der politischen Nation zeigte: «Ich bin nicht auf den Rang der Tagespatrioten zu zählen», bekannte er. Ein einziges Mal nur, anläßlich des deutsch-französischen Krieges, ließ er sich von der verbreiteten nationalen Stimmung erfassen, doch Cosimas Aufzeichnungen lassen Zweifel daran zu, ob nicht, was ihn dazu trieb, viel eher sein übermächtiger, von unvergessenen Demütigungen herrührender Haß auf Frankreich war, das er jetzt zur Vormacht der untergangsgeweihten Zivilisation erhob, während das siegreiche Deutschland zum Gegenstand neuer, der politischen Sphäre freilich weit entrückter Hoffnungen wurde.

Sie schlugen abermals in Enttäuschung um, und aufs Ganze gesehen ließe sich aus den Tagebüchern unschwer ein Kompendium antideutscher Schmähungen zusammenstellen. Zwar hat Wagner das immer wieder beabsichtigte Buch über das Wesen der Deutschen nicht geschrieben, aber Cosimas Notizen geben doch die wichtigsten Hinweise: daß die Deutschen sich allzu widerstandslos fremden Einflüssen öffneten; daß sie weder Form noch nationalen Charakter besäßen, laut, flach und verlogen seien. Vor einer Fotografie Carlyles sagte er: «So müßten wir (Deutschen) aussehen: rechtschaffen und traurig.» Statt dessen verkämen die besten Anlagen in der Jagd nach äußerem Erfolg, in Kommerz und derbem Genuß: «Nur Gewinnsucht und für einen Sechser Wollust», urteilte er knapp und schneidend, beklagte die «dumme Bier-Sinnlichkeit der Deutschen», dieser «elenden Nation», für die sich so schwer etwas Gutes vorbringen lasse. Sich selber nahm er dabei keineswegs aus, er wußte, was er seiner Herkunft, im Großen wie im Fragwürdigen, verdankte: «Wir sind schauderhaft! Ich kann es sagen, denn: J'en suis!»

Gewiß war auch dabei wieder der nie verwundene Zorn darüber im Spiel, daß die Nation im ganzen sein Werk nur mit so spürbarem Widerstreben annahm. Sorgfältig verzeichnen die Tagebücher jede Weigerung, über die sogenannten Patronatsscheine an der Finanzierung der Festspiele mitzuwirken, und es gehört zu Cosimas schwärmerischen Mißverständnissen, wenn sie schreibt, Richard begehre weder Ruhm noch Anerkennung. In Wirklichkeit hat er zeitlebens nichts anderes begehrt. Es ist nur ein anderer Widerspruch seines Wesens, daß er, aller Bayreuther Volksfestideologie zum Trotz, gerade nach Anerkennung durch die Inhaber hoher sozialer Ränge verlangte. Als im August 1876, bei der Eröffnung der Festspiele, zusammen mit Fürsten, Großherzögen und Prinzen auch der Kaiser erscheint und «sehr freundlich gestimmt vom Nationalfest» spricht, vermerkt das Tagebuch: «Endlich!» Zwar gesteht Wagner dem zunächst bewunderten Bismarck zu, er leiste genug, «der braucht nicht an das Kunstwerk der Zukunft zu denken». Doch als der Kanzler ihm eine Subvention von 30 000 Talern streicht, werden «bittere Empfindungen» wach, die sich bald in totalen Verdammungsformeln niederschlagen: «Ich kam in die elendeste Zeit, welche Deutschland je erlebt, mit diesem Sauhetzer (Bismarck) an der Spitze.»

Der kränkenden Realität entzog er sich immer wieder durch den Rückzug in die Gegenwelt der Kunst. Die Bayreuther Abende mit den regelmäßigen literarischen Lesungen oder musikalischen Vorträgen waren aber nicht nur Flucht- und Ausweichbewegungen gegenüber der Wirklichkeit, sondern auch vom Verlangen nach ebenbürtigem Umgang eingegeben, wie ihn einzig das «Geisterreich der großen Toten» gewährte. Die griechischen Klassiker, Cervantes, Kant, Schiller, Goethe und Schopenhauer waren die bevorzugten Autoren, sodann Shakespeare, immer wieder Shakespeare: «Er ist unausstehlich», meinte Wagner hingerissen, «denn er ist absolut unbegreiflich.» Was bürgerliches Bildungspathos mit all seinem intellektuellen Aneignungshunger, seiner Sehnsucht nach großen Gedanken, Stoffen und Themen sowie dem Glück hingebender Bewunderung eigentlich ist, wird kaum irgendwo so unmittelbar anschaulich wie auf diesen Seiten. Sie demonstrieren zugleich auch die suggestive Macht geistiger Erfahrungen. Angesichts der nervösen Zustände, unter denen Wagner litt, all den Zahngeschwüren, Migränen, Gesichtsrosen, Hitzeblattern und Fieberanfällen, mußten die Ärzte immer wieder ihr Unvermögen eingestehen. Aber die Lektüre eines Buches, auch ein geistreicher Einwurf, konnte alle Gebrechen vergessen machen und ihn glücklich stimmen: dies war die Wirklichkeit gegen alle Wirklichkeit, ein «unendlicher Trost». Wenn Wagner von einem Traum berichtet, in dem Goethe ihm erklärte, er wolle bei ihm bleiben, bei ihm habe er seine Bestimmung gefunden, so zeugt das nicht nur vom skurril getönten Hochmut Wagners, sondern auch von einer Intimität im Geistigen, die sich nur aus vertrautem, fast nachbarlichem Umgang mit den großen Dichtern und Künstlern der Vergangenheit herstellt.

Immer wieder ist man verblüfft über die souveräne Manier, in der er über weite Bereiche des europäischen Bildungsguts gebot. In der Tat sind auch seine komplizierten Text-Vorlagen, denen die motivisch unendlich verflochtene, von Anspielungen und Beziehungsreizen erfüllte Musik nur zu genau entspricht, ohne bürgerliches Bildungsbewußtsein und bürgerlichen Bildungsprunk kaum zu denken; und man beginnt zu ahnen, welchen Gefahren das Werk durch Wagners literarische Bewußtheit, seinen psychologischen Scharfsinn, das tiefsinnig Ausgedachte seiner Szenen und Figuren, ausgesetzt war. Ohne die Fähigkeit, sich vor den Partituren in jenen «wahnsinnigen somnambulen Zustand», jene «eigentümliche Brunst» zu versetzen, in die er sich nicht selten künstlich, durch mancherlei anregende Nachhilfen, wie er es nannte, zu «schrauben» pflegte – es hätte alles leicht in eine Art angestrengter, von den Spuren eines pedantischen Konstruktionswillens unverlierbar gezeichneter Gedankenmusik ausarten können.

Er liebte Carl Maria von Weber, der sein großes musikalisches Bildungserlebnis gewesen war: ohne ihn wäre er nie Musiker geworden, hat er bekannt, da «käme er in seine Heimat». Daneben bewunderte er Beethoven, «wir sind die beiden Melodisten, wir haben die große Linie», behauptete er, während er sich, vom musikalischen «Schönheitsgefühl» sprechend, als «Nachfolger Mozarts» sah. Er rühmte, in einem schönen Wort, dessen «wimmelnde Wunderbarkeiten», registrierte staunend, nie habe Mozart «etwas Törichtes komponiert», doch erhob er immerhin auch Einwände. Sie galten vor allem der «Kürze» dieser Werke und dem mitunter «schrecklichen Formalismus» ihrer Durchführung, nur selten sei Mozart «zum Ausdruck seines Wesens» gekommen. Bezeichnenderweise fragte er nicht, ob Mozart überhaupt individuelle Empfindungen: Nöte, Sehnsüchte oder Hochstimmungen in Musik habe umsetzen wollen, wie er denn durchweg, was immer ihm begegnete, aus der radikal verengten Perspektive des eigenen Kunstbegriffs bewertete. Das wird im abschätzigen Urteil über Rossini, Schumann oder Brahms ebenso deutlich wie in den Verdikten über Rom oder die Renaissance. Noch in der Sixtinischen Kapelle denkt er unwillkürlich an das eigene Werk: «Das ist wie in meinem Theater, hier merkt man, daß nicht gescherzt wird.» Daß Genie auch Blickverengung, Neid und Ungerechtigkeit sei, hat er mit selbstkritischem Freimut verschiedentlich eingestanden: «Ich kann», heißt es einmal, «nicht gerecht sein, dazu muß man selbst nichts sein, nichts anderes im Kopfe haben als das Abwägen.»

Wenn Wagner aber zu den eindrucksvollen Beispielen dessen zählt, was bürgerliche Bildung einmal war, so hat er doch auch deren Grenzen aufgezeigt. Selten nur ist der Satz, daß Bildung freimache, daß dem geistigen Gewinn notwendig ein moralischer folge und mit den Unkenntnissen auch die Vorurteile fielen, so nachdrücklich selbst als Vorurteil kenntlich geworden wie an seiner Person. Denn alle Leidenschaft für große literarisch-künstlerische Eindrücke und erweiternde Erkenntnisse hat nicht verhindern können, daß er zahlreiche Wahnvorstellungen der Epoche teilte: mancherlei Verschwörungstheorien, Irrlehren, Ressentiments, und kaum daß er durch die Freiheit eines Urteils Bewunderung abnötigt, stellt er sich als Anwalt des dunkelsten Köhlerglaubens bloß.

Den anschaulichsten Beleg dafür liefert zweifellos Wagners Antisemitismus. Er selber hat ihn, eine verbreitete Vorstellung mit den eigenen Dekadenzvisionen verknüpfend, verschiedentlich damit begründet, daß die Juden als die Repräsentanten der Geldherrschaft zugleich das eigentlich antreibende Element des Verfallsprozesses bildeten. Überfremdungsängste kamen hinzu: Die rassische Härte der Juden, ihre Intelligenz und oft bewiesene Fähigkeit, unter allem Anpassungsdruck nichts von ihrer Eigenart aufzugeben, machten sie allen Völkern überlegen, meinte er. Solange die Deutschen, ungeprägt und formbar, wie sie seien, noch keinen nationalen Charakter entwickelt hätten, leiste der Staat, indem er die Juden in seinen Schutz nehme, dem Untergang des Landes Vorschub. In zwei oder drei Generationen, vielleicht, werde man die Vorbehalte ablegen und die Juden nach Deutschland hereinlassen können, denn am Ende seien sie, wie er einmal, alle Vorurteile spontan abwerfend, äußerte, «doch die allervornehmsten».

Indessen wird in solcher, das «rationale» Gerüst seines Wahns freilegender Verkürzung nichts mehr von dem obsessiven Charakter dieser über Jahre hin sich erstreckenden, in ständig neuen, bösartigen Ausfällen gipfelnden Judenfeindschaft spürbar. Ihre dumpfen Motive kommen zum Vorschein, wenn Cosima von «wildesten Träumen» Richards berichtet, in denen Jüdinnen ihn verhöhnen oder, ein anderes Mal, «zudringlich» werden: «Immer viel Racen-Gespräche», notiert sie. Die Veröffentlichung der von Wagner verfaßten Schrift «Über das Judentum in der Musik» fällt in die Zeit der Tagebücher, und zahlreiche Eintragungen machen das gewaltige Echo, das sie hatte, vernehmbar. Irritiert liest man, wie Wagner sich «mit einiger Genugtuung» ein persönliches Verdienst an der, nach Jahren zunehmender Liberalisierung, plötzlich wieder «gefährdete(n) Lage der Israeliten in Deutschland» zuschreibt, oder Cosima, nach der Lektüre einer antisemitischen Rede des Pfarrers Stoecker, in naivem Zynismus festhält: «Wir lachen darüber, daß wirklich, wie es scheint, Richards Aufsatz über die Juden den Anfang dieses Kampfes gemacht hat.»

Die Psychologie dieses Ressentiments wird noch befremdlicher, wenn man die besondere Vorliebe gerade zahlreicher Juden für Richard Wagners Werk bedenkt. Zu seinen engagiertesten Anhängern zählten der Leipziger Operndirektor Angelo Neumann, der das reisende Wagner-Theater gegründet hatte, ferner der Schriftsteller Heinrich Porges, Catulle Mendès, der Dirigent Hermann Levi sowie der Pianist Josef Rubinstein. Sie alle gehörten über Jahre dem engsten Bayreuther Freundeskreis an, und Wagner spottete gelegentlich: «Wir bekommen in Wahnfried eine Synagoge.»

Rubinstein hatte Eingang in die Hausgemeinschaft durch einen Brief erlangt, der mit dem Satz begann: «Ich bin Jude», und nach «Erlösung durch Mittätigkeit an der Aufführung der Nibelungen» verlangt. Doch war es gewiß nicht allein diese, Wagner offenbar tief bewegende Erklärung, die ihn zum Freund und bald auch einfühlsamen Ratgeber des Jüngeren machte; vielmehr endeten alle Vorbehalte immer dann, wenn es um den Rang künstlerischer Leistung ging, wie Martin Gregor-Dellin im Vorwort bemerkt. Aus keinem anderen Grunde auch hatte er Hermann Levi als Dirigent der Uraufführung des «Parsifal» ausersehen, ging dabei jedoch allen Ernstes mit dem Gedanken um, ihn zuvor zum Übertritt ins Christentum zu bewegen. Lange suchte er nach der geeigneten Formel, «um so einen armen Menschen zu taufen».

In solchen Überlegungen deutet sich der Umschlag ins Inhumane rassischer Menschenverachtung schon an, die alle Gesten der Freundschaft und des fachlichen Respekts, alle Begeisterung für das gemeinsame Werk, nicht verhindern konnten. In ihrer roheren Gestalt kam sie zum Ausdruck, als er einmal, Levi gegenüber, unvermittelt bemerkte: «Er – als Jude – habe nur zu lernen zu sterben.» Und als im Jahre 1881, beim Brand des Wiener Ringtheaters, mehr als vierhundert Juden den Tod finden, erklärte er in «heftigem Scherz», wie Cosima, auch hier alles mitmachend, notiert: «Es sollten alle Juden in einer Aufführung des ‹Nathan› verbrennen.»

Das ist erschreckend, und man soll sich nicht verheimlichen, daß der dolose Judenhaß Wagners erheblich dazu beigetragen hat, dem deutschen Antisemitismus einen Schein der Achtbarkeit, des gesellschaftlich und intellektuell Erlaubten zu vermitteln, er selber hat sich noch gegen Ende seines Lebens einiges darauf zugute gehalten: «Ich bin um etwas dabei.» Angesichts dieser Wirkungen tritt die Frage nach den individuellen Motiven seines antijüdischen Ressentiments zurück, man wird sie in Wagners Pariser Scheitern, das er, in einer ersten Rationalisierung seiner

Mißerfolge, überwiegend den Machenschaften jüdischer Gegner zuschrieb, ebenso zu suchen haben wie wiederum in jenem übermächtigen Angstgefühl der Epoche, das hinter allen ihren kühnen Herausforderungsgesten nistete und sich in den Juden nur ein konkretes Feindbild schuf. Als Wagner einmal einen Pfau dabei beobachtete, wie er das Rad schlug, bemerkte er: «Ganz die k(aiserliche) Majestät, vorne Pomp, hinten Angst.» Er hat das auch für sich gesagt.

Allen herrischen, schroffen Zügen zuwider war er eine weiche Natur und laut nach Art der Schwachen; nicht eigentlich stark, sondern nur zähe. Immer wieder ist in den Aufzeichnungen von Tränenausbrüchen die Rede: aus Ergriffenheit, Selbstmitleid, Gefühlen der Ohnmacht oder der künstlerischen Unsicherheit. Schon in jungen Jahren pflegte er sich mitunter hinzusetzen, um zu weinen: wie erschlagen vom Zweifel, ob er das geplante, in den Umrissen ihm schon sichtbare Gesamtwerk je werde vollenden können: «Es ist mir, als ob ich mich einmal geradezu verweinen müßte.» Dabei war es geblieben. Er kenne nur exaltierte Zustände, hat er von sich gesagt, alles sei mit Krämpfen verbunden, sei es «der Freude oder des Leidens».

Thomas Mann hat die Opern Richard Wagners «Wunderwerke» genannt, und zu den großen, haftenden Eindrücken dieser Notizen zählt denn auch die Erkenntnis, welcher gefährdeten, von Neurasthenien, Mattigkeiten, immer neuen Krankheiten und Zusammenbrüchen heimgesuchten Konstitution sie abgerungen wurden; ein Wunder auch dies. An manchen Tagen bringt er zwei oder drei Takte zustande, ein andermal hat er «zwar eine Seite der Partitur ertrotzt, ist aber vor der großen Schwierigkeit seiner Aufgabe völlig niedergedrückt». Er haßte die Musik, die unablässigen Quälereien vor dem leeren Papier, sein Unvermögen, den Abstand zwischen Idee und Ausführung zu überwinden. «Was ich für ein Stümper bin, glaubt kein Mensch», gesteht er Cosima verzweifelt, er könne strenggenommen nur phantasieren, aber so schwer einen Einfall in Form umsetzen: «Mendelssohn würde die Hände über dem Kopf zusammenschlagen, wenn er mich komponieren sähe.» Noch während der Arbeit am «Ring» trägt er sich mit der Absicht, alles hinzuwerfen. Einmal ruft er bei Tische aus: «Ich verfluche dieses Musizieren, diesen Krampf, in den ich versetzt bin, der mich mein Glück gar nicht genießen läßt; da ist mein eigener Sohn da gewesen, und es geht an mir vorüber wie ein Traum; dieses Nibelungen-Komponieren sollte längst vorüber sein, es ist ein Wahnsinn, oder ich müßte gemacht sein, wild wie Beethoven; es ist nicht wahr, wie ihr euch einbildet, daß dies mein Element ist; meiner eigenen Bildung zu leben, meines Glückes mich zu erfreuen, das wäre mein Trieb.»

Was ihn dennoch immer wieder zur Musik, dieser «Marter meines Lebens», zurückbrachte, war ein ununterdrückbarer, ins Manische reichender Produktionszwang. Die Essays und zahllosen Briefe, die er geschrieben hat, die Autobiographie, das abendliche Deklamieren, Vorlesen und Vorsingen, das oft wahllos anmutende, fast schlingende Interesse an allem Geschriebenen, dessen Thesen er sich aneignete, um sie sogleich, verfärbt und mit Eigenem durchsetzt, in wild wuchernden Dauermonologen wieder von sich zu geben, hatte in dem gleichen Bedürfnis seinen Ursprung, und die Musik war nur die konzentrierte Form dieser Ausdrucksbesessenheit. Als er einmal, von Zahnschmerzen und einer Handflechte gequält, einige Tage nicht zu seinen Notenpapieren kommt, schreibt Cosima: «R. mißmutig, sehnsüchtig nach Produktivität.»

Gleichzeitig war, was ihn immer wieder zur Arbeit trieb, in seiner Bürgerlichkeit begründet: im Bewußtsein, daß die Kunst nicht so sehr eine Berufung als ein Beruf sei, der täglich aufs neue den Akt der Selbstnötigung verlangte, keine Ausflüchte oder genialische Lethargien erlaubte und alle Stimmungen zum Schweigen zwang. Den inneren Nöten, den Gebrechen und vielfältigen

Gefühlskränkungen durch die Welt keine Macht über sich einzuräumen und allen resignativen Einflüsterungen zum Trotz mit Hingabe bei dem zu bleiben, was getan werden muß, ist eigentlich, was bürgerliches Arbeitsethos heißt. Der klassische Gegensatz von bürgerlicher und künstlerischer Lebensform war in Wagner, wie sehr er auch darunter litt, aufgehoben, er selber hat das in die Klage gefaßt, er habe «Pedanterie und Genialität in einen Beutel bekommen». Nirgendwo kommt dieses zweite Antriebselement seines Schaffens respektgebietender zum Vorschein als in den Begleitnotizen Cosimas zu seiner letzten Oper, dem «Parsifal», die er, müde, von Krankheiten geplagt und immer wieder in anhaltende Phasen produktiver Unlust zurückfallend, schließlich zu Ende führte. «Es ist vollbracht», vermerkt sie in Anspielung auf den Passionscharakter jener Monate, als er, mit der abgeschlossenen Partitur, ihr Zimmer betritt.

Schon während der Arbeit am «Parsifal» hatte er beständig über ein Gefühl tiefer Erschöpfung geklagt, er habe gar keine Exaltationsfähigkeit mehr. Als im Sommer 1882 die zweiten Bayreuther Festspiele mit der Oper eröffnet werden, notiert Cosima: «Vor der Aufführung hat R. geweint, und am Schluß ruft er aus: ‹Ich bin müde!›» Auf seine Umgebung reagierte er mit zunehmender Gereiztheit, nichtige Anlässe lösten vehemente Wutanfälle aus, in denen sich Anklagen und Selbstvorwürfe entluden, einmal sprach er auch von seinem Haß auf das Leben: «Ach! wär ich tot.» Auch eine Reise nach Venedig, in die Tristanstadt, die er allen seinen Dekadenzphobien zum Trotz leidenschaftlich liebte, weil ihr Verfall von ausgegebener Kraft, Verfeinerung und romantischem Todeszauber zeugte, brachte keine Besserung. Die Krämpfe, unter denen er litt, nahmen an Dauer und Intensität zu, zusehends stellten Gedächtnisstörungen sich ein, er war voller Todesahnungen. Eines Abends rief er seinen Gästen beim Abschied pathetisch nach: «Harlekin, du mußt stererererrerrebenenene!» Sein Theatertemperament verließ ihn nicht; noch den Gedanken an den eigenen Tod verband er mit Auftrittsvorstellungen. Als er vierzehn Tage später, am 13. Februar 1883, von einer Stunde auf die andere, starb, war er allein in einem Nebenzimmer.

Der Blick auf Werk und Person Richard Wagners ist nie ohne zwiespältige Empfindung möglich gewesen, und Cosimas großes Notizenwerk hat die Irritationen eher noch verstärkt. Wie eh und je kann alle Bewunderung für sein gewaltiges, von unerhörten musikalischen wie intellektuellen Vorgriffen zeugendes Werk an den trüben, instinktgebundenen Elementen nicht vorbei, die auch darin enthalten sind und eine Hingabe ohne Zweifel, eine Verehrung ohne Räsonnement nicht erlauben. Etwas sei in ihm, hat er einmal bemerkt, «mit dem man nicht fertig wird».

Schon sein erster Kritiker, Friedrich Nietzsche, hat gesagt, das Werk Richard Wagners sei «gegen die Zivilisation» gerichtet. Es stand auf nicht ganz unschuldige Weise dagegen: zuviel Bewußtheit, zuviel berechneter Affront- und Verneinungswille war darin eingegangen, und in der Frage Wagners, ob die Kunst nicht ein großer Frevel sei, ist etwas vom Gefühl der eigenen problematischen Bedeutung festgehalten. Das verwirrende Gebräu von politikfeindlichem Utopismus, von mythischer Revolutionsschwärmerei, Blutkult und klassenloser Volksgemeinschaft, von Todessehnsucht, Alt-Nürnberg und Modernität enthält, künstlerisch übersetzt, schon die ganze Lossage von den Normen und humanen Traditionen des alten Europa, die sich später in der Wirklichkeit vollzog. «Die Musik», so hat er gesagt, «verklärt alles.» Alles gewiß nicht.

Nachweis der Erstveröffentlichungen

Die hier versammelten Essays und Artikel hat Joachim Fest über einen Zeitraum von drei Jahrzehnten an verschiedenen Stellen veröffentlicht. Die Auswahl verfolgt dasselbe Ziel wie der 2007 erschienene Band «Nach dem Scheitern der Utopien», der Fests Essays zu Politik und Geschichte enthält: einen repräsentativen Überblick über Fests Œuvre und dessen thematische Bandbreite zu geben. Verzichtet wurde wiederum auf Texte, die in den noch lieferbaren Büchern Fests enthalten sind. Aufgenommen sind dagegen einige seiner vieldiskutierten und einflußreichen Debattenbeiträge zu kulturellen Themen. Bei ihnen wurde bereits unter den Überschriften das ursprüngliche Erscheinungsdatum vermerkt, um Irritationen zu vermeiden. Wo ein Text in mehr als einer Fassung vorlag, wurde in der Regel eine ungekürzte oder die jüngste aufgenommen. Orthographie und Interpunktion wurden behutsam vereinheitlicht.

I. Literatur

Goethes Fremdheit und Nähe
Aus: Joachim Fest, Fremdheit und Nähe. Stuttgart 1996, S. 31–55. Fest trug die Rede zuerst am 6. April 1987 in Frankfurt anlässlich der Verleihung der Goethe-Plakette der Stadt an ihn vor; die hier wiedergegebene erweiterte Fassung hielt er während des Ersten Kunstfestes Weimar im Mai 1990.

Die unwissenden Magier
Erschienen als selbständige Veröffentlichung im Siedler Verlag, Berlin 1985. Der Beitrag über Thomas Mann geht zurück auf einen Vortrag, den Fest am 16. Dezember 1980 vor der Historischen Gesellschaft Stuttgart gehalten hat (unter dem Titel «Betrachtungen über einen Unpolitischen. Thomas Mann und die Politik» abgedruckt in: Joachim Fest, Aufgehobene Vergangenheit. Stuttgart 1981, S. 38–69); der Heinrich-Mann-Text beruht auf einem Artikel, den Fest am 16. Oktober 1982 in der «Frankfurter Allgemeinen Zeitung» veröffentlicht hat (Bilder und Zeiten). Beide Essays wurden für die Buchveröffentlichung überarbeitet und erweitert.

In Münster und anderswo
Aus: Joachim Fest, Aufgehobene Vergangenheit. Stuttgart 1981, S. 96–114. Ursprünglich erschienen als Vorwort zur Neuauflage von Friedrich Percyval Reck-Malleczewens «Bockelson. Geschichte eines Massenwahns» (Stuttgart 1968).

Parabel von Macht und Moral
Aus: «Frankfurter Allgemeine Zeitung» vom 28. Oktober 1983 (in der Reihe «Romane von gestern – heute gelesen»).

Friedrich Sieburg
Aus: Aufgehobene Vergangenheit, S. 70–95. Eine leicht gekürzte Fassung erschien in der «Frankfurter Allgemeinen Zeitung» vom 19. Juli 1980.

Würde auf engstem Raum
Aus: Fremdheit und Nähe, S. 89–112. Vgl. «Frankfurter Allgemeine Zeitung» vom 25. März 1995.

Kein Ende der Affäre mit Gott
Aus: Fremdheit und Nähe, S. 72–88. Die große Mehrzahl der Zitate geht auf ein längeres Gespräch zurück, das Fest im März 1982 mit Graham

Greene an dessen Wohnsitz in Antibes geführt hat. Teile dieses Interviews sind später zum 80. Geburtstag des Schriftstellers am 29. September 1984 in der «Frankfurter Allgemeinen Zeitung» abgedruckt worden.

Lyrikinterpretationen
Die Beiträge sind in der «Frankfurter Allgemeinen Zeitung» im Rahmen der «Frankfurter Anthologie» erschienen: *Flüchtige Größe* am 16. Juli 1977, *Musikstücke für Worte* am 9. November 1978, *Mehr erhitzt als erleuchtet* am 9. Februar 1980, *Die hundertste Ghasele* am 4. Juli 1981 und *Genieträume und Wirklichkeit* am 22. Juli 1989.

Wozu das Theater?
Aus: Aufgehobene Vergangenheit, S. 207–214. Zuerst erschienen in «Der Spiegel» Nr. 52 vom 20. Dezember 1971, S. 118f.

Über Rainer Werner Fassbinders Stück «Der Müll, die Stadt und der Tod»
Alle drei Beiträge erschienen in der «Frankfurter Allgemeinen Zeitung». *Reicher Jude von links* griff am 19. März 1976 in die öffentliche Debatte über das Stück ein, das kurz zuvor im Suhrkamp Verlag publiziert worden war; *Linke Schwierigkeiten mit «links»* reagierte am 10. April auf einen Artikel Benjamin Henrichs' in «Die Zeit» vom 26. März 1976. Im Jahr 1984 flackerte der Streit erneut auf: Pläne zur Aufführung des Stücks in Frankfurt führten dazu, daß der Generalmanager der Alten Oper, Ulrich Schwab, entlassen wurde. Hier meldete sich Fest am 12. und am 30. Juli in der «Frankfurter Allgemeinen Zeitung» zu Wort. *Spiel mit der Angst* folgte ein Jahr später am 29. Oktober 1985, nachdem der neue Intendant des Frankfurter Schauspiels, Günther Rühle, für den 31. Oktober die Uraufführung von «Der Müll, die Stadt und der Tod» angekündigt hatte. Als bei der Premiere jedoch Gegner des Stückes die Bühne besetzten, wurde es kurz darauf vom Spielplan genommen, was Fest am 12. Dezember 1985 kommentierte.

II. Bildende Kunst und Musik

Wunschbild eines neuen Arkadien
Aus: Aufgehobene Vergangenheit, S. 194–206. Vgl. «Frankfurter Allgemeine Zeitung» vom 16. August 1980.

Alessandro Farneses Caprarola
Aus: Fremdheit und Nähe, S. 19–30. Eine gekürzte Fassung erschien unter dem Titel «Bollwerk und Märchenschloß» in der «Frankfurter Allgemeinen Zeitung» vom 23. Mai 1992.

Architekt einer Übergangsepoche.
Aus: Aufgehobene Vergangenheit, S. 172–193. Eine leicht gekürzte Fassung erschien unter dem Titel «Wirklicher in seinen Ideen als in seinen Werken» in der «Frankfurter Allgemeinen Zeitung» vom 7. März 1981.

Die Gegenwart des Vergangenen
Aus: Cäsar Pinnau. Architekt. Hrsg. von Ruth Pinnau. 2., erw. Aufl. Hamburg 1995, S. 5–16.

Denkmal der Baugeschichte und verlorene Mitte Berlins
Aus: «Frankfurter Allgemeine Zeitung» vom 30. November 1990. Der Artikel erschien als Beitrag zur Reihe «Das neue Berlin».

Das nie endende Menetekel der Geschichte
Aus: Fremdheit und Nähe, S. 244–274. Der Essay entstand auf Anregung des Galeristen Dieter Brusberg anläßlich des 70. Geburtstages von Bernhard Heisig; er ist abgedruckt in dem von der Galerie herausgegebenen Ausstellungskatalog (vgl. «Brusberg Dokumente» Nr. 35). Eine stark gekürzte Fassung erschien in der «Frankfurter Allgemeinen Zeitung» vom 3. Juni 1995.

Luxemburger Impromptu
Aus: Fremdheit und Nähe, S. 299–314. Der Text geht auf eine Rede zurück, die Fest am 19. November 1994 in Luxemburg auf einer Feier zu Horst Janssens 65. Geburtstag gehalten hat.

Mozart, das diskrete Genie
Aus: «Frankfurter Allgemeine Zeitung» vom 15. Oktober 1977. Die besprochene Mozart-Biographie Wolfgang Hildesheimers war im selben Jahr erschienen.

Über Richard Wagner
Aus: Aufgehobene Vergangenheit, S. 13–37. Eine leicht gekürzte Fassung erschien in der «Frankfurter Allgemeinen Zeitung» vom 22. April 1978.

Bibliographie Joachim Fest

Diese Bibliographie erhebt keinen Anspruch auf Vollständigkeit. Nicht aufgenommen wurden Taschenbuch-Ausgaben von Hardcovern sowie audiovisuelle Medien. Texte, die zuerst in einer der Essaysammlungen des Autors veröffentlicht wurden, werden separat aufgeführt. Kurztitel verweisen auf die Buchveröffentlichungen Joachim Fests.
Für Hilfe bei der Erstellung der Bibliographie bedankt sich der Verlag bei den Mitarbeiterinnen und Mitarbeitern des Archivs der «Frankfurter Allgemeinen Zeitung».

I. Selbständige Veröffentlichungen

a) Buchveröffentlichungen

Das Gesicht des Dritten Reiches. Profile einer totalitären Herrschaft. München: Piper 1963.

Hitler. Eine Biographie. Berlin: Propyläen 1973.

Mit Christian Herrendoerfer: Hitler, eine Karriere. Frankfurt/Main, Berlin, Wien: Ullstein 1977.

Aufgehobene Vergangenheit. Portraits und Betrachtungen. Stuttgart: DVA 1981.

Cäsar Pinnau, Architekt. Hrsg. von Ruth Pinnau. Hamburg: Christians 1982.

Die unwissenden Magier. Über Thomas und Heinrich Mann. Berlin: Siedler 1985.

Der tanzende Tod. Über Ursprung und Formen des Totentanzes vom

Mittelalter bis zur Gegenwart. Und 36 Zeichnungen zum gleichen Thema «in spe» von Horst Janssen. Lübeck: Lucifer-Verlag im Kunsthaus Lübeck 1986. – Wieder in: Bürgerlichkeit als Lebensform, S. 316–357 [vgl. auch «Frankfurter Allgemeine Zeitung» vom 24. November 1984 (Bilder und Zeiten)].

Zwischen Diktatur und Literatur. Marcel Reich-Ranicki im Gespräch mit Joachim Fest. Nach der Sendereihe des ZDF «Zeugen des Jahrhunderts» hrsg. u. mit einem Vorwort versehen v. Karl B. Schnelting. Frankfurt am Main: Fischer 1987.

Im Gegenlicht. Eine italienische Reise. Berlin: Siedler 1988 (Neuausgabe Reinbek: Rowohlt 2004).

Der zerstörte Traum. Vom Ende des utopischen Zeitalters. Berlin: Siedler 1991. – Wieder in: Nach dem Scheitern der Utopien, S. 141–204.

Wege zur Geschichte. Über Theodor Mommsen, Jacob Burckhardt und Golo Mann. Mit einem Vorwort von Christian Meier. Zürich: Manesse 1992.

Die schwierige Freiheit. Über die offene Flanke der offenen Gesellschaft. Berlin: Siedler 1993.

Staatsstreich. Der lange Weg zum 20. Juli. Berlin: Siedler 1994.

Fremdheit und Nähe – Von der Gegenwart des Gewesenen. Stuttgart: DVA 1996.

Horst Janssen. Selbstbildnis von fremder Hand. Berlin: Fest 2001.

Speer. Eine Biographie. Berlin: Fest 1999.

Der Untergang. Hitler und das Ende des Dritten Reiches. Eine historische Skizze. Berlin: Fest 2002.

Der Untergang. Eine historische Skizze; Bernd Eichinger: Der Untergang. Ein Film. Hrsg. v. Michael Töteberg. Reinbek: Rowohlt 2004.

Begegnungen. Über nahe und ferne Freunde. Reinbek: Rowohlt 2004.

Die unbeantwortbaren Fragen. Notizen über Gespräche mit Albert Speer zwischen Ende 1966 und 1981. Reinbek: Rowohlt 2005.

Der lange Abschied vom Bürgertum. Joachim Fest und Wolf Jobst Siedler im Gespräch mit Frank A. Meyer. Berlin: wjs 2005.

Ich nicht. Erinnerungen an eine Kindheit und Jugend. Reinbek: Rowohlt 2006.
Bürgerlichkeit als Lebensform. Späte Essays. Reinbek: Rowohlt 2007.
Nach dem Scheitern der Utopien. Gesammelte Essays zu Politik und Geschichte. Reinbek: Rowohlt 2007.

b) Gedruckte Reden, Broschüren, Sonderdrucke u. ä.

Eröffnungsrede zur Janssen-Ausstellung in der Kunsthalle Emden Juli 1988. Hamburg: St. Gertrude 1988. – Gekürzt in: «Frankfurter Allgemeine Zeitung» vom 21. Juli 1988 (Feuilleton).
Gertrudenformat VI: Interview. Enthält: Horst Janssen: Norwegisches Interview aufgeschrieben zur Vorstellung des ins Norwegische übersetzten Buches «die Litze», eine ziemlich lautlose Geschichte. Erschienen im Verlag St. Gertrude, Hamburg, Herbst 1984, und im «Exlibris»-Forlag, Oslo, Sommer 1985. Joachim Fest: «Improvisationen über Horst Janssen» ... ein Psychogramm, das der Freund für den Katalog der Ausstellung in Nowosibirsk und Moskau schrieb, Sommer 1985, erschienen im Arkana-Verlag, Göttingen. Hamburg: Verl. St. Gertrude 1986 (2. Aufl. 1988).
Über den Umgang mit der Verfassung. Joachim Fest im Gespräch mit Professor Dr. Theodor Eschenburg. Hessischer Sparkassen- und Giroverband. Frankfurt am Main: Hess. Sparkassen- u. Giroverb. 1989 (Sparkassen, Wirtschaft, Gesellschaft 6).
Deutsche Einheit – und was nun? Düsseldorf: Industrie- u. Handelskammer Düsseldorf 1991 (IHK spezial).
Klage über das klagende Berlin. Tischrede anläßlich der 14. Mitgliederversammlung des Vereins der Freunde der Nationalgalerie am 1. Februar 1991 (Sonderdruck).
Nach den Utopien. Eine Betrachtung zur Zeit. Köln: Wirtschaftsverlag Bachem 1992 (Walter-Raymond-Stiftung: Kleine Reihe 53).
Das tragische Vermächtnis: der 20. Juli 1944. Heidelberg: Müller, Jur. Verl. 1994 (Heidelberger Universitätsreden 8) [erweiterte Fassung des Schlußkapitels aus «Staatsstreich»]. – Wieder in: Henning von

Tresckow: Ich bin der ich war. Texte und Dokumente. Hg. von Sigrid Grabner und Hendrik Röder. Berlin: Lukas 2001, S. 135–155; u. d. T. «Das verweigerte Vermächtnis. Gedanken zum Staatsstreich des 20. Juli 1944» in: Fremdheit und Nähe, S. 188–210.

Joseph Goebbels. Hessische Landeszentrale für Politische Bildung. Wiesbaden 1996. (Zum Nachdenken N. F. 54).

Das Pathos des Unzeitgemäßen: Anmerkungen über den Publizisten und Aphoristiker Johannes Gross. Hamburg: Gruner und Jahr 2003. [«Capital» Jg. 42, Nr. 26, Sonderh.]

c) Herausgeberschaften

Horst Janssen, Zeichnungen. Mit einem autobiographischen Text. Berlin: Propyläen 1970.

Horst Janssen: Hannos Tod. 23 Radierungen zu XI-3 «Buddenbrooks» von Thomas Mann. Rom: Pantheon Presse 1973.

Mit Wolf Jobst Siedler: Klassiker des modernen Denkens (Lizenzausgaben). Gütersloh: Bertelsmann-Club; Kornwestheim: EBG-Verlags-GmbH 1987–1995.

Mit Karl Dietrich Bracher, Theodor Eschenburg und Eberhard Jäckel: Geschichte der Bundesrepublik Deutschland. 6 Bde. Stuttgart: DVA 1981–1987/2006.

Die großen Stifter. Lebensbilder – Zeitbilder. Berlin: Siedler 1997.

II. Beiträge in Büchern, Zeitungen und Zeitschriften

1963

Zur Typologie einer totalitären Führungsschicht. In: «Aus Politik und Zeitgeschichte» 13 (1963), B. 37/38, S. 18–32.

Die technizistische Amoral. Das Bild Albert Speers. In: «Blätter für deutsche und internationale Politik» 8 (1963), H. 11, S. 859–867.

1964

Der Reichskanzler. In: Stationen. Piper Almanach 1904–1964. Hrsg. von Klaus Piper unter redakt. Mitarbeit von Ernst Herhaus. München: Piper 1964, S. 625–631 [Auszug aus: Das Gesicht des Dritten Reiches].

1967

Schwierigkeiten mit der Kritik. Die demokratische Funktion der Fernsehmagazine. In: Fernsehen in Deutschland. Gesellschaftspolitische Aufgaben und Wirkungen eines Mediums. Mainz: v. Hase u. Koehler 1967, S. 105–110, wieder in: Nach dem Scheitern der Utopien, S. 83–89.

1968

«Es gibt hier nichts zu schießen …!» Die Deutschen und die Revolution. In: «Der Spiegel» Nr. 45 vom 4. November 1968, S. 84–105. – Wieder in: Nach dem Scheitern der Utopien, S. 352–371.

Das Dilemma des studentischen Romantizismus. In: Hans Dollinger (Hrsg.): Revolution gegen den Staat? Die außerparlamentarische Opposition – die neue Linke. Eine politische Anthologie. Bern, München, Wien: Rütten+Loening/Scherz 1968, S. 223–241. – Überarbeitete Fassung in: «Neue Rundschau» 79 (1968), S. 421–434; diese Fassung wieder in: Nach dem Scheitern der Utopien, S. 90–110.

Vorwort. In: Friedrich Percyval Reck-Malleczewen: Bockelson. Geschichte eines Massenwahns. Stuttgart: Goverts 1968. – U. d. T. «Rabiate Heilserwartung» in: «Der Monat» 20 (1968), Heft 238, S. 48–54; und u. d. T. «In Münster und anderswo» in: Aufgehobene Vergangenheit, S. 96–114.

Hitler – Skizzen zu einem Porträt. In: «Der Monat» 20 (1968), Heft 240, S. 23–38.

Ein Psychogramm des Diktators Adolf Hitler. In: Joachim Fest/Heinrich Hoffmann: Adolf Hitler. Geschichte eines Diktators. Bilddokumentation. Hrsg. von Jochen von Lang. Hamburg 1968, S. 5–16 (3. Aufl., Sonderausgabe München 2005).

Franz von Papen und die konservative Kollaboration. In: Von Weimar zu Hitler. 1930–1933. Hg. v. Gotthard Jasper. Köln, Berlin: Kiepenheuer & Witsch 1968, S. 229–245 [zuerst in: Das Gesicht des Dritten Reiches].

1969

Mörderisch, wenn auch nicht ohne Konsequenz. Zu Adolf Hitlers 80. Geburtstag. In: «Der Spiegel» Nr. 17 vom 21. April 1969, S. 100.

Rückfall ist möglich. In: «Der Spiegel» Nr. 25 vom 16. Juni 1969, S. 150–152 [Rez. K. D. Bracher, Die deutsche Diktatur].

1970

Die verneinte Realität. Überlegungen zum Romantizismus heute. In: «Der Spiegel» Nr. 49 vom 30. November 1970, S. 108–111. – Wieder in: Aufgehobene Vergangenheit, S. 118–126.

1971

Die Dingsda. In: «Der Spiegel» Nr. 16 vom 12. April 1971, S. 158f.

Wozu das Theater? Zwischenruf über einen parasitären Anachronismus. In: «Der Spiegel» Nr. 52 vom 20. Dezember 1971, S. 118f. – Wieder in: Aufgehobene Vergangenheit, S. 207–214.

Paul Joseph Goebbels (1897–1945). In: Heinz-Dietrich Fischer (Hrsg.): Deutsche Publizisten des 15. bis 20. Jahrhunderts. München-Pullach, Berlin: Verlag Dokumentation 1971, S. 399–407 [Auszug aus: Das Gesicht des Dritten Reiches].

1972

Adolf Hitler (1889–1945). In: Neue Deutsche Biographie. Hrsg. von der Bayerischen Akademie der Wissenschaften. Bd. 9. Berlin 1972, S. 250ff. – Überarbeitete Fassung in: Wilhelm von Sternburg (Hrsg.): Die deutschen Kanzler. Von Bismarck bis Schmidt. Königstein/Taunus: Athenäum 1985, S. 349–374.

1974

Das Beispiel von Solschenizyn. In: «Frankfurter Allgemeine Zeitung» vom 8. Januar 1974 (Leitartikel).

Die Schuld der Gesellschaft. In: «Frankfurter Allgemeine Zeitung» vom 20. Mai 1974 (Leitartikel). – Wieder in: Aufgehobene Vergangenheit, S. 147–149; Nach dem Scheitern der Utopien, S. 11–13.

Baldur von Schirach gestorben. In: «Frankfurter Allgemeine Zeitung» vom 9. August 1974 (Personalien).

Fünf kaputte Finger. Der widerspruchsvolle autobiographische Bericht Klaus Rainer Röhls. In: «Frankfurter Allgemeine Zeitung» vom 26. Oktober 1974 (Literaturblatt).

Kunst dem Volke – Kunst des Volkes. Berthold Hinz: «Die Malerei im deutschen Faschismus». In: «Frankfurter Allgemeine Zeitung» vom 16. November 1974 (Literaturblatt).

Winston Churchill. Anmerkungen zu seinem 100. Geburtstag am 30. November 1974. In: «Frankfurter Allgemeine Zeitung» vom 30. November 1974 (Bilder und Zeiten). – Überarbeitet und ausführlicher u. d. T. «Unzeitgemäßer Held seiner Zeit» in: Aufgehobene Vergangenheit, S. 215–238; Nach dem Scheitern der Utopien, S. 372–395.

Einführung. In: Heinrich Himmler. Geheimreden 1933 bis 1945 und andere Ansprachen. Hrsg. von Bradley F. Smith und Agnes F. Peterson. Frankfurt am Main, Berlin, Wien: Propyläen 1974, S. 13–22.

1975

Mißverständnisse um Thomas Mann. Zu Paul Egon Hübingers Monographie. In: «Frankfurter Allgemeine Zeitung» vom 5. April 1975 (Literatur).

Manie der Reformen. In: «Frankfurter Allgemeine Zeitung» vom 20. Mai 1975 (Leitartikel). – Wieder in: Nach dem Scheitern der Utopien, S. 14–16.

Ein Epitaph. In: «Frankfurter Allgemeine Zeitung» vom 21. August 1975.

Fernsehen in der Krise. In: «Frankfurter Allgemeine Zeitung» vom 6. September 1975 (Leitartikel).

[Kurzbesprechung von Albrecht Altdorfer: Gemälde. Gesamtausgabe von Franz Winzinger. München: Piper 1975.] In: «Frankfurter Allgemeine Zeitung» vom 6. Dezember 1975 (Bilder und Zeiten).

Hitler, zögernd vor der Macht? Albrecht Tyrells Studie über die Entwicklung des Hitlerschen Selbstverständnisses. In: «Frankfurter Allgemeine Zeitung» vom 16. Dezember 1975 (Politische Bücher).

Nachwort. In: Horst Janssen: Selbstbildnisse zu «Hannos Tod». 11. Kapitel aus den Buddenbrooks von Thomas Mann. Hrsg. von Gerhard Schack. Hamburg: Christians 1975, S. 63–65.

1976

Der interessant gemachte Faschismus. Gedanken zu einem neuen Filmgenre. In: «Frankfurter Allgemeine Zeitung» vom 7. Februar 1976 (Feuilleton).

Reicher Jude von links. Zu Fassbinders Stück «Der Müll, die Stadt und der Tod». In: «Frankfurter Allgemeine Zeitung» vom 19. März 1976 (Feuilleton).

Linke Schwierigkeiten mit «links». Ein Nachwort zu R.W. Fassbinder. In: «Frankfurter Allgemeine Zeitung» vom 10. April 1976 (Feuilleton). – Wieder in: Die Fassbinder-Kontroverse oder Das Ende der Schonzeit. Hg. von Heiner Lichtenstein. Mit einem Nachwort von Julius H. Schoeps. Königstein/Taunus: Athenäum 1986, S. 50–55; Deutschland kontrovers. Debatten 1945–2005. Hg. von Eberhard Rathgeb. München: Hanser 2005, S. 263–268.

Angst als Bildungserlebnis. In: «Frankfurter Allgemeine Zeitung» vom 6. Juli 1976 (Leitartikel). – Wieder in: Nach dem Scheitern der Utopien, S. 17–19.

Der Sündenbock. In: «Frankfurter Allgemeine Zeitung» vom 31. Juli 1976 (Leitartikel).

Eurokommunismus und Utopie. In: «Frankfurter Allgemeine Zeitung» vom 18. September 1976 (Leitartikel).

1977

Pflicht – Ethos und Untergang. Zum Tode des Grafen Schwerin von Krosigk. In: «Frankfurter Allgemeine Zeitung» vom 9. März 1977 (Politik).

Die Anstößigkeit Hannah Arendts. Zu zwei Sammelbänden mit Essays und Gesprächen. In: «Frankfurter Allgemeine Zeitung» vom 12. März 1977 (Literatur).

Flüchtige Größe. Friedrich von Schiller, Nänie. In: «Frankfurter Allgemeine Zeitung» vom 16. Juli 1977 (Frankfurter Anthologie). – Wieder in: Frankfurter Anthologie. Gedichte und Interpretationen. Hg. v. Marcel Reich-Ranicki. Bd. 3. Frankfurt am Main: Insel 1978, S. 45–48.

Revision des Hitler-Bildes? In: «Frankfurter Allgemeine Zeitung» vom 29. Juli 1977 (Leitartikel).

Preußens letzter Untergang. Gedanken zu einer aktuellen Diskussion. In: «Frankfurter Allgemeine Zeitung» vom 8. Oktober 1977 (Bilder und Zeiten). – Ausführlicher in: Aufgehobene Vergangenheit, S. 150–171; Nach dem Scheitern der Utopien, S. 330–351.

Eine Erinnerung. In: «Frankfurter Allgemeine Zeitung» vom 15. Oktober 1977 (Leitartikel). – Wieder in: Nach dem Scheitern der Utopien, S. 20–22.

Mozart – das diskrete Genie. Wolfgang Hildesheimers Monographie. In: «Frankfurter Allgemeine Zeitung» vom 15. Oktober 1977 (Literatur). – Wieder in: Wolfgang Hildesheimer. Hrsg. von Volker Jehle. Frankfurt am Main: Suhrkamp 1989, S. 289–294.

Noch einmal: Abschied von der Geschichte. Gedanken zur Entfremdung von Geschichtswissenschaft und Öffentlichkeit. In: «Frankfurter Allgemeine Zeitung» vom 10. Dezember 1977 (Bilder und Zeiten). – Wieder in: Aufgehobene Vergangenheit, S. 239–261; Castrum Peregrini 31 (1982), S. 5–27; «Frankfurter Allgemeine Zeitung» vom 13. September 2006 (Feuilleton); Nach dem Scheitern der Utopien, S. 247–270.

1978

Über Richard Wagner. Eine Skizze nach den Tagebüchern Cosimas. In: «Frankfurter Allgemeine Zeitung» vom 22. April 1978 (Bilder und Zeiten). – Etwas ausführlicher in: Aufgehobene Vergangenheit, S. 13–37.

Filbingers Uneinsichtigkeit. In: «Frankfurter Allgemeine Zeitung» vom 26. Mai 1978 (Leitartikel). – Wieder in: Rolf Hochhuth. Dokumente zur politischen Wirkung. Herausgegeben und eingeleitet von Reinhard Hoffmeister. Mit erläuternden Zwischentexten von Heinz Puknus. München: Kindler 1980, S. 246–248; Nach dem Scheitern der Utopien, S. 23–25.

Sebastian Haffners Anmerkungen zu Hitler. Das Buch eines kenntnisreichen Außenseiters. In: «Frankfurter Allgemeine Zeitung» vom 16. Juni 1978 (Literatur).

Vom Kopfe her. In: «Frankfurter Allgemeine Zeitung» vom 26. Juni 1978 (Leitartikel). Wieder in: Nach dem Scheitern der Utopien, S. 26–28.

«Zauberflöte» in Glyndebourne. In: «Frankfurter Allgemeine Zeitung» vom 1. Juli 1978.

Musikstück für Worte. Johann Wolfgang von Goethe, Nachtgesang. In: «Frankfurter Allgemeine Zeitung» vom 9. September 1978 (Frankfurter Anthologie). – Wieder in: Frankfurter Anthologie. Gedichte und Interpretationen. Hg. v. Marcel Reich-Ranicki. Bd. 4. Frankfurt am Main: Insel 1979, S. 35–38.

Gedanken zu Erinnerungen. In: «Frankfurter Allgemeine Zeitung» vom 9. November 1978 (Leitartikel).

Gedanke und Tat. Über eine Metapher von Heinrich Heine. In: «Frankfurter Allgemeine Zeitung» vom 11. November 1978 (Bilder und Zeiten). – Wieder in: Jahrbuch der Deutschen Akademie für Sprache und Dichtung 1978, zweite Lieferung, S. 21–32; Aufgehobene Vergangenheit, S. 127–146; Nach dem Scheitern der Utopien, S. 111–130.

1979

Nachwort zu Holocaust. In: «Frankfurter Allgemeine Zeitung» vom 29. Januar 1979 (Leitartikel). – Wieder in: Nach dem Scheitern der Utopien, S. 29–31.

Hinweis. In: «Frankfurter Allgemeine Zeitung» vom 10. Mai 1979 (Literatur).

Opern für den Staatsanwalt. Richard Wagner im Lichte des deutschen Strafrechts. In: «Frankfurter Allgemeine Zeitung» vom 12. Mai 1979 (Literatur).

Widersprüche und Wahrheiten. In: «Frankfurter Allgemeine Zeitung» vom 4. August 1979 (Leitartikel). – U. d. T. «Demagoge des befriedeten Daseins. Ein Wort zu Herbert Marcuse» wieder in: Aufgehobene Vergangenheit, S. 115–117.

Volksheim. In: «Frankfurter Allgemeine Zeitung» vom 13. August 1979 (Politik).

Das Dilemma eines Unpolitischen. Zu den Tagebüchern von Thomas Mann 1918–1921. In: «Frankfurter Allgemeine Zeitung» vom 13. Oktober 1979 (Literatur).

Ergänzung [zum Artikel vom 13. Oktober 1979]. In: «Frankfurter Allgemeine Zeitung» vom 27. Oktober 1979 (Literatur).

Die Stunde der Not. In: «Frankfurter Allgemeine Zeitung» vom 19. Dezember 1979 (Leitartikel).

1980

Rudolf-Christoph von Gersdorff ist tot. In: «Frankfurter Allgemeine Zeitung» vom 29. Januar 1980 (Personalien).

Mehr erhitzt als erleuchtet? Heinrich Heine, Die Grenadiere. In: «Frankfurter Allgemeine Zeitung» vom 9. Februar 1980 (Frankfurter Anthologie). – Wieder in: Frankfurter Anthologie. Gedichte und Interpretationen. Hg. v. Marcel Reich-Ranicki. Bd. 5. Frankfurt am Main: Insel 1980, S. 87–91.

Vom menschlichen Standpunkt aus schuldig. Zu Thorkild Hansens Darstellung des Hamsun-Prozesses. In: «Frankfurter Allgemeine Zeitung» vom 23. Februar 1980 (Literatur).

Der Mann, der Hitlers Baumeister war. Albert Speer wird 75. In: «Frankfurter Allgemeine Zeitung» vom 19. März 1980.

Marcel Reich-Ranicki sechzig. In: «Frankfurter Allgemeine Zeitung» vom 2. Juni 1980 (Politik).

Die Zypressen der Toskana. In: «Frankfurter Allgemeine Zeitung» Magazin vom 4. Juli 1980.

Friedrich Sieburg. Ein Porträt ohne Anlaß. In: «Frankfurter Allgemeine Zeitung» vom 19. Juli 1980 (Bilder und Zeiten). – Etwas ausführlicher in: Aufgehobene Vergangenheit, S. 70–95.

Wunschbild eines neuen Arkadien. Ruhm und Nachruhm Palladios. Zu seinem 400. Todestag. In: «Frankfurter Allgemeine Zeitung» vom 16. August 1980 (Bilder und Zeiten). – Wieder in: Aufgehobene Vergangenheit, S. 194–206.

An den Parteien vorbei. In: «Frankfurter Allgemeine Zeitung» vom 1. September 1980 (Leitartikel). – Wieder in: Nach dem Scheitern der Utopien, S. 32–34.

1981

Vitales Musizieren. Zum Gedenken an Karl Richter. In: «Frankfurter Allgemeine Zeitung» vom 28. Februar 1981 (tagebuch).

Wirklicher in seinen Ideen als in seinen Werken. Zum 200. Geburtstag Karl Friedrich Schinkels. In: «Frankfurter Allgemeine Zeitung» vom 7. März 1981 (Bilder und Zeiten). – Ausführlicher u. d. T. «Architekt einer Übergangsepoche» in: Aufgehobene Vergangenheit, S. 172–193.

Corinth – bürgerlich. Eine Dokumentation zu Leben und Werk. In: «Frankfurter Allgemeine Zeitung» vom 20. Juni 1981 (Literatur).

Die hundertste Ghasele. August von Platen, Es liegt an eines Menschen Schmerz. In: «Frankfurter Allgemeine Zeitung» vom 4. Juli 1981 (Frankfurter Anthologie). Wieder in: Frankfurter Anthologie. Gedichte und Interpretationen. Hg. v. Marcel Reich-Ranicki. Bd. 6. Frankfurt am Main: Insel 1982, S. 75–78.

Hitler – Sämtliche Aufzeichnungen, Briefe, Notizen und die Reden. Eine mustergültige Edition für die Jahre 1905 bis 1924. In: «Frankfurter Allgemeine Zeitung» vom 10. Juli 1981 (Politische Bücher).

Für einen großen Bau hätte er die Seele verkauft. Zum Tode von Albert Speer. In: «Frankfurter Allgemeine Zeitung» vom 3. September 1981.

Bücher, Bücher, aber nichts zu lesen. In: «Frankfurter Allgemeine Zeitung» vom 13. Oktober 1981 (Leitartikel). – Wieder in: Literatur in Frankfurt. Ein Lexikon zum Lesen. Hg. v. Peter Hahn. Frankfurt am Main: Athenäum 1987, S. 176f.

Hubertus Prinz zu Löwenstein 75. In: «Frankfurter Allgemeine Zeitung» vom 14. Oktober 1981 (Politik).

Preußischer Stil. In: «Frankfurter Allgemeine Zeitung» vom 23. Oktober 1981 (Feuilleton).

Glückliche Jahre. In: «Frankfurter Allgemeine Zeitung» vom 5. Dezember 1981 (Meine Schulzeit im Dritten Reich 11). – Wieder in: Meine Schulzeit im Dritten Reich. Erinnerungen deutscher Schriftsteller. Hg. von Marcel Reich-Ranicki. Köln: Kiepenheuer & Witsch 1982, S. 188–200.

Betrachtung über einen Unpolitischen: Thomas Mann und die Politik. In: Aufgehobene Vergangenheit, S. 38–69. – Gekürzt in: «Merkur» 35 (1981), S. 804–821; überarb. Fassung in: Die unwissenden Magier, S. 17–70.

Grußadresse. In: Für Klaus Piper zum 70. Geburtstag. 27. März 1981. München: Piper 1981, S. 80f.

Hermann Josef Abs im Gespräch mit Joachim Fest. In: Karl B. Schnelting (Hrsg.): Zeugen des Jahrhunderts 1: Wirtschaft und Gesellschaft. Frankfurt am Main: Fischer 1981.

1982

Kein Ende der Affäre mit Gott. Ein Porträt des Schriftstellers Graham Greene. In: «Frankfurter Allgemeine Zeitung» vom 10. April 1982 (Bilder und Zeiten). – Wieder in Fremdheit und Nähe, S. 72–88.

Hannos Irrtum oder Bürgerlichkeit als geistige Lebensform. Eine

Dankrede. In: «Frankfurter Allgemeine Zeitung» vom 5. Juni 1982 (Bilder und Zeiten). – Wieder in: «Hefte der Deutschen Thomas-Mann-Gesellschaft», Nr. 2 (1982), S. 8–17; Bürgerlichkeit als Lebensform, S. 9–24.

Theodor Mommsen: Zwei Wege zur Geschichte. Eine biografische Skizze. In: «Frankfurter Allgemeine Zeitung» vom 31. Juli 1982 (Bilder und Zeiten). – U. d. T. «Pathetiker der Geschichte und Baumeister aus babylonischem Geist. Theodor Mommsens zwei Wege zur Geschichte» ausführlicher in: Wege zur Geschichte, S. 27–70; Nach dem Scheitern der Utopien, S. 271–300; auch in: Berliner Wissenschaftliche Gesellschaft: Jahrbuch 1983. Berlin: Berliner Wissenschafts-Verl. 1984, S. 144–165.

Von der Unverlorenheit der deutschen Frage. Eine sechsbändige Geschichte der Deutschen und ihrer Nation weist auf ein altes Dilemma. In: «Frankfurter Allgemeine Zeitung» vom 28. September 1982 (Die Gegenwart). – Wieder in: Nach dem Scheitern der Utopien, S. 131–140.

Ein Unpolitischer wird besichtigt. Versuch über Heinrich Mann. In: «Frankfurter Allgemeine Zeitung» vom 16. Oktober 1982 (Bilder und Zeiten). – Auch in: Ein Unpolitischer wird besichtigt. Heinrich Mann. In: Walter Hinderer (Hrsg.): Literarische Profile, Deutsche Dichter von Grimmelshausen bis Brecht. Königstein / Taunus: Athenäum, 1982, S. 216–237; überarbeitet in: Die unwissenden Magier, S. 71–127.

Tagebuch eines Wahns. Horst Janssens neue Zeichnungen. In: «Frankfurter Allgemeine Zeitung» vom 26. Oktober 1982 (Feuilleton).

Statuen aus dem Meer. Alberto Busignanis Essay über die Heroen von Riace. In: «Frankfurter Allgemeine Zeitung» vom 11. Dezember 1982 (Literatur).

Klaus Fußmann. In: Klaus Fußmann. Gemälde, Gouachen, Aquarelle, Zeichnungen. Kunstpreis der Stadt Darmstadt 1979. Katalog zur Ausstellung Mathildenhöhe Darmstadt, 23. Mai bis 4. Juli 1982. Darmstadt 1982, S. VII–IX.

1983

Ernst Nolte. Zum 60. Geburtstag des Historikers. In: «Frankfurter Allgemeine Zeitung» vom 11. Januar 1983 (Feuilleton).

Viel Lärm – viel Zweifel. Zum Streit um Hitlers Tagebücher. In: «Frankfurter Allgemeine Zeitung» vom 27. April 1983 (Feuilleton).

Weltsensation und Weltblamage. Zur Veröffentlichung der gefälschten Tagebücher Hitlers. In: «Frankfurter Allgemeine Zeitung» vom 9. Mai 1983 (Feuilleton). – Wieder in: Nach dem Scheitern der Utopien, S. 35–38.

Karl Korn 75. In: «Frankfurter Allgemeine Zeitung» vom 20. Mai 1983 (Politik).

Bewältigte Vergangenheit. In: «Frankfurter Allgemeine Zeitung» vom 6. Juni 1983 (Feuilleton).

Georg Hensel 60. In: «Frankfurter Allgemeine Zeitung» vom 13. Juli 1983 (Politik).

Allerlei Gespenstisches. In: «Frankfurter Allgemeine Zeitung» vom 18. Juli 1983 (Leitartikel).

Ein Fund. Der Jüngling von Mozia. In: «Frankfurter Allgemeine Zeitung» vom 17. August 1983 (Feuilleton).

Auspowerei. In: «Frankfurter Allgemeine Zeitung» vom 25. August 1983 (Politik).

Und doch etwas zu lesen. In: «Frankfurter Allgemeine Zeitung» vom 12. Oktober 1983 (Leitartikel).

Parabel von Macht und Moral. Joachim Fest über Arnold Zweigs preußisches Epos «Der Streit um den Sergeanten Grischa». In: «Frankfurter Allgemeine Zeitung» vom 28. Oktober 1983 (Romane von gestern – heute gelesen). – Wieder in: Romane von gestern heute gelesen. Hrsg. von Marcel Reich-Ranicki. Bd. 2: 1918–1933. Frankfurt am Main: Fischer 1989, S. 98–106.

Bilder aus Don Quijotes Wahn. Eberhard Schlotters graphischer Zyklus zu Cervantes' Roman. In: «Frankfurter Allgemeine Zeitung» vom 17. Dezember 1983 (Literatur).

Die Unfähigkeit zu überleben. In: Nationalsozialistische Diktatur

1933–1945. Eine Bilanz. Hrsg. von Karl Dietrich Bracher, Manfred Funke u. Hans-Adolf Jacobsen. Düsseldorf: Droste 1983, S. 783–798.

1984

Cargo-Kult. In: «Frankfurter Allgemeine Zeitung» vom 3. Januar 1984 (Leitartikel). – Wieder in: Nach dem Scheitern der Utopien, S. 39–41.

Peinlichkeiten. In: «Frankfurter Allgemeine Zeitung» vom 10. Februar 1984 (Feuilleton). [S. dazu auch den Widerruf in «Frankfurter Allgemeine Zeitung» vom 22. April 1985 (Feuilleton)].

Neugier und Abenteuerlust. Peter Scholl-Latour sechzig Jahre. In: «Frankfurter Allgemeine Zeitung» vom 9. März 1984 (Feuilleton).

Zu früher Tod. Michael Schwarze gestorben. In: «Frankfurter Allgemeine Zeitung» vom 25. April 1984 (Feuilleton). – Wieder in: Michael Schwarze: Weihnachten ohne Fernsehen. Kulturpolitische Essays, Glossen, Porträts. Hrsg. von Volker Hage. Frankfurt am Main: Suhrkamp 1984.

Günther Rühle 60. In: «Frankfurter Allgemeine Zeitung» vom 2. Juli 1984 (Politik).

Rechtsnihilismus. In: «Frankfurter Allgemeine Zeitung» vom 11. Juli 1984 (Leitartikel).

Der Manager, die Stadt und die Kündigung. Zur Entlassung Ulrich Schwabs in Frankfurt. In: «Frankfurter Allgemeine Zeitung» vom 12. Juli 1984 (Feuilleton).

Zensur für Fassbinder? In: «Frankfurter Allgemeine Zeitung» vom 30. Juli 1984 (Feuilleton) – Wieder in: Die Fassbinder-Kontroverse oder Das Ende der Schonzeit. Hg. von Heiner Lichtenstein. Mit einem Nachwort von Julius H. Schoeps. Königstein/Taunus: Athenäum 1986, S. 61 f.

Kein Gram über Olympia. In: «Frankfurter Allgemeine Zeitung» vom 14. August 1984 (Leitartikel).

Hinweis. In: «Frankfurter Allgemeine Zeitung» vom 10. September 1984 (Politische Bücher).

Bilder zur Geschichte des Todes. In: «Frankfurter Allgemeine Zeitung» vom 29. September 1984 (Literatur).
Man muß das Fegefeuer schon in dieser Welt durchmachen. Zum 80. Geburtstag von Graham Greene. Aus einem Gespräch mit Joachim Fest. In: «Frankfurter Allgemeine Zeitung» vom 29. September 1984 (Bilder und Zeiten).
Mozarts Opernmenschen. Joachim Kaisers Lexikon. In: «Frankfurter Allgemeine Zeitung» vom 6. Oktober 1984 (Literatur).
Wie der Tanz zum Tod kam. Über die Idee des Totentanzes vom Mittelalter bis zur Gegenwart. In: «Frankfurter Allgemeine Zeitung» vom 24. November 1984 (Bilder und Zeiten).

1985
Viele Fragen – zögernde Antworten. Über Ralf Dahrendorfs «Reise nach innen und außen». In: «Frankfurter Allgemeine Zeitung» vom 4. Januar 1985 (Politische Bücher).
Helmut Scheffel 60. In: «Frankfurter Allgemeine Zeitung» vom 7. Februar 1985 (Politik).
Sieg und Niederlage. In: «Frankfurter Allgemeine Zeitung» vom 20. April 1985 (Leitartikel). – Wieder in: Nach dem Scheitern der Utopien, S. 42–44.
Skulptur und Symbol. Friedrichs Kastell in Apulien. In: «Frankfurter Allgemeine Zeitung» vom 11. Mai 1985 (Literatur).
Ahnungen des Endgültigen. Zum sechzigsten Geburtstag von Dietrich Fischer-Dieskau. In: «Frankfurter Allgemeine Zeitung» vom 28. Mai 1985 (Feuilleton).
Der Historiker als Herr der Geschichte. Rede zur Verleihung des Goethepreises an Golo Mann. In: «Frankfurter Allgemeine Zeitung» vom 31. August 1985 (Bilder und Zeiten). – Wieder in: Wege zur Geschichte, S. 113–140.
Spiel mit der Angst. Anmerkungen zur geplanten Aufführung des Fassbinder-Stücks «Der Müll, die Stadt und der Tod». In: «Frankfurter Allgemeine Zeitung» vom 29. Oktober 1985 (Feuilleton).

Unnötiges Debakel. In: «Frankfurter Allgemeine Zeitung» vom 12. Dezember 1985 (Politik).

Erzähler des wahr erdachten. Jürgen Roland 60 Jahre. In: «Frankfurter Allgemeine Zeitung» vom 24. Dezember 1985 (Feuilleton).

Das Bild der Bundesrepublik von außen gesehen. Korrespondenten aus acht Ländern berichten. In: «Frankfurter Allgemeine Zeitung» vom 28. Dezember 1985 (Bilder und Zeiten).

Maria Frisé 60. In: «Frankfurter Allgemeine Zeitung» vom 31. Dezember 1985 (Politik).

Kritik als Institution. In: Über Marcel Reich-Ranicki. Aufsätze und Kommentare. Hg. v. Jens Jessen. München: dtv 1985, S. 197f.

Vorwort. In: Horst Janssen: Zeitgenössische Graphiken und Zeichnungen aus der Bundesrepublik Deutschland. Ausstellungskatalog für die Gebietsgemäldegalerie Nowosibirsk. Göttingen: Arkana 1985.

1986

Rückblick auf das Berufsboxen: Ein Symbol hat seine Kraft verloren. In: «Frankfurter Allgemeine Zeitung» vom 8. Januar 1986 (Sport). – Wieder in: Nach dem Scheitern der Utopien, S. 45–48.

Der Verleger als Autor. Zu Wolf Jobst Siedlers 60. Geburtstag. In: «Frankfurter Allgemeine Zeitung» vom 17. Januar 1986 (Feuilleton). – Andere Fassung u. d. T. «Ein Autor als Verleger» in: Bürgerlichkeit als Lebensform, S. 288–293.

Geometrie, Zweck und Schönheit. Der Architekt Cäsar Pinnau wird achtzig. In: «Frankfurter Allgemeine Zeitung» vom 9. August 1986 (Feuilleton).

Die geschuldete Erinnerung. Zur Kontroverse über die Unvergleichbarkeit der nationalsozialistischen Massenverbrechen. In: «Frankfurter Allgemeine Zeitung» vom 29. August 1986 (Feuilleton). – Wieder in: «Historikerstreit». Die Dokumentation der Kontroverse um die Einzigartigkeit der nationalsozialistischen Judenvernichtung. München, Zürich: Piper 1987, S. 100–112; dort mit einem Nachwort vom

21. April 1987 (S. 388–390); beides in: Nach dem Scheitern der Utopien, S. 396–412.

Über Mahlers Aktualität und die Grenzen der Musik. Ein Gespräch mit dem Dirigenten Eliahu Inbal. In: «Frankfurter Allgemeine Zeitung» vom 8. November 1986.

1987

Berlin – anders. In: «Frankfurter Allgemeine Zeitung» vom 7. Januar 1987 (Leitartikel).

Das tragische Schauspiel der Geschichte. Über Jacob Burckhardt und den ewigen Anachronismus des unabhängigen Denkens. In: «Frankfurter Allgemeine Zeitung» vom 14. März 1987 (Bilder und Zeiten). – Gekürzte Fassung des Nachworts zu Jacob Burckhardt: Weltgeschichtliche Betrachtungen. Über geschichtliches Studium. Gütersloh: Bertelsmann-Club 1987 (= Klassiker des modernen Denkens); ausführlicher in: Wege zur Geschichte, S. 71–111; Nach dem Scheitern der Utopien, S. 301–329.

Goethes dauernde Fremdheit. Eine Improvisation über die Gegenwärtigkeit eines Klassikers. In: «Frankfurter Allgemeine Zeitung» vom 11. April 1987 (Bilder und Zeiten). – Erweiterte Fassung u. d. T. «Goethes Fremdheit und Nähe» in: Fremdheit und Nähe, S. 31–55; vgl. unter diesem Titel auch: Goethe-Jahrbuch 108 (1991), S. 207–216.

Arkadien nahe. Ein Standardwerk über vergoldete Bronzen. In: «Frankfurter Allgemeine Zeitung» vom 6. Juni 1987 (Literatur).

Geträumte und gelebte Freuden. Michelangelo Muraro: «Die Villen des Veneto» mit Fotografien von Paolo Marton. In: «Frankfurter Allgemeine Zeitung» vom 8. September 1987 (Neue Sachbücher).

Die deutsche Frage: Das offene Dilemma. In: Wolfgang Jäger u. Werner Link: Republik im Wandel. 1974–1982. Die Ära Schmidt. Stuttgart, Mannheim: DVA 1987 (Geschichte der Bundesrepublik Deutschland. Bd. 5/II), S. 433–446.

Persönlichkeit und Epoche. Theodor Mommsens Wege zur Geschichte.

In: Manfred Funke u. a. (Hrsg.): Demokratie und Diktatur. Geist und Gestalt politischer Herrschaft in Deutschland und Europa. Fschr. Karl Dietrich Bracher. Düsseldorf: Droste 1987, S. 506–520 [vgl. Wege zur Geschichte, S. 27–70].

1988

Mißbrauch. In: «Frankfurter Allgemeine Zeitung» vom 5. Januar 1988 (Feuilleton).

Karl Korn 80. In: «Frankfurter Allgemeine Zeitung» vom 20. Mai 1988 (Politik).

Die schreckliche Lust. Zur Janssen-Ausstellung in Emden. In: «Frankfurter Allgemeine Zeitung» vom 21. Juli 1988 (Feuilleton).

Altertümlich. In: «Frankfurter Allgemeine Zeitung» vom 7. September 1988 (Feuilleton).

[Buchhinweis auf: Römische Skizzen. Zwischen Phantasie und Wirklichkeit. Mainz: Philipp von Zabern 1988.] In: «Frankfurter Allgemeine Zeitung» vom 7. September 1988 (Neue Sachbücher).

Römische Fragmente. Aus einem italienischen Tagebuch. In: «Frankfurter Allgemeine Zeitung» vom 10. September 1988 (Bilder und Zeiten).

Geordnete Natur. «Italienische Gärten». In: «Frankfurter Allgemeine Zeitung» vom 19. September 1988 (Neue Sachbücher).

«So hell, so jung». Aus der Laudatio zu Joachim Kaisers sechzigsten Geburtstag. In: «Frankfurter Allgemeine Zeitung» vom 19. Dezember 1988 (Feuilleton).

Vorwort. In: Luigi Vittorio Ferraris: Wenn schon, denn schon – aber ohne Hysterie. An meine deutschen Freunde. München: printul 1988, S. 8–11.

1989

Nachbetrachtungen zu Berlin. In: «Frankfurter Allgemeine Zeitung» vom 22. Februar 1989 (Leitartikel).

Glück als Verdienst. Zum achtzigsten Geburtstag des Historikers

und Schriftstellers Golo Mann. In: «Frankfurter Allgemeine Zeitung» vom 25. März 1989 (Feuilleton). – Vgl. auch: Begegnungen, S. 215–248.
[O. T.] In: «Frankfurter Allgemeine Zeitung» vom 15. April 1989 (Bilder und Zeiten).
Was von Hitler blieb. In: «Frankfurter Allgemeine Zeitung» vom 20. April 1989 (Leitartikel).
Armut und Anmut. Information mit Lücken: Über Schlösser und Gärten in der Mark Brandenburg. In: «Frankfurter Allgemeine Zeitung» vom 15. Juli 1989 (Literatur).
Genieträume und Wirklichkeit. Johann Wolfgang von Goethe, Hoffnung. In: «Frankfurter Allgemeine Zeitung» vom 22. Juli 1989 (Frankfurter Anthologie). Wieder in: Frankfurter Anthologie. Gedichte und Interpretationen. Hg. v. Marcel Reich-Ranicki. Bd. 13. Frankfurt am Main 1990, S. 37–40.
Tod einer Ideologie. In: «Frankfurter Allgemeine Zeitung» vom 25. Juli 1989 (Leitartikel). – Wieder in: Nach dem Scheitern der Utopien, S. 49–51.
Nachschrift für Dolf Sternberger. In: «Frankfurter Allgemeine Zeitung» vom 28. Juli 1989 (Feuilleton). – Leicht gekürzt in: Bloch-Almanach 10 (1990), S. 9–12.
Ernst und Blindheit. Arno J. Mayers «Der Krieg als Kreuzzug». In: «Frankfurter Allgemeine Zeitung» vom 10. Oktober 1989 (Literatur).
«Schön, in der Nähe von so etwas zu leben». Skizzen zu Richard Wagner in Italien. In: «Frankfurter Allgemeine Zeitung» vom 14. Oktober 1989 (Bilder und Zeiten). – Zuerst in: Programmheft der Bayreuther Festspiele 1989; u. d. T. «Der Süden als der Tod von allem. Richard Wagner und Italien» wieder in: Fremdheit und Nähe, S. 56–71.
[Buchhinweis auf Jacqueline u. Maurice Guillaud: Piero della Francesca. Stuttgart: Klett-Cotta 1989.] In: «Frankfurter Allgemeine Zeitung» vom 14. November 1989 (Literatur).
Noch einmal sehen was gewesen ist. In: «Frankfurter Allgemeine Zeitung» vom 5. Dezember 1989 (Literatur).

Schweigende Wortführer. Überlegungen zu einer Revolution ohne Vorbild. In: «Frankfurter Allgemeine Zeitung» vom 30. Dezember 1989 (Feuilleton). – Wieder in: Fremdheit und Nähe, S. 211–219; Nach dem Scheitern der Utopien, S. 52–60.

Im einstigen Haus von Christian Friedrich Hansen. In: Ruth Irmgard Pinnau (Hg.): Ein Architekt als Zeitzeuge. Cäsar Pinnau 1906–1988. Werkverzeichnis. Hamburg: Christians 1989, S. 8f.

1990

Anstoß und Moralität. Zum Tod von Dieter Gütt. In: «Frankfurter Allgemeine Zeitung» vom 30. Januar 1990 (Feuilleton).

Was für Berlin spricht. In: «Frankfurter Allgemeine Zeitung» vom 12. April 1990 (Leitartikel). – Wieder in: Nach dem Scheitern der Utopien, S. 61–63.

Fest über Fest. Das Gesicht des Dritten Reiches – Profile einer totalitären Herrschaft. In: «Frankfurter Allgemeine Zeitung» vom 2. Mai 1990 (Werksbesichtigung XXII). – Wieder in: Henning Ritter (Hrsg.): Werksbesichtigung Geisteswissenschaften. Fünfundzwanzig Bücher von ihren Autoren gelesen. Frankfurt am Main: Insel 1990, S. 108–114.

Genieträume und Wirklichkeit. Johann Wolfgang v. Goethe, Hoffnung. In: «Frankfurter Allgemeine Zeitung» vom 22. Juli 1989 (Frankfurter Anthologie). – Wieder in: Frankfurter Anthologie. Gedichte und Interpretationen. Hg. v. Marcel Reich-Ranicki. Bd. 13. Frankfurt am Main: Insel 1990, S. 37–40.

Land des Westens. Kaum noch anfällig für die alten Affekte. In: «Frankfurter Allgemeine Zeitung» vom 29. September 1990 (Bilder und Zeiten).

Denkmal der Baugeschichte und verlorene Mitte Berlins. Schloß oder Parkplatz? Plädoyer für den Wiederaufbau des Schlüterschen Stadtschlosses. In: «Frankfurter Allgemeine Zeitung» vom 30. November 1990 (Das neue Berlin [XI]).

Der zerstörte Traum – Über das Ende der Utopie. In: 100 Jahre Allianz [Bd. 2: Allianz Festansprachen 9. März 1990. München]. 1990, S. 57–95.

Vorwort. In: Franz Hermann Franken: Auf schmalem Grat: Erinnerungen an eine bürgerliche Jugend in Deutschland 1926–1947. Bern, München, Wien: Scherz 1990, S. 9–12.

Die Vergangenheit wurde nicht verdrängt. In: Den Staat denken. Theodor Eschenburg zum Fünfundachtzigsten. Hg. u. eingeleitet von Hermann Rudolph. Berlin: Siedler 1990, S. 118–121.

Hitlers Krieg. In: «Vierteljahrshefte für Zeitgeschichte» 38 (1990), S. 359–373. – Wieder in: Der nationalsozialistische Krieg. Hrsg. von Nobert Frei u. Hermann Kling. Frankfurt am Main, New York: Campus 1990, S. 103–121; u. d. T. «Mit der ganzen Vehemenz, die dem Extrem innewohnt» auch in: Fremdheit und Nähe, S. 113–137.

Nachwort. In: Sebastian Haffner: Anmerkungen zu Hitler. Gütersloh: Bertelsmann-Club 1990 (Klassiker des modernen Denkens).

1991

Auf dem Hochsitz der Moral. In: «Frankfurter Allgemeine Zeitung» vom 24. Januar 1991 (Leitartikel). – Wieder in: Nach dem Scheitern der Utopien, S. 64–66.

Betört von einer Welt im Umsturz. Die alte deutsche Sehnsucht nach dem «Totum» – Ernst Bloch und das ewige «Noch nicht»: Der Philosoph als Prophet. In: «Frankfurter Allgemeine Zeitung» vom 9. März 1991 (Bilder und Zeiten) [Auszug aus: Der zerstörte Traum].

Urbaner Vermittler und Bewahrer. Zum Tode von Karl Korn. In: «Frankfurter Allgemeine Zeitung» vom 12. August 1991 (Feuilleton).

Friedrichs letzte Reise. In: «Frankfurter Allgemeine Zeitung» vom 17. August 1991 (Leitartikel). – Wieder in: Nach dem Scheitern der Utopien, S. 67–69.

Abschied von der Utopie. Gedanken zu einer Zeitenwende. In: Freiheit und Verantwortung. Festschrift für Hans-Wolfgang Pfeifer. München: Keyser 1991, S. 74–97.

Deutsche Einheit – und was nun? In: Magnetfelder. Dieter Spethmann zum 65. Geburtstag. Hrsg. v. Elisabeth Birthe Spethmann. Düsseldorf 1991, S. 101–124.

1992

Suche nach unschuldiger Erkenntnis. Zum Tode von Kurt Rudzinski. In: «Frankfurter Allgemeine Zeitung» vom 3. Februar 1992 (Feuilleton).

Schwacher Abgang. In: «Frankfurter Allgemeine Zeitung» vom 6. März 1992 (Leitartikel).

Bollwerk und Märchenschloß. Der Palazzo von Caprarola als humanistisches Gesamtkunstwerk. In: «Frankfurter Allgemeine Zeitung» vom 23. Mai 1992 (Bilder und Zeiten). – Ausführlicher u. d. T. «Alessandro Farneses Caprarola. Kastell und humanistisches Märchenschloß» in: Fremdheit und Nähe, S. 19–30.

Nicht wie alle Welt. Immer wieder das deutsche Sonderbewußtsein: Aktuelle Anmerkungen zu einer Debatte von gestern. In: «Frankfurter Allgemeine Zeitung» vom 13. Juni 1992 (Bilder und Zeiten). – Erweiterte Fassung u. d. T. «Zwischen Westen und nirgendwo. Über die Wanderungen des deutschen Sonderbewußtseins» in: Fremdheit und Nähe, S. 220–243; Nach dem Scheitern der Utopien, S. 205–227.

Die Zentralfigur des Geschehens. Hitlers Reden, Schriften und Anordnungen – ein lange vermißtes Buch. In: «Frankfurter Allgemeine Zeitung» vom 7. Juli 1992 (Politische Bücher).

Mit Männern zweiten Ranges fuhr das Reich am besten. Es ist eine unerfreuliche, ernste Zeit: Mommsens Vorlesungen zur Geschichte der Imperatoren. In: «Frankfurter Allgemeine Zeitung» vom 29. September 1992 (Literatur).

Der Redner. In: «Frankfurter Allgemeine Zeitung» vom 10. Oktober 1992 (Feuilleton).

Offene Gesellschaft mit offener Flanke. Nach dem Ende der Utopien die Frage: Was tritt an ihre Stelle? In: «Frankfurter Allgemeine Zeitung» vom 21. Oktober 1992 (Geisteswissenschaften).

1993

Das letzte Tabu. In: «Frankfurter Allgemeine Zeitung» vom 30. Januar 1993 (Leitartikel). – Wieder in: Nach dem Scheitern der Utopien, S. 70–72.

Die antiken Skulpturen des Madrider Prado. In: «Frankfurter Allgemeine Zeitung» vom 7. August 1993 (Literatur).

Krise des Politischen. In: «Frankfurter Allgemeine Zeitung» vom 14. Oktober 1993 (Leitartikel).

Warten auf einen Abraham a S. Clara. In: «Frankfurter Allgemeine Zeitung» vom 31. Dezember 1993 (Leitartikel).

Glückwunsch für Ernst Nolte. In: Thomas Nipperdey, Anselm Doering-Manteuffel u. Hans-Ulrich Thamer (Hrsg.): Weltbürgerkrieg der Ideologien. Antworten an Ernst Nolte. Festschrift zum 70. Geburtstag. Berlin: Propyläen 1993, S. 15–19.

Nach dem Scheitern der Utopien. Anmerkungen zum politischen Denken in Vergangenheit und Gegenwart. In: SEL-Stiftung für Technische und Wirtschaftliche Kommunikationsforschung im Stifterverband für die Deutsche Wissenschaft (Hrsg.): Stiftungsfeier 1993. Neues Schloß, Stuttgart, 23. September 1993. Dokumentation. Stuttgart: SEL-Stiftung 1993, S. 15–22.

Nachwort. In: Golo Mann: Deutsche Geschichte des 19. und 20. Jahrhunderts. Gütersloh: Bertelsmann-Club 1993 (Klassiker des modernen Denkens).

1994

Die symbolische Tat. Lohn und Elend der Vergeblichkeit: Das Scheitern des Staatsstreichs vom 20. Juli 1944. In: «Frankfurter Allgemeine Zeitung» vom 16. Juli 1994 (Bilder und Zeiten) [leicht gekürztes Schlußkapitel aus: Staatsstreich].

Um einen Wagner von außen bittend. Wie die ideologischen Wirkungen das musikalische Werk überwucherten. In: «Frankfurter Allgemeine Zeitung» vom 1. Oktober 1994 (Bilder und Zeiten). – Ausführlicher in: Richard Wagner – «Der Ring des Nibelungen»:

Ansichten des Mythos. Hrsg. von Udo Bermbach und Dieter Borchmeyer. Mit einem Geleitw. von Wolfgang Wagner und 40 Originalskizzen und Entwürfen von Rosalie zum Bayreuther «Ring» 1994/95. Stuttgart [u.a.]: Metzler 1995, S. 175–187; Fremdheit und Nähe, S. 275–298.

Nach dem Scheitern der großen Entwürfe. In: Werner Weidenfeld u. Dirk Rumberg (Hrsg.): Orientierungsverlust – Zur Bindungskrise der modernen Gesellschaft. Gütersloh: Verlag der Bertelsmann-Stiftung 1994, S. 59–73.

1995

Würde auf engstem Raum. Die «Strahlungen», wiedergelesen nach fünfzig Jahren. Zum hundertsten Geburtstag Ernst Jüngers. In: «Frankfurter Allgemeine Zeitung» vom 25. März 1995 (Bilder und Zeiten). – Wieder in: Fremdheit und Nähe, S. 89–112.

Das nie endende Menetekel der Geschichte. Anmerkungen zum Werk des Malers Bernhard Heisig. In: «Frankfurter Allgemeine Zeitung» vom 3. Juni 1995 (Ereignisse und Gestalten). – Ausführlicher in: Mit den Augen des Händlers. Bernhard Heisig, «Begegnung mit Bildern». Zum 70. Geburtstag von Bernhard Heisig aus Anlaß seiner Ausstellung vom 13. Mai bis 8. Juli 1995. Hrsg. von Dieter Brusberg. Berlin: Edition Brusberg 1995 (= Brusberg Dokumente 35), S. 24–35; Fremdheit und Nähe, S. 244–274.

Kunst heißt sterben lernen. Zum Tod des großen deutschen Zeichners Horst Janssen. In: «Frankfurter Allgemeine Zeitung» vom 1. September 1995 (Feuilleton).

Zeitgenosse Hitler. Versuch, das Unbegreifliche begreifbar zu machen. In: «Frankfurter Allgemeine Zeitung» vom 7. Oktober 1995 (Bilder und Zeiten). – Zuerst als Einleitung zur Neuausgabe der Hitler-Biographie (Oktober 1995); wieder in: Fremdheit und Nähe, S. 167–187; Nach dem Scheitern der Utopien, S. 413–431.

Wunderlicher Lebenstraum, bald ausgeträumt. Das verborgene Weltabschiedswerk: Zum letzten Band der Tagebücher Thomas Manns. In:

«Frankfurter Allgemeine Zeitung» vom 5. Dezember 1995 (Literatur). – Wieder in: Fremdheit und Nähe, S. 315–327.
Joseph Goebbels. Eine Porträtskizze. In: «Vierteljahrshefte für Zeitgeschichte» 43 (1995), S. 565–580. – Wieder in: Bürgerlichkeit als Lebensform, S. 94–118.

1996

Das Zifferblatt der Welt entschlüsseln. Börnes Freiheit und was es noch immer damit auf sich hat. In: «Frankfurter Allgemeine Zeitung» vom 16. November 1996 (Bilder und Zeiten). – Wieder in: Bürgerlichkeit als Lebensform, S. 222–239.
Vorstellung bei der Akademie. Wege und Umwege. In: Fremdheit und Nähe, S. 13–18.
Die andere Utopie. Eine Studie über Heinrich Himmler. In: Fremdheit und Nähe, S. 138–166.
Luxemburger Impromptu. Glocken für Horst Janssen. In: Fremdheit und Nähe, S. 299–314.
Sir Georg Solti im Gespräch mit Joachim Fest. «Berliner Lektion» am 19. März 1995. In: Berliner Lektionen 1995. Gütersloh: Bertelsmann 1996.

1997

Das Zerreißen der Kette. Goethe und die Tradition. In: «Frankfurter Allgemeine Zeitung» vom 21. Juni 1997 (Bilder und Zeiten). – Wieder in: Jahrbuch des Freien Deutschen Hochstifts N. F. 1997, S. 330–344.
Wagners eigenwilliger Vollstrecker. Dort, wo sein Wähnen Quellen fand, legte Köhler Zettel an: Seine Doppelbiographie redet von Wagners Hitler, nicht von Hitlers Wagner. In: «Frankfurter Allgemeine Zeitung» vom 18. Juli 1997 (Neue Sachbücher).
Nach dem Scheitern der Utopien. Probleme der offenen Gesellschaft. In: «Sinn und Form» 49 (1997), S. 410–422. – Wieder in: Nach dem Scheitern der Utopien, S. 228–244.
Einführung. In: Die großen Stifter. Lebensbilder – Zeitbilder. Hrsg. von Joachim Fest. Berlin: Siedler, 1997, S. 7–24.

1998

Spiel mit hohem Einsatz. Über Adam von Trott. In: «Vierteljahrshefte für Zeitgeschichte» 46 (1998), S. 1–19. – Wieder in: Bürgerlichkeit als Lebensform, S. 119–146.

1999

Ein Mann, zu allem fähig. In: «Der Spiegel» Nr. 38 vom 20. September 1999, S. 266–272 [Auszug aus: Speer. Eine Biographie].

Das Böse als reale Macht. Hitlers noch immer verleugnetes Vermächtnis. In: «Der Spiegel» Nr. 43 vom 25. Oktober 1999, S. 182–197. – U. d. T. «Hitlers wirkliches Vermächtnis» leicht verändert in: Bürgerlichkeit als Lebensform, S. 75–93.

2000

Literatur ohne Heilsplan. Über den Umgang mit der Geschichte: Zur Verleihung der Wilhelm-Leuschner-Medaille. In: «Frankfurter Allgemeine Zeitung» vom 12. Februar 2000 (Bilder und Zeiten). – U. d. T. «Erinnerung zum schreibenden Umgang mit der Geschichte» wieder in: Bürgerlichkeit als Lebensform, S. 27–36.

Die ungeschriebenen Regeln. In: «Frankfurter Allgemeine Zeitung» vom 17. März 2000 (Parteiendemokratie in der Krise? [9]). – Wieder in: Nach dem Scheitern der Utopien, S. 73–79.

Der blutigrote Faden der Geschichte. Michael Burleighs umsichtig argumentierende Darstellung über «Die Zeit des Nationalsozialismus». In: «Frankfurter Allgemeine Zeitung» vom 9. November 2000 (Politische Bücher).

Italien–Deutschland. Drehbücher statt Kunstprobleme. In: «Zeitschrift für KulturAustausch» 2/2000.

2001

Die Sucht und der Tod. In: «Der Spiegel» Nr. 35 vom 27. August 2001, S. 204–206 [Auszug aus: Horst Janssen. Selbstbildnis von fremder Hand].

Die schreckliche Lust des Auges. Zur Eröffnung des Horst-Janssen-Museums in Oldenburg. Ein Porträt des Zeichners. In: «Die Zeit» Nr. 47, 2000 [vgl. Begegnungen, S. 271–292].

Der Führerbunker. In: Deutsche Erinnerungsorte. Hrsg. von Etienne François u. Hagen Schulze. Bd. 1. München: C. H. Beck 2001, S. 122–137. – Wieder in: Bürgerlichkeit als Lebensform, S. 52–74.

Unternehmer in der Zeit. Eine Porträtskizze Reinhard Mohns. In: Reinhard Mohn. Unternehmer – Stifter – Bürger. Hrsg. von Thomas Middelhoff, Gerd Schulte-Hillen u. Gunter Thielen. Gütersloh: Verlag der Bertelsmann Stiftung 2001. – Wieder in: Bürgerlichkeit als Lebensform, S. 278–282.

2002

Das Ende. Die letzten Tage Hitlers in der Reichskanzlei. In: «Der Spiegel» Nr. 12 vom 18. März 2002, S. 68–78 [Auszug aus: Der Untergang].

Lehrer der Demokratie. In: «Die Welt» vom 11. Mai 2002. – U. d. T. «Karl Dietrich Bracher: Denker im Dienste von Frieden und Freiheit» wieder in: Bürgerlichkeit als Lebensform, S. 243–259.

«Wüste Siegerlaune». In: «Der Spiegel» Nr. 44 vom 28. Oktober 2002, S. 54–58 [Rez. Antony Beevor, Berlin 1945].

Stoff für drei Leben. In: «Der Spiegel» Nr. 46 vom 11. November 2002, S. 42 [Nachruf auf Rudolf Augstein].

Vorwort. In: Albert Speer: Spandauer Tagebücher. Unveränderter, um ein Vorwort ergänzter Nachdruck der Ausgabe 1980. Berlin: Propyläen 2002, S. I–IX.

2003

Der fremde Freund. Erinnerungen an Sebastian Haffner. In: «Der Spiegel» Nr. 33 vom 11. August 2003, S. 138–146 [Auszug aus: Begegnungen].

Was wir aus der Geschichte nicht lernen. In: «Die Zeit» Nr. 13, 2003.

Die Unvorhersehbarkeit der Geschichte. Über den Methodenstreit der Historiker und die Kunst der Biographie. In: Eckart Conze, Ulrich Schlie u. Harald Seubert (Hrsg.): Geschichte zwischen Wissenschaft und Politik. Fschr. Michael Stürmer (Internationale Politik und Sicherheit 55). Baden-Baden: Nomos 2003, S. 3–15. – Auch in: Biographie – «So der Westen wie der Osten?» Zwölf Studien. Hrsg. von Walter Berschin u. Wolfgang Schamoni. Heidelberg: Mattes 2003, S. 1–13.

Geschichte und Geschichtsschreibung. In: Hanns-Martin-Schleyer-Preis 2002 und 2003. Verleihung an Prof. Dr. Joachim Fest und Dipl.-Ing. Hans Peter Stihl am 9. Mai 2003 im Neuen Schloss in Stuttgart. Köln: Bachem 2003, S. 47–55 (Veröffentlichungen der Hanns Martin Schleyer-Stiftung 61). – Gekürzt u. d. T. «Mit dem Zweifel leben – und gegen die Sehnsucht nach der Barbarei» auch in: «Die Welt» vom 5. Juli 2003.

2004

Fußball ist niemals nur ein Spiel. Joachim Fest über einen Nachmittag in Schwarz-Rot-Gold. In: «Frankfurter Allgemeine Zeitung» vom 3. Juli 2004 (Sport).

«Es ging um einen demonstrativen Akt». Gedanken zum 20. Juli. In: «Frankfurter Allgemeine Zeitung» vom 22. Juli 2004 (Frankfurt). – U. d. T. «Gedanken zum 20. Juli. Rede in der Paulskirche am 20. Juli 2004» wieder in: Bürgerlichkeit als Lebensform, S. 147–162.

Wahnwitz und Widersinn. In: «Focus» Nr. 37 vom 6. September 2004, S. 72–74.

Das Mädchen aus der Fremde. Hannah Arendts schwierige Liebe zu Deutschland und Heidegger. In: «Der Spiegel» Nr. 38 vom 13. September 2004, S. 142–147 [gekürzter Auszug aus: Begegnungen].

Glück als Verdienst. Eine biographische Betrachtung über Golo Mann. In: «Sinn und Form» 56 (2004), 4, S. 437–461 [Auszug aus: Begegnungen].

Adolf Hitler, eine Betrachtung. In: Die wichtigsten Denkanstöße für alle, die mehr wissen wollen. Hrsg. von Klaus Stadler. München: Piper 2004, S. 138.

2005

Die anderen Betrachtungen eines Unpolitischen. Über Heinrich Manns nachgelassene Aufzeichnungen «Zur Zeit von Winston Churchill».

In: «Süddeutsche Zeitung» vom 8. Januar 2005. – Wieder in: Bürgerlichkeit als Lebensform, S. 215–221.

Vorwort. In: Struwwelhitler. A Nazi Story Book by Doktor Schrecklichkeit. Eine Parodie des Originalstruwwelpeter von Robert und Philipp Spence. Berlin: Autorenhaus 2005 (ND 2006).

2006

Die verlorene Kunst – Geschichtsschreibung als Wissenschaft und Literatur. Eine Betrachtung über Herbert Lüthy. In: «Neue Zürcher Zeitung» vom 4. März 2006. – Wieder in: Bürgerlichkeit als Lebensform, S. 37–51.

Bürgerpflicht Zuversicht. Dank für den Henri-Nannen-Preis. In: «Frankfurter Allgemeine Zeitung» vom 15. Mai 2006 (Feuilleton).

Die Geburt der Häßlichkeit. Ein Versuch. In: Bürgerlichkeit als Lebensform, S. 297–315.

Die schreckliche Lust des Auges: Erinnerungen an Horst Janssen. In: Marcel Reich-Ranicki (Hrsg.): ‹Der Kanon›. Die deutsche Literatur. Essays. Bd. 5: Max Frisch bis Durs Grünbein. Frankfurt am Main: Insel 2006, S. 432 ff. [zuerst in: Begegnungen].

2007

Die Intellektuellen und die totalitäre Epoche. Gedanken zu einer Geschichte der Täuschungen und Enttäuschungen. In: Bürgerlichkeit als Lebensform, S. 163–188.

«Verwandtschaft und Affront»: Thomas Mann und der Westen. In: Bürgerlichkeit als Lebensform, S. 191–214.

Autorität und Menschlichkeit. Laudatio auf Willy Brandt anläßlich der Verleihung des Dolf-Sternberger-Preises 1992. In: Bürgerlichkeit als Lebensform, S. 260–277

Das Wahre im Wirklichen. Toast auf Jürgen Roland. In: Bürgerlichkeit als Lebensform, S. 283–287.

Personenregister

R

S